"十二五"国家重点图书出版规划项目
中国社会科学院国情调研丛书
CASS Series of National Conditions Investigation & Research

本书为中国社会科学院国情调研
重大项目的最终成果

公职人员禁止行为研究

Research on Prohibitive Conduct of Public Officials

田 禾 著

社会科学文献出版社
SOCIAL SCIENCES ACADEMIC PRESS (CHINA)

中国社会科学院国情调研丛书编选委员会

主　任　李慎明
副主任　武　寅　黄浩涛
成　员　何秉孟　李汉林　王　正　王子豪

目录
CONTENTS

导　言 ··· 1

第一章　公职人员禁止性行为的理论和法律基础 ·· 39

　　第一节　禁止性行为的理论基础 ·· 41
　　第二节　公职人员禁止性行为的界定 ·· 53
　　第三节　公职人员禁止性行为规范和行政伦理 ·· 67
　　第四节　严格规定公职人员禁止性行为是廉洁从政的基本要求 ························ 70
　　第五节　公职人员禁止性行为制度规范分析 ··· 75

第二章　公职人员职务消费行为的法律规制 ··· 85

　　第一节　职务消费规制的基本理论 ··· 87
　　第二节　职务消费现状及其控制 ·· 97
　　第三节　公职人员职务消费调研结果分析 ·· 125

第三章　公职人员兼职行为的法律规制 ·· 133

　　第一节　公职人员兼职的基本理论 ··· 135
　　第二节　规制公职人员违规兼职的国际经验 ··· 139
　　第三节　中国限制或禁止公职人员兼职的相关规定 ······································ 142
　　第四节　公职人员兼职调研结果分析 ·· 155

第四章　"裸官"的法律规制 ················ 167

第一节　"裸官"法律规制概述 ················ 169
第二节　"裸官"监管制度规范分析 ················ 174
第三节　"裸官"调研结果分析 ················ 180
第四节　"裸官"监管是反腐败措施中的软肋 ················ 196

第五章　公职人员收受礼金礼品行为的法律规制 ················ 205

第一节　公职人员收受礼品规制概述 ················ 207
第二节　中国规制公职人员收受礼金礼品的规定与实践 ················ 215
第三节　公职人员接受礼金礼品的调研结果分析 ················ 224

第六章　公职人员亲属营利性行为的法律规制 ················ 239

第一节　公职人员亲属行为法律规制概述 ················ 242
第二节　中国规制公职人员亲属营利性行为的规定 ················ 245
第三节　公职人员亲属营利性行为调研结果分析 ················ 251

第七章　公职人员财产监督制度 ················ 263

第一节　公职人员财产监督制度的基本理论 ················ 265
第二节　域外公职人员财产监督制度概况 ················ 270
第三节　中国公职人员财产监督制度 ················ 284
第四节　公职人员财产监督调研结果分析 ················ 290

第八章　公职人员禁止性行为规范的陷阱 ················ 301

第一节　理论制度研究积淀薄弱 ················ 303
第二节　公职人员禁止性行为种类复杂难以规范 ················ 307
第三节　公职人员禁止性行为存在认识误区 ················ 310
第四节　公职人员禁止性行为规范体系的缺陷 ················ 314

第五节　公职人员禁止性行为缺乏有力的监管机构 ……… 319

　　第六节　公职人员禁止性行为缺乏有效的管理措施 ……… 325

第九章　公职人员禁止性行为规范的制度架构 ……………… 329

　　第一节　完善规范公职人员禁止性行为的法律体系 ……… 332

　　第二节　科学配置监督机构的权力 ………………………… 340

　　第三节　公职人员禁止性行为监督的技术支持 …………… 346

　　第四节　加强廉政教育预防公职人员行为失范 …………… 355

　　第五节　建立公职人员禁止性行为的信息披露制度 ……… 358

　　第六节　建立和完善公职人员财产监督制度 ……………… 360

　　第七节　加强防范公职人员禁止性行为的国际合作 ……… 365

参考文献 ………………………………………………………… 370

后　记 …………………………………………………………… 378

导 言

一　研究背景

对公职人员禁止性行为加强管理是当今中国治理腐败的主要任务。简单地说，公职人员禁止性行为是指，按照有关规定，公职人员因担任职务和行使权力的关系，而不得实施的行为。公职人员禁止性行为大多与财物和金钱有关。随着改革开放的深入，经济活跃程度的加深，社会自治水平的提高，公职人员禁止性行为表现出其特有的张力，有的甚至演变为腐败行为，严重地侵蚀了社会基础，败坏了政府声誉，影响了社会风气。近年来，中国共产党和中国政府一直在探索规范公职人员行为的良策，并且在强力的打击下，不少公职人员因行为不端而落马，最具代表性的有最高人民法院原副院长黄松有、中国铁道部前部长刘志军、吉林省原副省长田学仁、国家药监局原副局长张敬仁、江西省原政协副主席宋晨光、浙江省人大常委会副主任张家盟、广东省中山市原市长李启红、云南楚雄彝族自治州原州长杨红卫等。他们曾经是国家的栋梁、社会的精英，在中国的不同省域或中央的不同部门任职，其中既有中央高官，也有地方大员，曾经显赫一时。这些公职人员不端的行为方式多种多样，有的是在建筑工程领域中赤裸裸的腐败，有的涉足金融市场，如中山市原市长李启红利用股票的内幕信息，让亲属获取非法利益。有的腐败的形式特殊一些，行为更隐蔽一些，如国家药监局原副局长张敬仁通过著书立说，让行贿者以购买高价图书的方式获得非法利益。这些案例一方面表明中国打击腐败犯罪的压力在不断加大，另一方面也说明腐败犯罪的形式在不断翻新，对反腐败斗争是一个严峻的挑战。公职人员腐败行为由禁止性行为发展和恶化而来，是公职人员禁止性行为的极端形式，因此，预防腐败行为，首先应当加强对公职人员禁止性行为的管理。

国情是研究中国问题必须考虑的主要因素。中国既是一个古老文明的延续，又是一个正在崛起的新兴现代国家。中国拥有世界上最多的人口，却只有世界上人均最少的土地和资源；中国拥有最快的经济发展速度，也拥有较多的贫困人口；中国是世界上最大的发展中国家，也是发展速度最快的国家之一；中国是劳动力最多的国家，为全世界制造了大量的产品，但也是失业人口较多的国家之一；中国是世界上最大的经济共同体，也是世界上最大的发展中国家；中国拥有基数最多的公职人员群体，其庞大的政府机构在某些方面极具效率，但也存在效率低下、推诿塞责、敷衍了事的现象。因此，中国社会的制度构建不能脱离以下几个条件。

首先，中国处在经济体制深刻变革、社会结构深刻变动、利益格局深刻调整、思想观念深刻变化这样一个社会转型期。在这个时期，社会经济发展迅速，管理机制滞后，人们观念多元，社会分配分化，这些都可能解构原有稳定的社会基础，出现社会矛盾。中国正在努力建立现代文明政府，这个时期恰遇网络社会的崛起，由于缺乏应对网络社会的经验，难免遇事手足无措。当然，这不是中国才有的现象，而是一个全球性的问题，因为随着信息技术的普及，民众对政府的期待值越来越高，社会矛盾也就会越来越尖锐。在这种形势下，一些公职人员抵御不住经济利益的强烈诱惑，加上对公职人员行为的监管滞后，一些人便会利用手中的权力寻租。当前，中国的世情、国情、党情继续发生深刻变化，所面临的发展机遇和风险挑战前所未有，一些领域腐败现象易发多发，反腐败斗争形势依然严峻。[①] 因此，对公职人员的权力行使状况进行监管、依法打击腐败是执政党目前的重要任务。

其次，中国是社会主义国家，权力运行的方式与社会主义政治制度密不可分。《宪法》规定，中国是人民民主专政的社会主义国家，国家的一切权力属于人民。该规定明确且充分体现了人民主权的政治理念，是公职人员行为管理的圭臬和指导思想，如果能够贯彻始终，比西方国家在腐败预防方面应更具有优势。西方发达国家在发展初期时，曾经深受腐败的困扰，时至今日，仍然不能说其已经完全战胜了腐败这个人类社会发展的"恶性肿瘤"。中国是否能够真正有效地预防腐败，将腐败程度降到最低，不仅取决于制度的健全与否，还取决于制度与本土文化的契合程度。

再次，中国的文化和国情是制度构建不可超越的底线。中国有五千年的文化和历史，厚重、深沉，对国家历代政治、经济、军事、教育以及社会生活都产生了广泛而深刻的影响，塑造了中国的民族心理和民族性格。

---

① 中国共产党第十八大报告：《坚定不移沿着中国特色社会主义道路前进 为全面建成小康社会而奋斗》，人民出版社，2012。

中华文化有外部文化没有的优点，但也有外部文化没有的弊端。中国文化的优点在于，它重视人伦、亲情和社会人际关系，崇尚和谐。以家族为本位、以血缘关系为纽带的宗法等级伦理纲常，是中国古代政治经济文化的核心，也是现代中国无法逾越的文化底线。儒家的"礼之用，和为贵""天时不如地利，地利不如人和""己所不欲，勿施于人"，墨家的"非攻""兼爱"等都潜移默化地影响着中国人的生活，并固化为中国人的思想观念、价值取向和行为方式。中国传统文化的人文精神，给中华民族和国家增添了光辉，也设置了障碍；它向世界传播了智慧之光，也造成了中外的种种隔膜；它是一笔巨大的精神财富，也是一个沉重的包袱。

我们建立任何一种制度时，都不能与一个国家的历史文化相割裂，公职人员禁止性行为制度的构建也是如此。我们不仅要考虑中国传统文化，即以道德为价值取向，这是中国实施以道德约束权力的基本条件，而且要考虑到现在的社会条件和现行的社会制度，对外来制度采取包容借鉴心态，而不能建立一种"飞来制度"，并对其顶礼膜拜。中国在建立规范公职人员的相关制度时，应充分考虑到国家的历史传统、文化风俗和现代社会的条件，否则任何精美和有效的制度都会"南橘北枳"。

最后，法学研究固有的路径局限了人们的思维。在法学研究领域，人们惯用二元范式——专制与民主、人治与法治来说明问题，法治的确应当是规范公职人员禁止性行为的有力武器，然而法学作为一门显学，受西方理论的影响较为严重。在西学面前，中国法学界缺乏自信和自觉，拾人牙慧、仰人鼻息现象严重，人们长期抱着"到西方寻求真理批判中国现实"的病态心理，罔顾中国复杂的背景和现实条件。学术界甚至出现了两个"新的凡是"：凡是西方拥护的，我们就要拥护；凡是西方支持的，我们就要支持。

人们在讨论规范公职人员的行为规范时，非常重视制度的作用，在某种程度上陷入了"法治原教旨主义"的窠臼。法治的弊端非常明显，法律是死的，人是活的、充满智慧的。如柏拉图认为，一个国家是依靠最出色的人的自由智慧来管理，而不是靠法律来管理。法律原则上是由抽象的、过分简单的观念构成的，然而简单的原则无论如何也不能完全解决复杂纷繁的事务。立法者在为整个群体制定的法律中，永远不能准确地给予每个人应得的东西。因此，最佳的方法并不是给予法律最高权威，而是给予明晓统治艺术、具有才智的人最高权威。

当然,我们并不是推崇人治、否认法治的作用,而是说法律是社会关系的反映,是对特定社会发展阶段的政治、经济、文化、宗教、道德等的高度概括,是人类文化的重要表现形式。人类认识的局限性决定了法律的局限性。既定的法律是死的、保守的,始终滞后于社会的发展,具有不可避免的缺陷。不过,相对于人治,法治仍然是社会治理的最有效方式,亚里士多德就认为法治有其不可替代的作用。在中国目前复杂的形势下,还应该确保法治的畅通无阻,只是,在论及腐败预防机制和公职人员行为规范时,需要在法治之外,重提德治,重提公职人员的职业操守的作用,毕竟法治只是对公职人员的最低要求。

二 规范公职人员行为是决定中国共产党存亡的关键

(一) 腐败是历代王朝更替的主要原因

以史为鉴知兴替,回顾中国历史,腐败是中国历代王朝更替的主要原因。近代中国,朝廷腐败昏庸无能,帝国主义的炮舰轰开了中国闭关锁国的大门,具有古老历史的中国受尽凌辱。为了洗雪耻辱,中国历代仁人志士抛头颅洒热血,领导中国人民走过了异常艰难和曲折的道路。太平天国、鸦片战争、洋务运动、甲午战争、戊戌变法、义和团运动、清末新政、辛亥革命、南昌起义、抗日战争、新中国成立、抗美援朝、"文化大革命"、改革开放,每一个事件都刻骨铭心地标示出中华民族或进或退的历程,为中华民族带来一定的启示或昭示着某种新生。

1911 年,孙中山先生领导的辛亥革命,推翻清朝,清除帝制,1912 年 1 月宣告中华民国成立。1949 年败退台湾前,国民党在中国大陆统治了 38 年。

1921 年 7 月 1 日,中国共产党成立,浴血奋斗 28 年夺取政权,执政至今 64 年。2011 年,海峡此岸热烈庆祝中国共产党建党 90 周年和辛亥革命 100 周年,海峡彼岸隆重纪念辛亥革命 100 周年。100 年对宇宙而言只是白驹过隙,对中国人民而言却是一段血雨腥风波澜壮阔的岁月,主义纷争,硝烟弥漫,血流成河,你方唱罢我登台。然而,无论舞台上如何乱象纷呈,如何保持政权的廉洁性对海峡两岸都事关重要。

郭沫若先生的《甲申三百年祭》曾经对政权更替的原因做了精辟的阐述。1944年3月19日，时值李自成领导农民起义300周年，郭沫若先生在重庆的《新华日报》上发表了《甲申三百年祭》，文章引起社会的广泛关注。在改朝换代的时候，亡国的君主每每是被人责骂的。崇祯皇帝是一个例外，被认为是"君非亡国之君，臣皆亡国之臣"，很博得后人的同情。郭沫若认为，崇祯皇帝是很想有为，然而他的路径始终是错误的。崇祯皇帝执政十七年，今天削籍大臣，明天大辟疆吏，弄得大家都手足无措。虽然屡次下《罪己诏》，申说爱民，但都口惠而实不至。崇祯的运气也实在太坏，承万历、天启之后做了皇帝，内部已腐败不堪，东北的边患又已经养成，年年岁岁遍地旱灾、蝗灾，使得"流寇"得以泛滥。"流寇"在崇祯元年间便已蹶起，到李自成和张献忠执牛耳的时代，已经有了十年的历史。李自成与一般"流寇"不同，不好酒色，脱粟粗粝，能收揽民心，礼贤下士，同甘共苦。与起于草莽的刘邦、朱元璋不同，李自成"不贪财利，而且十分朴素"，进北京时"毡笠缥衣，乘乌驳马"（《李自成传》）；"戴尖顶白毡帽，蓝布上马衣，蹑革翁靴"，在京殿上朝见百官（《北略》卷二十）。领兵抵御吴三桂和满洲兵时，同样是"绒帽蓝布箭衣"（《甲申传信录》）；而在已经称帝、退出北京的时候，"穿箭衣，但多一黄盖"而已（《北略》）。因此，其夺得天下，是自然之事。

然而，最终李自成还是失败了。《甲申三百年祭》总结了李自成领导的农民起义失败的经验教训。李自成自身是廉洁的，但李自成占领北京后，被胜利冲昏了头脑，决策失误、用人不当，个别首领生活腐化，发生宗派斗争，终至失败，死于湖北通山之九宫山，年仅39岁（1606~1645年）。《甲申三百年祭》在延安和各解放区被多次刊印，产生了巨大的影响，引起中共中央的高度重视，被列为中共中央当时的整风文件之一，毛泽东曾多次指出要从李自成起义的历史中吸取经验教训。

1945年，在延安的窑洞，著名的民主人士黄炎培与毛泽东也有过一番有趣的对话，这段对话也称为"窑洞对"。黄炎培先生说："余生六十余年，耳闻的不说，所亲眼见到的，真所谓'其兴也勃焉，其亡也忽焉'。一人，一家，一团体，一地方，乃至一国，不少单位都没有能跳出这周期率的支配力。"黄炎培的意思是：一个国家也好，一个团体、一个政党、一个家庭也好，在其初期，一般都朝气蓬勃、有极强的生命力，内部成员也都齐心协力、艰苦奋斗。所以，兴旺是很快的事。但是一旦取得了一些成就，内部就会产生骄奢淫逸的现象，失败乃至灭亡也就是很自然的事了。

史籍将黄炎培的担忧称为"黄炎培周期律"。中国历史几千年，几乎没有哪个朝代跳出过其所说的"周期律"，黄炎培先生怀疑共产党正蓬勃兴起的事业是否可持续是非常正常的事。对话的另一方，当时正豪情满怀的毛泽东则说：我们已经找到了能跳出这个"周期率"的新路，这就是民主。只有让人民起来监督政府，政府才不敢松懈；只有人人起来负责，才不会人亡政息。毛泽东在余下的几十年生涯中，几乎一直在同"周期律"作斗争。

1949年，中国发生了政权更替这样翻天覆地的大事。1949年3月25日，中国共产党的领袖毛泽东住进北平西郊香山的一个院子，因为院子里有两股清泉从石缝里日夜流淌，人们把这里叫做"双清别墅"。在这座别墅里，毛泽东号召"将革命进行到底"。4月20日，中国人民解放军百万大军，在东起江苏江阴、西至江西湖口的几百公里的战线上，千帆竞发，万炮齐鸣，以摧枯拉朽之势突破了蒋介石惨淡经营的"长江天险"和"千里江防"，4月23日人民解放军占领南京国民党政府。南京政府的失守宣告了国民党政府在大陆失败的命运。此一时彼一时，曾经不可一世、被美国人武装到牙齿的国民党转瞬间便丢盔卸甲，失去了天下。这一年，成千上万的国民党官员和士兵肩扛背驮，跨海离乡，汹涌的大海波涛隔断了归乡之路，空留下悲伤的思乡情怀。

国民党失败的原因有很多，按照国民党人自己的总结，是外部事件而非中国共产党的努力导致了失败。国民党认为有五大事件造成了"中国大陆的沦陷"：一是国民党的联俄容共政策；二是西安事变；三是日本军阀的侵略中国；四是雅尔塔协定；五是马歇尔调处。蒋纬国在《我的父亲蒋介石》一书中甚至认为，国民党竟然是被美、苏、英诸国"夹杀"的！这些理由可以称之为理由，然而却是不充分的理由。国际环境的变化和大国政治的取舍向来是以形势的走向为判断依据的，并非随意为之。

人心的向背是国民党政权稳固或崩溃的主要因素。在统治大陆的后期，公职人员贪赃枉法、营私舞弊、腐化堕落使其失去了民心。国民党的腐败有一个发展的过程，从抗战后期起日趋严重。"前方吃紧，后方紧吃。"后方的国民党各级官吏,尤其是大官僚们,依仗权势,投机倒把,囤积居奇,犯禁走私,贪污受贿,大发国难之财。经济学家马寅初当时曾大声疾呼:"前方抗战,百十万之将士牺牲头颅热血,几千万之人民流离颠沛,无家可归,而后方之达官资本家,不但于政府无所贡献,且趁火打劫大发横财,忍心害理,孰甚于此!"抗战胜利后,不少要员在接收沦陷区敌伪财产的过程中,大饱私囊、把"接收"变成"劫收",使沦陷区广大人民大失所望。"想中央,盼中央","中央来了更遭殃"。美国国务院白皮书也反映了这样的事实:抗战后国民党文武官员在自日本手中恢复之地区中的举止,使国民党迅速地在这些区域中丧失了人民的支持和自己的声望。毛泽东曾对国民党的腐败做过这样的评论,"利用抗战发国难财,官吏即商人,贪污成风,廉耻扫地,这是国民党区域的特色之一。艰苦奋斗,以身作则,工作之外,还要生产,奖励廉洁,禁绝贪污,这是中国解放区的特色之一"。①

历史就是由这样的一个个事件构成的。100年后的今天,抚今追昔,国民党政府的胜利及败退,共产党的曲折和胜利,都不是偶然的。时代的轮转、政权的更替具有不可逆转的规律。一时的胜利是可能的,但一时的胜利不代表永远的胜利,溃败和丧失合法性也就在那么一瞬间。

时光荏苒,白驹过隙,中国共产党走过了90余年的历程。胡锦涛同志在纪念中国共产党建党90周年时的讲话中指出,几十年来,我们党团结带领人民在中国这片古老的土地上,书写了人类发展史上三件大事:一是依靠人民完成了新民主主义革命,实现了民族独立、人民解放;二是依靠人民完成了社会主义革命,确立了社会主义基本制度,实现了中国历史上最广泛最深刻的社会变革;三是进行了改革开放,开创、坚持、发展了中国特色社会主义,取得举世瞩目的伟大成就。这三件大事从根本上改变了中国人民和中华民族的前途命运,不可逆转地结束了近代以后中国内忧外患、积贫积弱的悲惨命运,不可逆转地开启了中华民族不断发展壮大、走向伟大复兴的历史进军,使具有五千多年文明历史的中国面貌焕然一新,中华民族伟大复兴展现出前所未有的光明前景。② 这三件大事是中国共产党领导

---

① 毛泽东:《论联合政府》,《毛泽东选集》第3卷,人民出版社,1991,第1048页。
② 胡锦涛:《在庆祝中国共产党成立90周年大会上的讲话》,《实践》(思想理论版)2011年7月。

中国人民取得的辉煌成就。90年来，中国社会发生的变革，中国人民命运发生变化的深度和高度，其政治意义和社会意义，在人类发展史上是十分罕见的。

但是，撇开伟大的成就来看，中国共产党今天面临的危机也是最大的。一方面，在共产党的领导下，人民改善了生活；另一方面，部分公职人员的腐败和涣散也引起了公众极大的愤慨。今天的中国共产党面临着与国民党败退台湾时同样的困扰，有似曾相识的感觉。历史往往有惊人的重复，不由使人感慨万千。当然，与国民党政府不同的是，反腐败一直是中国共产党的重要任务。

（二）反腐败贯穿中国共产党的发展历程

当前，反腐败已经成为中国共产党巩固政权、重获信任的重中之重。共产党意识到了腐败之于政权的危害性，其十八大报告明确宣示，反对腐败、建设廉洁政治，是共产党一贯坚持的鲜明政治立场，是人民关注的重大政治问题。这个问题解决不好，就会对共产党造成致命伤害，甚至亡党亡国。[①] 反腐败是中国共产党建党以来一直比较重视的工作。"三大纪律八项注意"是中国共产党较早的廉政实践。井冈山革命根据地时期，针对一些士兵乱拿群众东西、私占胜利果实的现象，毛泽东提出了"三大纪律"，1928年又提出"六项注意"，后改为著名的"三大纪律八项注意"，[②] 成为工农红军最早的行为准则。1947年，毛泽东对内容又作了修订，以中国人民解放军的名义重行颁布"三大纪律八项注意的训令"，使其成为中国人民解放军防止腐败、严明军纪的优良传统。相比于今天的各种叠床架屋烦琐不堪的廉政准则，"三大纪律八项注意"清晰扼要，言简意赅，寓意深刻，可惜后来没有得到严格执行。

1949年，为了迎接新的考验，中国共产党将反腐败的工作提到前所未有的高度。1949年3月5日至13日，在西柏坡——河北平山县一个只

[①] 中国共产党第十八大报告：《坚定不移沿着中国特色社会主义道路前进 为全面建成小康社会而奋斗》，人民出版社，2012。

[②] 《三大纪律八项注意》具体内容为：三大纪律：一切行动听指挥，不拿群众一针一线，一切缴获要归公；八项注意：说话和气，买卖公平，借东西要还，损坏东西要赔，不打人骂人，不损坏庄稼，不调戏妇女，不虐待俘虏。

有百十来户人家的小山村,中共中央召开了七届二中全会。毛泽东主持会议并作了《在中国共产党第七届中央委员会第二次全体会议上的报告》。报告提醒大家,不要学李自成,"赴京赶考","我们要考出一个好成绩"。毛泽东在全会上特别提出了"两个务必",号召全党同志在胜利面前,必须警惕骄傲自满情绪,警惕资产阶级"糖衣炮弹"的进攻;全党务必继续地保持谦虚、谨慎、不骄、不躁的作风,务必继续地保持艰苦奋斗的作风。

1949年中华人民共和国的成立标志着社会主义革命事业的开始,党的工作中心转向社会主义建设,经济制度从小农经济、自给自足经济转向社会主义经济。在反腐败方面,新中国先后设立了国家检察机关、政府监察机关和中国共产党的纪律检查机关,颁布了《宪法》《惩治贪污条例》等法律法规,初步建立了反腐败和廉政建设体制机制。

新中国成立初期,随着中国社会主义建设的发展,权力失控和腐败现象时有发生,在局部地区和特定时期甚至呈现高发事态。因此,1950年下半年,中国共产党在全党开展了整风运动,重点是解决各级干部的作风问题。1952年3月,中央节约检查委员会制定了《关于处理贪污、浪费及克服官僚主义错误的若干规定》和《关于追缴贪污分子赃款赃物的规定》;4月,中央人民政府制定并公布了《惩治贪污条例》。1951年12月至1952年10月,中国共产党在党和国家机关内开展了反贪污、反浪费、反官僚主义的"三反"运动,共查处了有贪污行为的干部120多万人。

1952年2月10日,农历正月十五,河北省保定市体育馆里坐满了人,这里正发生着新中国成立以来不得了的大事。中午12点,刘青山、张子善由民警押入会场,当时的河北省人民法院院长、临时法庭审判长宋志毅宣判将刘、张押赴保定市东关大校场执行枪决。鉴于刘、张二人曾经对革命做出过贡献,执行死刑之前,河北省委根据中央领导的指示,做出四项决定,交代行刑人员及善后单位执行:(1)子弹不打脑袋;(2)敛尸安葬,棺木由公费购置;(3)亲属不按反革命家属对待;(4)子女由国家抚养成人。

刘青山,河北省安国县人,雇工出身,1931年入党。张子善,河北省深县人,学生出身,1933年入党。二人曾在不同的岗位上出生入死,建功立业,受到党的信任和人民的尊重。刘青山、张子善两人犯下贪污和挪用公款罪后,经毛泽东亲自批准被处决。尽管程序存在问题,但刘张二人是共产党在新中国成立初因贪污和挪用公款被处决的级别最高的官员,被捕前刘青山任石家庄市委副书记,张子善任天津地委书记。行刑时刘青山35岁,张子善37岁。他们的被处理表明了中国共产党"进京赶考"的决心和意志。从1951年下半年到1954年春,整党解决了包括贪污腐败在内的基层党组织存在的各种问题。这些政策和措施有力地遏制了新中国成立初期腐败现象增长的势头。

1956年到1966年是中国共产党全面建设社会主义阶段。在这一时期,权力失控和干部腐败现象有所增长。为加强党的作风建设,克服消极腐败情绪,消除官僚主义和不正之风,中国共产党先后进行了四次大的整党整风,分别为1957年的整风、1958年的整党整社、1961年的农村整风和"四清"运动中的整党。同时,中国共产党还开展了专项反腐败斗争。1960年在农村中开展反贪污、反浪费、反官僚主义的新"三反"斗争,处理了农村部分干部的贪污等违法乱纪的问题。尽管"三反"存在扩大化倾向,但有效地遏制了腐败的蔓延。1963年2月,中共中央在县以上机关和企业事业单位开展了反贪污盗窃、反投机倒把、反铺张浪费、反分散主义、反官僚主义的"新五反"运动。1963年9月,中央在农村试点了"清帐目、清仓库、清财物、清工分"的"四清运动"运动,"四清运动"后来发展为清政治、清经济、清思想、清组织的阶级斗争是一件非常令人遗憾的事。1966年至1976年的"文化大革命",更是采取"大民主"的群众运动的方式,使权力规范和反腐败陷入误区,不仅超出了法律的范围,失去了控制,还演变成一场路线斗争,使党的形象和威望受到了极大的损害。

20世纪70年代末,中国开始实行改革开放政策。1978年12月中国共产党的十一届三中全会把全党工作的重点转移到社会主义现代化建设上,中国走上了改革开放的道路。改革包括经济体制改革和政治体制改革。经济体制改革是把高度集中的计划经济体制转变为社会主义市场经济体制;政治体制改革则包括发展民主,加强法制,实现政企分开、精简机构,完善民主监督制度,维护安定团结。开放则主要指对外开放。

三十余年过去,中国改革开放成就斐然。在经济建设方面,根据中国国家统计局2012年发布的数据,经初步测算,2011年中国国内生产总值(GDP)47万亿元,按照年末人民币汇率计算,2011年中国国内生产总值约为7.6万亿美元。根据国际货币基金组织发布的数据,按汇率计算,美国

15.1万亿美元，占世界经济总量的21.668%；中国7.3万亿美元，占10.477%；日本5.87万亿美元，占8.426%。从历史上看，1820年中国GDP占世界的32.4%，居世界第一位，1978年中国GDP仅为世界的1.8%，今天，中国的经济总量居世界经济总量第二位，仅次于美国，但与发达国家相比，人均数量仍然有很大差距。

经济改革极大地提高了中国人民的生活水平。根据世界银行的统计和每人每天支出1美元的国际贫困（赤贫）线标准，1978年中国有贫困人口6.24亿，到2007年，贫困人口为1400多万，贫困发生率从30.7%下降到1.6%，贫困人口的数量大大减少。民主法治建设也取得了较大的进步。30年来，中国确立了依法治国方略。2011年，中国社会主义法律体系已经基本构建完成，在依法治国的道路上迈出了坚实的步伐。

我们也应该看到，发展道路上存在许多曲折和挫折，常怀忧患意识，居安思危，才能国泰民安、江山稳固。尽管改革开放取得了伟大的成就，中华民族获得了新生，但也积累了严峻的社会问题。例如，国企改革不算非常成功，由于权力失控，国企改革过程中出现了一些侵吞国有资产的行为。教育改革不算成功，虽然中国的教育机构培养了不少人才，提高了国民的综合素质，但也积习了可怕的弊端。应试教育根深蒂固，不少大学实际成为西方大学预备班，学术失范，抄袭成风，学生高分低能，不能适应社会需要，就业困难，甚至成为社会不安定因素。住房改革更不能算是成功。住房建设促进了很多相关行业的发展，是中国GDP大幅度增长的主要因素，但成也萧何，败也萧何。房价失控，一方面是炒卖炒买，另一方面是居者无屋，"安得广厦千万栋，天下寒士有几间"？医疗改革举步维艰，医药勾结、"红包"盛行，医德沦丧、信息不对称，医患双方严重不信任，医患暴力纠纷冲突频现。司法改革更是被人诟病，"法律面前人人平等"余音绕梁，"依法治国方略"写进宪法，"社会主义法律体系已经基本建成"正振聋发聩，但上访行为及其相关制度却重创了改革开放以来中国重建的引以自豪的司法制度。

随着社会财富的急剧增加，人们的心态也发生了很大的变化，从改革开放前的安于现状转向快速追求财富。由于缺乏制度约束、道德失范、缺乏信仰，权力失控和腐败现象开始快速蔓延。社会风气败坏、社会心理扭曲、环境污染严重等问题的后面有一个隐性的重要作用因素，那就是政府权力的失控，或是政府权力运行失灵。春秋时，宰相晏婴是齐景公的谋士，不幸早亡。晏婴死后再也无人当面指责齐景公的过失，为此齐景公感到分外苦闷。有一天，齐景公欢宴文武百官，席散以后，一起到广场上射箭取乐。每当齐景公射一支箭，即使没有射中箭鹄的中心，文武百官都高声喝彩："好呀！妙呀！""真是箭法如神，举世无双。"事后，齐景公的臣子弦章对景公说："这件事情也不能全怪那些臣子，古人有话说：'上行而后下效。'国王喜欢吃什么，群臣也就喜欢吃什么；国王喜欢穿什么，群臣也就喜欢穿什么；国王喜欢人家奉承，自然，群臣也就常向大王奉承了。"东汉史学家班固在《白虎通·三教》中说："教者，效也，上为之，下效之。"现实社会中同样如此。

改革开放出现的问题，固然有制度滞后、"摸着石头过河"的原因，但更严重的是一些权力的执掌者丧失了民意代表性，将权力作为谋取私利的手段和工具，不作为，不正当履行公职所致。当一部分权力执掌者用"一切向钱看"取代"为人民服务"作为座右铭的时候，不论以什么为目的，权力的滥用就是早晚和必然的事了。中国是一个社会主义国家，无前人的经验可借鉴，权力规范模式和方法是一个不断探索的过程，虽然其间取得了一定的成效，例如惩处了一些违法官员，但也遇到了阻力，官员腐败的级别越来越高，涉案金额越来越大，社会影响越来越恶劣。此外，"庸官"和"尸位素餐"现象也十分严重。中国社会科学院法学研究所的法治国情调研组曾经在中央和地方的各级政府部门进行过调研，一些中央国家机关的干部素质值得反思，不是因为他们腐败，而是因为其在恪尽职守、积极进取方面缺乏动力和思想，尽管与"贪官"相比，"庸官"和"懒官"不那么招人愤恨，不至于"人人喊打"，但仍然会给党和政府的威信带来严重的伤害，有时还是引起社会不稳定、群体性事件的主要原因。

为了遏制权力失控引起的贪腐行为，30余年来，党和政府一直在努力采取各种措施，但收效不一。在改革开放初期，党纪和政纪处分是权力规范的主要手段，针对的是1978年以来一些公职人员利用手中的权力，寻找法律和政策漏洞，谋取不正当利益，权力失控和腐败的现象。党纪和政纪处分的局限性不言而喻。对此，1980年邓小平提出，应加强"制度反腐"，"对干部和共产党员来说，廉政建设要作为大事来抓。还是要靠法制，搞法制靠得住些"。① 由此，制度反腐被提上日程。1978年12月，中共中央成立了中共中央纪律检查委员会。1979年最高人民检察院重建；1979年6月，五届全国人大二次会议通过《刑法》《刑事诉讼法》，对腐败犯罪设立专章；1979年11月，中共中央、国务院发布了《关于高级干部生活待遇的若干规定》。1980年2月，中共十一届五中全会正式通过《关于党内政治生活的若干准则》。1986年12月，六届全国人大常委会第十八次会议决定设立中华人民共和国监察部，会同纪检部门一起打击腐败。

20世纪80年代末以来，随着改革开放的深化，国企改革走上历史舞台，由于缺乏经验和制度规范，国有资产流失严重，同时还伴随其他权力违规现象，如在经济领域中，出现了公职人员在经商、征地、拆迁、工程招标中的行贿受贿等现象。为了使制度反腐更有效率，法治成为规范权力和反腐败的主要手段。1997年，中国修订了制定于1979年的《刑法》等一批法律法规，设立了审计机关。最高人民法院、最高人民检察院和公安部发出《关于贪污、受贿、投机倒把等犯罪分子必须在限期内自首坦白的通告》和《关于有贪污贿赂行为的国家行政机关工作人员必须在限期内主动交代问题的通告》。同时，明确提出标本兼治，教育是基础、法制是保证、监督是关键的思想原则，希望通过深化改革，铲除腐败现象滋生蔓延的土壤。

进入21世纪，中国确立了标本兼治、综合治理、惩防并举、注重预防的反腐败方针，并将其作为国家战略整体推进。权力规范开始以建立健全教育、制度、监督并重的惩治和预防腐败体系的"体系反腐"为主，惩处方式由纪律处分转变为纪律处分和司法追究并重。

2010年12月29日，国务院新闻办向外发布了《中国的反腐败和廉政建设》白皮书（以下简称《白皮书》）。《白皮书》前言阐述了中国共产党和中国政府反对腐败与建设廉洁政府的坚定立场、反腐倡廉建设的指导思想、总体思路和所取得的成就。《白皮书》的内容包括中国共产党和中国政府开展反腐败和廉政建设工作的发展历程、领导体制与工作机制、反腐败和廉政建设法律法规制度体系、权力制约和监督体系、通过体制改革和制度创新防治腐败、依法依纪查处腐败案件、廉政教育和廉政文化建设以及

---

① 《邓小平文选》第2卷，人民出版社，1994，第333页。

中国开展反腐败国际交流与合作的情况。《白皮书》的发表彰显了中国政府反腐败的意志和决心。

总结中国共产党权力规范、反腐败的历程,可以看到,历史上中国共产党主要遵循的是思想教育、群众运动、法制建设三大法宝。今天,除了群众运动应该转变成让人民群众依法监督之外,另外两项仍然是权力规范必须采取的行之有效的方法。特别是在新时期,法治应该是权力规范的主要武器之一。

(三) 中国的权力监督状况

中国改革开放 30 多年来,权力在某种程度上出现了失控,这是不争的事实。权力的失控有多种原因,执政党党员的素质降低、公职人员人数急剧增加和管理滞后是最重要的原因。中国经济改革成功,财政实力大大增强,政府从改革开放之前的三级政府发展为改革开放之后的五级政府,政府的部门迅速增加。目前中国公职人员(包括公务员、民主党派、工妇青群、编外人员、没有市场化的事业单位人员)总数在 6000 万人左右,并且每年还在以至少 100 万人的速度增加。公职人员的增加虽然使社会管理进入了良性化轨道,但一些公职人员滥用权力,导致政府的权威性、公正性受到了一些质疑。

以党员数量而言,中国共产党目前是世界第一大党。根据中共中央组织部的数据,截至 2011 年底,中国共产党党员总数已达 8260.2 万名。如此庞大的数量,说明其成功地获得了中国人民的认可,但并非全无隐忧。党员的数量并不代表党员的质量。一些"共产党员"的行为和思想与中国共产党的宗旨背道而驰。2011 年的中国统计年鉴的数据也显示,中国现有公共管理和社会组织 1415.6 万[①],国家财政供养人员为 6516.4 万,集体供养人员为 597.5 万。国家财政供养人员的数量约占总人口的 1/20,这些人可以被理解为广义的公职人员,其绝大多数都是中国共产党党员,掌握一定的权力。

中国共产党和中国政府高度重视这些问题,采取了各种措施,以确保权力在法律的制度下运行。21 世纪以来,中国共产党反腐败工作成效显

---

① 不包括 2.2 万集体单位和 10.7 万社会组织,这些单位主要是群众团体、社会团体、宗教组织和基层群众自治组织。

著，尤其是在以下几个方面取得了不俗成绩。一是加大惩治党员干部和国家工作人员腐败的力度，坚决查处违纪违法案件。二是强化监督制度，建立预防腐败机制，特别是大力推进政府法治。2001年以来，国务院各部门共取消和调整行政审批项目2000多项，地方各级政府取消和调整77000多项，占原有项目总数的一半以上，减少了权力寻租的机会。[①] 三是加强反腐败国际合作与交流。目前中国同许多国家和地区建立了合作、联络、磋商机制以及信息交换机制，可以期待在反腐败国际合作方面将取得更大成就。

这些措施取得了一定的成效，根据中共中央纪律检查委员会的数据，2011年，全国纪检监察机关共接受信访举报1345814件（次），其中检举控告类960461件（次）。初步核实违纪线索155008件，立案137859件，结案136679件，处分142893人。其中，给予党纪处分118006人，给予政纪处分35934人。通过查办案件，为国家挽回经济损失84.4亿元。[②] 根据最高人民法院发布的《人民法院工作年度报告（2011年）》，各级法院2011年全年共审结贪污贿赂犯罪案件22868件，判处罪犯24092人，同比分别下降2.44%和1.09%。其中，判处五年以上有期徒刑6131人，同比上升2.66%。审结渎职犯罪案件4526件，判处罪犯4795人，同比分别上升5.01%和11.67%。最高人民检察院检察长曹建明2012年3月11日在第十一届全国人民代表大会第五次会议上所作的工作报告显示，全年共立案侦查各类职务犯罪案件32567件44506人，人数同比增加1%，其中贪污贿赂大案18464件，涉嫌犯罪的县处级以上国家工作人员2524人（含厅局级198人、省部级7人）；严肃查办利用执法权、司法权谋取私利、贪赃枉法案件，立案侦查涉嫌职务犯罪的行政执法人员7366人、司法工作人员2395人；加大惩治行贿犯罪力度，对4217名行贿人依法追究刑事责任，同比增加6.2%；加强反腐败国际司法合作，完善境内外追赃追逃机制，会同有关部门追缴赃款赃物计77.9亿元，抓获在逃职务犯罪嫌疑人1631人。

这一方面说明中国政府对腐败犯罪实行高压态势，不少公职人员因职务犯罪落马，受到各种形式的惩处；另一方面，如此数量的公职人员，其中不乏高级官员受到惩处，也说明权力监督已经到了应该高度重视的程

---

① 《介绍中国共产党反腐倡廉建设情况》，《中国纪检监察报》2011年6月23日。
② 《关于2011年纪检监察机关查办案件工作情况的通报》（2012年1月6日）。

度。公职人员腐败不独为中国所有，纵观历史，横看世界，公职人员腐败无处不在、无处不有，只不过在不同的国家或地区腐败的程度有所不同，表现的形式有一定的差异。公职人员权力失控是事关政党、政府存亡的大事。前车之鉴如苏联。据有关研究，1991年8月19日之前，苏联共产党各级党组织就被官僚特权阶层和腐败分子所控制，苏共除了共产党的名之外，并无共产党的实了。1989年前后，苏联国内曾经做过一个调查，内容是：苏联共产党究竟代表了谁？答案触目惊心：认为苏共代表劳动人民的只占7%，代表工人的占4%，代表全体党员的只占11%，认为代表官僚、干部的竟占到了85%。根据世界有关组织的清廉排名，北欧国家名列清廉国家前茅，中国居于中下水平。中国尚不属于世界上最腐败的国家，但政府官员的腐败已经超出了民众心理所能承受的程度，权力得不到有效监督和与之相关的腐败成为人们深恶痛绝之事，以至于规范权力运行、加大惩治官员腐败的力度总是名列中国各种各样调查的前三位。

现阶段，中国因权力得不到有效监督导致的腐败处于高发时期，而且正在从经济领域向其他领域快速蔓延，如从建筑招商投标采购等向升迁招生就业等领域蔓延，或者说是向所有存在社会资源或可能成为社会资源的领域蔓延。为了控制公职人员的腐败，有关部门无不绞尽脑汁，出台花样百出的各式政策，从升迁任免到衣食住行，从公职人员本人到其配偶子女，各项措施不可谓不全面，但收效甚微，因为仍然有不少人铤而走险，这已经到了很让人纳闷的地步。难道腐败官员已经到了"官不畏死，奈何以死惧之"的境界？非也。马克思在《资本论》里有一段经典的描述，"如果有10%的利润，资本就保证到处被使用；有20%的利润，资本就活跃起来；有50%的利润，资本就铤而走险；为了100%的利润，资本就敢践踏一切人间法律；有300%的利润，资本就敢犯任何罪行，甚至去冒绞首的危险。"从根本上说，职权和职位是腐败公职人员无形的"资本"，有了300%，其实远远不止，难道能够阻止这样的"资本"流动吗，能够阻止腐败公职人员们去冒被判处死刑的危险吗？

当然，事情并没有如此悲观。马克思的另一句话，"资本来到世间，从头到脚，每个毛孔都滴着血和肮脏的东西"，被事实证明也不完全正确。在良好的法治下，桀骜不驯如脱缰野马般的资本，同样也能够被驯服，服务于美好的目的，造福于社会大众。公职人员用权力服务于人民是一个神圣的职业，关键是怎样避免公职人员滥用权力，或者说不敢腐败，即"天网恢恢，疏而不漏"，不伸手，伸手必被捉。目前适用的一些反腐败举措尚不能称之为天网，抑或说很难称之为网，可以说它是有无数大洞的网，它可能抓到鱼，也可能放走鱼，这使一些违法公职人员具有很强的侥幸心理。此外，还有一些反腐败措施在操作上具有不合程序或违反人权之嫌疑。总之，权力失范、腐败高发，公职人员"前腐后继"，很大程度上是权力规范的制度规定漏洞百出、反腐举措不当、一些反腐措施的时机和方法不妥所致。因此，研究如何规范权力、有效反腐是一件非常有意义的事，它不仅考验着人们的智慧，而且也关系到党和政府的生死存亡。

中国共产党十八大提出了"三个清明"，即坚持中国特色反腐倡廉道路，坚持标本兼治、综合治理、惩防并举、注重预防方针，全面推进惩治和预防腐败体系建设，应做到干部清正、政府清廉、政治清明。"三个清明"给中国带来一股清新之风，让民众对新一届领导集体在约束公职人员行为方面能有作为有了更大的期盼。

三 相关文献简要综述

为了更好地理解这些问题，总结前人的经验和整理难忘的教训至关重要。新中国建立以来，特别是改革开放以来党和政府规范权力的各项方针政策是分析的主要坐标，此外，法律法规体系的架构和基本理论的完善与否也是衡量公职人员权力规范程度的重要工具。学界对如何规范权力和反腐败进行了大量研究，分析这些文献的贡献和不足，将使本研究更为全面。目前，研究权力及其权力腐败和权力规范的文献众多，大致可以分为以下几类。

（一）以权力为研究对象

权力是公法理论的主要研究对象。英国著名哲学家伯特兰·罗素（Bertrand Russell，1872~1970）的《权力论》（商务印书馆1991年版）对何为权力、人为何要追求权力、现实权力何以构成、权力如何得到规制进行了深入的分析。他认为，权力是一种能力，是对他人和资源的支配能力。正因如此,个人、党派、团体都竞相追逐。罗素提出了"积极权力"和"消极权力"之说,认为权力是一种"必要的恶",具有积极和消极两方面的作用。从积极角度看,它是组织社会、维持秩序、实现公共政策目标不可缺少的手段;从消极方面讲,它是谋取不正当利益、实施专制和暴政、发动战争的工具。因此,在肯定其积极作用的同时有必要对其消极作用加以规制。在制约权力时,罗素不限于"权力制约权力""法律约束权力""多元社会团体规制权力"政治学路径,而是同时提出了权力规制的四个条件,即政治条件、经济条件、宣传条件、心理与教育条件。因此,从多角度对权力进行制约并非今人所独创。

林喆的《权力腐败与权力制约》(山东人民出版社 2009 年版)分析了权力的概念、起源、本质和权力的分化、交换以至腐败的全部演变过程,其试图勾勒出权力与需要、资源、分配、市场经济、行政管理、文化传统,权力与责任,权力与权利和义务等现象之间的关系的基本轮廓,揭示权力的本质、权力腐败的根源及根源性反腐败的途径。权力的制约、反腐败的基本模式、腐败与反腐败的较量、廉政法制及施行等内容是林喆所描述的权力制约的基本策略。由于研究方法的局限,林喆只是在宏观意义上提出了反腐败的策略,而缺乏洞若观火的敏锐性和实际可行的操作力,但其研究在国内仍然是具有开创性的。

王沪宁在其所编的《腐败与反腐败——当代国外腐败问题研究》(上海人民出版社 1990 年版)一书中认为,腐败是公共权力的非公共运用。李建华、周小毛认为,腐败是国家公职人员利用手中的职权非法获取个人利益的行为,权力的变质就是腐败。姚中秋在《权力的现状》(北京大学出版社 2005 年版)一书中则认为,不受有效的制约与限制的权力可能确实是有效率的,但这样的权力除了伤害民众的权利与利益之外,也会腐蚀掌权者本身的心灵。因此,文明政治的主题就是驯化权力。这些研究集中于权力的运用及其合法性上,虽然都力主对权力运用进行有效限制,但并未提出限制的具体路径和方法。

任建明、杜治洲的《腐败与反腐败:理论、模型和方法》(清华大学出版社 2009 年版)讨论了腐败与反腐败的理论问题、反腐败的战略框架模型,试图对权力规范提出具体的路径,这是一种新的研究思路。刘江红从权力过剩的角度研究权力失控问题,认为政府的权力是为了实现人民的利益而赋予的，人民的利益的大小决定了政府权力的大小，当政府权力的实际拥有量大于对权力的需求量时，权力就相对过剩了。与过剩的商品一样，权力也会慢慢地腐败和变质。政府权力过剩会导致权力滥用，表现在以下两个方面。第一，政府自由裁量权问题。自由裁量权是行政权的核心，由于自由裁量的行为条件、时空范围、行为方式和行为度不明确，导致自由裁量权过大。第二，行政立法权问题。中国唯一享有立法权的机关是全国人民代表大会及其常务委员会，政府及其各个部属机关属于执法机关，是依照法律行政的机关，不应享有立法权。① 行政机关享有一定的行政立法权易产生权力过剩。权力过剩的观点有一定的新意，涉及权力的合理配置和规范问题，但其核心是权力的规范。

（二）经济学角度的权力规范研究

从经济学角度研究权力规范和腐败问题的学者比较多，最为著名的是寻租理论。寻租理论是舶来品，美国经济学家克鲁格最先提出该理论，② 另一位美国经济学家塔洛克则进一步详细讨论了寻租问题。③ 租，即租金，也就是利润、利益、好处；寻租，即对经济利益的追求。理论上，寻租是专指人们借政府之力寻求财富转移的活动，寻租使政府的决策受利益集团或个人的支配，违背劳动和公平原则。可以说，寻租是当今社会腐败和社会不公的根源。

美国另一位著名经济学家、公共选择学派的创始人詹姆斯·布坎南，在寻租理论方面也有贡献。布坎南创建了经济学的另一个分支——现代公共选择理论，他认为，担任政府公职的是有理性的、自私的人，其行为可通过分析其任期内面临的各种诱因而得到理解。这一思想的主要逻辑结论是政府不一定能纠正问题，事实上反倒可能使之恶化。

寻租理论在中国也较为流行。有学者将权力设定为一种经济学要素。朱启才的《权力、制度与经济增长》（经济科学出版社2004年版）吸收了

---

① 刘江红：《从权力过剩的角度论权力的失控与控制》，《中南民族大学学报》（人文社会科学版）2003年8月第23卷。
② 〔美〕克鲁格：《寻租社会的政治经济学》，刘丽明译，《经济社会体制比较》1988年第5期。
③ 〔美〕戈登·塔洛克：《关税、垄断和偷窃的福利成本》，李政军译，《经济社会体制比较》2001年第1期。

制度经济学理论的观点，认为权力是一种生产要素，是主体对资源的控制力，经济均衡的实质是权力结构的均衡。制度本身也是一种生产力，甚至是最重要的生产力，制度的形成取决于供给和需求两大力量，其中供给是最关键的要素，在影响供给的因素中，权力是决定性的力量。这种观点主要考察了权力在经济运行过程中的作用，间接地指出了权力规范与经济发展之间的关系。

有学者认为反腐败的重点领域是经济领域。张云鹏的《反腐败经济学》（社会科学文献出版社2009年版）对腐败的发生、预防、治理及反腐败的经济价值等进行了细致的经济学机理层面的剖析，提出了腐败程度与反腐败力度、反腐败成本及反腐败投入在经济学意义上的界限。反腐败的学术研究集中在经济领域有一定的道理，但事实上是腐败正在向社会的全领域扩散，而不仅限于经济领域。

在腐败主要发生在经济领域的理论基础上，有学者进一步将权力失范、腐败与市场体制不完善联系起来。陈振明等将行政权力、市场体制与腐败治理联系起来加以系统的理论与实证考察。[1] 市场经济的不完善是诱致腐败发生的重要因素，因此必须把市场经济体制建设和预防腐败统一起来。此外，预防腐败必须与行政管理体制改革统一起来。

胡鞍钢、过勇从公务员成本—收益经济学角度入手，认为腐败的根本原因是目前的制度安排存在缺陷，导致腐败成为"高收益低风险"行为，而廉洁成为"低收益"行为。[2] 在这种制度安排下，公务员缺乏对国家的"信赖感"、缺乏对退休之后生活的"安全感"和长期收益的"信任感"。防止国家公务员腐败的根本措施是通过制度创新，使腐败成为被查出概率极高、政治风险极大、经济成本极高、逃避受到法律制裁惩治的程度极小、个人及利益相关者的精神或名誉受到严重损害的行为，同时，使公务员廉洁能够获得较高的收益。

有学者则试图从系统论的角度入手，改变研究权力规范的理论扁平单一的状况。舒扬、莫吉武的《权力市场化与制度治腐问题研究》（中国社会

---

[1] 陈振明、李德国等：《行政权力、市场体制与腐败治理——一份基于理论与实践的研究报告》，《东南学术》2009年第4期。

[2] 胡鞍钢、过勇：《公务员腐败成本与收益的经济学分析》，《北京观察》2002年第9期。

科学出版社2008年版)一书运用新制度经济学的分析框架,提出建构一个以三个层面——权力主体、行贿主体、监督主体为一体的制度治腐的理论体系。用系统工程思维审视反腐败工作是该书的特点,其体现在:一是从分析权力市场化入手;二是以制度短缺为切入点,摆脱"思想教育——制度规范——思想教育"的思维定势,在制度供求关系中寻求当代中国反腐策略。

(三)法律角度的权力规范研究

权力和法律有密切的关系,权力是法律授权行使的,权力必须在法律的范围内活动是权力理论和实践的共识。从法律的角度研究权力失控和规范问题是权力规范的本原问题,这方面文献较多。这里只简要分析几种有代表性的观点。

在法学意义上,权力失控违反法律,从行为主观态度上可分为作为和不作为两类行为。按照违反法律的行为性质的严重程度看分为两类:一类是违反行政法、经济法的行为,另一类则是违反刑事法律应受刑事制裁的行为。违反党纪和违反道德的腐败行为不属于违法行为,不是所有的腐败行为都是犯罪行为。孟祥锋的《法律控权论——权力运行的法律控制》(中国方正出版社2009年版)研究了法律与权力控制之间的关系。他认为,法律控制的"权力"是整个权力现象中最为核心的部分,即公共权力、国家权力或政治权力。法律控权主要是指法律对权力运行的控制,重点是对扩张性最强的行政权力进行控制。孟祥锋认为,一些学者提出的"依法行政"只是法律控权的表现,而"以权力制约权力"、"以权利制约权力"等也只是法律控权的具体机制或形式。法治社会的基本标志应该是,权力源于法律,服从法律,止于法律;法律高于权力,大于权力,控制权力。孟的研究抓到了问题的关键,对权力失控的认识和权力规范有一定的启发作用。

汪习根主编的《权力的法治规约——政治文明法治化研究》(武汉大学出版社2010年版)中则提出,政治文明即是权力文明,而权力文明的出路在于对权力的法治规约。政治文明法治化的关键在于权力的法治化以及由此衍生的权力与权利之间的内在和谐,权力与权利之间的外在互动。而能理性有效地建构与导引这些关系的当属公法,公法法治是政治文明法治构建的当务之急,为此,应当理性地构建文明的立法法治、行政法治、司法法治和执法法治制度。汪习根对法律和权力之间关系的研究切中了权力规范的要害,值得人们深思。

不言而喻,司法是反腐败的主要途径。朱立恒所著的《腐败犯罪的司法控制》(中国检察出版社2010年版)提出了腐败犯罪的司法控制的观点,又称刑罚控制、刑事控制。腐败犯罪的司法控制主要是指国家刑事司法系统通过侦查、起诉、审判、执行等刑事诉讼程序抑制有关腐败犯罪的活动。司法控制腐败犯罪是中国反腐败斗争的重要途径。一方面,司法程序揭露、证实、惩治腐败犯罪,其是建立健全教育、制度、监督并重的惩治和预防腐败体系不可或缺的重要组成部分;另一方面,通过司法手段控制腐败犯罪具有社会控制所不具备的某些优势,其更严厉、更准确,评价也更为负面。

还有的学者从诉讼法的角度来研究权力规范和反腐败问题。李秀娟的《中国反腐败立法构建研究——以联合国〈反腐败公约〉为视角》(中国方正出版社2007年版)提出了反腐败政策的法治原则,研究了预防腐败犯罪在刑事诉讼立法中的构建,其包括如下内容:腐败犯罪刑事侦查、被追诉主体的完善、追诉机制、增设刑事缺席审判制度的必要性及可能性、证据立法与完善、犯罪资产的追回与返还、反腐败案件刑事司法协助、国际管辖权、追诉时效等。

司法控制腐败的作用毋庸赘述。但是,由于各种因素的作用,在现实社会中,并非所有的反腐败行为都能严格地按照法律的要求遵循司法的程序进行。此外,司法腐败本身也应引起足够的重视,司法是社会公正的底线,司法腐败则离社会崩溃不远了。

(四) 社会学角度的权力规范研究

较之法律的制度意义而言,从社会学角度上研究权力失控问题,是研究视野的扩展,是更基础性的研究。从社会学角度分析权力行为的理论与方法多种多样,自然环境和生物机体理论、权力越轨理论、社会结构与社会冲突理论、社会解组理论、亚(次)文化群理论、社会互动理论、个性心理理论等都可以从不同的角度分析权力问题。以权力越轨理论为例,在社会学意义上,越轨是指偏离和违反社会规范的行为。越轨行为并非都具有反面意义,因为越轨有两面性,一种是违背旧习俗、落后规范的行为,这种越轨行为虽然具有违法性却具有合理性，对社会发展有益；另一种越轨是违反现存正当的法律和社会习俗的行为，既无合法性也无合理性。它们都是权力失控理论所关心的问题。权力越轨是指权力脱离正当约束规则而行使的行为。朱勇认为，按照不同的标准，权力越轨行为可分为不同种类。按照权力的行为方式划分，权力越轨可分为两大类：一种是权力滥作为，或权力滥用，即权力主体在行使权力过程中，任意扩大权力的适用范围，以积极的行为方式以权谋私、权力交易、擅断专权、玩弄权术等；另一种是权力不作为，即权力主体怠于行使或根本不行使该行使的权力，表现为渎职等行为。按照权力越轨涉及的领域，还可将权力越轨分为立法权力越轨、行政权力越轨、司法权力越轨、学术权力越轨、人事权力越轨等。[①] 从社会学意义上分析权力越轨具有一定的意义，但要根治权力越轨则应以法治为基础。

（五）群众参与角度的权力规范研究

权力失范和腐败是发生在社会中的，与人民群众的生活息息相关，在权力规范和反腐败的过程中，没有人民群众的参与，注定是难以取得成功的，因此，研究人民群众如何参与权力规范是反腐败研究理论非常重要的内容。乔德福的《举报与反腐败——新形势下的群众举报与反腐败研究》（中国社会出版社2007年版）研究了群众举报在权力规范和预防中的作用。乔德福认为，举报是群众参与反腐败斗争最直接最有效的形式，目前群众举报腐败行为工作机制存在缺陷，举报成本和收益是制约群众参与反腐败的直接因素。群众举报腐败行为工作机制运行存在缺陷的原因在于：举报工作体制改革不到位、举报制度不完善、举报机制不健全、举报力量整合不足。

此外，还有一些文献涉及了社会监督的其他形式，如新闻监督等。有的学者甚至认为应当进行新闻监督立法。实践中，有的地区也做了这样的探索。如郑州市就出台了一部预防职务犯罪的地方性法规——《郑州市预防职务犯罪条例》，授权媒体监督公职人员。媒体具有信息及时、传递迅速、传播范围广等特点，因此媒体监督是规范公职人员行为的最有效措施之一。

[①] 参见朱勇《权力越轨的社会学分析及防治措施》，《中国集体经济》2008年第7期。

（六）行业角度的权力规范研究

权力腐败并非孤立自生行为，而是发生在某个领域的行为，或发生在建筑领域，或发生在司法、教育、医药等领域。研究权力在具体领域中的腐败形式，有助于遏制日益猖獗的腐败现象，不少学者在此方面花费了大量笔墨。林喆的《权力腐败与权力制约》（山东人民出版社2009年版）就研究了腐败的具体领域及其形式，如行政腐败、司法腐败、教育腐败、医疗腐败等。任建明、杜治洲的《腐败与反腐败——理论、模型和方法》（清华大学出版社2009年版）研究了建筑领域腐败、教育腐败和医疗领域腐败的问题。建筑工程领域是腐败发生最严重的领域之一。自改革开放以来，建筑工程领域腐败一直困扰着建筑行业。建筑行业腐败的表面现象为工程质量和安全形势堪忧、拖欠工程款和农民工工资严重、工程招投标中"黑白合同"问题突出，实际上是建筑领域招投标、项目审批、设备和材料采购中行贿受贿、贪污腐败问题严重。

医疗卫生领域腐败也是任建明等关注的焦点。医疗卫生领域腐败既可能发生在医疗系统中，也可能发生在医疗器械和药品生产企业中。医疗卫生领域的腐败包括六个主体：医疗机构、医药企业（包括生产、研发药品、医疗器械的各类企业和公司）、患者、保险机构、其他企业（为医疗机构提供除医疗器械和药品之外的其他各种生产或服务的企业，例如建筑承包商）、政府机构。任建明认为，按主体之间的关系来划分，医疗卫生领域的腐败主要有五种类型：（1）发生在医疗机构和医药企业之间，围绕药品和医疗器械采购而发生的腐败，以各种各样的回扣为主要形式。根据《刑法》和《反不正当竞争法》，医疗购销中的各种回扣都属于贿赂或商业贿赂。（2）发生在医疗机构和患者之间，围绕医疗卫生服务活动而发生的腐败，以各种各样的"红包"为主要形式，或者是各种各样的托关系、走后门等不正之风。（3）发生在医疗保险企业、医疗机构和患者三方之间，以各种医疗欺诈、骗取保险款项为主要形式的腐败。（4）发生在政府及其各个监管对象之间的腐败，主要有发生在政府和医药企业之间的，围绕药品注册、审批的审批监管型贿赂腐败。（5）发生在医疗机构和其他企业之间的腐败，主要是医疗机构基建工程中的贿赂腐败。医疗领域腐败发生的主要原因是：医疗信息不对称，医疗行为的不确定性、复杂性、公共性和外部性。医疗领域中涉及权力腐败的内容主要为政府和医药企业之间的腐败，其他则属于非权力类型的腐败。这些腐败行为虽不全部是权力腐败，有些是市场中不规范的行为，但与政府监管是否作为有关，因此，从根本上说，仍然与权力行使不可分。

（七）国际反腐败经验研究

现代社会是网络社会，全球化是当今社会的基本特征，因此，研究网络环境下的国际反腐措施是实现这个目标的主要手段。欧阳卫民所著的《反腐败、反洗钱与金融情报机构建设》（法律出版社2006年版）一书从全球化的视角梳理了国际反洗钱的基本格局与趋势，如国际反洗钱现状和趋势、国际反洗钱立法的基本原则和精神。做好金融情报工作、资金监测分析工作可以为打击洗钱犯罪提供支持。此外，金融情报机构的定位、定性、权力、义务，以及具体的制度，如依法履行报告义务、专员制度、存款实名制等对规范权力运行也有积极的作用。

此外，他山之石可以攻玉，权力规范和反腐败的国际经验也是中国学者关注的主要内容。周琪、袁征的《美国的政治腐败与反腐败》（中国社会科学出版社2009年版）追溯了美国反腐败机制的形成历史，阐述了美国反腐败机制的法律和规章的制定与修正以及执行这些法律和规章的政府机构，介绍了美国地方政府反腐败措施的发展。为了说明美国政治腐败的特征和反腐败机制的运作方式，他们列举了美国政府官员和国会议员的腐败及其惩处案例。何增科所著的《政治之癌——发展中国家腐化问题研究》（中央编译出版社2008年版）研究了发展中国家腐败的类型、程度、特点和演变规律，剖析了发展中国家腐化问题的政治体制和经济体制根源、社会经济原因、历史文化原因，同时，何增科对国际社会反腐败的理论和实践的进展进行了梳理。李翔的《国际反腐败公约与国内法协调问题研究》（中国人民大学出版社2010年版）分析了国际反腐败公约以及中国法律的相关规定，总结了国际反腐败理念与制度，以及国际反腐败公约在其他国家的实践，从实体和程序角度对中国反腐败法制体系提出了完善意见。

研究国际反腐败经验的文献还有很多，研究学习他国经验的同时，与中国的实践相结合，则是更重要的目的。

四 研究目的、研究对象和研究方法

（一）研究目的

公职人员权力规范的核心在于人的行为规范问题，无论什么制度、什么理论最终也是要解决人的问题。毛泽东在"进京赶考"的时候，意识到了"糖衣炮弹"的威力，但未意识到有如此猛烈的程度。毛泽东的"两个务必"更多只是从道德层面要求党的干部"不要学李自成"。今天，中国共产党党员近8000万，同老一辈共产党人相比，一些党员，特别是党员领导干部缺少的不是知识和技能，而是理想和信仰。在没有理想和道德约束失灵的状况下，制度约束不得不提上议事日程。苏共在拥有20万党员的时候，建立了苏维埃政权；在拥有200万党员的时候，战胜了希特勒；在拥有2000万党员的时候，却失去了政权。这说明，对一个执政党而言，党员的数量固然重要，党员的质量更重要，人的问题也更为关键。

30多年前，邓小平提出，好的制度能约束坏人。好制度必须是行之有效的制度，是具有普遍认可度和权威性的制度，是人人遵守而不得侥幸规避的制度。然而，从权力规范和反腐败的现状来看，好的制度屈指可数。大多数制度"看起来很美"，然而很难发挥实际的作用。因此，本书将沿着这个思路，研究人的问题、人和制度之间的关系，以及公职人员的管理和规范问题，即制度如何制定并发挥作用的问题。

长久以来，如何定位公职人员，理想和现实一直处于冲突之中。理想的公职人员是全心全意为人民服务、摒除个人利益的群体，现实的公职人员却是有着七情六欲的、有着各种利益要求的活生生的人。有学者将具有这种利益要求的公职人员定位为理性"经济人"[①]，即是说，公职人员不一定是一个品德非常高尚、具有强烈为人民服务思想的人，而同样也是一个在市场中追求个人利益最大化的理性经济人。中共十八大选举产生的新任

[①] "理性经济人"的来源可以追溯到经济学鼻祖亚当·斯密在《国富论》中所阐述的观点，之后经济学不断完善和充实，并逐渐将"理性经济人"作为西方经济学的一个基本假设，即假定人都是利己的，而且在面临两种以上选择时，总会选择对自己更有利的方案。

总书记习近平在其就职演说中，提出中国共产党要全心全意为人民服务，"人民对美好生活的向往，就是我们的奋斗目标"。习近平无疑对中国共产党提出了一个很高的道德要求，值得佩服，但对作为理性经济人的公职人员的规范似乎不能简单地以传统的为人民服务、无私奉献的道德理想来要求，而需要配之一整套的制度安排。这些制度安排是随着中国革命和经济建设的进展、中国改革开放的深入而不断完善和拓展的。尽管在干部选拔时，道德高尚也是一个重要的指标，但这些制度不再将公职人员看成一个品德高尚的群体，而是将公职人员看成一个具有七情六欲的普通人，只不过这个普通人因为执掌着人民赋予的权力必须接受一定的制度约束，而不能恣意妄为，背离权力行使的目的和宗旨。从这种意义上说，本书更关心的是制度安排和公众的意志的协调，其是否反映了公众意志，以及什么样的制度能够使公职人员恪尽职守、廉洁从政，这也是本书希望达到的目的。

（二）研究对象

本书的研究对象是公职人员的禁止性行为，其实公职人员的行为还有一种类型是限制性行为，即该行为要取得合法性，必须满足一定的条件，否则就是禁止性行为。公职人员行为规范与公职人员的职责密切相关。对公职人员而言，腐败行为和行为失范是禁止性行为，另一些行为如收受礼品行为等则是限制性行为。在讨论公职人员的禁止性行为时，有一种观点值得注意，即有人将新兴国家的公职人员腐败行为分为政治性腐败和行政性腐败。[①] 政治性腐败是指政治行为，特别是选举活动引发的腐败行为，表现为因选举的需要，政治精英和经济精英结成联盟，合伙制定对己有利的法律和政策，这种行为比较隐蔽，不易为社会知晓。行政性腐败是指公职人员利用公共权力和其他资源为个人或小集团谋取私利的行为。行政性腐败大多发生在公职人员与行政相对人之间，容易为社会公众知晓，并引起社会的强烈反响。分析中国当前公职人员行为失范的形式和走向，不难看出，行政性腐败是其主要的形式，也是本书关注的内容，严格地说，本书关注的是与腐败有关的更为专门的领域——公职人员禁止性和限制性行为，以及如何规制。当然，需要区分的是，腐败行为肯定是公职人员禁止性行

---

① 房宁：《理解东亚政治发展的关键概念》（下），《中国社会科学报》2011年9月22日。

为,但限制性行为不一定是腐败行为。

(三) 研究方法

做研究忌讳缘木求鱼、生搬硬套。学习他人的经验非常重要,然而更重要的是知己知彼,掌握适当的研究方法就显得格外重要。

1. 定性分析和定量分析结合

长期以来,对公职人员行为规范的研究多数是定性分析,定量分析较少。本研究引入了社会调查和统计学方法,丰富了公职人员行为规范研究的方法,如采用了问卷调查方法、文献梳理方法、座谈访谈等多种方式。有关部门在制定各项权力规范措施时,一般都会以权力运行的现状为基础,因此对现状了解的程度决定了政策可能深入的程度。从现有的政策和法规来看,许多政策的出台对现实的关注非常有限,因此缺乏可操作性。问卷调查可以在一定程度上了解人们对廉洁从政和权力规范的认识,特别是对一些具体措施的认识。

为了使问卷调查具有科学性和相对准确性,问卷的指标经过了反复研讨,并广泛地征求了专家意见,与此同时,课题组梳理了党和国家的法规和政策,因此指标具有现实性和合规性。另外,出于制度研究的考量,还具有一定的引导性和前沿性。

基于上述指导思想,围绕公众意志下的权力规范和权力失范预防,课题组设计了针对公职人员和公众的两套问卷,两份问卷基本内容相同,只是略有差异。问卷的第一部分是调研对象的基本情况。在此部分,公众问卷与公职人员问卷不同之处在于,公众问卷部分的问题有就业状况和月收入状况变量,就业和月收入变量对于了解公众对公职人员廉洁从政的意识具有一定的作用。公职人员部分则涉及了所在单位以及所在单位的级别问题。设计这个问题是希望了解不同国家机关以及不同行政级别的公职人员对预防腐败措施的看法。

问卷的第二部分内容是公职人员财产公开,涉及以下几个方面:政府机关工作人员财产状况是否应当公开;需要公开财产的公职人员级别;除工资、奖金外还应当公布公职人员的什么财产;需要公布的公职人员亲属范围;公职人员的财产应该向谁公开;公职人员财产公开的方式;完善领导干部重大事项报告、收入申报等制度的其他措施。公职人员问卷比公众问卷多一个问题,即公职人员财产监督的范围和路径。

问卷的第三部分的内容为公职人员的禁止性和限制性行为。公职人员禁止性和限制性行为的问题涉及:公职人员是否可以从事获利性兼职(如在企业兼职、自办企业等);公职人员在履行职务之外不能为之的行为;不同级别公职人员配偶拥有外国国籍或者外国永久居留权;不同级别公职人员的未成年子女拥有外国国籍或者永久居留权。

问卷的第四部分内容是"三公消费"。主要包括以下几方面的内容:应配专车的领导干部级别;领导干部专车的用途;公费宴请的情况是否应当公开;国外公务考察的情况是否应当公开;国外公务考察应公开的内容;您认为应该如何完善公务消费制度(开放性问题)。

2. 规范分析与实证分析结合

规范分析是对事物现象和运行状态进行推理和判断,分析事物的本质和价值。政策和法律都存在应然与实然的问题,规范分析方法需要在应然和实然两个层面上进行。一是分析政策和法律规范的内部结构以及背后的逻辑,二是分析政策和规范运行的效果。因此,本研究的规范分析更多是分析规范的合法与非法状况、规范运行的效果、权利和义务之间的关系等内容。这里的规范分析不只是对法律进行规范的分析,而且也包括对政策文件的分析。任何一种法律法规或者政策文件中都包含价值定位,都有"良法"或"恶法"的选择。法律不仅应具有形式或程序合法性,而且应具有实质合法性。因此,法律制定的过程应是一个广泛征求人们意见、追求多数人利益最大化的过程。

这里的实证分析也不是前面所说的量化研究,而是对制度本身进行的分析。制度应包含三方面的内容:制度的价值内涵、规范体系以及实施成效。首先,规范分析是对政策文件和法律规范承载的价值进行分析。其次,是对文件和法规的体系、法条、文字进行分析,此即法律注释,这是法律解释学的任务。由于背景和立场的差异,人们对同样的法条有不同的理解,因此,解释是重要的规范实证分析。最后,是对实施效果的分析。法律同时是一种实践理性。法律在实施中,背后的逻辑秩序和价值理性与实践现实之间存在博弈,结果是使法律更加趋于良善和有效。具有实效是政策和法律规范的目的,而实现社会正义是其最终目的。政策和法律的实施效果一直是法社会学关注的范围,但政策和法律预期的效果如果不能转化为实践秩序，政策和法律就只能是文字堆砌、纸上谈兵。社会从"实然"现状向法律"应然"逻辑的求证过程，也是检验政策和法律法规的逻辑和价值是否合理的过程。权利和义务是法律的核心要素，法律是调整人们权利义务关系的规范体系。只有规范分析与实证分析相结合，才能考量政策和法律在利益保护、权利和义务关系方面的真实内容。

五 公职人员禁止性行为调研概况

（一）公职人员调查的基本数据

从2010年6月到2011年5月，调研组分别在北京、四川、贵州、山东、湖北、湖南、广东、河南、青海、浙江、江苏、河北、天津、黑龙江、重庆、山西、吉林、云南、甘肃、辽宁、江西、安徽、陕西等23个省市，对公职人员开展了廉洁从政的问卷调查。2010年调查了16个省，2011年调查了7个省。共向23省的公职人员发放问卷1617份，回收有效问卷1464份。

在被调查的公职人员中，男性有933人，占被调查人数的63.7%；女性480人，占被调查人数的32.8%；未回答性别有51人，占被调查人数的3.5%（见图导言-1）。

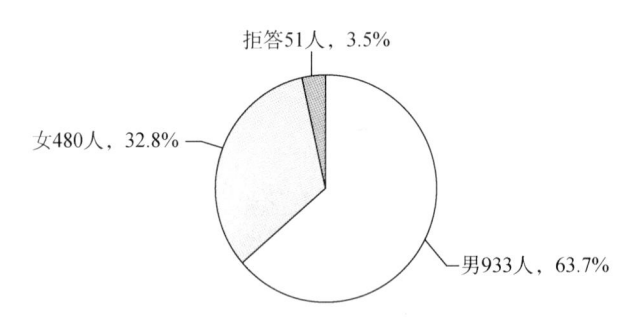

图导言-1 接受问卷调查的公职人员性别比

被调查的1464位公职人员的年龄分布为：25岁及以下有60人，26~35岁有608人，36~45岁有436人，46~55岁有272人，56岁以上有34人，未回答年龄状况的有54人。26~45岁的被调查公职人员占被调查人数的71.3%，属于正态分布，这部分人是公职人员的骨干，能满足调查的要求。公职人员年龄百分比参见图导言-2。

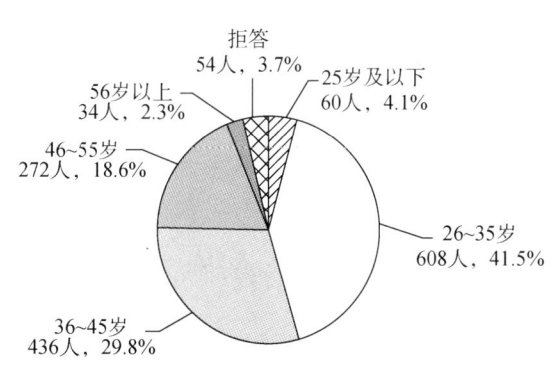

图导言-2 被调查公职人员的年龄分布

被调查的公职人员来自各级人大、政协、法院、检察院、公安部门、政府内设部门、司法部门、安监部门、商贸部门、劳动人事部门、财政部门、计生部门、建设部门、民政部门、国土资源部门、统计部门、审计部门、科技部门、海关、交通部门、税务部门、盐业部门、文体广电部门、档案部门、教育部门、环保部门、城管执法部门、卫生部门、农林部门、水利部门、质量监督部门、信访部门、纪检监察部门、事业单位及国有企业、党团组织、乡镇政府、政法部门等多个部门和层级。

有266人被调查公职人员来自省部级单位（含副级），295人来自地厅级/司局级单位（含副级），409人来自县处级单位（含副级），429人来自科级单位，65人未回答单位级别情况。被调查公职人员单位级别分布情况参见图导言-3。

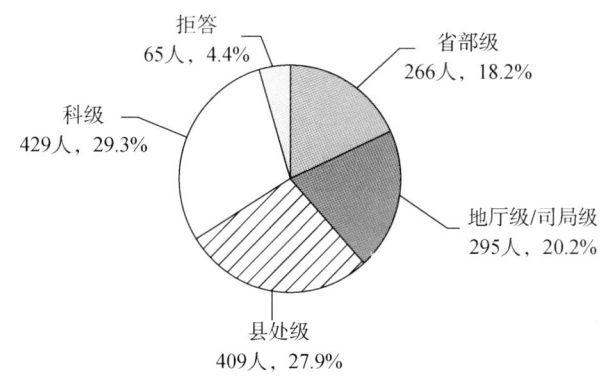

图导言-3 被调查公职人员单位的级别分布状况

从政治面貌来看，在被调查的公职人员中，有 1237 人是中共党员，占 84.5%；34 人为民主党派，占 2.3%；73 人为共青团员，占 5.0%；37 人为无党派人士，占 2.5%；59 人为群众，占 4.0%；24 人未回答政治面貌问题，占 1.6%。图导言 - 4 为被调查的公职人员政治面貌的百分比情况。

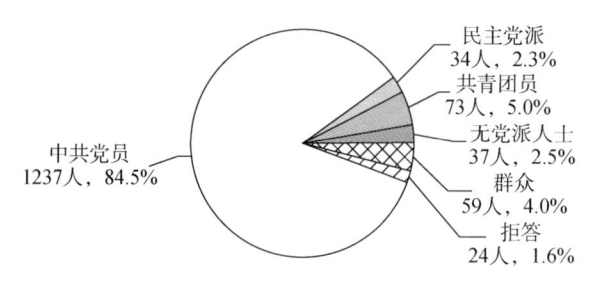

图导言 - 4　被调查公职人员的政治面貌分布

在文化程度方面，具有本科学历的被调查公职人员人数最多。有本科学历的为 862 人，占 58.9%；研究生以上的有 314 人，占 21.4%；大专 245 人，占 16.7%，这三项相加人数达 1421 人，占总人数的 97%。这说明中国公职人员的知识化程度已经较高。其余公职人员的学历分布情况分别为：初中及以下 10 人，占 0.7%；高中文化程度 30 人，占 2.0%；未回答文化程度的 3 人，占 0.2%（见图导言 - 5）。

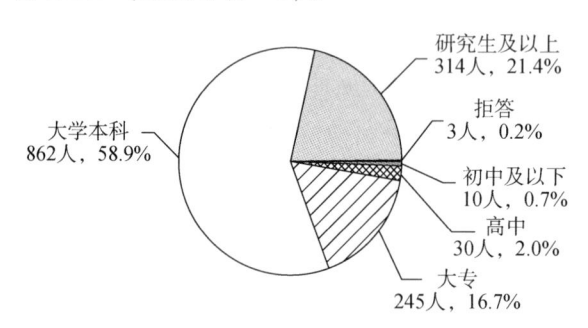

图导言 - 5　被调查公职人员的学历情况

在工作年限方面，接受问卷调查公职人员的工作年限分别为：工作 5 年以下的有 389 人，占 26.6%；6~10 年的有 314 人，占 21.4%；11~15 年的有 207 人，占 14.1%；16~20 年的有 186 人，占 12.7%；21~25 年的有 107 人，占 7.3%；26~30 年的有 113 人，占 7.7%；31 年以上的有 33 人，占 2.3%；有 115 人未回答工作年限，占 7.9%。被调查公职人员的工作年限百分比分布参见图导言－6。

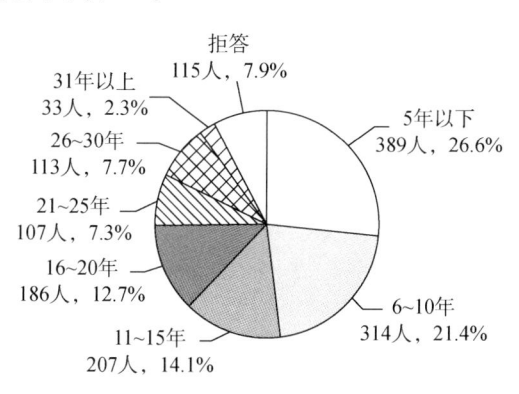

图导言－6 被调查公职人员的工作年限情况

接受问卷调查的公职人员的行政级别情况如下：省部级有15人（含副职），占1.0%；地厅级/司局级有58人（含副职），占4.0%；县处级290人（含副职），占19.8%；科级605人（含副职），占41.3%；科级以下463人，占31.6%；有33人未回答本人的行政级别，占2.3%。从人数分布来看，科级和科级以下的官员最多，县处级也占有相当比例。被调查公职人员行政级别所占百分比参见图导言－7。

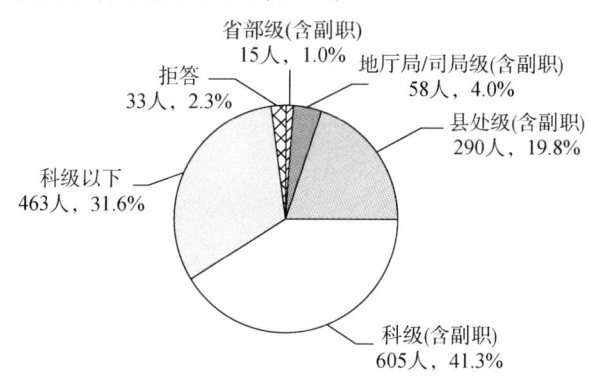

图导言－7 被调查公职人员的行政级别分布情况

（二）公众调查的基本数据

同期，调研组分别在上述23个省市，对公众开展了公职人员廉洁从政的问卷调查。2010年调查了16个省，2011年调查了7个省。一共向公众发出问卷1555份，回收有效问卷1505份。

在接受调查的公众中，男性为 789 人，占被调查公众的 52.4%；女性为 688 人，占被调查公众的 45.7%；有 28 人未回答性别状况，占被调查公众的 1.9%。接受调查的公众性别比情况参见图导言-8。

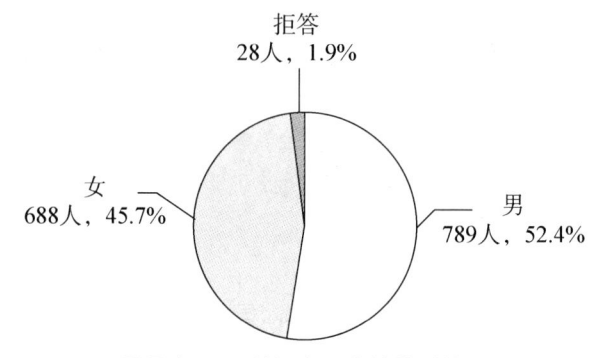

图导言-8　被调查公众的性别状况

从年龄来看，25 岁及以下的有 341 人，占 22.7%；26~35 岁的有 578 人，占 38.4%；36~45 岁的有 294 人，占 19.5%；46~55 岁的有 170 人，占 11.3%；56 岁以上的有 97 人，占 6.4%；未回答年龄问题的有 25 人，占 1.7%。不同年龄人所占百分比参见图导言-9。

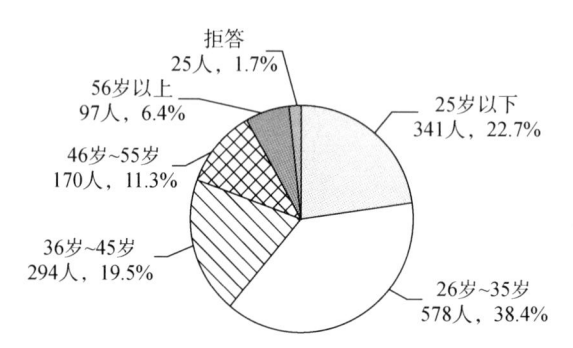

图导言-9　被调查公众的年龄分布状况

被调查公众中，9 人为小学文化以下，占 0.6%；初中文化（含同等学力）有 62 人，占 4.1%；高中学历（含同等学力）为 173 人，占 11.5%；大学专科为 495 人，占 32.9%；大学本科为 582 人，占 38.7%；研究生学历以上为 179 人，占 11.9%；未回答文化程度的 5 人，占 0.3%。从学历状况来看，受过高等教育的人占 83.5%，具有较高文化程度的人更能自由表达自己的思想和意志。被调查公众的学历百分比情况参见图导言-10。

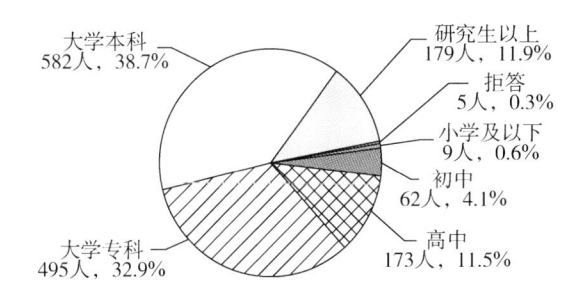

图导言-10 被调查公众的学历状况

在政治面貌方面，被调查公众中，有690人是中共党员，占45.8%；26人为民主党派人士，占1.7%；339人为共青团员，占22.5%；86人为无党派人士，占5.7%；群众为349人，占23.2%；未回答政治面貌的有15人，占1.0%。需要说明的是，被调查公众中可能也有公职人员，因不是按照国家机关系列发放的问卷，故将其归类于公众中。接受调查的公众的政治面貌百分比参见图导言-11。

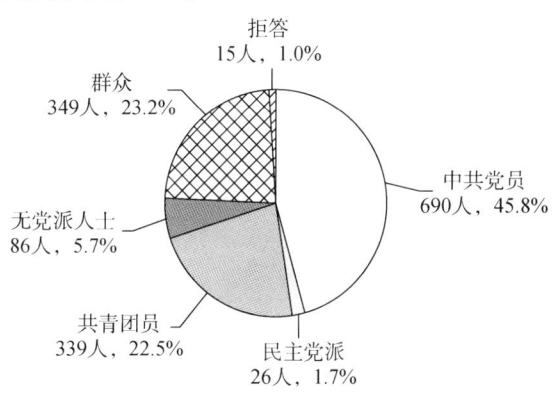

图导言-11 被调查公众的政治面貌分布图

就业状况是考察公众对预防腐败措施的有价值的变量。在被调查公众中，1188人有职业，占78.9%；无业人士（含失业、待业）65人，占4.3%；学生136人，占9.0%；离退休人员105人，占7.0%；未回答就业状况的有11人，占0.7%。被调查公众的就业状况百分比参见图导言-12。

被调查公众的月收入情况为：有185人为无收入者，占12.3%；133人月收入在1000元以下，占8.8%；667人月收入在1001~3000元，占44.3%；387人月收入在3001~5000元，占25.7%；98人月收入在5001~10000元，

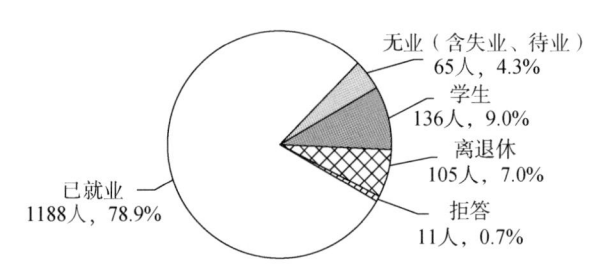

图导言-12 被调查公众的就业状况

占 6.5%；10000 元以上（不含 10000 元）有 22 人，占 1.5%；未回答本人收入状况的有 13 人，占 0.9%。月收入在 1000～5000 元中等收入区间的调查对象居多。考察被调查人员的收入状况对于调查其对权力行使和规范的看法有重要的参考价值。被调查公众的收入状况百分比参见图导言-13。

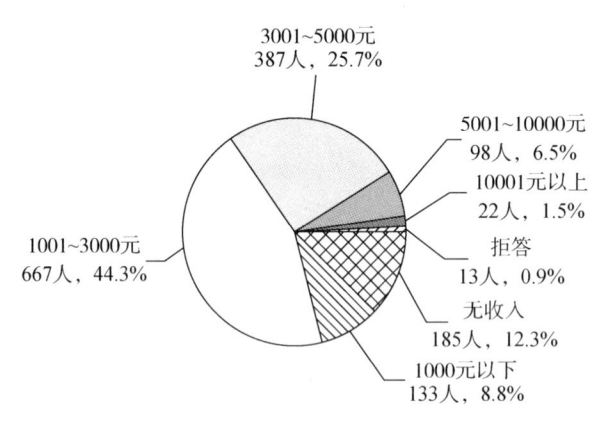

图导言-13 被调查公众的月收入状况

针对官员和公众设计的两份问卷的基本问题是相同的，然而在答案上呈现出一定的差异，可以明确看出官员和公众对权力规范看法的分歧所在。

第一章

公职人员禁止性行为的理论和法律基础

第一节 禁止性行为的理论基础

公职人员是国家管理者，代表人民行使权力，因此，现代政治要求有一套公职人员的行为规范，特别是有一套公职人员行使权力的准则。公职人员的这个定位经历了一个漫长的演变过程。在皇权时代，各级官员是皇帝的奴仆，为皇权服务，尽管皇帝自称天子，行使天道，然而终归是为了皇家统治的天长地久。在古代社会向现代社会的转变过程中，权力经历了痛苦的嬗变，而且这个变迁仍然在继续。尽管现代政治对权力的行使有明确的要求，一些权力行使者依然享受掌握权力的乐趣，并用其谋取私利。分析权力的来源和其本质是斩断权力私用的根基和明晰权力本质的必要理论途径。

权力是政治学中的核心概念，同样也是法学的核心概念。现代社会的法学不外应做两件事：一是限制公职人员的权力，二是保障公民的权利。学者们对权力有不同的解释。如迈克尔·曼认为权力是社会权力，且有四种来源，即经济、意识形态、军事和政治来源。[1] 韦伯认为："权力意味着在一种社会关系里哪怕是遇到反对也能贯彻自己意志的任何机会，不管这种机会是建立在什么基础上。"[2] 韦伯的这个定义包含以下几层意思：权力是社会关系中的权力，权力是某种意志的贯彻，在贯彻意志的时候可能会遇到反抗，而反抗有着一定的基础。在韦伯那里，权力不是孤立存在的，其具有更广泛的社会意义。权力不是一种单向作用的力（force），而是一种"关系"（relation）。此外，国家利益贯穿韦伯权力思想的始终，权力是某种意志的贯彻，这种意志指的是国家利益。国家则是"一种通过章程可以修改的行政管理和法律制度，行政管理班子的团体行为的运行以这种制度为取向，它不仅要求适用于——基本上由于出生而加入到团体里的——团体

---

[1] 参见〔英〕迈克尔·曼《社会权力的来源》，刘北成、李少军译，上海人民出版社，2007。

[2] 〔德〕马克斯·韦伯：《经济与社会》（上卷），林荣远译，商务印书馆，1997，第81页。

的成员，而且在很大程度上也适用于在被统治的地区发生的一切行为"。①韦伯认为，要使国家权力运行良好，需要一个权力支配主体——职业政治家，他们能够把握本民族长远的经济政治"权力"利益，而且有能力在任何情况下把这一利益置于任何其他利益之上。②这显然是指权力的本质以及行使的目的，其中还暗含了权力行使者的职业道德问题。

权力的公共性要求其行使者必须用权力造福权力的所有者，然而，权力是由被委托的个人具体行使的，在权力行使的过程中，个人及其所属社会群体的利益就会掺杂其中，如果缺乏制度约束和社会监督，个人利益就会如加码的天平，使权力行使者倾向于用权力谋取私利。在市场经济中，权力的行使者同时也是经济社会中的"经济人"，他们会以追求自身利益最大化为目标。在主观上，"经济人"面临着追求自身利益最大化和公共利益的冲突，当现实中的公共决策不能同时实现公众利益和权力行使者个人利益最大化的目标，社会可供分配资源不能直接满足每个人的需求，权力行使者在资源占有和利益分配上占据优势地位，那么，其利用公共权力满足个人私欲就有了可能。同时，权力的行使者如果缺乏道德自律，并且公共权力缺乏严密而有效的制约和监督时，权力行使者就有可能利用手中的权力，牺牲公共利益，以实现个人利益最大化，这就发生了公共权力的异化，也就是人们常说的腐败。"异化"是一个哲学概念。马克思主义认为，作为社会现象，异化是同阶级一起产生的，是人的物质生产与精神生产及其产品变成异己力量，反过来统治人的一种社会现象。权力变异则是指权力的运行及目的与其性质相背离。权力的行使目的应是服务于公共利益，但当公权力失控或者说非公共运用时，权力就异化成了相反的力量。如前所述，权力的所有者和行使者相分离，使权力异化存在可能性，在缺乏约束的情况下，这种异化的可能性还非常大。

权力不是与生俱来的，而是特定的历史现象。它具有以下几个特征。

（一）权力是一种社会关系

权力自身是不可能单独存在的，它只在社会关系中才能发挥作用。如前所述，马克斯·韦伯早就意识到权力的社会性，我们同样应将权力放在

---

① 〔德〕马克斯·韦伯：《经济与社会》（上卷），林荣远译，商务印书馆，1997，第84页。
② 〔德〕马克斯·韦伯：《民族国家与经济政策》，甘阳等译，三联书店，1997，第104页。

特定的社会背景之下来考察。权力是在特定社会环境中发挥作用的一种力量，它必须有作用的对象，其既可能是对人的管理，也可能是对资源的调配。

（二）权力具有强制性

权力之所以对人或者资源具有管理和调配的能力，是因为权力具有强制性。在不同的社会，这种强制性的来源是不同的。在古代社会，权力的强制性更多是来源于暴力工具和军事力量，在现代社会，暴力工具和军事不再直接发挥作用，而是退隐幕后，在前台舞蹈的是现代政治的一些基本规则，例如选举、立法、警察、行政等。当然，这些权力并非"单独作战"，暴力和军事力量仍然是权力强制性的重要支撑。任何一个政府离开了暴力和军事力量都是不能生存的，不论这些暴力工具和军事力量是依附于政党还是所谓的"国家化"。正是权力后面具有强硬的暴力支撑，其才具有强制性，即具有迫使被管理者接受命令的权威性。一种权力是否具备合法性，不应看其后面是否有暴力支撑，而应看其是否代表了人民的利益；不应看其口头上是否宣布代表人民，而应看其是否真正地为人民服务。

（三）权力具有可分离性

权力属于人民所有，但由于社会分工的细化，人民作为一个抽象的集合名词不可能自己行使权力，因此，大多数国家实行的都是间接民主的代议制。代议制是人民通过相关机构将权力委托给不同层面的代理人，权力的主体和行使者处于分离状态。政府的利益诉求并不那么单纯，公共利益有可能与公职人员自身利益捆绑在一起，公共利益可能成为"唐僧肉"，成为孕育贪污腐败的温床。在这种状态下，极可能出现权力使用者违背权力所有者意愿的情况。中国是社会主义国家，《宪法》规定人民管理国家和公共事务的权力只能通过间接选举委托给政府，由公职人员具体行使。一旦公职人员以权谋私，权力就有可能变成侵犯人民权利的工具。因此，建构一个监督权力行使的制度就显得格外重要。

（四）权力具有高度的扩张性

权力是个人或集团将自己的意志强加于他人的一种能力，这种能力暗含着无限扩张的危险倾向。一切有权力的人都容易滥用权力[①]是政治领域中的"牛顿定律"。权力的扩张性与利益驱动有直接的关系,追逐利益使权力行使者自然会追求权力的无限扩张,直到遭遇外在的制约。如何对权力的扩张进行制约是现代政治生活面临的主要任务。

权力支配的对象是权力范围内的人力、物力、财力。由于利益的刺激不断扩张,权力的张力涉及的范围日益广泛,力度逐渐增强,"所向披靡"。不仅使权力的适用对象成为任意践踏的奴仆,而且使各种利益资源尽数受权力诱惑而趋于集中。权力无限扩张的结果是权力行使者在权力行使过程中超越界限、权力滥用和权力腐败,给国家和人民利益造成严重损害。

权力滥用主要有以下几种表现形式。首先,权力行使超出既定的范围;其次,权力行使的手段错误;最后,权力行使的目的不当。权力的扩张性既是权力需要受到规范的原因,同时也是权力难以被制约的根源。权力总是会钻法律和制度的所有漏洞,以摆脱对其的束缚。

权力是维护公共利益和保障公民权利的工具,而不应是谋取私利的工具。然而,在现实中,由于一些公共利益缺少明确界定标准,导致权力的行使范围过大。以公民的合法的私有财产为例,《宪法》第13条规定:公民的合法的私有财产不受侵犯。同时规定,国家为了公共利益的需要,可以按照法律规定对土地实行征收或征用并给予补偿。许多法律,如《土地管理法》《交通管理法》《传染病防治法》《环境保护法》等也有公共利益优先的原则规定。然而,由于法律没有明确规定公共利益的内涵和外延,所以在现实中,权力便有可能打着公共利益的旗号横行霸道,肆意侵犯公民的合法财产。

以本应是公益性为主、商业性为辅的高速公路收费为例。公路应是政府提供的公共产品,是公共利益的天然通道。全世界有14万公里收费公路,其中有10万公里在中国,这是极为惊人的数字。高速公路的融资大体有两种模式,一是政府单一投资模式,二是以财政为基础、贷款资金为主体,民间资金和外资为重要补充的模式。后一种是"公路收费"产生的本源。"贷款修路、收费还贷"无可厚非,问题是收费行为必须体现"公共利益",在法律控制和公众监督之下进行。由于现实中的法律规定还需要行政立法

---

① 〔法〕孟德斯鸠:《论法的精神》,张雁深译,商务印书馆,1982,第154页。

或其他规范性文件予以具体化，公众参与和"公共利益"的体现在规则制定时往往严重缺失，例如收费期限和收费标准不透明，超期收费、不合理收费等现象大量存在。由于缺乏透明度，一些地方和部门利用高速公路这样的公共产品谋取"被合法化"的非法利益。一些公路在早已还清了贷款的情况下，仍然秘而不宣继续收取高速公路费，而且到了明目张胆的地步，高速收费口的设置密度和收费的金额严重超过正常的范围。高速公路收费是典型的行使权力行为，长期以来违规收费行为屡禁不止，为此，交通运输部、国家发展和改革委员会（以下简称"发改委"）、财政部、监察部等频发文件，意图治理高速公路乱收费问题。2011年6月，交通运输部、国家发改委、财政部、监察部、国务院纠正行业不正之风办公室在全国范围内展开了为期一年的收费公路专项清理工作。清理整顿的内容分别是公路的超期收费、通行费标准过高以及不合理收费。但一些地方部门置国家有关禁止性规定于不顾，对高速公路行驶的车辆超期收费、超标准收费以及不合理收费的现象并未得到大的改善。除有不当利益冲动因素外，究其原因，在于权力运作过程中的随意性与扩张性，在扩张的权力面前，国家高速公路收费相关规定沦为一纸空文。

（五）权力具有可交换性

权力与其行使者的一定职位相关，权力行使者脱离这一职位，便不再拥有这类权力的行使权。与人的其他能力不同，权力不是其行为主体本身所固有的能力，而是一种可以分离的能力。由于权力拥有者和行使者相分离，权力就具有了可交换性，其可以作为一种平衡各种利益关系的手段，也可以成为可进入流通领域自由买卖或交换的商品，甚至成为一种"资本"。

权力具有营利性，因此权力是可以资本化的，即人们可以用公共权力来实现个人资本积累。在权力资本化运作的过程中，权力资本为了营利要不断地运动，循环和周转，用权力换取更多的钱财。批一块地，提拔一个人，收受礼品和礼金等都可以成为权力资本化运作的方式。权力资本化本质上是把权力作为谋取个人私利的手段。

由于以上几个特点，权力在运行过程中是不会自甘被约束的。为了规范权力，应当将权力限制于公开的、公平的、程序的、被认同的法律之下，由法律规定权力的内容、运行的程序、相关机关的职责等，任何权力只可在法律规定的范围内运行，否则便是非法，非法就应承担相应的责任。不过，任何社会的法治都不可能做到万无一失，立法的疏漏、社会的变迁，都会使权力运行遇到法律真空情况，如何避免这种状况是本研究关注的重点。

权力有以下几个基本的属性。

一 公民权利是国家权力的本源

所有权力都应为民所有，为民所用，因为不论权力有多少种来源，其本源应是公民权利。2002年，中共十六大召开之际，胡锦涛同志视察西柏坡，第一次提出了"新三民主义"，即"权为民所用，情为民所系，利为民所谋"，说的也是这个道理。权力是国家强制力的象征，是统治阶级意志的物化（哲学意义上的物），是权利主体实际享受权利所赖以安身立命的后盾。[①]

权力是人类社会判断是非、处理各种矛盾和问题、保证社会有序运转所必需的力量。由于权力本质上来自人民，权力行使者在处理各种社会矛盾和问题、维护社会稳定时必须在人民授权、委托的范围内严格依法行使。对人民而言，法不禁止即自由；对公共部门来说，法无授权即禁止。因此，权力行使应有明确的边界，不能非法干预私权利是现代政府恪守的基本准则。

权力是控制和影响他人行为的一种力量，国家权力是一种合法的控制力量，主要通过制定和执行法律来表达这种力量，通常以法规、政策、计划、决议、命令等表现形式，通过政府、司法等系统的执行来实现。按照作用的社会领域不同，权力可分为经济权力、政治权力（含军事权力）和文化权力；从国家政治的角度来看，权力又可分为立法权力、行政权力和司法权力。

立法权、行政权和司法权是国家行使管辖的最重要的三种权力。立法权是国家制定、修改和废止法律的权力。立法机关可以自行制定、修改和废止法律，也可以授权行政机关制定法规、条例、决议和命令等，这些条

[①] 夏勇主编《走向权利的时代》，中国政法大学出版社，1995，第427页。

例、决议和命令都属于法律规范的范畴,具有约束力,是国家管理社会的主要依据。立法权是国家权力体系中最重要的、核心的权力,也是一个国家的主权。如卢梭所言,立法权是国家的心脏,行政权是国家的大脑,大脑使各个部分运动起来。大脑可能陷于麻痹,而人依然活着,但是一旦心脏停止了它的机能,则任何动物马上就会死掉。[①]

行政权是依照法律规定,组织和管理公共事务以及提供公共服务的权力,对公共事务实施行政管理活动的权力是国家政权和社会治理权的组成部分,是国家意志、人民意志的体现。行政权必须由一国宪法、法律赋予或认可,国家行政机关依法实施。行政权是国家权力的主要内容。公职人员的行为规范与否,主要通过行政权的行使体现出来。

司法权是国家司法机关依其法定职权和一定程序,以审判的形式将相关法律适用于具体案件的权力。司法权有广义和狭义之分,广义上的司法权包括检察权在内,更广义的甚至包括政府依法行政的权力。狭义的司法权仅仅指审判权。司法权具有几个不可忽视的特点:一是具有中立性,即法院和法官以中立的身份和地位,依公正、科学的司法程序,居中解决各种主体之间的纠纷。中国宪法或其他法律并没有对司法的中立性作出明确规定,而是由程序性法律,如三大诉讼法的规定体现出其中立性。如相关法律规定,人民法院审理案件,必须以事实为根据,以法律为准绳,而不是以其他的标准审理案件。二是具有程序性,即司法权的运作必须依据程序性法律规定的顺序、步骤、程式开展,任何违背程序性的权力操作都属违法。《刑事诉讼法》《民事诉讼法》《行政诉讼法》规定的一审程序、二审程序、执行程序、特别程序、审判监督程序等,都是司法权程序性及规范性的特点体现。三是具有公正性。司法权的公正性源于法律的平等、公平、公正性。司法权的公正性表现为两个方面,一是实体公正,二是程序公正。司法权实体公正是指司法权在认定事实和适用法律方面应体现公平、公正、正义的结果,包括认定事实清楚、定性准确,即对案件事实、案件的性质有明确的合理性及合法性的认识;并包括适用法律正确、裁量恰当,即对该案适用什么样的法律、适用哪些条文以及怎样裁量才能达到公平恰当从而有一个良好的结果。司法权程序公正是指司法过程中立案、审理和

---

① 〔法〕卢梭:《社会契约论》,何兆武译,商务印书馆,1980,第177页。

判决有一套完整的司法程序。正义不仅要实现，而且要以看得见的方式实现。程序公正是实现法律公正的根本途径。四是具有统一性，即一国之内各级法院行使司法权审理性质相同案件时依据的程序应是一致的，所适用的法律除地方性法规外也应是相同的，因此，对相同性质的案件，其结果和法律评价也应该是一致的。对法律而言，司法权是至关重要的，因为没有司法权，法律就只是一种文化，有了司法权，法律才成为法律，才具有权威性，同时具有生命力。

二 权力的运行以保障公共利益为目的

权力的来源是公民权利，因此权力行使的目的是维护公共利益。权力应为公共利益服务，职责是管理公共事务以保障公民权利，凡是与公共利益相违背的公权力行使都是不合法的，这是权力公共性的体现。"政府本身不是目的而是手段，政府除了人民的利益以外没有自己的利益，因此，公共行政人员必须坚持道德化价值取向，以维护公共利益而不是维护自身团体利益为己任。"[①] 同时，还应该界定公共利益和私人利益的界限。权力行使者和权力所有者的分离，使权力行使存在谋取私利的可能，为了维护公共利益，有必要对权力进行约束。衡量权力运行程序正当性的标准是公共利益和公共秩序，若权力运行所追求的目标是维护公共利益和公共秩序，就是正当的，若追求的是部门或个人私利就是不正当的。

公共利益与个人利益的界定在房屋拆迁中最为复杂。《宪法》第13条规定："公民的合法的私有财产不受侵犯。国家依照法律规定保护公民的私有财产权和继承权。国家为了公共利益的需要，可以依照法律规定对公民的私有财产实行征收或者征用并给予补偿。"《物权法》第42条第1款规定："为了公共利益的需要，依照法律规定的权限和程序可以征收集体所有的土地和单位、个人的房屋及其他不动产。"根据上述法律，公民的个人利益对社会"公共利益"有服从义务，因为从根本上看，公共利益已经将公民个人利益包含其中。尽管如此，如何界定公共利益仍然是权力在行使中必须面对的问题，如何明确"公共利益"的合法性和真实性是一个现实问题，而非理

---

① 〔英〕威廉·韦德：《行政法》，楚建译，中国大百科全书出版社，1997，第27页。

性问题。现实中,有的地方政府与房屋开发商结成联盟,以权力干预土地和房屋的征收与拆迁,"公共利益"有可能成为谋取私利的幌子。

三 权力只可在法律规定的范围内运行

权力只可在法律规定的范围内行使,具体体现在以下几个方面。首先,权力行使者——公职人员的任免必须有明确的法律程序;其次,权力行使必须有严格的法律依据;再次,权力指向的对象必须具有明确的范围;复次,权力行使的过程必须依照严格的程序;最后,应当有相应的权力监督和救济机制,一方面表现为滥用权力必须受到制裁,另一方面表现为在公职人员不能正当行使权力时,也需要有救济机制。

在实践中,权力滥用的现象并不罕见,一些权力的行使既无法律依据,更未依据法定程序。有关部门对一些行为作出了规定,例如"三公消费"、纵容配偶子女在其所管辖的范围经商等,但令行禁不止,这是权力滥用的典型现象。此外,还有受部门利益驱动的权力滥用问题,在一些具体的领域,权力滥用的现象还很突出。按照现代权力程序的要求,公权力行使应有相应的制度约束机制,然而,由于缺乏这样一个机制,许多权力滥用问题长期得不到解决;非不能解决,而是因为存在巨大的利益驱动,一些公职人员不愿去解决。

在中国,《行政强制法》的制定就是要使行政强制权这一重要权力的行使符合法律的规定。2011年6月30日全国人大常委会表决通过了《行政强制法》。全国人大常委会从1999年开始酝酿制定该法到表决通过,前后历时12年。行政强制是指行政机关为了实现行政目的,对相对人的人身、财产和行为采取的强制性措施。行政强制法的目的是保障和监督行政机关依法履行职责,维护公共利益和社会秩序,保护公民、法人和其他组织的合法权益。《行政强制法》规定,"行政强制的设定和实施,应当依照法定的权限、范围、条件和程序"。行政强制措施应当遵循"不得滥用"原则。限制公民人身自由的行政强制措施一直以来颇受诟病,对此,《行政强制法》规定,应"当场告知或者实施行政强制措施后立即通知当事人家属实施强制措施的行政机关、地点和期限"。此外,实施限制人身自由的行政强制措施不得超过法定期限,实施行政强制的目的已经达到或者条件已经消失,应当立即解除。

四 民众是权力最忠实的看守者

权力行使是否正当,公民具有切身的感受,最有发言权。民众是权力的最有效监督者和制衡者。体制内部的监督,如述职述廉、诫勉谈话、质询、罢免之类多是以权力制约权力,设置再多、再有成效、再完善,也不过是自我监督,难以真正发挥作用,外部的民众监督则能完成内部监督不可能完成的任务。

监督权力是宪法赋予民众的权利。"法无授权即禁止,法不禁止即自由",应是执政者牢记在心的常识。目前,中国社会出现利益主体多元化,社会矛盾存在激化的潜在可能,在有的地方实际已经激化。权力的合理合法行使是避免或缓解矛盾激化的主要途径,然而由于上述几个特点,权力行使不当反而可能成为矛盾的焦点,因此,保障民众的知情权、参与权、表达权和监督权是监督权力行使的主要途径,实践也证明了这一点。最高人民检察院每年受理 10 多万件国家工作人员职务犯罪举报案件,在检察机关立案侦查的案件中,群众举报的案件占立案总数的 70% 以上。[①]

保障民众看守权力的权利应做到以下几点。第一,权力的行使应以保障公民权利为重,在法律上确立公民权利的优先性,开拓"权利优先"的保障途径。2004 年中国已经将"国家尊重和保障人权"写入宪法,使权利获得了应有的法律地位,下一步的工作是审查已经颁布的各项法律、法规,剔除、修改其中与保障公民权利相违背的部分。第二,推进党内民主和基层民主,扩大民众的政治参与权,监督公职人员正确行使权力。第三,积极推进政务公开,提高权力运行的透明度,确保公民的知情权。保障公民的知情权是监督政府权力的重要环节。第四,正确引导媒体发挥制衡权力的功能。舆论和媒体被认为是"第四种权力",记者甚至被封为"无冕之王",其在制衡权力方面具有不可替代的作用。当然,舆论和媒体也存在"舆论暴力"的情况,特别是一些媒体从业人员缺乏职业道德,制造话题、危言耸听,以"标题党"获取关注的现象应引起警惕。"第四种权力"也需

---

① 周兼明:《以权利制衡权力》,《凤凰周刊》2010 年第 35 期。

要监督。如何使媒体既能发挥监督作用，又不滥用"第四种权力"，需要政府、公民和媒体人的合作和配合。

在实践中，公民的知情权、参与权、表达权和监督权保障还有待进一步改进。以知情权为例，公民的知情权得不到保障的情况还比较普遍。《政府信息公开条例》已经实施近五年，但是政府信息公开的情况并不理想。中国社会科学院法学研究所法治国情调研组2009年开始每年以政府网站为视角，对中国43个较大市政府、26个省级政府和59个国务院部门实施《政府信息公开条例》的情况进行了调查。2011年的调研结果显示，政府信息公开工作虽然取得了一定的成绩，但是也存在不少的问题，43个较大市政府、26个省级政府和59个国务院部门的得分普遍偏低，100分为满分，最高的也刚过70分，最低只有几分，及格的部委和地方政府屈指可数。最突出的问题是部分网站的运行状况不佳。如部分国务院部门和地方政府的网站运行慢、不稳定、间歇性无法访问。网站运行的状况与各级政府建设电子政务的资金、人力投入有关，投入大、领导支持的网站明显好于投入少、领导不重视的网站。一方面，多数网站投入严重不足，与通过电子政务打造"永不下班的政府"的目标相去甚远。另一方面，电子政务重复建设，有的地方政府同时运行两个官方网站，这些网站均以 gov 为后缀，且均在更新，这既给公众获取信息带来不便，也造成了政府资源的浪费；部分政府网站的政府信息公开流于形式，提供的信息多是关于领导活动的新闻类信息，涉及民众切身利益或者部门管理方面的信息较少；有的政府机关虽然有官方网站，但相关的栏目或者链接无法打开，或者打开后没有信息，或者提供的检索、在线申请等功能无法使用；信息更新不及时，部分网站信息滞后，最新信息还是两年前的信息，网站部分栏目乃至整个网站处于休眠状态；一些政府网站还为公众获取信息增加了难度和成本，等等。①

---

① 参见《中国地方政府透明度年度报告（2009）：以政府网站信息公开为视角》，《中国法治发展报告 No.8（2010年法治蓝皮书）》，社会科学文献出版社，2010；《中国政府透明度年度报告（2010）：以政府网站信息公开为视角》，《中国法治发展报告 No.9（2011年法治蓝皮书）》，社会科学文献出版社，2011；《中国政府透明度年度报告（2011）：以政府网站信息公开为视角》，《中国法治发展报告 No.10（2012年法治蓝皮书）》，社会科学文献出版社，2012；《中国政府透明度年度报告（2012）：以政府网站信息公开为视角》，《中国法治发展报告 No.11（2013年法治蓝皮书）》，社会科学文献出版社，2013。

2011年6月22日,中共中央纪律检查委员会有关负责人在中央外宣办举行的新闻发布会上提供了一组数据,2010年全国共167万余领导干部报告了个人有关事项,其中85万多人报告了住房情况,60.6万多人报告了投资情况,80.5万人报告了配偶子女从业情况。有关部门对1581名领导干部的相关问题进行了纠正。由于没有公示,外界不知道上述公职人员所申报的具体内容,也不知道1581名领导干部所犯的是什么错误。① 这是公众知情权未得到充分保障的具体表现。近年来,由于知情权得不到保障,中国甚至出现了非常奇特的现象,关于政府公职人员的"谣言"满天飞,有的确实是谣言,但有的通过海外的各种途径流入后,却得到内地的官方媒体证实。尽管有关部门一再呼吁"不信谣、不传谣",由于官方没有提供正式的消息,谣言的产生几乎不可避免。这种现象不仅损害了公民的知情权,更严重的是损害了党和政府的公信力。

公职人员行为规范、预防腐败是一个长期艰巨的工作,没有民众的参与,目标注定是难以实现的,而且民众虽参与但若知情权得不到切实的保证,参与的质量也大打折扣,参与的秩序也难以维持。

五 权力和义务应趋于平衡

"全心全意为人民服务"作为一个时代标志,曾经激励了许多共产党员和公职人员为之努力奋斗,如今"全心全意为人民服务"的光环渐渐暗淡,代之以权力和义务的平衡。十八大后,习近平同志重提"全心全意为人民服务",使公众有了新的期待。然而,实事求是地说,"全心全意为人民服务"是一种理想,是不可企及的道德高峰,人们可以希望公职人员能以这种姿态出现,或许有个别的公职人员能够达到这样的顶峰,他们是英雄,是模范,然而,对大多数公职人员来说,他们是普通人,自然有普通人的七情六欲,不可能人人都攀登上这样的高峰。

但是,应该明确的是,公职人员是普通人,但不是一个普通的群体,而是被赋予权力、代表人民行使权力的群体,故其具有不能混同于普通百姓的职责和义务,不能单纯地强调其所拥有的权力,因为"人们最需要提

---

① 中央外宣办2011年6月22日新闻发布会,http://www.scio.gov.cn/xwfbh/xwbfbh/wqfbh/2011/0622/index.htm。

醒的事情是他们的义务,因为对于他们的权利,不论是什么权利,他们总会自觉地注意到"。① 当然,这并不是要求公职人员无私奉献,而是强调在其恪尽职守、廉洁从政的基础上辅以相应的激励,减少其滥用权力的动机,同时,将更多的精英吸引到政府中来。

激励措施有多种多样。综观各国的措施,晋职、晋级、退休保障、良好的医疗条件、住房、高薪养廉等都是激励措施。以高薪养廉为例,高薪养廉是一种兼顾公职人员私利的制度,其初衷就是相对满足当权者的私利。新加坡政府的高薪养廉制度是人们提及最多的激励制度。新加坡的高薪养廉制度在给了高官高薪后,其代价是,官员要受到严格的监督,不能乱花公家一分钱,房子、车子、医疗、福利和退休金全部自负,都要自己掏腰包,没有任何特权。当然,新加坡的高薪养廉制度在其国内同样遭到批评,新加坡政府也在检讨实施后的效果。

相对于"大公无私",高薪养廉是次优选择,也是调节公共利益与个人私利角色冲突的无奈之举。对一些人而言,欲壑难填,高薪养廉制度是否有效值得怀疑。从世界范围看,公认为最廉洁的国家,如丹麦、芬兰、新西兰、瑞典、冰岛、荷兰、瑞士、加拿大、挪威等,都没有实行高薪制,其公务员工资水平通常与全国平均工资差不多。因此,究竟什么样的激励措施能够使公职人员恪尽职守,值得讨论。

第二节 公职人员禁止性行为的界定

一 公职人员范围的界定

公职人员是一个不断发展和完善的概念。最初,公职人员概念相对模糊。在中国,长期以来,人们用"国家干部"一词来定义从事公务的人员。后来,人们有时称其为"国家工作人员",有时称其为"国家机关工作人员"。《公务员法》出台后,"公务员"的称谓更为常见,但一些法律和法规中使用的仍然是国家工作人员或者国家机关工作人员。其实,这些概念的

---

① 〔英〕边沁:《政府片论》,沈永平等译,商务印书馆,2007,第21页。

内涵和外延都有较大的差异，不同的法律和司法解释都未能明确其含义。作为法律概念，最早见之于1979年《刑法》第83条规定："本法所说的国家工作人员是指一切国家机关、企业、事业单位和其他依照法律从事公务的人员。"下列法律法规大致体现了公职人员范围变化的状况。

1982年《全国人大常委会关于严惩严重破坏经济的罪犯的决定》使用的是国家工作人员的概念，其规定，国家工作人员包括在国家各级权力机关、各级行政机关、各级司法机关、军队、国营企业、国家事业机构中工作的人员，以及其他依照法律从事公务的人员。

1988年1月，全国人大常委会通过了《关于惩治贪污贿赂罪的补充规定》，该《规定》将"集体经济组织工作人员"和"其他经手、管理公共财物的人员"也被划入"国家工作人员"的队伍中。

1997年《刑法》再一次扩大了国家工作人员的范围，其认为，国家工作人员是指在国家机关中从事公务的人员，在国有企业、事业单位、人民团体中从事公务的人员，国家机关、国有企事业单位委派到非国有企事业单位、人民团体中从事公务的人员，以及其他依照法律从事公务的人员。由于协助人民政府进行有关管理工作，集体经济组织工作人员、村民委员会等村基层组织人员参照国家工作人员办理。

由上可见，刑事法对国家工作人员的界定标准大致可以分为"职能类""身份类"和"公务类"三种。① 其含义如下。

"职能类"来源于1995年11月最高人民检察院发布的《关于办理公司、企业人员受贿、侵占和挪用公司、企业资金犯罪案件适用法律的几个问题的通知》，由于该通知强调国家工作人员在"行使管理职能"方面的作用，因此被称为"职能论"。"身份论"来源于1995年12月最高人民法院《关于办理违反公司法受贿、侵占、挪用等刑事案件适用法律若干问题的解释》，该解释认为相关人员不仅应"行使管理职权"，而且必须具有"国家工作人员身份"，此说被称为"身份论"。"公务论"则来源于1997年《刑法》第93条，其所称国家工作人员，是指国家机关中从事公务的人员。国有公司、企业、事业单位、人民团体中从事公务的人员和国家机关、国有公司、企业、事业单位委派到非国有公司、企业、事业单位、社会团体从

---

① 参见蔡雪冰《以"国家公职人员"取代"国家工作人员"——"国家工作人员"立法解释辨析》，《国家检察官学院学报》2001年第3期。

事公务的人员，以及其他依照法律从事公务的人员，以国家工作人员论。

2005年《公务员法》第2条规定，本法所称公务员，是指依法履行公职、纳入国家行政编制、由国家财政负担工资福利的工作人员。与前述国家工作人员的规定相比较，此范围有所限制，前述人员并非都被纳入了国家的行政编制。按照《公务员法》的规定，中国各级国家权力机关（人民代表大会）、各级政治协商会议、各级司法机关、中国共产党的各级机关工作人员都未纳入行政编制。而且按照现代法治的基本原则，由于有碍立法和司法的公正，立法和司法机关也不得纳入行政编制。可见，公务员比公职人员的范围窄小了许多。

从国际上看，《联合国反腐败公约》第2条将"公职人员"界定为三类人员：一是经任命或经选举担任立法、行政、行政管理或者司法职务的任何人员；二是本国法律规定在公共机构或者公营企业履行公共职能或者提供公共服务的任何人员；三是本国法律界定为"公职人员"的任何人员。《联合国反腐败公约》的"公职人员"定义较为宽泛，且考虑到了各国的基本情况。

根据上述定义，由国家财政负担工资和福利的人都是公职人员，因此，本文分析的公职人员应为，凡是依法履行公共职务的国家立法机关、司法机关、行政机关、中国共产党和各个民主党派的党务机关、各人民团体以及国有企业的工作人员都属于公职人员。此外，从范围看，公务分为两大部分：国家事务和社会公共事务，随着社会经济的发展和现代政府的职能明晰，越来越多由政府管理的事项逐步转变为社会公共管理的范围。相对于国家工作人员、国家公职人员、领导干部这样的概念，公职人员概念更严谨、更准确、更符合社会的实际情况和国际惯例。公职人员概念回避了中国共产党各级机构是否为国家机构的问题，并将其纳入了公职人员的范围，可以顺理成章地对这部分人员的行为进行有效规范。

二 公职人员禁止性行为界定

确定权力的性质和公职人员的范围，是公职人员禁止性行为规范的前提，只有明确被规范的主体范围，才能进一步分析应当被规范的公职人员的禁止性行为种类。理论上，公职人员禁止性行为并没有明确的定义。一般来说，它指的是公职人员在职时不得实施的行为。这些行为在法规中大多以"禁止"或"不准"的形式出现。公职人员禁止性行为的种类很多，贪污贿赂、玩忽职守、嫖娼、赌博等都是禁止性行为。基于权力的性质，公职人员的行为必须代表人民的利益，符合一定的行为准则。这些行为准则分为两大基本类型：一是"应当"型行为准则，此类行为是公职人员必须做到的行为；二是"不能"型行为准则，也就是公职人员一般被禁止实施的行为。此外，"不能"型行为还有一个分支，即"限制性"行为，实施此类行为需要一定的许可和条件，不具备这样的条件，就是禁止性行为。

公职人员禁止性行为准则的种类复杂、内容繁多，既有行政时的禁止性规定，也有行政之外生活方面的禁止性规定，甚至还涉及公职人员的直系亲属，即只要可能出现利益冲突的情况，不论涉及何种权力领域，都可能导致公职人员身陷禁止性行为规范。

以司法人员禁止性行为规范为例，2009年1月8日，最高人民法院发布了《关于"五个严禁"的规定》，即严禁接受案件当事人及相关人员的请客送礼；严禁违反规定与律师进行不正当交往；严禁插手过问他人办理的案件；严禁在委托评估、拍卖等活动中徇私舞弊；严禁泄露审判工作秘密。人民法院工作人员凡违反上述规定，依纪依法追究纪律责任直至刑事责任。从事审判、执行工作的一律调离岗位。这一规定就是典型的禁止性行为规范，其作用就是防范司法不当和司法违法行为，促进法官职业道德自律，增强民众对司法的信任、对法律的信任。[1]

公职人员限制性行为同样应由禁止性行为准则来规范。公职人员限制性行为是指，由于公职人员的职务关系，只能附条件限制性实施的一些行为。例如，公职人员收受礼品不得与其职务有关，但亲朋好友之间的相互馈赠应在允许范围内。又如公职人员兼职行为，经过有关部门的批准或许可，公职人员可以在相关领域兼职。再如公务消费。一般说来，公务消费是指"三公消费"。公务消费是公职人员在履行公务时必要的消费。按照其内容，公务消费可大致分为三部分，一是公务宴请，二是公车消费，三是公费出国。由于公职人员的所有消费都由纳税人买单，权力主体不得超标

---

[1] 刘冰：《"五个严禁"：司法反腐的有力武器》，《光明日报》2009年5月27日。

准消费。

三 公职人员禁止性行为的本质

如前所述，公职人员禁止性行为没有一个明确的定义，人们在使用"公职人员禁止性行为"术语时，也未对其进行归纳和逻辑梳理。一般意义上说，禁止性行为就是"不准"实施的行为。公职人员禁止性行为就是依照法律、法规以及规范性文件禁止公职人员实施的行为。禁止性行为的实施主体是公职人员及其亲属；行为侵犯的客体是政府的职能和公共利益；实施禁止性行为的公职人员的目的是想获取某种现实的或者期权的物质或其他利益。

禁止性行为本质上是基于公职人员的职能和责任，防止出现利益冲突。利益冲突可以分为广义的利益冲突和狭义的利益冲突。广义的利益冲突是指不同利益主体基于需求矛盾而产生的利益纠纷与争夺，或同一主体不同利益之间的矛盾状态。中国社会目前处于急剧转型阶段，利益主体、格局多样化，利益矛盾突出，存在大量利益冲突的情形。狭义的利益冲突是公职人员行为规范关注的内容，指公职人员个人利益与公共利益之间的冲突行为。更准确地说，与公职人员有关的所谓"利益冲突"是指，公职人员在履行职责过程中，其个人利益与公共利益相冲突时，价值判断和政策取向偏离公共利益要求，选取个人利益的行为。故有学者认为，利益冲突是公职人员在公共行政过程中，受到其私人利益因素的干扰，违背公共利益的要求，导致私人利益与其公职所代表的公共责任相冲突的情境和行为。[1] 也有学者认为，廉政意义的利益冲突是指公职人员的私人利益与其担负的公共职责的冲突，其本质是公职人员行使公权时权衡"利他"和"利己"两种道德倾向的伦理困境。[2] 利益冲突概念还进入了一些法律文本。中国台湾地区的"公职人员利益冲突回避法"第 5 条规定："本法所称利益冲突，指公职人员执行职务时，得因其作为或不作为，直接或间接使本人或其关系人获取利益者。"经济合作与发展组织（OECD）对利益冲突的定义为，公职人员的公共职责与其私人利益之间的冲突，其中公职人员的私人利益

---

[1] 庄德水：《防止利益冲突与廉政建设研究》，西苑出版社，2010，第 26 页。
[2] 肖俊奇：《公职人员利益冲突及其管理策略》，《中国行政管理》2011 年第 2 期。

不恰当地影响到其履行职务和责任。①

特别需要指出的是，此处的"利益冲突"并非语言学上"利益"之间的冲突，而是指"利益与职责"之间的冲突。利益是指获取，并立足于权利角度；职责是指付出，立足于义务角度。简言之，利益冲突可以简要理解为权利和义务之间的冲突。私人利益和公共角色（公共职责）两个要素冲突的逻辑和机理，是理解廉政意义上利益冲突概念的关键。② 因此，这里的"利益冲突"更多的是因个人利益而不能正确履行公职的行为或情境。公职人员代表民众行使权力，同时又具有个人的各种属性，其集双重利益——公共利益和个人利益于一身。在现实生活中，双重利益出现冲突的情况是可能并存的。公职人员谋求公共利益最大化是其职责所在，但是公职人员的私人利益，包括工资、提拔、投资理财收益等属于个人的合法利益应予以保护；公职人员的非法利益，如收受贿赂、礼金等则应当得到禁止和规范。

从形式上看，非法利益不限于金钱、物质利益，也可指非物质利益。一般认为，利益冲突可以分为"交易型利益冲突""影响型利益冲突""旋转型利益冲突"等类型。"交易型利益冲突"是公职人员利用职务之便，从利益关联者处直接收取私人利益。"影响型利益冲突"则表现为公职人员利用权力的影响，直接或间接地使个人、亲属或利益相关者获得非法利益。"旋转型利益冲突"是指公职人员利用职权为个人、亲属或利益相关者谋取现实或期权利益。"旋转型"利益冲突具体表现为以下几种形式：一是公职人员兼职行为，由于公职人员手执资源分配大权，兼职可能为个人或集团谋取不正当利益；二是离退休人员在企业或其他部门兼职，利用自己原有职务所掌握的资源信息和人际关系为兼职部门谋取利益；三是公职人员利用职权为曾经工作的单位或企业谋取利益。非法利益的获得者可以是个人，如公职人员本人或亲属或利益相关人，也可以是部门和小团体。

利益冲突是公职人员在履行职务时面临的对公共利益和个人利益的选择，大多数公职人员可以做到公共利益至上，妥善协调个人利益和公共利益之间的关系，在保障公共利益的前提下，最大限度地满足个人的合法利

---

① OECD：Managing Conflict of Interest in the Public Service：OECD Guide Lines and Country Experiences, OECD Publishing, 2003, p. 24.

② 肖俊奇：《公职人员利益冲突及其管理策略》，《中国行政管理》2011年第2期。

益。但是，有少部分公职人员会将个人利益置于公共利益之上，将权力作为谋取私利的手段，这种做法严重削弱了公众对公职人员的基本信任，对政权的合法性造成极大的危害，同时败坏了社会风气。

学术界对"防止利益冲突"的表述提出了质疑，认为由于公共角色和私人角色的需求指向不一致，公职人员的角色冲突也不可避免，"利益冲突"现象是不可能防止的。虽然OECD各成员国提供的处理利益冲突的政策工具中，包括禁止性工具、回避性工具和限制性工具，但实际防止的是由利益冲突引发的问题，如收受贿赂、安插亲属任职和兼职等，但对于利益冲突本身是防止不了的，只能采取一定的策略，对利益冲突加以管理。[1]

建立健全防止利益冲突的法律制度是预防腐败的最重要手段之一，许多国家和地区的廉政立法和反腐败制度体系的建立都是以防止利益冲突为核心的。例如，加拿大、美国、英国等政府都制定了防止"利益冲突"的相关法律法规。美国的反腐败机制的核心制度就是防止利益冲突。[2] 美国的《利益冲突法》是一部刑事法律，不仅适用于政府官员，而且适用于政府官员的配偶、子女和经济合伙人。该法对公职人员禁止性行为规定了严厉的惩戒措施，政府官员和相关人员涉及轻微的利益冲突交易都会被视为腐败，并将受到相应的法律制裁。英国对高级公职人员制定了一项"利益声明制度"，公职人员在决策之前首先要说明拟决策事项是否关联到个人利益，个人利益内容包括个人在公司或社会上的任职与兼职情况、所加入的政党及社团、个人资产及所持公司股票、配偶及子女的任职情况等。[3]

此外，防止公职人员利益冲突不仅是一个法律问题，还是一个"道德伦理"问题，只有通过道德和伦理的双重控制，使公职人员在行政行为方面具有基本的价值理念和道德准则，才可能对公职人员的利益冲突行为，如接受贿赂、权力兜售、信息兜售、金钱交易、馈赠消遣、组织外就业、为跳槽准备、裙带关系等以权谋私行为进行有效控制。

近年来，防止"利益冲突"也成为中国政府廉政制度设计的重点。2009年中国共产党的十七届四中全会通过的《中共中央关于加强和改进新

---

[1] 肖俊奇：《公职人员利益冲突及其管理策略》，《中国行政管理》2011年第2期。
[2] 周琪：《从解决"利益冲突"着手反腐败》，《中国新闻周刊》2006年第20期。
[3] 顾阳、唐晓清：《防止利益冲突制度：理论内涵、制度功能和实践途径》，《探索》2011年第2期。

形势下党的建设若干重大问题的决定》最引人注目的是提出了"利益冲突"的表述，为了加强和改进新形势下党的建设，"按照加快形成统一开放竞争有序现代市场体系要求推进相关改革，建立健全防止利益冲突制度，完善公共资源配置、公共资产交易、公共产品生产领域市场运行机制。"这是中共中央文件首次使用"利益冲突"概念，然而这并不是"利益冲突"概念在中国政府治理中的首次亮相。"利益冲突"概念最早见于2000年1月中国共产党中央纪律检查委员会四次全会报告中。该报告提出："省（部）、地（厅）级领导干部的配偶、子女，不准在该领导干部管辖的业务范围内个人从事可能与公共利益发生冲突的经商办企业活动。"2004年《国有企业领导人员廉洁从业若干规定（试行）》也采用了"防止利益冲突"的提法。2010年2月23日中共中央颁布的《中国共产党党员领导干部廉洁从政若干准则》中也多处提到"利益冲突"。可以说，防止"利益冲突"已经成为中国廉政建设的主要内容。

四 公职人员禁止性行为的种类

公职人员禁止性行为有很多种，2010年《中国共产党党员领导干部廉洁从政若干准则》将党员领导干部的禁止性行为分为八大类，可以说是对公职人员禁止性行为作了一个总括性的分类。本书在这里采用的也是这种分类。

第一类是禁止利用职权和职务上的影响谋取不正当利益。此类行为包括：索取、接受或者以借为名占用管理和服务对象以及其他与行使职权有关系的单位或者个人的财物；接受可能影响公正执行公务的礼品、宴请以及旅游、健身、娱乐等活动安排；违反规定多占住房，或者违反规定买卖经济适用房、廉租住房等保障性住房等。

其中，除了收受礼品礼金为限制性行为外，其他行为都是禁止性行为。在中国的文化背景下，收受礼金和礼品是一个尤为复杂的问题，在一定条件下收受礼品行为会转化为收受贿赂行为，在实践中很难进行界定和区分。如何认定当事人是受贿还是收受礼金，确定依据是中国《刑法》第385条及《中国共产党纪律处分条例》第74条的规定。《刑法》第385条规定："国家工作人员利用职务上的便利，索取他人财物的，或者非法收受他人财物，为他人谋取利益的，是受贿罪。国家工作人员在经济往来中，违反国家规定，收受各种名义的回扣、手续费，归个人所有的，以受贿论处。"《中国共产党纪律处分条例》第 74 条规定："党和国家工作人员或者其他从事公务的人员，接受可能影响公正执行公务的礼品馈赠，不登记交公，情节较轻的，给予警告或严重警告处分；情节较重的，给予撤销党内职务或者留党察看处分；情节严重的，给予开除党籍处分。"

一般认为，收受贿赂和收受礼金的区别在于，收受人是否利用职务上的便利为送礼人谋取利益，利用职务上的便利为送礼人谋取利益的，按受贿认定；没有利用职务上的便利为送礼人谋取利益的，按接受礼金认定，是限制性行为。收受贿赂由《刑法》规范，是禁止性行为，收受礼金则受党纪约束。

收受礼金需要厘清几个容易混淆的问题，即收受礼品礼金的价值界限、赠送礼品礼金的对象界定等。礼尚往来是中国文化中的重要内容，因此在实践中，对收受礼品和礼金的规制显得尤其困难。公职人员接受礼金礼品如果来源于与其主管的业务有关的外商和私营企业主，以及其他可能影响公正执行公务的单位和个人，理当禁止收受；公职人员利用逢年过节、婚丧喜庆、工作调动、子女上学等机会收受礼金、礼品也应属于规范范围；而亲友之间的正常交往和上级单位、本单位组织的慰问一般不属于禁止或限制性行为。

第二类是禁止私自从事营利性活动。此类行为包括：公职人员及其亲属以个人或者借他人名义经商、办企业；违反规定拥有非上市公司（企业）的股份或者证券；违反规定买卖股票或者进行其他证券投资；违反规定在经济实体、社会团体等单位中兼职或者兼职取酬，以及从事有偿中介活动等。

违规买卖股票或者进行证券投资是部分公职人员谋取私利的主要途径，也是应当规范的主要行为。这里的法律依据主要是《证券法》（1999 年 7 月 1 日发布，2005 年 10 月 27 日修订）、《关于党政机关工作人员个人证券投资行为若干规定》（中办发〔2001〕10 号）等。

对公职人员购买股票进行规范也经历了一个发展过程。1993 年，党中央、国务院曾作出党政机关县（处）级以上领导干部不准买卖股票的规定。随着经济的发展，人们认识到证券市场在市场经济中的地位和作用，公职人员买卖股票是一种正常的投资行为。因此，国家放宽了对公职人员买卖股票的禁令，其可以在守法情况下与普通人一样平等参与证券投资和股票买卖。但是，与普通股民相比，公职人员由于其特殊的地位，在股票市场上处于强势，因此，有关部门对公职人员买卖股票又作了特殊规定。《关于党政机关工作人员个人证券投资行为若干规定》规定了下列人员不得买卖股票：掌握内幕信息的人员及其父母、配偶、子女及其配偶；国务院证券监督管理机构及其派出机构、证券交易所和期货交易所的工作人员及其父母、配偶、子女及其配偶等。

随着资本市场快速发展，证券期货从业人员和公职人员利用职务上的便利进行内幕交易事件呈多发态势。2010年11月，国务院办公厅转发了证监会等五部门《关于依法打击和防控资本市场内幕交易的意见》，党政人员利用职务之便参与内幕交易成为纪检部门监控的重点之一，监管风暴开始席卷全国，不少公职人员为此落马。最为著名的案件是原中山市市长李启红案。2007年1月，李启红上任中山市市长后，策划运作中山公用集团重组事宜。2007年7月4日，中山公用集团披露重组方案并停牌，李启红在内幕信息敏感期内，让其丈夫、弟媳等人筹集670多万元购买中山公用集团的股票。2007年8月20日中山公用复牌交易，至9月10日收盘，该公司股票连续14个涨停，较停牌前收盘价上涨了约2.8倍，李启红不到2个月获利1980多万。李启红虽然受到了法律的制裁，但是其内幕交易直接损害了上市公司的利益，严重影响了上市公司的声誉，特别是内幕信息泄露会引起股价异常，或增加上市公司投融资成本，甚至破坏融资目的。内幕交易者以非法手段攫取巨额社会财富，牺牲了广大投资者利益，引起人民群众的高度关注和强烈反应，对社会和谐稳定产生了一定隐患，因此，打击公职人员违规买卖股票和有价证券是规范公职人员行为的主要内容。

公职人员私自从事营利性行为还有一种方式就是违规兼职。兼职是指公职人员或离退休公职人员在企业或其他单位从事相关工作。公职人员经过批准的兼职是合法合规行为，应当规范的是未经批准的兼职行为。未经批准的公职人员兼职具有一定的危害。未经批准的公职人员在企业或其他部门兼职，虽不必然会与国家利益相冲突，但存在这样的危险。公职人员可能会因为收取兼职报酬而在审批事项中偏向聘用企业，或者施加一定的影响力，或者是私下透露标的给聘用企业，使聘用企业处于竞争优势。被聘用的离退休的公职人员大多数是前高官，虽然手中已经没有权力，但是"余威尚存"，对原机关原下属仍然有较大的影响力，也可能做出有利于聘用企业而欠公正和廉洁的行为。这些违规兼职行为损害的是政府的公信力，最终危害的是人民的利益。

公务员违规兼职的原因多种多样，与一些企业人员的收入相比，公职人员收入相对较低，兼职是希望获取更多的个人利益。由于公职人员具有特殊身份，掌握一定的权力，兼职势必会出现利益冲突的情况。企业聘请公职人员兼职，是因为这些公职人员可能利用手中的权力为其打开方便之门，企业有利可图，即利用其原有的关系开展业务以获取更多的利益。此外，公职人员在行业协会中兼职的不在少数。行业协会作为非营利性社团组织大多是在政府部门组织下，自上而下成立的，与政府机关有着千丝万缕的联系。这些联系便于公职人员通过兼职获取个人利益，也便于协会利用公职人员的人脉获取利益。

针对公职人员兼职行为，各国都有相关规定，严格控制公职人员违规兼职，为个人或为兼职企业谋取不当利益。

中国出台了大量的规范公职人员兼职的规章制度。2005年出台的《公务员法》明确规定公务员不得在企业或者其他营利性组织中兼任职务，不得通过兼职获取经济利益。若因工作需要在外兼职，应当经有关机关批准，并不得领取兼职报酬。2008年2月29日，中共中央组织部、人事部《公务员职务任免与职务升降规定（试行）》规定，公务员因工作需要在机关外兼任职务的，应当经有关机关批准，并不得领取兼职报酬。

在实践中，各地对党政干部在企业兼职的情况也进行了清理。2009年，福建省厦门市纪委、市监察局对退出现职、接近或达到退休年龄的党政领导干部在企业兼职、任职情况进行了清理，发现个别公务员在事业单位或社团组织兼职取酬，为此，市纪委、市委组织部和市监察局发出通知，公务员（含离岗待退人员）原则上不得在企事业单位兼职，确需兼职的按照干部管理权限严格审批；经批准在企事业单位兼职的，不得在兼职单位领取薪酬、奖金等报酬，不得获取股权；2006年1月1日《公务员法》生效后兼职取酬的，均应退出所领取的兼职报酬，上缴市财政；未经批准擅自在企事业单位兼职，违反规定兼职取酬，或违反规定擅自审批的，将责令整改。有关部门向33名在企事业单位兼职取酬的公务员所在单位发出《纪律检查建议书》或《监察建议书》，要求兼职人员退出 2006 年 1 月 1 日以后兼职取酬所得，上缴市财政。①

根据统计，十七大以来，到 2009 年 1 月，全国共有 24864 名领导干部上缴了现金、有价证券和支付凭证 1.6 亿元，查处违纪人员 2177 人。有 185940 名领导干部申报登记了配偶、子女的从业情况，493 名领导干部配偶、子女违规的问题得到纠正，82 名领导干部因配偶、子女违反从业的有关规定受到查处。全国还查处违反公务员津贴补贴工作有关政策规定的单位 1107 个，查处领导干部 543 名。②

第三类是禁止违反公共财物管理和使用的规定，假公济私、化公为私。具体包括不准有以下行为：用公款旅游或者变相用公款旅游；用公款参与高消费娱乐、健身活动和获取娱乐俱乐部会员资格；用公款购买商业保险，缴纳住房公积金，滥发津贴、补贴、奖金等。近年来，公款消费逐渐引起公众的重视，各种渠道披露出来的公款消费令人震惊，无论是公务考察、公车使用还是公务宴请的数额，都远远超过了公众的心理底线。如此大的公共支出的后面折射出的是公共机构的急剧膨胀以及政府行为和公务消费缺乏有效约束。

第四类是禁止违反规定选拔任用干部。如不得有以下行为：违规为本人或者他人谋取职位；机构变动时突击提拔干部；干部选拔任用工作中任人唯亲，营私舞弊。

第五类是禁止利用职权和职务的影响为亲属及身边工作人员谋取利益。如不得有以下行为：要求或者指使提拔配偶、子女及其配偶、其他亲属以及身边工作人员；用公款支付配偶、子女及其配偶以及其他亲属学习、培训、旅游等费用等。

第六类是禁止挥霍公款、铺张浪费。如不得有以下行为：在公务活动中提供或接受超标准接待、超标准配备、使用办公用房和办公用品；违反规定配备、购买、更换、装饰或者使用小汽车等。

除了上述公款消费外，还有一种特殊的形式，如为了公务接待的需要，政府机关不断兴建高档楼堂馆所。目前，随着经济发展和国家财力的增强，

---

① 施耿瑶：《厦门清理规范公务员兼职行为》，《中国纪检监察报》2009 年 2 月 5 日。
② 李静睿：《2.4 万官员上缴 1.6 亿财物——十七大以来查处违纪人员 2177 人，18 万干部申报登记配偶子女从业情况》，《新京报》2009 年 1 月 7 日，第 A05 版。

各级政府机关兴建的高档楼堂馆所不断增多,风景区内的机关培训中心、疗养院随处可见。据估算,到2009年1月全国尚未进入商业酒店序列的各级政府机关、大型国企的培训中心至少超过1万家。①

第七类是禁止违反规定干预和插手市场经济活动,谋取私利。如不得干预和插手建设工程项目承发包、土地使用权出让、政府采购、房地产开发与经营、矿产资源开发利用、中介机构服务等市场经济活动等。

现实中,领导干部插手经济领域,其亲属承包工程的现象不算少见。有数据显示,截至2010年4月,全国共受理工程建设领域举报线索17269件,立案9188件;给予党政纪处分5241人,其中地厅级57人,县处级611人。②

第八类是禁止弄虚作假,损害群众利益和党群干群关系。如不得有以下行为:搞劳民伤财的"形象工程"和沽名钓誉的"政绩工程";虚报工作业绩;大办婚丧喜庆事宜,造成不良影响,或者借机敛财等。

"形象工程"是人们对一些官员只做"面子活",而劳民伤财的说法。一些地方政府不顾自身的财力和能力,建设一些好看但对公众而言并不适用的东西,造成国家财产极大的浪费。据某媒体对1620人进行的一项调查发现,97.5%的人表示自己身边存在形象工程,其中50.0%的人表示"很多"。③ 出现形象工程还是领导干部好大喜功、形式主义泛滥,缺乏监督、缺乏问责所致。

五 公职人员禁止性行为规范的特征

公职人员禁止或限制性行为规范具有如下特征。首先,禁止性行为规范适用的主体是公职人员,以及与之相对应的关系人,如公职人员的亲属及其"身边人"。其次,禁止性行为规范是消极性规范,即规定公职人员不得做什么,而不是要求公职人员主动去做什么。再次,禁止性行为规范具有强烈的道德引导性,其实际上是公职人员的行为伦理规范,使公职人员

---

① 李静睿:《2.4万官员上缴1.6亿财物——十七大以来查处违纪人员2177人,18万干部申报登记配偶子女从业情况》,《新京报》2009年1月7日,第A05版。
② 《个别领导干部为何喜欢插手工程建设领域》,中国共产党新闻网:http://fanfu.people.com.cn/GB/77909/11842952.html,2012年9月30日访问。
③ 《97.5%的人确认身边存在形象工程 七成人反对》,《中国青年报》2011年3月22日,第7版。

能够成为社会的表率、行为的标杆。最后，禁止或限制性行为规范具有惩戒性。实施了禁止或限制性行为规范禁止行为的公职人员，应当承担相应的党纪、行政或法律责任。

禁止或限制性行为规范的目的是希望公职人员将人民的利益置于第一位，尽心尽力履行公职。禁止性行为规范是预防腐败制度体系中的重要一环，由于禁止或限制性行为具有多样性，该制度也成为最为复杂的行为规范制度之一。

六 公职人员禁止性行为规范的意义

1. 有助于预防腐败

禁止性行为规范规定了公职人员在履行职务时什么可为，什么不可为，以及监督机构、对违反者的制裁措施等，使公职人员在个人利益和公共利益发生冲突时有一个基本的行为标准，使之在行为时能预期到违法后应承担的后果，行为时能三思而后行。

禁止性行为规范预防腐败的效果取决于规范的完善程度和执行的力度。如果一个法规能够覆盖绝大多数违法行为，并能得到有效地执行，使违法者难存侥幸心理，预防腐败的效果就好，反之就不好。禁止性行为规范应该是一个体系，有严格的法律文本，有专门的执行和监督机构。在现实中，由于公职人员禁止或限制性行为纷繁复杂，而且还在不断地"推陈出新"，作为一定之规的法律具有滞后性，难以面面俱到，适应社会发展的需要，因此，如何对这些种类花样名目众多的禁止性行为进行规范是一个很大的难题。

2. 有助于提高公职人员依法行政水平

依法行政是对公职人员的基本要求。公职人员不依法行政有两种情况：一是对法律的认识不清，其业务水平自然难以精进。在现实生活中，当事人遇到的最大问题是"门难进""事难办""脸难看"。另一种则是在缺乏禁止性行为规范的条件下，权力可能成为部分公职人员寻租的工具，任何与行政管理事务有关的业务都可能成为少数公职人员谋私的路径。公职人员禁止性行为规范可以使公职人员在代表人民行使权力的过程中，按照制度行使权力，在钱、事、人的各个领域做到尽职尽责。违反公职人员禁止性行为规范,应当受到某种制裁,这就从制度上和心理上为公职人员违规和违法设置了障碍,使之在行政过程中一切按法律程序办事,有效地提高依法行政的水平。

3. 有助于提升公众对公职人员的信心

一些公职人员利用法律漏洞,以权谋私,尽管这只是少数人的行为,但仍然严重损害了政府的声誉,败坏了公职人员群体的形象,而且还是一些地区引发群体性事件的主要诱因。禁止性行为规范的颁布和有效执行将有利于规范公职人员的行为,改变其形象,提高其依法行政的水平,进而提升公众对公职人员的信心。公众对公职人员的信任程度实际上体现了对政府的信任程度,如果公众对公职人员群体缺乏起码的信任和信心,那么政府也就面临着很大的信任危机,实际上也就是合法性危机。"水可载舟,亦可覆舟",历史已经充分证明了这一点,这就是为什么说,腐败是关系到党和国家命运的大事,切不可掉以轻心。

4. 有助于推动社会风气向善

公职人员是一个重要的群体,其执掌权力的职责之一是维护社会秩序和社会公正,其一言一行都在社会公众的密切关注之下。中国古话曰"上梁不正,下梁歪"。公职人员依法行政,刚直不阿,或是以权谋私,吃、拿、卡、要,都将成为公众模仿的行为。禁止性行为规范对公职人员的行为进行约束,使之成为社会好的表率,可以有效地净化社会空气,塑造良好的社会风尚,而这是一个健康和谐的社会所必需的。

第三节 公职人员禁止性行为规范和行政伦理

行政伦理是指公职人员在从事公务过程中应当遵循的职业伦理。行政伦理是20世纪70年代出现的概念,研究的是行政主体的伦理、道德问题,其核心在于考察行政官员和行政部门在处理公私关系时的决策是否违背其职责和义务。在理论上,伦理常被等同于道德,但是,两者之间既有联系,又有区别。伦理是法与道德的统一,既具有他律性,又具有自律性。[①] 行政

---

① 参见王伟、鄯爱红《行政伦理学》,人民出版社,2005,第1~5页。

伦理简言之就是公共行政领域中的伦理,① 指行政体系中公职人员在角色扮演时应掌握的"分际"及应遵守的行为规范,② 解决的是公职人员该做什么、不该做什么的问题。或者说,行政伦理就是行政人员在实行公务活动中形成的一种应然关系以及调节该应然关系的行为规范和伦理要求。③ 特里·L. 库珀（Terry L. Cooper）认为,"当行政人员在处理具体伦理困境中或大或小地界定自己责任的界限和内容时,他们使自己具有了'伦理身份',这种伦理身份认同形成了他们的道德品性"。④ 行政伦理困境产生于公职人员所处的地位、所负的责任和所扮演的角色,是公职人员从事公务时在伦理方面所产生的两难的境地,诸如利益冲突、角色冲突等。⑤ 这些利益冲突、角色冲突等恰恰是导致公职人员在履行公务过程中滋生腐败的重要因素。特里·L. 库珀还认为,行政伦理是行政责任,无论是公、私部门之行政,"责任"均是最重要的关键词。⑥ 不同国家和地区对行政伦理的表述和内容理解有一定差异。行政伦理又称"公务伦理""公务道德""服务道德"以及"服务伦理"。⑦

行政伦理是许多国家或地区规范公职人员行为的基本准则,并通过国家立法的形式确立下来。如 1958 年 7 月,美国国会两院以共同决议书的形式通过了《政府工作人员伦理准则》；1978 年 10 月,美国国会通过了《美国政府行为伦理法》；1985 年,美国国会制定了《美国众议院议员和雇员伦理准则》；1989 年 4 月,国会通过了布什总统提交的《美国政府行为伦理改革法》；1992 年,美国政府颁布了《美国行政部门雇员伦理行为标准》。

日本 1999 年通过并颁布了《国家公务员伦理法》和《国家公务员伦理

---

① 参见王伟、鄯爱红《行政伦理学》,人民出版社,2005,第 5~8 页。
② 参见邱华君《行政伦理理论与实践》,台湾"南华大学"公共行政与政策研究所《政策研究学报》2001 年第 1 期。
③ 参见王伟、鄯爱红《行政伦理学》,人民出版社,2005,第 91 页。
④ 〔美〕特里·L. 库珀：《行政伦理学：实现行政责任的途径》,张秀琴译,中国人民大学出版社,2001,第 6~7 页。
⑤ 参见邱华君《行政伦理理论与实践》,台湾"南华大学"公共行政与政策研究所《政策研究学报》2001 年第 1 期。
⑥ Terry L. Cooper, *The Responsible Administrator: An Approach to Ethics for the Administrative Role*, 3rd ed., San Francisco: Jossey-Bass, 1990, p. 58.
⑦ 谬全吉：《行政伦理》,台湾《中兴大学公共行政学报》1998 年第 4 期。

规程》；1992 年颁布了《为确立政治伦理的国会议员资产公开法》，用于规范国会议员的财产申报制度；1994 年颁布了《政党捐赠法》，用以规范政党行为，确保其透明度和公正性；1999 年颁布了《关于禁止借助确立政治伦理之名进行股票交易的法律》，禁止国会议员利用他人名义从事任何股票交易活动；2000 年颁布了《关于处罚公职人员以斡旋行为获利等的法律》，禁止担任公职的特别职公务员利用其政治影响力，在政府管理过程中为他人进行请托、斡旋，并对其由此所得的利益予以没收。

韩国 1981 年就制定了《公职人员伦理法》，并历经多次修改。中国香港特区、澳门特区、台湾地区也都制定了相关的规定。其他国家和地区也都在各自的公务员专门法、反腐败专门法或者行政伦理专门法中，对公职人员的伦理作了相应的规定。

中国台湾地区采用的是公务伦理概念，归纳为下列 14 类：（1）负责；（2）服从；（3）诚实；（4）清廉；（5）忠心尽力；（6）依法行政；（7）遵守誓言；（8）保守机密；（9）利益回避；（10）禁止滥权；（11）确实申报财产；（12）不得收受非法定许可之馈赠；（13）不为破坏名誉之行为；（14）不能经营商业或从事投机事业。① 台湾地区学者将这 14 个方面的内容都归纳为忠诚度问题。

总体上说，行政伦理包括以下四方面的行为：一是道德层面的要求，即要求公职人员忠诚、诚实、恪尽职守；二是禁止性行为要求，即公职人员不得从事的行为；三是公职人员应主动作为的事项要求；四是公职人员上下级关系行为要求。

从上述行政伦理的基本内容来看，较之公职人员禁止性行为，行政伦理的内涵更丰富，如包含道德层面的内容，外延也更宽，包括公职人员主动为之的行为。公职人员禁止性行为只是行政伦理的组成部分，即禁止公职人员为之的部分内容。尽管如此，可以认为，公职人员禁止性行为规范是行政伦理中最重要的组成部分。

---

① 彭锦鹏主编《公务人员忠诚查核相关问题之研究》（台湾"行政院人事行政局"的委托研究计划），台湾大学图书馆：http://ebooks.lib.ntu.edu.tw/Home/book_fetcher.jsp? ID=288971&state=0。

第四节　严格规定公职人员禁止性行为是廉洁从政的基本要求

一　廉洁从政的基本含义

从语言学上说，廉洁最早出现在战国时期伟大的诗人屈原的《楚辞·招魂》中，"朕幼清以廉洁兮，身服义而未沫"。东汉著名学者王逸在《楚辞·章句》中注释说："不受曰廉，不污曰洁"，意为不接受他人馈赠的钱财礼物，不让自己清白的人品受到玷污，就是廉洁。廉洁是对公职人员的要求，希望公职人员代表人民的利益行使权力时，不贪不腐，为国为民。

廉洁从政即廉洁行政。行政是治理、管理和执行事务的意思，其和施政含义相似。《左传》中就有"行其政令，行其政事"之说。行政是行政主体对国家事务和社会事务以决策、组织、管理和调控等特定手段发生作用的活动。行政有广义和狭义之分，狭义的行政是政府公务，即不是一切国家权力都是行政权力，只有行政机关或者政府的权力才是行政权力，议会的立法权和司法机关的检察和审判权不属于行政范畴。本书讨论的是公职人员的行为规范，因此采用广义的行政概念，即包含司法权和立法权在内。行政的规范要求为：一是必须依法行政，依法行政更多强调的是按照法律的规定行使职权；二是必须廉洁从政。这包括廉洁执政和廉洁从政。前者是对执政党的要求，后者是对政府的要求。廉洁执政是对执政党的必然要求。中国共产党是执政党，其宗旨是全心全意为人民服务，法律的宗旨则是保证最大限度地实现人民的利益，二者的大方向是一致的。在中国现实条件下，廉洁执政应该表现为两个方面，一个是作为执政党，中国共产党也应该依法执政，在法律的框架内活动；另一个是，中国各政府部门中的绝大多数公职人员都是共产党员，公职人员的行政能力和行政效果直接体现为中国共产党的宗旨的实现水平和程度。廉洁从政能够保证共产党的宗旨的实现和法律得到有效遵守。

依法行政和廉洁从政二者有相似之处，也有不同之处。依法行政是指公职人员按照法律规定的内容和程序办事，各级行政机关依据法律规定行使行政权力，管理行政事务。廉洁从政是指公职人员在履行公务时，不贪赃不枉法、刚正不阿。公职人员廉洁从政是政治理论和实践的基本要求，也是依法行政的重要前提。廉洁从政既是对公职人员个人的要求也是对政府机关及司法机关的要求。没有廉洁从政，依法行政、公正司法是不可能实现的。

对各级政府而言，依法行政是现代政治文明的重要标志。2004年国务院发布了《全面推进依法行政实施纲要》，推进依法行政，建设法治政府，标志着中国政治体制改革迈出了重要一步。2010年8月全国依法行政工作会议将纲要实施6年来中国在依法行政、推动法治政府建设方面取得的重要进展归纳为以下几个方面。一是建立健全了工作规则。国务院两次修订《国务院工作规则》。2003年提出"实行科学民主决策、坚持依法行政、加强行政监督"三项准则，2008年增加了"推进政务公开、加强廉政建设"两项准则。二是加快了推进法制建设的步伐。国务院向全国人大及其常委会提出法律议案47件，制定行政法规167件，各部门和地方政府制定规章5208件。在政府建设立法方面，国务院提交全国人大常委会审议通过了《行政许可法》《公务员法》，制定了《政府信息公开条例》《行政机关公务员处分条例》等。三是加强了科学民主决策。各级政府不断完善重大事项调查研究和集体决策制度，重大决策专家咨询制度、公示制度、公开征求意见和社情民意反映制度，决策跟踪反馈和责任追究制度，进一步健全了科学民主决策程序。四是切实规范了行政行为。广大公务员依法行政的自觉性和能力得到了提高。2004年开始实施的《行政许可法》，就是一部规范政府行为的重要法律。近年来，国家大力推进行政审批制度改革，推动政府职能转变，解决权力过于集中又得不到有效监督的问题。在行政执法方面，进一步加强了对执法行为的监督管理。五是进一步加强了行政监督。近年来，政府加大了行政问责制度的实施力度，对滥用职权、失职渎职、决策失误、行政违法等问题加强了责任追究的力度。政府还大力推进政务公开，《政府信息公开条例》在保障人民群众对政府工作的知情权、让人民群众直接监督政府方面取得了很大的进步。尽管政府法治取得了一定的成就，但不可否认的是，前进的道路仍然曲折。

二 禁止性行为规范是对公职人员廉洁从政的基本要求

如前所述，政府权力本质上是人民大众所有，但人民大众并不直接行使权力，而需要代理人代行职权。代理人的产生和职权行使都必须得到人民的认可，并依据一定程序运行。权力使用者和权力所有者的分离，使权力具有分离性、可交换、容易异化等特点。权力的这些特点使其具有极大的张力，如果没有相应的制度约束，这些特点就会淋漓尽致且非常夸张地表现出来，成为激化社会矛盾的焦点。

廉洁执政和从政首先要做到预防腐败。预防腐败制度至少应当包括：预防腐败机构的设置；推进政府运行透明度的制度——政府信息公开制度和电子监察制度；规范公职人员行为规范的制度——如公职人员收受礼金礼品方面的制度、公职人员执法中的利益回避制度、公职人员离职后的就业限制、公职人员家庭财产监督制度等；公众参与、反洗钱等相关制度。

上述制度在公职人员行为规范方面具有极其重要的作用。以公职人员财产监督制度为例，由于公职人员手执公权，存在以权谋私的可能，公职人员的家庭财产状况可能关系到公共利益。要求公职人员的家庭财产接受监督，是现代政府管理取信于民的制度性要求，也是公民的权利。公职人员财产监督制度是廉洁从政、预防腐败的最重要的一项制度。中国公职人员财产监督制度的正式出台是在1995年，此后有关部门相继出台了各种领导干部报告个人财产的规定，但是相关规定的实施效果一直不能令人满意。2005年4月十届全国人大常委会第十五次会议通过了《公务员法》，这部规范公职人员行为的最重要的法律并未就官员财产监督作出明确规定；2007年1月国务院常务会议通过的《政府信息公开条例》，也未将官员的财产等个人情况列为政府必须主动公开的信息。这说明法律和政策之间仍然存在诸多需要协调呼应之处。2010年，中共中央办公厅、国务院办公厅印发了《关于领导干部报告个人有关事项的规定》，全文共23条，对当前领导干部的廉洁自律新情况新问题作了进一步的规范。与此同时，1995年发布的《关于党政机关县（处）级以上领导干部收入申报的规定》、2006年发布的《关于党员领导干部报告个人有关事项的规定》同时废止。《关于领导干部报告个人有关事项的规定》不仅涉及公职人员的财产监督，还涉及需要申报的其他问题，是力图加强规范的努力之一，效果如何，我们会拭目以待。

监督公职人员的财产需要注意几个问题，如公职人员的隐私问题、公职人员财产监督的范围、公职人员财产监督的对象范围、公职人员财产监督的路径、公职人员财产公开的方式、公职人员财产监督的配套制度、瞒报的惩罚措施等。只有对上述问题进行全方位的分析，方能出台行之有效的措施。

上述问题中，公职人员的隐私权问题有较大的争议。隐私权是自然人享有的与公共利益无关的个人信息、私人活动和私有领域进行支配的一种人格权。①《侵权责任法》第2条在规定民事权益范围时对隐私权也作了明确规定。一般而言，隐私权应包括以下内容：未经许可，不得获取或公开个人的信息，如姓名、肖像、住址和电话号码；不得非法侵入他人住宅；不得非法跟踪监视他人；不得非法获取或公开他人财产状况；不得非法获取或公开他人的私人文件；不得调查或公开他人的社会关系；不得干扰或公开他人夫妻性生活以及他人婚外性生活；以及不得获取或公开其他公民不愿意向外泄露的个人情况。

上述内容是对公民自然人的隐私权利的保障，但如何界定公职人员的隐私权值得讨论。公职人员作为自然人，其隐私当然应该与常人一样受法律保护，但公职人员的身份和行为是政治生活的一部分，这就决定了其隐私权与普通人有不同之处。公职人员的财产状况、亲属的就业和财产状况可能与权力行使有关，与公共利益有关，因此，公职人员的一部分隐私，如财产状况就不再是一般意义上的隐私，而是应当向社会公布的政府信息。应该说，公职人员选择从事公职就应该接受让渡个人部分隐私信息的要求，因为这是现代国家政治和行政文明的基本要求。

公职人员财产监督的范围较广，除了工资性收入外，其他动产和不动产收入、馈赠礼品、讲学、股票等也应纳入监督范围。此外，期权收益、非物质性收益如何评估，以及是否应纳入监督范围，值得分析。

关于公职人员财产监督的对象范围也存在不少争议。根据1995年《关于党政机关县（处）级以上领导干部收入申报的规定》，应当申报的人限于一定级别的领导干部，人员范围较窄。但财产监督显然不能只局限于该官

---

① 王利明主编《人格权法新论》，吉林人民出版社，1994，第487页。

员个人的财产。实践中，由于其配偶、子女与其共同生活、共享财产，他们的财产状况也应被纳入监督的范围之内。有的学者甚至认为，应当将其父母和岳父母，成年子女、兄弟姐妹都纳入财产监督的范围。如何划定监督的对象范围，显然是一个难以操作的问题。对象范围小，则可能存在监督无效问题；对象范围过大，难免有株连侵权之嫌。

公职人员财产监督的路径是目前讨论较多的问题，大概存在以下几种思路。一是从高级别公职人员开始，实行财产监督制度，逐步扩展到全部公职人员；二是由低级别公职人员开始，逐步推广到全体公职人员；三是在腐败高发的重点领域进行试点，该领域的全体公职人员均应申报个人财产。试点成功，推向全体公职人员。例如，有人建议，在法院系统实施法官财产申报制度。在全国法院系统试行财产申报制度，对申报的主体、申报财产的范围、申报方式和申报受理机构等作出具体明确的规定，可以有效预防司法腐败的发生，使司法的公正与权威建立在法官整体的公正与廉洁的基础之上。[①] 司法机关代表国家行使司法权力，对保证法律实施和维护社会公平正义负有责任，其自身的公正与廉洁关系到党和国家的安危，从其先行"试刀"未尝不可。

当前中国公职人员财产申报制度是最令人诟病的制度之一。现有的规定几乎都要求处级以上党员领导干部向各自单位的组织人事部门、纪检、监察机构报告，同时报上级人事部门、纪检、监察机构备案。显然，这是一个内部运行的制度设计，其执行情况因其私密性而难以为公众所知晓，更谈不上监督，执行的效果就可以想象了。因此，应当改革现有的财产申报方式，改财产申报为财产公开，实行多路径同时进行，如增加公告栏、网络公开、公众查阅等方式将使相关制度焕然一新。

就公职人员监督配套措施而言，有以下的难题需要破解：一是金融实名制覆盖不了现金交易；二是身份信息仍需要更加准确；三是不动产登记制度不完备；四是境外资产、珠宝、古董等财产的核查。

公职人员瞒报的惩罚措施不明确是现行制度效果不尽如人意的重要原因。现行公职人员财产申报制度已经实行多年，成效如何令人质疑。相关制度的实施应了一句话，那就是"只听楼梯响，未见人下来"，这说明制度

---

① 谭世贵：《注重从制度上预防司法腐败》，《人民日报》2009年6月12日。

存在不足和较大漏洞。最大的漏洞应该是发现不了、制裁不力。例如，新疆阿勒泰地区此前经大胆试行官员财产申报，却因为种种不足，被称为"形式大于内容的官员财产申报"。①阿勒泰地区纪委于 2008 年 5 月出台《县（处）级领导干部财产申报的规定（试行）》，提出公开官员财产，这在全国是尚属首次的创新行为。2008 年的最后一天，阿勒泰地区将 55 名初任副县级干部的财产申报表放在了当地廉政网上，55 人申报并公开的财产总额为 1754263.04 元，人均 31895.69 元。这个数字引起了公众的广泛质疑，面对这一困境，阿勒泰地区的有关领导承认对申报财产的审核比较粗，"还不可能去银行审查账户，也不可能去有关部门核查不动产。"由于不具备核查财产的能力和手段，只凭拟提拔人员自行申报，结果是此项财产公示行为的可信度大大降低，几乎沦为笑柄。不过，尽管如此，我们仍然应承认阿勒泰地区的领导干部财产公示是破冰之举，具有先行的意义。

第五节　公职人员禁止性行为制度规范分析

公职人员行为规范一直是中国共产党和政府的重要工作内容，为此也颁布实施了很多党内规范条例和规定。据中央党校统计，光是"不准"就有 156 个之多。②中国共产党早在成立之初，就曾进行过严厉的反腐行动，如中共中央于 1926 年 8 月 4 日向全党发出的《关于坚决清洗贪污腐化分子的通告》，这是中国共产党第一个反对贪污腐化的文件。《通告》联系当时的革命形势，强调了坚决清除贪污腐化的必要性。

建党后的 90 余年来，反腐败一直是中国共产党的重要任务。十六大以来，中国共产党反腐败的制度化进程明显加快，制定颁发了《中国共产党党内监督条例（试行）》，修改并颁发了《中国共产党纪律处分条例》。中央的目标是建立起能够适应新时期党的建设和全面建设小康社会需要的中国特色的党风廉政建设和反腐败法规制度体系。

---

① 高永峰：《形式大于内容的官员财产申报》，中国网，http：//www.china.com.cn/review/txt/2009 - 01/05/content_ 17053744.htm。
② 高新民：《邓小平首先明确提出反腐的制度性问题》，人民网—理论频道，http：//theory.people.com.cn/GB/10039363.html，最后访问时间：2012 年 5 月 11 日。

除了党的规范性文件外,国家也出台了一些法律法规对公职人员的行为进行规范。下面将从两个视角来分析中国公职人员行为规范的主要相关规定:一是党的文件和政策视角,二是国家法律法规的视角。

一 公职人员禁止性行为政策文件分析

党内规范公职人员行为的规范性文件较多,这里只分析主要且具有全局性的一些文件和规定。

(一)《中国共产党纪律处分条例》

2003年12月31日,中共中央颁布了《中国共产党纪律处分条例》,这是中国共产党最重要的纪律规范文件之一。此条例是在1997年2月颁布的《中国共产党纪律处分条例(试行)》基础上修订而成的,修订的原因是"试行条例"颁布实施近7年来,国家的政治、经济、文化建设和社会形势发生了很大变化,党的纪律维护和党员行为规范面临了新的问题,为了维护党的章程和其他党内法规,严肃党的纪律,纯洁党的组织,保障党员民主权利,教育党员遵纪守法,维护党的团结统一,保证党的路线、方针、政策、决议和国家法律、法规的贯彻执行,颁布了此条例。新条例在以下两个方面有所调整。第一,在保留了原条例的主要内容的基础上,根据社会形势的变化增加了新的内容。例如,随着中国证券交易管理方面的法律、法规逐渐完善,中共中央办公厅、国务院办公厅发布的《关于党政机关工作人员个人证券投资行为若干规定》已经有限制地放宽了对党政机关工作人员买卖股票的禁令,在一定条件下允许党政机关工作人员个人依法投资证券市场、买卖股票和证券投资基金,因此,《中国共产党纪律处分条例》删除了"试行条例"第91条关于违反廉洁自律规定买卖股票应受党纪处分的规定。

第二,《中国共产党纪律处分条例》在维护国家法治精神方面迈出了重要一步。《条例》在有关条文的设置方面注意与国家法律、法规的原则规定保持衔接,同时又注意使其具有党内法规的特点,使之符合从严治党、加强和改进党的建设的需要。

（二）《党政领导干部选拔任用工作监督检查办法（试行）》

2003年6月19日颁布的《党政领导干部选拔任用工作监督检查办法（试行）》是对提拔任用干部进行监督的一项重要规定。《检查办法》共7章25条，较为详尽地规定了如何对党政领导干部选拔任用工作进行全过程的监督，防止和纠正选人用人上的不正之风，以保证党的干部路线、方针、政策能够得到全面正确的贯彻执行。

在实际工作中，干部考察和任用存在不少问题。任人唯亲、裙带关系、师生关系、同学关系仍然有着非常大的作用。在一些地方甚至存在逆向提拔干部的现象，使一些惯会钻营、善拍马屁、喜拉关系、素质差、能力弱的人混进党和干部的队伍，真正有才华、真正能为人民服务的人不能得到提拔和重用，造成党和干部的队伍鱼龙混杂，对党的事业和政府带来了极大的危害。

体现一个党和一个政府宗旨的最关键环节是执行党的政策和国家法律的人的素质，因此干部的选拔和任用极为重要。如何在干部选拔中，从人的品质和能力入手，像伯乐寻千里马那样找出最优秀的人才，需要"不拘一格降人才"，更需要制度性的保证，不如此，则难以排除党和干部队伍里混进坏人的可能性。

（三）《中国共产党党内监督条例（试行）》

2003年12月31日颁布的《中国共产党党内监督条例（试行）》是中国共产党历史上一部十分重要的党内法规，因为其标志党内监督进入了规范化、制度化的新阶段。与亚洲很多国家一样，中国在较长时间内基本上是依靠领导人的决心和意志来反腐败，是典型的权力反腐败模式。权力反腐虽然能取得一定的成效，但由于其经常是依靠运动式方法，而非依靠制度惯性，公职人员行为规范和反腐败的效果时好时坏。而且，对结果的解读也具有逻辑悖论，即因反腐败落马的公职人员是多一些好，还是少一些好？落马的公职人员多，说明反腐卓有成效，但也说明腐败现象严重。与以往的反腐文件不同，此《条例》在制度上有所创新。例如，《条例》规定，中央政治局必须向中央委员会全体会议报告工作；监督的重点对象是党的各级领导机关和领导干部，特别是领导班子的主要负责人。《条例》还规定：

凡是向党组织检举党员或下级党组织严重违纪违法问题的以及党员控告侵害自己合法权益行为的，党组织应该按照有关规定及时调查处理；党员有权申诉、控诉、检举、揭发有关部门和人员。《条例》明文规定了党的最高领导人也应当接受监督，而且加大了普通党员的监督权利。因此，可以说，《中国共产党党内监督条例（试行）》是中国共产党建党以来第一个全面、系统的自我约束与促进自我发展的党内规范制度，由于中国共产党是执政党，其为中国的制度反腐规范公职人员的行为提供了广阔的空间。

（四）《建立健全教育、制度、监督并重的惩治和预防腐败体系实施纲要》

2005年1月，中央在科学全面地总结反腐倡廉基本经验的基础上，提出了《建立健全教育、制度、监督并重的惩治和预防腐败体系实施纲要》，强调构筑教育、制度、监督并重的惩治和预防腐败体系的重要性。《纲要》以"思想道德教育的长效机制、反腐倡廉的制度体系、权力运行的监控机制"为内容，强调"教育是基础，制度是保证，监督是关键"。《纲要》总结了共产党开展党风廉政建设和反腐败斗争的基本经验，明确提出了建立健全惩治和预防腐败体系的指导思想、基本原则和工作目标，在如何建立思想道德教育的长效机制、反腐倡廉的制度体系、权力运行的监控机制方面作了详细的规定，提出了一些新措施、新办法。

从理论上说，《纲要》试图建立一种三位一体的较为科学、全面的预防腐败的理论，希望标本兼治、惩防并举、预防优先，从源头上治理腐败，改变传统的"头痛治头，足痛治足"的治理模式，代之以系统综合的方法与腐败行为做斗争，是一个综合治理性较强的文件。《纲要》的出台引起了一阵欢呼，实施几年后，因效果难尽人意，雀跃之声亦然淡去。非文件本身不具有高瞻远瞩之力，实因缺乏可操作的实际措施。

（五）《中国共产党党员领导干部廉洁从政若干准则》

公职人员行为规范是执政党关注的重要内容。2010年1月，中共中央颁布实施了《中国共产党党员领导干部廉洁从政若干准则》（以下简称《廉政准则》），其可视为党内的公职人员行为规范，也是中国共产党廉洁执政的最重要文件之一。此《廉政准则》是对原《廉政准则（试行）》进行了较大的修改后出台的。《廉政准则》全文分3章18条"52个不准"，系统规定了党员领导干部的禁止性行为及其实施与监督办法。禁止性行为分为八类，基本上涵盖了党员领导干部以权谋私的行为。由于它是中国共产党第一次出台党员领导干部的行为准则，因此在反腐倡廉斗争中具有极其重要的作用。

为了保证《廉政准则》贯彻和执行，2011年3月22日，中国共产党中央纪律检查委员会还发布了《〈中国共产党党员领导干部廉洁从政若干准则〉实施办法》（以下简称《实施办法》）。《实施办法》为《廉政准则》的顺利实施提供了重要的保障，同时为公职人员廉洁从政行为的规范和监督提供了重要的制度依据。《实施办法》共3章58条。第一章"总则"明确了《实施办法》的目的、依据以及领导干部主动纠正问题的政策适用。第二章"廉洁从政行为规范"，一是对《廉政准则》中的相关概念下了定义；二是以概括和列举的形式明确《廉政准则》中有关"违反规定"的表述的含义；三是采用了《中国共产党纪律处分条例》处理违规行为的规定；四是规定了对违规行为的组织处理方式。第三章"附则"规定了《实施办法》的解释权和生效时间。

《实施办法》明确了违反52个"不准"行为的具体处理依据，主要分为三类。一是对《中国共产党纪律处分条例》中有规定的违规行为明确了应当适用的条款。二是对《中国共产党纪律处分条例》中没有规定的违规行为，中央、中央纪委制定的专项法规中有具体处理依据的，适用此类的专项法规。比如，对于违反《廉政准则》第4条"违反规定选拔任用干部"8个"不准"的行为，《实施办法》规定应当依照《中国共产党纪律处分条例》第64条和《党政领导干部选拔任用工作责任追究办法（试行）》的有关规定处理。三是根据《廉政准则》第13条关于处理措施的规定，结合其他有关法规的要求，对于领导干部"违规经商办企业"、"配偶子女违规经商办企业"等行为，除规定应当给予党纪处分外，还明确了相应的组织处理措施；对于领导干部"违反规定多占住房"、"兼职取酬"等行为中涉及的物质利益，根据有关规定明确了追缴措施。[①]

尽管中国共产党的这个《廉政准则》具有开创性意义，但毕竟是对党内领导干部的行为规范，不具有普遍适用性，且相关规定采用列举式，不

---

① 中央纪委负责同志就《〈中国共产党党员领导干部廉洁从政若干准则〉实施办法》的颁布实施答记者问，《中国监察》2011年第8期。

仅内容繁杂，也不能适应形势的变化和发展，具有一定的局限性。

（六）《关于领导干部报告个人有关事项的规定》

2010年7月，中共中央办公厅、国务院办公厅印发了《关于领导干部报告个人有关事项的规定》，要求党政机关县（处）级以上领导干部报告个人收入、房产、投资、本人婚姻变化和配偶、子女移居国（境）外、从业等事项。与其他规范性文件相比，因为要求所有副处级以上干部都必须进行申报，没有"试点"或者"只在某些部门实施"的限定，也没有"部分重要领导岗位""新提拔干部"必须申报的要求，这项规定显得更严厉。此外，这个规定不仅要求中国共产党党员公职人员申报主要事项，还要求民主党派、人民团体以及在国有企业任职的人员申报，即只要是公职人员，无论其属于什么党派什么单位都应该申报其重要事项。

《规定》细化了领导干部报告个人有关事项的制度，但是，要使《规定》得到落实，尚存在许多难题。首先，该项规定要求申报的内容如何查核，以及对不实申报的如何处罚还需要有关部门认真研究对待。其次，申报仍然是一个内向型的制度，即只对内申报、对上级申报。如其规定，领导报告事项按照干部管理权限由相应的组织（人事）部门负责受理：中央管理的干部向中共中央组织部报告，本单位管理干部向本单位的组织（人事）部门报告，非本单位管理的干部向上一级党委（党组）的组织（人事）部门报告。这种申报实际上很难真正起到监督作用，而要想真正使公职人员的行为得到规范，必须使这项制度成为外向型的制度，向社会公示，让人民大众真正参与监督。最后，此项规定的适用对象仍然是处级以上（含副处级）领导干部，虽然将非行政部门的领导干部也纳入了申报范围，但是与庞大的公职人员群体相比，仍然是少数人。

（七）《中国共产党巡视工作条例（试行）》

2009年7月中共中央出台《中国共产党巡视工作条例（试行）》（以下简称《巡视条例》），对巡视制度作了详细的规定。2003年中国共产党中央纪律检查委员会就开始实施巡视员制度，《巡视条例》为巡视工作提供了明确的依据。《巡视条例》规定中国共产党中央纪律检查委员会、中组部有权向地方派遣巡视小组，参加各省领导机构的党委会议、查阅档案文件、获取开支经费数据等。巡视制度是中国共产党在权力规范方面的一个创新，目的是加强对地方政府官员的了解，特别是加强对党政一把手的监管。

二 公职人员禁止性行为法律规范分析

（一）刑事法律

公职人员禁止性行为的极端形式就是犯罪，如贪污受贿、渎职等行为。《刑法》是惩治犯罪的实体法，是剥夺犯罪分子权利——政治权利、财产、自由和生命——最多的法律，也是最严厉、最具有震慑作用的法律。《刑法》第八章规定了贪污贿赂罪及其处罚；第九章规定了渎职罪及其处罚。《刑法》在公职人员禁止性行为规范方面的作用在于，明确规定了哪些行为是腐败犯罪，以及惩罚标准。刑罚是惩戒公职人员禁止性行为的最严厉的强制方法，其要依靠国家强制力来保障。不过，应该明确的是，《刑法》虽然是规范公职人员禁止性行为、反腐败的最强有力的保障，但也是最后的手段。只有在其他法律都不足以防止公职人员禁止性行为的社会危害性时，刑法方能发挥其最后手段作用。用刑法来惩治公职人员的腐败行为，体现了党和政府的反腐败决心和意志，可以使后者引以为戒。

《刑事诉讼法》是惩治腐败的程序法，任何实体法都必须通过程序法才能够得以实现。中国《刑事诉讼法》在反腐败斗争中有着重要的作用，但是由于存在立法缺陷，反腐败难以形成合力，表现在反腐败侦查和调查力量分散，全国检察系统的反贪局仅是检察机关的内设机构，在法律中没有相应地位等。此外，根据《联合国反腐败公约》，现行《刑事诉讼法》有许多需要完善的地方。例如，在腐败人员外逃的情况下，对涉外管辖、引渡、国际联合调查、被判刑人的移交、刑事诉讼的移交、资产的追回和处分，以及关于司法协助中的调查取证、检查、辨认和协助出庭、证据制度等方面，都缺乏明确的规定。

（二）《行政监察法》

1997 年颁布的《行政监察法》明确规定了中国监察机关的性质、工作原则、领导体制、管辖、职责、权限、监察程序和法律责任等内容，是监察机关行使职权、履行职责的基本法律依据和保障。《行政监察法》实施 10

年后，为适应形势变化，2006年初，监察部开始研究修订《行政监察法》，2010年6月25日，十一届全国人大常委会第十五次会议表决通过了《全国人民代表大会常务委员会关于修改〈中华人民共和国行政监察法〉的决定》，自2010年10月1日起施行。修改后的《行政监察法》共7章51条，在法律上明确了组织协调、检查指导政务公开和纠风工作是监察机关的职责，确定了监察机关派出机构统一管理体制；明确了泄露举报信息行为要承担法律责任；公众可望获知更多涉及切身利益的专项检查、重大案件等情况。

新《行政监察法》适应行政管理体制改革需要，加强对行政权力的监督，进一步明确了监察对象范围，增加了监察机关的职责与义务，完善了举报等相关制度，理顺了派驻机构管理体制，体现了依法治国的基本方略和反腐倡廉战略方针，为政令畅通、维护行政纪律、改善行政管理、提高行政效能、深入开展党风廉政建设和反腐败斗争提供了重要的法律保障。

（三）《公务员法》

《公务员法》是规范公职人员权力和保障其权益的重要法律。《公务员法》于2005年4月由第十届全国人大常委会第十五次会议通过，2006年1月1日起施行。《公务员法》分18章107条。《公务员法》对公务员的范围作了限定，明确规定公务员的内涵为：依法履行公职，纳入国家行政编制，由国家财政负担工资福利的工作人员。这意味着，公务员不再局限于政府机关工作人员，而扩大至符合上述三个条件的所有工作人员。下列七类机关中除工勤人员以外的工作人员都属于公务员：中国共产党各级机关、各级人民代表大会及其常务委员会机关、各级行政机关、中国人民政治协商会议各级委员会机关、各级审判机关、各级检察机关、各民主党派和工商联的各级机关。本书所涉及的公职人员范围更广一些，还包括国企领导人员。

《公务员法》对公务员的权利和义务、保障以及法律责任作了全方位的规定。这是新中国成立50多年来中国第一部干部人事管理的综合性法律，具有里程碑式的意义，标志着中国干部人事管理进入了一个依法管理的新阶段，为科学、民主、依法管理公务员队伍提供了重要依据，为提高广大公务员依法执政、依法行政、依法办事的能力提供了重要保障。

特别值得注意的是,《公务员法》对领导干部引咎辞职制度作出了严格规定,成为行政问责制度的一部最重要的法律。2008年9月,山西襄汾尾矿库溃坝、三鹿奶粉事件、深圳龙岗区大火、登封市煤与瓦斯突发事故等导致19名有关高级公职人员引咎辞职或遭问责免职,2008年因此也成为中国的"行政问责年"。行政问责制度对规范公职人员行为具有重要作用,但在现阶段,问责制度还有许多需要完善的地方,主要表现在法律法规不完善、问责环境不利、机制不健全、主客体界定不清晰、范围过于狭窄、程序不规范等方面。此外,民众对问责制也存在诸多误解。

第二章

公职人员职务消费行为的法律规制

第一节　职务消费规制的基本理论

随着中国经济的持续快速发展，公职人员职务消费的数额在逐年攀升。职务消费中个别公职人员铺张浪费、假公济私的现象越来越多样化、严重化，逐渐从公开走向更加隐蔽，不仅造成国家财产严重浪费与流失，而且成为滋生腐败的温床。职务消费是公职人员的一种特殊行为，可能对社会产生较大的影响，深入研究职务消费的含义、特征、问题、发展趋势、产生原因、解决途径等一系列问题很有必要。

一　职务消费的概念和特征

（一）职务消费的概念

政府运行总要消耗一定的成本，除了政府雇员的工资和福利等开支之外，为保证公职人员履行职务，政府也会提供一定的实物，如公车、住房等，并对出差、宴请等花费实行实报实销。一般认为，职务消费是国家公职人员履行公共职务而引起的各种公务消费开支的总称，主要表现在公务用车、接待、出差、会务、办公等费用支出。有时，也被称为"公务消费"。应该承认，有的职务消费是公职人员在履行职务时的合法消费，有的则是超标准消费，超标准消费是应当进行严格规范的公职人员禁止性行为。

在中国，"职务消费"是一个约定俗成的概念，在国家的党政公文中被频繁地使用。2003年2月中央纪委二次全会工作报告《全面贯彻党的十六大精神　努力开创党风廉政建设和反腐败工作新局面》提出，"积极探索用改革的办法解决领导干部职务消费中存在的问题"，这是党和政府在官方文件中首次使用"职务消费"这一概念。[①] 2004年中共中央纪委、中共中央组织部、监察部、国务院国资委印发了《国有企业领导人员廉洁从业若干规定（试行）》，规定"国有企业领导人应当规范职务消费行为"。2009年6

---

① 孟庆平、尹丽：《职务消费制度：国际运行实践及中国的政策选择》，《山东财政学院学报》2010年第2期。

月中共中央办公厅、国务院办公厅修订了该"试行规定",印发了《国有企业领导人员廉洁从业若干规定》,将"职务消费"界定为公职人员"为履行工作职责所发生的消费性支出及享有的待遇",指出"国有企业领导人员应当勤俭节约,依据有关规定进行职务消费。"2006年6月国务院国资委出台的《关于规范中央企业负责人职务消费的指导意见》,对中央企业负责人的职务消费也作了类似的界定。2006年9月《中共中央办公厅、国务院办公厅关于加强农村基层党风廉政建设的意见》指出:"规范农村基层公务接待活动,村、组不准招待党和国家机关工作人员。逐步推进农村基层干部职务消费制度改革。"

理论上,职务消费概念尚没有一个明确的界定:有的对"职务消费"进行广义解读,职务消费即公务消费,是国家公务人员为正常行使职权、顺利履行职责必须发生的各种消费的总称,主要包括差旅费、交通费、通信费、接待费、会议费、办公费、礼仪费、社交费、学习培训费、报刊费等支出;[1] 有的将"职务消费"视为官僚体制的衍生物,指行政官员凭借其身份地位、以公务需要为名义、由政府"埋单"的满足效用行为;[2] 有的将职务消费分为一般性公务消费和特殊性公务消费,前者指公务人员在履行政府公务过程中所发生的各种公务费用,如办公设施费(含基本建设支出、设备购置费、修缮费)、水电费、日杂办公用品费、业务招待费、国内外考察费、培训费、会务费、差旅费、公共通信费(办公电话费用)、公共交通费(公用业务用车)等;后者是指处于特殊职务的公务人员(国家高级领导人)为了更好履行公务而发生的必要消费,包括官邸、个人交通费(包括专机、专车、专列)、个人通信费、保姆费、个人接待费、出国访问费等。[3] 上述概念是从目的和费用要素进行界定的,没有将职务消费与其他类似概念(如办公经费)区分开来,没有涉及职务消费的本质。

从消费目的上看,职务消费可以分为三类:一是必要的职务消费行为;二是超标准的、奢侈浪费的行为;三是以公务为借口的消费行为。

在经济学中,消费分为生产消费和个人消费。前者指物质资料生产过程中的生产资料和活劳动的使用和消耗;后者是指人们把生产出来的物质

---

[1] 焦建国:《规范职务消费:辨析、探源与改革建议》,《地方财政研究》2005年第9期。
[2] 钟祥财:《中国古代职务消费述评》,《上海城市管理职业技术学院学报》2005年第6期。
[3] 王朝才、王彦荣:《当前我国职务消费改革探讨》,《经济研究参考》2004年第88期。

资料和精神产品用于满足个人生活需要的行为和过程,是"生产过程以外执行生活职能",是恢复人们劳动力和再生产不可缺少的条件。① 简言之,生产消费和个人消费指的是生产成本和生活成本。就"职务消费"而言,如果将其中的"消费"理解为个人消费,那么"职务消费"概念就会处于令人费解的尴尬地位,因为职务消费并非为了满足个人生活需要,而是为了满足公共生产生活需要。根据政治经济学的"公共产品"理论,政府在生产、提供公共产品和公共服务的过程中消耗一定的成本,这个成本属于生产成本,而"职务消费"就应该属于生产消费,而非个人消费。

在西方语境中,没有与职务消费完全对应的概念,"职务消费"被包括在"政府消费支出"（government consumption expenditure）中。政府消费支出由两部分组成:用于最终产品的支出（expenditure on final goods）和用于劳务的支出（expenditure on hours worked）。② 前者指用于教育、卫生等公共产品和服务的支出;后者是指支付给公职人员的报酬、办公经费等支出,中国所谓的职务消费支出就包含在后一部分之中。

从"行政管理费"入手,有助于明晰职务消费的概念。在中国,行政管理费是指国家财政用于各级国家权力机关、国家行政机关、国家审判机关、国家检察机关以及外事机构、重要党派团体行使职能所需要的经费支出。按费用要素分类,行政管理费包括人员经费、公用经费——人员经费相当于劳动力成本,用于支付公职人员个人和家庭生活消费;公用经费则用于公务支出,包括办公经费（办公设施费、日杂办公用品费以及维持办公正常运行的水电费、通信费等）、业务招待费、国内外考察费、培训费、会务费、差旅费、公用业务用车费等。通常所指的"职务消费"应是指行政管理费中除了人员经费、办公经费之外的公用经费。办公经费与职务消费的区别在于,前者的费用和人员经费一样相对固定,与政府规模成正比,职务消费则属于公用经费中"人"性化最强、与个人联系最紧密的一部分,是国家公职人员为履行职责、执行公务而发生的由国家财政承担的必需的、适度的消费性支出。另外,值得注意的是,在行政运行成本中,除了人员

---

① 王国顺、张煊:《消费安全文化:概念与内涵》,《北京工商大学学报》（社会科学版）2011年第1期。
② Michele Cavallo, "Government Consumption Expenditures and the Current Account", Fedreal Reserve Bank of San Francisco Working Paper Series, February 2005.

经费、办公经费和职务消费之外,还有一项开支就是机关后勤服务,其中最重要的是单位食堂和幼儿园,① 其通常是作为公职人员的福利存在的。公职人员上班就餐、子女入园,国家予以适度照顾可以理解,但是应该以提高人员经费的办法使其在社会上通过个人消费予以解决,而不是由机关单位自办餐厅和幼儿园变相提高公职人员的福利待遇。这种方式的本质是福利公职化,即将人员经费中的福利转换为职务消费,造成了国家财政浪费和社会功能的异化。

(二) 职务消费的特征

职务消费具有以下四个方面的特征。

1. 职务消费的主体是公职人员

职务消费的主体是国家公职人员。国家公职人员的范围如前章所述,按照《联合国反腐败公约》的定义,"公职人员"系指:无论是经任命还是经选举而在缔约国中担任立法、行政、行政管理或者司法职务的任何人员,无论长期或者临时,计酬或者不计酬,也无论该人的资历如何。也就是说,"公职人员"可以指依照缔约国本国法律的定义和在该缔约国相关法律领域中的适用情况,履行公共职能或者提供公共服务的任何人员。2010年中国监察部、人力资源和社会保障部印发的《用公款出国(境)旅游及相关违纪行为处分规定》第2条也明确规定了适用人员的范围:"(一)行政机关公务员;(二)法律、法规授权的具有管理公共事务职能的组织以及国家行政机关依法委托的组织中除工勤人员以外的工作人员;(三)企业、事业单位、社会团体中由行政机关任命的人员。"综上,职务消费的主体"公职人员"的范围可以确定为依法履行公共职务的国家立法机关、司法机关、行政机关、中国共产党和各个民主党派的党务机关、各人民团体以及国有企业的工作人员以及委派到企业从事公务的人员。

确定公职人员的范围之后,还需要明确公职人员的任职状态,即这里所指的公职人员必须是在职、在岗的公职人员,只有在职、在岗的公职人

---

① 2004年,广东省人大审议省级部门预算,发现四家省直机关幼儿园享用2000多万元财政拨款。人大代表愤怒了:"养公务员队伍是正常的。但是我不能养公务员的儿子和孙子。公共财政不能用于某一个幼儿园。"参见《国家账本的"晒"与"审"》,《新财经》2010年第4期。

员才需要履行公务,因病、因年老或者其他原因离职、退休的公务人员以及因故调任离岗的公务人员所发生的消费,不能算作职务消费。根据《中共中央办公厅、国务院办公厅关于党政机关汽车配备和使用管理的规定》,部长级以上(含部长级)的领导干部离退休后仍享有专车待遇,此业已超出公务用车的范围,专车为领导人享有的福利待遇,与职务消费无关。当然,有些职务消费(如专车消费)通常还是与公职人员的行政级别有一定的联系,主要指一定级别的领导干部应享有某些职务消费的内容。

2. 职务消费必须以公务为目的

职务消费以公务为目的是职务消费的本质特征,也是区别职务消费和个人消费的关键要素。非履行公务需要,而是利用职务之便或假借履行公务用于满足个人需要的消费行为不是职务消费的范畴,而是假公济私的个人消费行为,甚至是贪腐行为,只不过因为其打着职务消费的名头,因此也需要在职务消费的框架下加以研究。就职务消费的目的而言,如果确实是因公消费,毋庸置喙。社会大众对职务消费的不满,针对的往往是过度消费,或者假公济私的"消费"。

3. 职务消费是公用经费中的消费性开支

职务消费支出与办公经费都是公用经费,两者的区别在于前者是消费性开支,通常发生在餐桌、公车、出差等非办公场所。一般而言,除了办公耗材之外,办公场所几乎和消费没有什么关系。不过,有一种特殊现象值得注意,那就是随着办公条件的改善,一些部门追求办公场所的奢侈化,办公与个人消费的界限日益模糊。一些公职人员的办公室不仅设有办公区、卫生间、休息室、会客室、健身室,而且陈设豪华,除办公用品之外,还备有冰箱、微波炉、衣柜等现代高消费水平家庭生活所需物品。这种特权化、消费型办公现象,增加了行政运行成本,造成了国家财政浪费,属于典型的应该规范的公职人员禁止性行为。另外,随着政府机关不断兴建高档的楼堂馆,许多职务消费,特别是公务招待都是在机关内部的"培训中心"进行的。这些培训中心虽然是以办公的名义建的,但是已经背离了办公的职能,其实质就是集住宿和娱乐功能于一体的酒店。

4. 职务消费的资金来源于国家财政

职务消费是公职人员为了保障公共利益的实现而在履行公务时,由国家财政支付的经费。"无财政难以行政",财政是行政的经济基础。职务消费资金与办公经费一样都属于公用资金,是行政管理经费的一部分,与人员经费一起构成行政运行成本。合理合法的职务消费是政府必须承担的成本,是政府运行成本中不可剔除的重要组成部分。国企领导由于其身份本质上也是公职人员,因此无论是国企高管还是政府官员,消费的都是公共财政资源。另外,还应引起注意的一种现象是,一些公职人员的消费是由下属企业或关联单位支付的,这种由企业或其他单位埋单的所谓的消费已经超出职务消费的范畴,实质是一种变相的贿赂,是属于典型的腐败,应该明令禁止。

二 职务消费的原则与内容

(一)职务消费的原则

1. 必要性原则

职务消费是政府提供公共产品和服务时所发生的财政支出,其被计算在行政运行成本之内,最终由纳税人承担费用。因此,与个人消费不同,职务消费必须遵循必要性原则。职务消费的必要性原则是指公职人员在履行职务时产生的必不可少的消费支出,换言之,为履行公务需要,应该尽量避免不必要的费用支出项目。

2. 适度性原则

职务消费的适度性原则是指公职人员为履行职务的需要必须发生消费支出时,应该以最低限度支出为原则。如果在履行职务过程中,公职人员超过正常的限度进行奢侈或过度消费,则违背了职务消费的适度性原则,会造成公共财政的浪费。

(二)职务消费的内容

职务消费的内容是指公职人员为履行公务的需要通常会进行消费的项目。根据国资委出台的《关于规范中央企业负责人职务消费的指导意见》,职务消费的内容主要包括"公务用车配备及使用、通讯、业务招待(含礼品)、差旅、国(境)外考察培训等与企业负责人履行其职责相关的消费项目"。

国务院关注职务消费始于21世纪初,在历年的政府工作报告中都提到了职务消费问题。2000年政府工作报告中第一次明确提到有关职务消费的内容，指出"严肃查处违反规定的公款消费和集团消费"，必须坚决制止"借机用公款旅游和吃喝玩乐"。2002年政府工作报告指出必须坚决刹住"用公款大吃大喝、进行高档消费娱乐，公费出国旅游"等奢侈浪费之风。2007年政府工作报告提出要"切实规范公款接待行为"。2010年政府工作报告指出要"严格控制一般性支出，大力压缩公用经费"，并且要"加快公务接待、公车使用等制度改革，从严控制公费出国出境"。2011年政府工作报告指出2011年在"出国（境）经费、车辆购置及运行费、公务接待费等支出原则上零增长，切实降低行政成本"，并且要"规范公务用车配备管理并积极推进公务用车制度改革"。

由上可见，职务消费主要包括三种消费行为：公务接待、公务用车和因公出国（境），即所谓的"三公消费"。

1. 公务接待

由于行政事务本身的复杂性和相关性，政府系统内部存在跨地区、跨部门的公共事务，因此，当一项公务活动的需要超出某一部门、某个地区或者某个层级时，就会出现公务接待活动。公务接待是指在公共管理活动中，政府机关等公共组织在上级机关检查、调研、考察，同级组织参观、访问，下级机构汇报工作，学术交流，本单位召开的工作会议，以及国际组织、外国政府机构和企业参观、访问等活动中，使用政府财政资金和其他公共资金，对有关人员和组织进行接洽和款待的行为。公务或者业务招待费，是指行政事业单位为执行公务或开展业务活动需要合理开支的接待费用，包括在接待地发生的交通费、用餐费和住宿费。

2. 公务用车

履行公务不可避免会遇到交通工具的使用问题，解决的方法有两种：一种是乘坐公共交通，一种是为了履行公务方便而使用政府车辆。乘坐公共交通相对比较简单，公务消费可以通过差旅费的形式由财政支出，公务用车则相对比较复杂。公务用车是指由政府财政为公职人员执行公务需要而配备的车辆，为了公务需要公务员可以无偿使用公务车辆。公务用车包括一般公务用车和执法执勤用车。一般公务用车是指用于办理公务、机要通信、处置突发事件等公务活动的机动车辆；执勤执法用车是指用于办案、监察、稽查、税务征管等执法执勤公务的专用机动车辆。一般公务用车又分为专车、相对固定用车和普通公务用车三种形式，前两种属于领导干部用车。专车是专门配备给具有较高行政级别的领导干部使用的政府车辆，通常还会配备司机。相对固定用车是向一定行政级别的领导干部提供的供其工作使用的相对固定的政府车辆。普通公务用车是由单位统一管理，公职人员根据公务需要履行一定的手续方可使用的政府车辆。执法执勤用车属于专用车辆，是为执行专门任务，统一组织生产、改装，车内装有必要的仪器、设备，同行政用车有明显区别标志的车辆。此类车辆的购买、配备、管理和使用除了适用公务用车管理的相关规定之外，还应有专门和特殊的管理体制。

需要指出的是，公务用车不应包括公职人员上下班用车。公职人员上下班所产生的费用由其本人支付，虽然上下班也与公务有关，但是国家财政已经以交通补贴的形式将相关费用放在了公职人员的工资和津贴里。一定级别的领导人乘专车上下班，是该级别应有的安全及礼遇需要，与职务消费无关。公职人员上下班，可以选择使用交通工具，即可以使用公共交通工具，也可以使用私家车。目前许多机关单位实行班车上下班制度，班车是否属于职务消费，是否应该由国家财政买单的问题很少引起人们的思考。如前所述，公职人员上下班不属于履行公务，交通费用应该由自己支付。有些单位，考虑到上下班路途较远，而公职人员居住相对集中，为了方便公职人员上下班，实行班车接送公职人员上下班制度，但是由此产生的费用应该由享受班车服务的公职人员分摊，为节省费用，也可以考虑购买社会服务的方法，由社会上专门提供班车租赁和服务的公司完成。实践中，许多机关单位将班车当作公务用车，由国家财政支付有关费用的做法是否合适，值得商榷。

3. 因公出国（境）

随着改革开放的深入发展，对外交流日益增多，因公出国（境）越来越普遍。许多地区、部门陆续组织团体和人员到国外培训，这对提高技术水平和改善经营管理有一定的作用。所谓因公出国（境），是指公职人员以公务为目的，到国（境）外进行考察、学习、培训、研讨、招商、参展、参加会议等活动。出国（境）培训，是指从国内企、事业单位及党和国家机关，选派各类业务人员（包括技术、管理等）到国外或港、澳、台地区，采取多种形式（包括研修、实习）学习境外先进的实用技术、生产技能和科学的经营管理经验及其他业务知识。因公出国（境）属于职务消费，应由国家财政支付费用。一些公职人员将因公出国变相成为一种旅游福利则属于应当严格禁止的行为。

三 职务消费存在及其规制的基础

(一) 职务消费存在的理论基础

1. 客观性

职务消费是政府机构得以运转的必要成本。科斯曾指出:"政府的行政机制本身并非不要成本,实际上有时它的成本大得惊人。"[①] 政府以提供公共产品和公共服务为职能,为了更好地履行这个职能,政府需要雇佣一定数量的人员,为其支付一定的报酬,提供日常工作的办公场所和办公经费,另外,公职人员为履行特定的公务也需要支出一定的费用。因此,政府机构正常运转必然要消耗一定的行政管理经费,其中除了人员经费和办公经费之外,职务消费是必不可少的一部分。

2. 合理性

"天下没有免费的午餐",享受任何一种产品或服务都需要支付一定的对价,公共产品和服务也不例外。按照理性人的标准,任何人基于自利性都不愿提供超越自身利益的物品,对于必须依赖的公共产品和服务可以选择向政府购买。职务消费作为政府提供公共产品和服务的必要性开支,纳税人需要支付对价进行购买,因此职务消费开支的来源是公共产品和服务的享受者所缴纳的税收。

(二) 规制职务消费的逻辑基础

职务消费存在的客观性和合理性在于职务消费是政府机构运转的必要性开支,是纳税人购买公共产品和服务的对价中的一部分,但是基于以下几个原因,职务消费必须受到一定的规制。

1. 行政管理经费支出对经济增长的影响是负面的

人们对于财政支出是否有利于经济增长一直存在争议。一种观点认为

[①] 〔美〕R. H. 科斯等:《财产权利与制度变迁》(中译本),上海人民出版社,1994,第22页。

政府公共支出大往往会形成高税收,对私人部门的消费和投资会造成很大的负面影响,因此,必须缩减政府支出,才能保证经济增长。另一种观点则认为,政府公共支出在经济增长中发挥着重要作用,因为它为经济发展提供了大量的公共产品和其他具有外部效应的公共福利或服务,从而鼓励和便利了私人投资。[1] 应该说,财政支出是否有利于经济增长不能一概而论,因为财政支出是由核心支出和非核心支出组成的。所谓核心支出,主要是指用于教育、医疗等公共服务方面的支出,由于其为经济发展提供了公共福利和服务,对经济增长具有正向作用。而非核心支出主要指政府行政管理费用,即政府为了维持正常的管理工作和提供公共服务所支付的所有费用。庞大的行政开支无疑会挤占有限的财政收入,妨碍政府职能的发挥,不利于经济增长。因此,为促进资源配置效率,应优化财政支出结构,适度提高财政核心支出的规模,压缩行政管理费用。

2. 职务消费具有自肥性

美国经济学家弗里德曼归纳了四种花钱方式:一是为自己花自己的钱;二是为别人花自己的钱;三是为自己花别人的钱;四是为别人花别人的钱。比较起来,为自己花别人的钱,是最"爽"的一种"花钱法"。然而,并不是谁都有这机会能为自己花别人的钱,一旦有了这种机会,花钱的人自然会毫不手软,普天之下很少例外。尽管职务消费以必要性和适度性为原则,但是实践中由于消费主体的自肥性,往往最容易膨胀,追求奢侈或过度消费,有时还会假公济私,将与公务无关的个人消费纳入职务消费,由财政"埋单"。因此,为了保证公职人员廉洁奉公,提高财政支出效用,必须对职务消费加以规制。

3. 职务消费失范增加政府的隐性成本

今天,政府成本问题也越来越多地受到了人们的关注。政府成本是指政府在进行公共管理和提供公共服务的过程中花费的各种费用的总和,以及由其所引发出的现今和未来一段时间的间接性损失。[2] 政府成本并不等于政府运行成本,政府运行成本加上隐性成本才构成政府成本。所谓政府隐

---

[1] Shantayanan Devarajan, Vinaya Swaroop, Heng-fu Zou, "What Do Governments Buy? The Composition of Public Expenditure and Economic Performance", working paper of Country Economics Department The World Bank, February 1993, WPS 1082.

[2] 陈虎:《新加坡降低政府成本的主要途径》,《党政干部文摘》2007年第5期。

性成本，指的是由于政府的决策失误、工作效率低下及政府公职人员的贪腐行为而引发的直接或间接损失。严格意义上的职务消费属于政府运行成本的一部分，属于显性成本；而职务消费一旦失范（指过度消费和假公济私的消费），则属于贪腐行为，会造成国家财政的有形损失和无形损失，产生隐形成本。因此，规制职务消费，不仅是为了降低行政管理费用，而且还是为了降低隐性成本，从而降低整个政府成本。

综上，职务消费是公职人员为履行职务而发生的消费性支出，其存在具有客观性和合理性，但是由于容易自我膨胀，对经济增长产生不利影响，并且会造成政府隐形成本增加，因此需要对其进行规制。

第二节 职务消费现状及其控制

一 职务消费现状

（一）职务消费相关数据

职务消费包含在行政管理支出中，属于政府运行成本，而政府运行成本的具体数据，目前仍是雾里看花，"犹抱琵琶半遮面"。另外，政府支出除了预算内支出，还有预算外支出，[①] 不少单位的基建费用、办公用品、交通工具的购置费用以及福利补贴费用等开支都靠自筹，来自预算外收入。由于预算外收入不透明、不公开，财政收入到底有多少钱无从统计，如何使用更是不得而知，只能根据官方和研究者披露的相关数据来探讨职务消费的规模。

1. 官方数据

（1）行政管理费用。根据国家统计局发布的数据，从1995年至2006年，在国家财政支出中，行政管理费（包括公检法司支出和外交事务支出）由996.54亿元增加到7571.05亿元，行政管理支出增长比较快，12年间增长了6.60倍。国家统计局在2006年之前国家财政主要支出项目中，均明确

---

① 世界银行的一项研究认为，2005年，中国的国家预算收入6000多亿、有统计的5000亿预算外收入、没有被统计的3000亿预算外收入，总计14200多亿。

列明了行政管理费支出项目,但从 2007 年开始,找不到行政管理费支出,只有一般公共支出。

(2) 中央行政单位行政管理费和"三公消费"。经财政部汇总,2010 年中央行政单位(含参照公务员法管理的事业单位)履行行政管理职责、维持机关运行开支的行政经费,合计 887.1 亿元;2010 年中央级,包括中央行政单位(含参照公务员法管理的事业单位)、事业单位和其他单位用财政拨款开支的因公出国(境)经费、公务用车购置及运行费、公务接待费决算支出 94.7 亿元。其中,因公出国(境)经费 17.73 亿元,公务用车购置及运行费 61.69 亿元,公务接待费 15.28 亿元。

2011 年中央级"三公经费"财政拨款预算为 94.28 亿元。其中,因公出国(境)经费 19.9 亿元,公务用车购置及运行费 59.19 亿元,公务接待费 15.19 亿元。与 2010 年决算数相比,2011 年中央级"三公经费"财政拨款预算减少 0.42 亿元。其中,由于外交活动和国际交流的增加,因公出国(境)经费比上年有所增加;公务用车购置及运行费、公务接待费则比上年有所减少。[①]

(3) 地方"三公消费"数据——以北京为例。根据北京市财政局在北京市十三届人大常委会第二十六次会议上的《关于北京市 2010 年市级决算的报告》,2010 年市级党政机关、全额拨款事业单位的"三公"经费财政拨款支出合计 11.3 亿元,其中,因公出国(境)费用 1.3 亿元,公务接待费 0.9 亿元,公务用车购置及运行维护费 9.1 亿元(购置费 3.3 亿元,运行维护费 5.8 亿元)。

2011 年 3 月底,北京市财政局在其官方网站预算执行栏目里,公布了公务用车数量信息,截至 2010 年底,北京市党政机关、全额拨款事业单位公务用车实有数为 62026 辆,其中,市级公务车 20288 辆。

2. 其他数据来源

中国公职人员的职务消费一直是社会公众关注的焦点。周天勇 2003 年对行政成本进行了推算,结果为 2003 年政府公务支出占政府全部实际支出的 37%。对于 2007 年的行政成本,尽管他仍然在进行大量复杂的测算,还没有得出结果,但有一点他似乎很明确,"与几年前相比,目前并没有明显

---

① 财政部预算司网站,http://yss.mof.gov.cn/zhengwuxinxi/caizhengshuju/201107/t20110708_573754.html,2011 年 7 月 8 日。

改变,这一比例保守估计在30%左右"。①

在2011年"两会"期间,九三学社中央提出了《关于建立行政成本信息公开与监督机制的建议》提案,提案说,中国的行政成本不但远高于欧美发达国家,② 而且高出世界平均水平25%。中国行政事业单位开支较大的三项支出是公车、公招和公出消费和活动。以2007年为例,保守估计,当年行政事业单位公车、公招和公出三项费用为7690亿元。关于公车消费,《中国青年报》2003年9月24日报道提供的数据是,中国目前有公车350万辆,包括司勤人员在内,每年费用3000亿元,占国民生产总值的3%左右。

据不完全统计,中国每年公务接待费用仅公款吃喝就达2000多亿元。③ 2007年全国党政事业单位公务招待花费共计约为2305.65亿元。最保守估计,党政事业人员每年花费在出国、出境和国内开会考察等方面的费用约为2692亿元。④

同时,在国际上比较,中国的行政管理费占财政总支出的比重要比发达国家高出很多。根据某全国政协委员的提案,2003年,中国的行政管理财政支出占财政总支出的比重上升到19.03%,远远高于日本的2.38%、英国的4.19%、韩国的5.06%、法国的6.5%、加拿大的7.1%和美国的9.9%,因此,中国政府系属高成本运转。⑤

与上述数据相呼应的则是中国社会科学院法学研究所法治国情调研组2012年针对政府采购成交价格所获得的一系列数据。调研组2012年通过主动公开和依申请公开共获得119299件协议供货商品的成交记录,其中广东66128件,黑龙江15239件,江西9852件,福建28080件。调研组最终确定了可以与市场价格进行比较的共19020件商品,为原始协议供货商品成交数据的16%,共分为29类,总计92606261.3元人民币。调研组发现,19020

---

① 唐敏:《我国行政成本高出世界平均水平25%五大原因造成》,《瞭望新闻周刊》2010年第5期。
② 许多市场经济国家政府行政公务支出大多占财政预算的3%~15%,预算的70%以上用于公共服务项目。
③ 赵颖:《公务接待改革:用量化的方法堵住腐败黑洞?》,人民网,2005年2月21日。
④ 周天勇:《税费不能承受政府支出之重》,《中国经济时报》2009年11月3日,A01版。
⑤ 刘声、潘圆:《政协委员提案称我国行政管理费用25年增长87倍》,《中国青年报》2006年3月6日。

件协议供货商品平均单价高出市场平均价 39.31%，即政府为这 19020 件商品多支付了 28.86% 的支出，达 20740427.61 元人民币。[1] 这也在一定程度上说明经费使用不合理也导致行政成本偏高。

（二）职务消费存在的问题

在职务消费领域，公职人员往往凭借对自身职务消费的信息优势架空主管部门和社会公众的控制，使职务消费出现异化、失范现象。有学者把国家公务人员在行政职务消费过程中出现消费扩大化、隐性化、特权化等现象称为职务消费亚腐败化。[2]

总体而言，职务消费存在许多不规范甚至违纪违法的严重情况，表现为：突破正常消费的程度，超标准、超范围支出，增加行政运行成本，造成国家财政浪费；假借职务消费的名义进行个人消费、集体消费；预算外进行"三公消费"，向企事业单位转嫁部分或全部"三公消费"支出；在特定关系人经营的场所进行职务消费，职务消费的价格高于正常个人消费价格；通过虚开发票等形式从职务消费中套取资金。下面就"三公消费"存在的问题进行逐一阐述。

1. 公务招待

（1）公款吃喝。近年来，公款吃喝愈演愈烈，在人民群众中造成极坏的影响，严重损害了党和国家的形象。2011 年初，一张上海卢湾区红十字会于 2011 年 2 月 28 日以"红十字会工作会务费"支付给上海慧公馆餐饮管理有限公司 9859 元、号码为 46510945、记账凭证号为 JZ-03-0009 的餐饮发票披露于媒体。上海市红十字会对此展开调查，结果发现资金开支渠道为卢湾区红十字会的工作业务经费，非社会各界捐赠的救灾救助款，由于本次活动人均消费水平明显高于人均 150 元的标准，有关部门已经责成对超过公务接待标准部分的 7309 元人民币由个人承担，予以退回。[3]

（2）公款送礼。公务接待除了吃喝玩乐，还要馈赠价格昂贵的地方特产。公款送礼使公共权力成为某些人的寻租手段，使大量国家财产落入个

---

[1] 《中国政府采购制度实施状况调研报告》，《中国法治发展报告 No.11（2013 年法治蓝皮书）》，社会科学文献出版社，2013，第 294～310 页。
[2] 蒋林：《行政职务消费亚腐败的制度分析》，《经济研究导刊》2010 年第 33 期。
[3] 《红十字会万元大餐让慈善伤不起》，《新文化报》2011 年 4 月 19 日。

人腰包。

（3）公款娱乐。有些单位在公务接待中借机安排娱乐消费活动，以公款进行各种联欢、娱乐活动，助长了骄奢淫逸的风气。2009年2月下旬，深圳市建设局网站的一份公告显示，深圳市目前在职局级干部和处级干部可以享受包括足疗、按摩在内的疗养待遇，局级干部标准是4000元/人年，处级干部是2100元/人年，疗养费用全部由政府财政支出，引起社会广泛质疑。①

（4）公费旅游。有些单位以各种培训、考察、学术交流名义进行公款旅游活动较为普遍。有些本来可以在单位召开的汇报会、座谈会却要到风景区召开，或者借考察之名，行旅游之实。

2. 公务用车

中国公务用车参照的是苏联公务用车制度，实行分级管理，国务院机关事务管理局作为公务用车管理机构，在各级公车的编制、配备和使用方面进行监督。目前公务用车失范现象表现为以下几种类型。

（1）超编制配备公务用车，甚至专车。主要表现在：违反中央或地方、部门公务用车编制规定，超额配备、未经审批配备、不在编制内配备公务用车。2011年《党政机关公务用车配备使用管理办法》规定，中央和国家机关一般公务用车编制为每20人不超过1辆；地方各级党政机关一般公务用车编制标准，由各省、自治区、直辖市参照中央和国家机关标准，结合工作需要和当地实际情况确定。虽然该办法是2011年才制定的，但是早在1994年，《关于党政机关汽车配备和使用管理的规定》业已确立了"从严掌握，合理确定"的定编原则。2005年3月，广州市财政局公布了《2004年预算执行情况和2005年预算草案报告》，报告显示，市政府办公厅177人拥有172辆公车。②另外，按照1994年中共中央办公厅、国务院办公厅《关于党政机关汽车配备和使用管理的规定》，只有省部级以上的领导才有资格配备专车，"现职副部长级和副省长级干部，保证工作用车或相对固定用车"。但实际情况是，许多单位违反规定给不够级别的领导配备专车的现象非常普遍，特别是在基层，几乎所有的乡镇一把手都配备了专车。

（2）超标准配备公务用车。所谓超标准配备公务用车是指超出中央或

---

① 《深局处级干部可公费按摩》，《新京报》2009年2月28日，A16版。
② 盈盈：《国家账本的"晒"与"审"》，《新财经》2010年第4期。

地方、部门公务用车排气量或价格等标准配备公务用车。关于公务用车配备标准，中共中央办公厅、国务院办公厅于1994年、1999年和2011年三次发文，要求公务用车不得超过标准配置。最近一次确立的标准为：一般公务用车配备排气量1.8升（含）以下、价格18万元以内的轿车，其中机要通信用车配备排气量1.6升（含）以下、价格12万元以内的轿车。配备享受财政补助的自主创新的新能源汽车，以补助后的价格为计价标准。执法执勤用车除涉及国家安全、侦查办案、应急救援、警卫和特殊地理环境等因素外，依照一般公务车标准配备。2009年10月至2010年7月，江西省纪委、省监察厅在全省范围内对党政机关违反规定配备超标准公务用车进行专项治理，对14个超标准配备公务用车单位予以通报批评。[1] 2011年7月21日，新华网转载了《经济参考报》有关"南宁交警配备宝马警车"的报道，在报道中，南宁交警部门称：宝马警车是为高级接待"提升形象"。[2]

（3）养车费虚高。公务用车费用过高，造成财政负担沉重。综合各类调查数据可以看出，每年一辆公务车的运行成本（含司机工资、福利）大致在6万元，有的甚至超过10万元。据国家财政部、国家发改委和国家统计局调研数据显示，目前党政机关及行政事业单位公务用车总量为200多万辆，每年公务用车消费支出1500亿元~2000亿元（不包括医院、学校、国企、军队以及超编配车）。[3] 湖北省某全国人大代表在接受人民网采访时，曾提到由国家发改委、财政部和国家统计局公布的关于行政经费的调查报告。其中有两个例子可以说明公车的养车费虚高的情况：第一个例子，"一部车一年的维修花了10万块钱"；第二个例子，"有一部车一年换了40个轮胎，这说明每一周换一个轮胎"。[4]

（4）公车私用。公务用车用于婚丧喜庆、探亲访友、度假休闲、接送亲友、学习驾驶等非公务活动的情况较为常见。而在境外一些国家和重要地区，由于对公车私用监管较为严格，反而出现了公众因公车闲置带来浪费而产生不满的现象，但是在中国，公车往往是超负荷运转。某全国政协

---

[1] 《省纪委通报批评14个公务用车超标单位》，《江西日报》2010年7月23日。
[2] 《南宁交警部门称：宝马警车是为高级接待"提升形象"》，《经济参考报》2011年7月21日。
[3] 《全国公务车改革的前哨战》，《瞭望新闻周刊》2011年5月3日。
[4] 人民网：http://www.people.com.cn/GB/32306/143124/147550/14269899.html，最后访问时间：2011年8月5日。

委员曾公布一份公车私用情况调查显示,"目前在一些地方,公务车公用占三分之一,干部私用占三分之一,司机私用占三分之一"。①

另外,公务用车还存在违反规定换车、借车、摊派款项购车、豪华装饰等现象。有些单位擅自采取折旧变卖、转送下属单位、提前报废等方式处理能够正常使用的公务用车;利用职权以各种名义借用、调用、换用下属单位、企事业单位或其他服务管理对象的车辆;向下属单位、企事业单位或其他服务管理对象摊派款项购买车辆;或擅自接受下属单位、企事业单位或其他服务管理对象赠送的车辆;以及摊派、转嫁车辆运行费用等。

(5) 公车使用效率偏低,公车使用资源不平衡。据国家发改委及广东省测算,党政机关的公车,每万里运行成本是社会运营车辆成本的 5~6 倍,而使用效率则仅为社会运营车辆的 1/6~1/5。② 一些领导的专用车除了接送领导上下班、参加必要的公务活动或出差外,大部分时间闲着,或者跑司机个人或领导家里的私事,一些普通工作人员在执行公务时却用车难,不得不私车公用。

正是上述问题,导致公车消费居高不下。财政部公布的数据显示,2010年中央单位"三公"经费支出合计 94.7 亿元,其中公车支出 61.69 亿元,公车费用占到"三公"经费的六成以上。在北京市公布的"三公"经费数据中,2010 年"三公"经费支出合计 11.3 亿元,其中公务用车购置及运行维护费 9.1 亿元,占到"三公"经费的八成左右。另外,公车每万里使用成本高出社会车辆 5~10 倍。③

3. 因公出国(境)

(1) 奢侈消费。2008 年 11 月 26 日,江西省新余市某政府部门考察团与浙江省温州市纪委副书记带领的政府培训团被网络曝光,他们以公务考察之名去美国旅游,前者 11 人 13 天花费 35 万元,④ 后者 23 人 21 天花费 65 万元,引起舆论一片哗然。

---

① 中国政协新闻网:http://cppcc.people.com.cn/GB/6190280.html,最后访问时间:2011 年 8 月 5 日。
② 《全国公务车改革的前哨战》,《瞭望新闻周刊》2011 年 5 月 3 日。
③ 中国网:http://www.china.com.cn/chinese/zhuanti/gchgg/724732.htm,最后访问时间:2011 年 8 月 5 日。
④ 《江西新余:一个 11 人"北美考察团"的 35 万元之旅》,《中国青年报》2008 年 11 月 30 日。

(2) 公款出国旅游。用公款出国（境）旅游是指无出国（境）公务，组织或者参加用公款支付全部或者部分费用，到国（境）外进行参观、游览等活动的行为；其中包括无实质性公务，以考察、学习、培训、研讨、招商、参展、参加会议等名义，变相用公款出国（境）旅游的行为。① 王岐山副总理曾讲过一个笑话："以前，听说南斯拉夫的奶牛养得好，中国人就经常去学习参观。当地的官员就对我们讲，'中国人就是爱学习，连我们的奶牛都认识中国人了！'"

(3) 公款出国公干附带旅游。2006 年 11 月 20 日，安徽省人民检察院以某副检察长为团长的公务考察团一行 10 人，在芬兰赫尔辛基机场办理入境手续时，被查出该考察团及有关责任人存在擅自变更出访路线，增加目的地国家，以公务考察为名公款出国旅游等违规违纪事实。②

（三）职务消费异化带来的危害

1. 提高政府的隐形成本，加大财政负担

如前所述，政府成本是指政府在进行公共管理和提供公共服务的过程中所花费的各种费用的总和，以及由其所引发出的现今和未来一段时间的间接性损失。政府成本包括行政运行成本和隐形成本两部分。所谓政府隐性成本，指的是由于政府的决策失误、政府工作效率低下及政府官员的贪腐行为而引发的直接或间接损失。正常的职务消费属于政府运行成本的一部分，属于显性成本，③ 而职务消费一旦失范（指过度消费和假公济私的消费），就会增加政府的隐形成本。一方面，职务消费异化会导致国家财政的直接损失，因为过度的职务消费造成财政浪费，而假公济私的"职务消费"会使公共财政非法流向个人；另一方面，职务消费异化还会给国家造成间接损失，因为职务消费异化属于贪腐行为，有些甚至会造成政府决策失误，从而导致间接损失。财政部科研所《公务员职务消费货币化问题研究》课

---

① 2010 年部门规章《用公款出国（境）旅游及相关违纪行为处分规定》第 3 条的规定。
② 人民网：http://opinion.people.com.cn/GB/6095416.html，最后访问时间：2011 年 8 月 5 日。
③ 由于政府作为提供公共服务的垄断者，在排除竞争外在压力的情况下也就失去了提高服务质量、降低政府成本的内在动力，因此正常的职务消费的成本不会降低。美国学者萨瓦斯的一项研究结果表明"公共部门提供服务的成本费用，平均比承包商提供服务的成本费用要高出 35% ~95%"。

题组的研究表明，由职务消费引起的财政超编和政府浪费，几乎占了整个政府运行成本的一半以上。①

2. 挤占公共服务资金

财政支出包括两部分，一部分用于支付政府成本，一部分用于支付公共服务事业。职务消费异化必然提高政府成本，不仅会加大财政负担，还会大大地挤占教科、文卫、社会保障等公共服务事业的资金。

3. 损害市场法治环境

在某些地方或部门，行政成本开支数额巨大，政府或公共部门不得四处筹资，一方面想方设法增加税收，另一方面则通过乱收费、滥罚款，增加政府收入。乱收费、滥罚款对地方的市场法治环境存在明显的危害。

4. 损害政府形象，影响政府与群众的关系

超标准公务消费，如普遍存在的公款吃喝、公费旅游、公车私用现象给国家的廉政形象带来极为不利的影响，它不仅降低了民众政府的公信力，也严重破坏了干群关系。

5. 影响政府的国际竞争力

政府公款吃喝、公费旅游等禁止性职务消费不仅提高了行政成本，让公众对此深恶痛绝，还影响到了中国的国际竞争力。世界经济论坛（WEF）发布 2010~2011 年度《全球竞争力报告》，中国在 139 个参选国中排名第 27 位。其竞争力评估体系由 12 大支柱性指标构成，第一个指标就是机构（Institutions），政府开支浪费程度（Wastefulness of government spending）是其中的一项子指标，分值为 1~7 分，1 代表极度浪费（extremely wasteful），7 为高效率提供必要的产品和服务（highly efficient in providing necessary goods and services）。中国在政府开支浪费程度子指标的得分是 3.9，排名第 35 位。报告认为良好的公共财政管理是确保国内商业环境赢得信任的关键（proper management of public finances is also critical to ensuring trust in the national business environment）。② 由此可见，因政府浪费而提高的政府运行成本，已经成为影响中国国家竞争力的重要因素之一。

---

① 来源：http://www.crifs.org.cn/crifs/html/default/caizhenghongguan/_history/15.html。
② *The Global Competitiveness Report* 2010-2011，http://www.weforum.org/issues/global-competitiveness，最后访问时间：2011 年 8 月 7 日。

二 职务消费的法律控制

（一）反对奢侈浪费的文件及其规定

1997年，为促进党政机关的廉政建设，中共中央、国务院出台了《中共中央、国务院关于党政机关厉行节约制止奢侈浪费行为的若干规定》（以下简称《若干规定》），提出"严格控制各种会议"，即"党政机关召开的各类会议，不准赠送礼品和纪念品，不准组织高消费娱乐活动，不准以开会为名游山玩水，不准向企业事业单位摊派会议费。要提倡就地开会，提倡开电话会议"。《若干规定》要求对"三公消费"予以严格控制。首先，严禁用公款大吃大喝、挥霍浪费，即"党政机关召开会议和公务接待要严格执行食宿接待标准，不准超标准接待。各地区、各部门制定的接待标准应当公开。有关部门必须严格执行接待制度，加强管理和监督。不准到上级领导机关所在地宴请领导机关工作人员，不准利用各种学习、培训之机互相宴请，不准参加用公款支付的高消费娱乐活动"；其次，严格按规定配备和更换小汽车，即"党政机关领导干部在任同一职务期间配备的小汽车，五年之内不准更换。使用五年以上，能够使用的要继续使用；按照国家汽车报废更新的有关规定，经交通管理部门鉴定如已达到报废更新标准，可申请更换。有关主管部门要从严审批。领导干部变动工作岗位，能在现有车辆中配备小汽车的，不准配备新车"；最后，严格管理公费出国（境），即"严禁借考察、学习、培训、研讨、招商、参展等名义用公款变相出国（境）旅游，不准违反规定跨地区、跨部门组织出国（境）活动，不得以任何理由擅自增加访问国家、绕道或延长在国（境）外停留时间。党政机关要严格控制领导干部出访，一般性考察和没有明确目的及实质内容的出国（境）活动要坚决制止。地方党政机关的领导干部一般不得单独组团出国（境）进行立法、司法、财税等领域的考察和交流。党政机关的省（部）级领导干部，未经党中央或国务院批准，不得在国（境）外主持和参加经贸洽谈会、展销会、招商会等经贸活动，不得出国（境）进行股票发行的推介活动，不得参加企业事业单位团组出国（境）"。

随后，人事部、国家税务总局等国务院部门以及国务院机关事务管理局、中共中央直属机关事务管理局也纷纷出台了贯彻中共中央、国务院

《关于党政机关厉行节约制止奢侈浪费行为的若干规定》的实施办法。中共中央纪律检查委员会针对违反《关于党政机关厉行节约制止奢侈浪费行为的若干规定》行为专门出台了党纪处理办法。中国共产党中央纪律检查委员会办公厅出台了《关于狠抓制止奢侈浪费八项规定的落实推进领导干部廉洁自律工作的通知》。1998年，为应对抗洪救灾，中央直属机关事务管理局向中共中央直属机关以及国务院各部委、各直属机构发布了《关于贯彻落实〈中共中央办公厅、国务院办公厅关于增收节支制止浪费支援抗洪救灾工作的通知〉的通知》，对机关及其后勤单位的车辆管理作出具体规定，并严禁用公款高消费。2009年初，中共中央办公厅、国务院办公厅出台了《关于党政机关厉行节约若干问题的通知》，确立了2009年各级党政机关职务消费的控制目标：各地区、各部门因公出国（境）经费支出要在近3年平均数基础上压缩20％，并相应减少因公出国（境）团组数和人数；各级党政机关车辆购置及运行费用支出要在近3年平均数基础上降低15％，严格执行公务用车编制管理规定和配备使用标准；各级党政机关公务接待费用支出要在2008年基础上削减10％，国内公务接待严格按标准实行工作餐。

为规范国有企业领导人员廉洁从业行为，加强国有企业反腐倡廉建设，2009年7月中共中央办公厅、国务院办公厅印发了《国有企业领导人员廉洁从业若干规定》，其中第7条对国有企业领导人员的职务消费作了专门规范，要求国有企业领导人员不得从事以下行为："（一）超出报履行国有资产出资人职责的机构备案的预算进行职务消费；（二）将履行工作职责以外的费用列入职务消费；（三）在特定关系人经营的场所进行职务消费；（四）不按照规定公开职务消费情况；（五）用公款旅游或者变相旅游；（六）在企业发生非政策性亏损或者拖欠职工工资期间，购买或者更换小汽车、公务包机、装修办公室、添置高档办公设备等；（七）使用信用卡、签单等形式进行职务消费，不提供原始凭证和相应的情况说明；（八）其他违反规定的职务消费以及奢侈浪费行为。"

《中国共产党党员领导干部廉洁从政若干准则》也对职务消费作出了规定，其中要求领导干部不准有下列行为：用公款报销或者支付应由个人负担的费用；用公款旅游或者变相用公款旅游；用公款参与高消费娱乐、健身活动和获取各种形式的俱乐部会员资格；在公务活动中提供或者接受超过规定标准的接待，或者超过规定标准报销招待费、差旅费等相关费用；擅自用公款包租、占用客房供个人使用；违反规定配备、购买、更换、装饰或者使用小汽车；违反规定决定或者批准用公款或者通过摊派方式举办各类庆典活动。

2012年，国务院公布《机关事务管理条例》，对"三公经费"使用、政府采购、会议管理等热点问题作出规定。这是中国首部专门规范机关事务管理活动的行政法规。《条例》规定，超预算超标准开支"三公"、购建豪华办公用房、安排与业务工作无关的出国（境）考察等情形，情节严重的将面临撤职处分。

（二）针对职务消费的专项规定

1. 针对央企负责人职务消费的规定

为了规范国务院国资委所监管企业（以下简称中央企业）负责人职务消费，国资委于2006年6月出台了《关于规范中央企业负责人职务消费的指导意见》，要求"各中央企业要对本企业负责人现有的职务消费进行认真清理"，于2006年底前，依据法律、法规及企业负责人岗位职责和履职特点，建立起规范职务消费的有关制度规章，并从2007年起严格实施。规章制度的内容包括"各类职务消费的具体项目、享有该类职务消费的人员范围及费用标准（额度）、企业内部审核与监督程序、违规处罚及其他要求等。"

2012年，监察部会同财政部、审计署和国有资产管理委员会联合发布的《国有企业负责人职务消费行为监督管理暂行办法》，财政部、监察部和审计署联合印发的《中央金融企业负责人职务消费管理暂行办法》也都明确了企业负责人职务消费的禁止性规定。

2. 公务招待费的专项规定

为了加强行政事业单位经费管理，明确行政事业单位业务招待费的使用情况和支出水平，严格控制业务招待费支出，财政部于1998年出台了《行政事业单位业务招待费列支管理规定》，要求行政事业单位在单位决算中如实反映业务招待费的数额，并明确了中央和地方各级行政事业单位业务招待费的开支标准：中央行政和事业单位的业务招待费不得超过当年单位预算中"公务费"的1%；各级地方行政和事业单位的业务招待费由各地人民政府根据当地实际情况确定，但不得超过当年单位预算中"公务费"的2%。

随后，国务院机关事务管理局根据财政部规定的有关精神，结合中央国家机关执行中的实际情况，出台了《关于业务招待费列支管理有关问题的通知》，其在《中央国家机关预算支出目节级科目》中增设了一个"业务招待费"目级科目，科目编码为"15"，各部门发生的业务招待费必须统一在该科目中列支。

1998年，为制止政府机构和事业单位以开会为名游山玩水的不正之风，中共中央办公厅、国务院办公厅下发了《关于严禁党政机关到风景名胜区开会的通知》，要求"各级党政机关一律不准到庐山、黄山、峨嵋山、普陀山、九华山、五台山、武夷山、九寨沟、张家界、黄果树瀑布、西双版纳和三亚热带海滨12个风景名胜区召开会议，一律不准借在其他地方召开会议之机到上述12个风景名胜区旅游。"为进一步规范有组织的到革命传统和爱国主义教育基地的学习参观活动，制止借机公款旅游，2005年，中共中央纪委颁发了《关于制止以革命传统和爱国主义教育为名组织公款旅游的通知》，最高人民法院也发布了《关于制止以各种名目的教育活动为由组织公款旅游活动的通知》。

2006年，为贯彻中共中央、国务院关于厉行节约制止奢侈浪费行为和精简会议的有关精神，加强中央国家机关会议费管理，进一步控制和精简会议，节约会议费开支，国务院机关事务管理局制定《中央国家机关会议费管理办法》，规定了会议费的开支标准，要求"会议主办单位不得组织会议代表游览及与会议无关的参观，也不得宴请与会人员、发放纪念品及与会议无关的物品"。

同年，为落实党中央提出的改革完善公务活动接待制度，财政部制定了《中央国家机关和事业单位差旅费管理办法》，确立了"城市间交通费""住宿费""伙食补助费""公杂费""参加会议等的差旅费""调动搬迁的差旅费"的标准。随后财政部出台了《中央国家机关出差和会议定点管理办法（试行）》。

2003年，针对公款吃喝严重的现象，中共中央纪委、监察部发布了《关于坚决刹住用公款大吃大喝歪风的紧急通知》，要求各地区、各部门纪检监察机关"迅速采取果断措施，坚决刹住用公款大吃大喝的不正之风"。

为进一步规范党政机关国内公务接待工作，减少经费支出，2006年10月中共中央办公厅、国务院办公厅出台了《党政机关国内公务接待管理规定》，对各级党的机关、人大机关、行政机关、政协机关、审判机关、检察机关，以及工会、共青团、妇联等人民团体和参照公务员法管理的单位的国内公务接待的管理作了规定，"接待单位应当严格按照接待标准提供住宿、用餐、交通等服务，不得超标准接待，不得用公款大吃大喝，不得组织到营业性娱乐、健身场所活动，不得以任何名义赠送礼金、有价证券和贵重礼品、纪念品，不得额外配发生活用品"。

一些地方政府也出台了相关规定。如温州市还制定了改革和加强公务接待管理的实施细则，规定要严格执行工作餐制度。① 根据该规定，温州市各级机关、事业单位和群众团体工作人员在本市从事公务活动，确需用餐一律安排工作餐，每人不超过60元。有单位食堂的在食堂安排工作餐，没有食堂或食堂不具备接待条件的单位，在具备刷卡消费条件的定点饭店安排就餐（不得安排在星级酒店）。还规定，要严格控制陪同人数就餐，如陪餐人员不超过就餐人数，与接待对象公务活动无关的部门和人员不得陪同就餐等。市各单位不得以任何名义用公款相互宴请。

3. 公务用车的专项规定

公务用车的管理是一个历时多年的老大难问题，1989~2011年，中共中央办公厅先后发布了四个管理规定：1989年出台的《关于中央党政机关汽车配备和使用管理的规定》，对中央党政机关汽车配备和使用管理问题作出了规定；1994年颁发了《关于党政机关汽车配备和使用管理的规定》，确立了党政机关汽车配备的标准和使用管理制度；1999年发布的《关于调整党政机关汽车配备使用标准的通知》，调整了党政机关汽车配备标准,② 《通知》的目的在于贯彻勤俭、艰苦奋斗的方针，节约国家财政开支，加强廉

---

① 中共温州市委办公室、温州市人民政府办公室：《关于印发〈落实公务接待"三严四禁"规定实施细则〉的通知》（2012年6月19日）。

② 部长级和省长级干部配备排气量3.0升（含3.0升）以下、价格45万元以内的轿车；副部长级和副省长级干部使用排气量3.0升（含3.0升）以下、价格35万元以内的轿车；党政机关的其他公务用车一般配备排气量2.0升（含2.0升）以下、价格25万元以内的轿车，因特殊公务，确需配备排气量2.0升以上、价格25万元以上轿车的，中央党政机关分别由中共中央直属机关事务管理局和国务院机关事务管理局审批；地方党政机关由省、自治区、直辖市的主管部门审批。

政建设，纠正一些地方和部门在汽车配备使用中攀比高档的倾向；2011年9月，中共中央办公厅和国务院办公厅为加强和规范党政机关公务用车配备使用管理，落实《汽车产业调整和振兴规划》，推进公务用车配备使用制度改革，联合颁发了《党政机关公务用车配备使用管理办法》，明确了公务用车的编制标准，① 重新确立了公务用车的配备标准。②

除了中共中央办公厅、国务院办公厅发布公务用车的管理办法之外，国务院机关事务管理局作为公务用车的主管机关也出台了一些专项规定，如2003年、2004年分别出台了《关于进一步规范部级干部公务用车配备更新工作及有关问题的通知》、《中央国家机关公务用车编制和配备标准的规定》。2011年2月，为执行《党政机关公务用车配备使用管理办法》，财政部依据《预算法》制定了《党政机关公务用车预算决算管理办法》，加强对公务用车购置费用和运行费用实施的预算编制、预算执行、决算编制等管理工作。

4. 因公出国（境）的专项规定

1990年，国务院办公厅颁发了《关于派遣团组和人员赴国外培训的规定》，对因公出国（境）行为进行了规范，"任何单位不得巧立名目增加培训人数和扩大培训范围，严禁借机安插无关人员出国"，"任何单位不得以赢利为目的组团出国培训，不得以'培训'、'实习'、'研讨'、'交流'等名义变相组织公费旅游"。国务院专门成立了"国外智力领导小组办公室"负责组织和领导相关工作。尽管国家针对过多过滥的出国（境）活动特别是假借各种名义用公费出国（境）旅游的问题，多次作过

---

① "（一）中央和国家机关一般公务用车编制按每20人不超过1辆确定；地方各级党政机关一般公务用车编制标准，由各省、自治区、直辖市参照中央和国家机关标准，结合工作需要和当地实际情况确定；（二）执法执勤用车编制由财政部门会同公安、国家安全、司法和纪检监察及其他行政执法机关主管部门，根据车辆保障装备标准和工作需要决定。执法执勤用车不得与一般公务车重复配备；（三）在京中央和国家机关公务用车实行指标管理，由国务院机关事务管理局、中共中央直属机关事务管理局会同有关部门制定具体办法并负责组织实施。"

② "（一）一般公务用车配备排气量1.8升（含）以下、价格18万元以内的轿车，其中机要通信用车配备排气量1.6升（含）以下、价格12万元以内的轿车。配备享受财政补助的自主创新的新能源汽车，以补助后的价格为计价标准；（二）执法执勤用车除涉及国家安全、侦查办案、应急救援、警卫和特殊地理环境等因素外，依照一般公务车标准配备。"

规定，但是一些党政机关、企业事业单位和社会团体以考察、学习、研讨、培训、招商、促销为名出国（境），实为用公费旅游的现象并未得到有效制止，反而愈演愈烈。为坚决刹住用公费变相出国（境）旅游的不正之风，国务院于1993年10月发布了《关于严禁用公费变相出国（境）旅游的通知》，严格公务出国（境）经费的审批，从审计和纪检等方面纠正用公费出国（境）旅游的不正之风。为贯彻《通知》的精神，国家外国专家局、外交部随后印发了《关于派遣团组和人员赴国（境）外培训的暂行管理办法》。

2008年，针对出访团组和人员数量增长过快、集中于少数热点国家和地区，缺少实质内容的一般性考察、访问、培训过多等现象，中共中央办公厅、国务院办公厅出台了《关于进一步加强因公出国（境）管理的若干规定》（简称"两办规定"）。"两办规定"从五个方面进一步加强了因公出国（境）管理：完善出国（境）计划报批制度，建立量化管理机制；规范因公出国（境）审批，强化任务审批管理；加强经费约束，严格经费预算管理；健全监督机制，核查团组境外活动情况；建立检查机制，严肃外事纪律。为贯彻落实"两办规定"，中央纪委、中央组织部、中央对外联络部、中央外事工作领导小组办公室、外交部、监察部、财政部、审计署、国家预防腐败局、国家外国专家局决定在全国开展为期一年的"制止党政干部公款出国（境）旅游"专项工作。财政部、外交部、监察部、审计署、国家预防腐败局为落实"两办规定"制定了《加强党政干部因公出国（境）经费管理暂行办法》，提出严格控制因公出国（境）经费预算规模，实现各级党政机关因公出国（境）经费预算零增长，"各级党政机关应切实加强因公出国（境）经费管理"，"不得超预算或无预算安排出国（境）团组，不得接受或变相接受企事业单位资助，或向同级机关、下级机关和下属单位摊派、转嫁费用"。

2008年"两办规定"实施以后，"制止党政干部公款出国（境）旅游"专项治理工作取得了一定成效，但因公出国（境）仍然存在一些突出问题：出访团组和人员数量增长过快；一些地方和部门对因公出国（境）审批把关不严，监管不力；借因公出国（境）之机公款旅游名目繁多，花样翻新。为维护党和政府形象，坚决制止公款出国（境）旅游行为，2009年中共中央办公厅、国务院办公厅颁发了《关于坚决制止公款出国（境）旅游的通知》，提出"2009年各地区各部门因公出国（境）经费支出要在近3年平均数基础上压缩20%，并相应减少团组数和人数"。

为明确政策界限，惩处用公款出国（境）旅游及相关违纪行为，2010年6月，中央纪委印发了《用公款出国（境）旅游及相关违纪行为适用〈中国共产党纪律处分条例〉若干问题的解释》；2010年8月，监察部、人力资源和社会保障部、国家公务员局制定了《用公款出国（境）旅游及相关违纪行为处分规定》。

近年来，行政运行成本法制化取得较大进展。国务院颁布了《机关事务管理条例》，这是中国首部专门规范机关事务管理活动的行政法规，其规范重点是公务接待、公务用车购置和运行、因公出国（境）等问题，明确了机关运行经费、机关资产和服务管理的基本制度与要求。条例要求县级以上人民政府机关事务主管部门根据机关运行的基本需求，结合机关事务管理实际，制定实物定额和服务标准；财政部门参考有关货物和服务的市场价格，组织制定机关运行经费预算支出定额标准和有关开支标准。县级以上人民政府应当将公务接待费、公务用车购置和运行费、因公出国（境）费纳入预算管理，严格控制公务接待费、公务用车购置和运行费、因公出国（境）费在机关运行经费预算总额中的规模和比例。

三 规制职务消费的实践

（一）总体目标

长期以来，政府对职务消费一直保持高压严控姿态，历年的政府工作报告中多次出现与职务消费相关的内容。2000年的政府工作报告提出要"严肃查处违反规定的公款消费和集团消费"，"借机用公款旅游和吃喝玩乐，劳民伤财，群众深恶痛绝，必须坚决加以制止"。针对当时存在的严重铺张浪费现象，2002年政府工作报告提出"坚决反对奢侈浪费"，反对"用公款大吃大喝、进行高档消费娱乐，公费出国旅游"。2007年政府工作报告提出要"切实规范公务接待行为，堵塞管理漏洞，努力降低行政成本，建设节约型政府"。2010年政府工作报告指出要"严格控制一般性支出，大力压缩公用经费"；"要坚持勤俭行政，反对铺张浪费，不断降低行政成本"；"加快公务接待、公车使用等制度改革，从严控制公费出国出境"。2011年政府工作报告更是提出"出国（境）经费、车辆购置及运行费、公务接待等支出原则上零增长，切实降低行政成本"；"规范公务用车配备管理并积极推进公务用车制度改革"；"加快实行财政预算公开，让人民知道政府花了多少钱，办了什么事"。2011年在政府年度工作报告中更是提出了"三公消费"零增长。由此可见，尽管实践中存在许多超标准消费的现象，各级政府在治理职务消费方面仍有坚定的决心，不仅对职务消费的控制力度在逐渐加大，控制范围也在不断扩大，以期达到全面监控职务消费的目的。

（二）职务消费公开

公开职务消费信息是现代政府的职责，职务消费之所以存在严重的超标现象，关键就在于各级政府的职务消费不透明，使得人们雾里看花，不明就里，从而给一些公职人员违规超标消费带来了可乘之机。为了更好地控制职务消费，2011年3月23日召开的国务院常务会议决定，在2009年和2010年大幅压缩的基础上，2011年继续压缩中央部门"三公"经费预算，并于2011年6月向全国人大常委会报告中央财政决算时，将中央本级"三公"经费支出情况纳入报告内容，向社会公开。经全国人大常委会批准后，中央财政2010年度行政经费支出决算总额和"三公"经费决算总额由财政部向社会公开；中央各部门2010年度"三公"经费决算数和2011年"三公"经费预算，由本部门向社会公开。同时，推动地方做好财政预决算、"三公"经费等公开工作。

截至2011年8月1日，中央共有85个部门公开了2010年"三公"消费决算和2011年"三公"消费预算，占应公开总数的近90%。中央各部门公开"三公"消费的决算和预算行为是史无前例的政府透明化举措，表明中国政府的法治化程度大大提高。不过，从公开的内容和形式来看，各个部门的公开仅限于"三公"消费的整体数据，并没有公开"三公"消费的详细内容。而且，由于存在明显的不合理性，公开的一些数据也引起了公众的质疑。比如，中国科学院公布的2010年的公务接待费用9995万元，平均每天27万元，比住建部公布的全年接待经费26万元还超出1万元，也远远超出政府部门重镇财政部的接待费用。又如，2010年财政部公开的中央级单位的"三公消费"为94.7亿元，然而，2004年财政部公布的数据就已经达到 136 亿元，六年过去，消费不增加反而减少令人匪夷所思。其实，各部门在公布"三公"消费数据时，可能采用了瘦身术，①如缩小"三公"消费预算科目范围、将"三公"消费数额隐藏在其他科目中，以及将一些消费转嫁给其他或者下级部门等。

受中央各部门公开"三公"消费数据的影响，一些地方政府和一些基层单位也加入了公开"三公"消费的行动中。例如，四川的白庙乡政府和复旦大学图书馆就进行了职务消费公开的尝试。

范例一，四川白庙乡政府经费公开。白庙乡位于四川省巴中市巴州区东北边缘山区，全乡 11000 余人，农村人口约占 95.5%。2009 年，全乡农民人均纯收入 3393 元，属于较为贫困的地区。当地经济和社会的正常运行主要依靠上级政府的财政转移支付，因此，花好每一分钱是乡镇府的一件大事。为此，四川白庙乡政府在本级网站的政务公开栏目中陆续贴出了白庙乡 2011 年财政支出预算表、2010 年 12 月至 2011 年 6 月每月的公业务费开支统计表（2011 年 6 月公业务费开支统计表见表 2 - 1）。白庙乡政府还在网站的"白庙论坛"板块，开辟了"民意呼声"栏目，就"职务消费"公开内容与网民进行互动。例如一个叫"巴中人"的网友于 2011 年 7 月 8 日上午 09：54 发言："看你们白庙六月份的开支，咋尽是吃喝和坐车的？招待费、车费和住宿费就有 8737，占六月总开支的 80%左右。"白庙乡党政办负责人以"白庙乡党政办"的身份在 2011 年 7 月 8 日中午 13：28 回复："'巴中人'网友，你好！我是白庙乡党政办负责人。公务费包括'三公'（招待费、租车费、考察费）和机关运行的水电费、党报党刊费、办公用品费等等。工程项目、民生开支都不在这之列。乡政府没有民生开支这个财力预算。严格地说，环境整治、安全生产等费用都没有这个预算。这个月因为有商家合作的意愿，会议较多，办事较集中。所以招待费、车费和住宿费较多。领导正在研究完善方案。请您继续关注。"白庙乡政府在网站上公开公务经费的用途，并与网友互动的做法在某种程度上具有划时代的意义，将职务消费从幕后推向前台，体现了对公众知情权的尊重，客观上也起到了降低公务接待费的作用。据白庙乡乡长介绍，白庙乡政府"裸账"消息传开以后，到白庙乡的上级部门工作

---

① 《内地"三公"支出瘦身术》，《凤凰周刊》2011 年第 23 期。

人员比此前减少了一半，即使去了也不在白庙乡吃饭，"生怕自己的开支被公示在网上"。然而，在全社会还未形成职务消费公开的形势下，公开消费的机构往往会陷入孤立、面临尴尬，与之有职务或业务联系的机构会敬而远之、退避三舍，结果造成当地政府行政困难，因为人们不愿意去白庙乡，使得白庙乡难以争取到项目和拨款，影响了当地的经济发展，这是事先未曾估计到的。

表 2-1 白庙乡 2011 年 6 月公业务费开支统计表

序号	时间	金额	科目	事由	业主	经办人	证明人	审批人	安排人	备注
1	2011.6.6	39	会务费	老龄支部开会	刘琼英	袁静华	杨兵	欧明清	杨兵	
2	2011.6.7	60	招待费	酒	刘琼英	杨兵	彭娟	欧明清	杨兵	
3	2011.6.27	48	办公费	矿泉水两件	刘琼英	彭娟	罗晓勇	欧明清	张映上	
4	2011.6.5	783	办公费	电话费	郭娟	袁静华	彭娟	欧明清	欧明清	
6	2011.6.5	450	安装费	电话线路安装	郭娟	袁静华	彭娟	欧明清	张映上	
7	2011.6.15	30	交通费	到金银花基地义务劳动	李春梅	彭娟	袁静华	欧明清	张映上	
8	2011.6.14	120	交通费	到2、3、5村检查安全工作	李春梅	罗晓勇	彭娟	欧明清	欧明清	
9	2011.6.7	140	住宿费	巴城开会		陈加才	彭娟	欧明清	欧明清	
10	2011.6.9	160	交通费	到3、4、5、6村调查办案		陈加才	彭娟	欧明清	欧明清	
11	2011.6.4	90	办公费	电热水壶	陈刚	陈加才	彭娟	欧明清	陈加才	
12	2011、6、6	327.5	办公费	门锁、水管、弯头等	陈刚	袁静华	彭娟	欧明清	张映上	
13	2011.6.2	24	办公费	矿泉水1件	黄玉峰	彭娟	袁静华	欧明清	张映上	
14	2011.6.4	53	办公费	矿泉水、纸杯	黄玉峰	彭娟	袁静华	欧明清	张映上	
15	2011.6.20	24	办公费	矿泉水1件	黄玉峰	彭娟	袁静华	欧明清	张映上	
16	2011.6.28	24	办公费	矿泉水1件	黄玉峰	彭娟	袁静华	欧明清	张映上	
17	2011.6.30	10	办公费	电筒1把	黄玉峰	彭娟	袁静华	欧明清	张映上	
18	2011.6.17	150	交通费	到十村检查金银花管理	陈波	袁静华	彭娟	欧明清	欧明清	

续表

序号	时间	金额	科目	事由	业主	经办人	证明人	审批人	安排人	备注
19	2011.6.15	20	交通费	乡干部到十村银华基地劳动	陈波	袁静华	彭娟	欧明清	欧明清	
20	2011.6.12	20	交通费	乡领导到十村检查银花情况	陈波	袁静华	彭娟	欧明清	欧明清	
21	2011.6.1	7	办公费	蚊香	谢圣艳	袁静华	彭娟	欧明清	张映上	
22	2011.6.8	9	办公费	购笔	谢圣艳	罗晓勇	袁静华	欧明清	罗晓勇	
23	2011.6.20	92	招待费	购烟	谢圣艳	杨兵	袁静华	欧明清	杨兵	
24	2011.6.23	69	招待费	购烟	谢圣艳	杨兵	袁静华	欧明清	杨兵	
25	2011.6.1	346	招待费	巴中来客	蔡勇	袁静华	杨兵	欧明清	杨兵	
26	2011.6.5	63	加班餐	加班	蔡勇	袁静华	李英	欧明清	欧明清	
27	2011.6.6	196	会务费	老龄支部开会	蔡勇	袁静华	杨兵	欧明清	杨兵	
28	2011.6.14	233	招待费	巴中来客	蔡勇	袁静华	彭娟	欧明清	张映上	
29	2011.6.23	355	招待费	区级部门来乡检查工作	蔡勇	袁静华	李代波	欧明清	张映上	
30	2011.6.23	420	招待费	成都来客	蔡勇	袁静华	罗晓勇	欧明清	张映上	
31	2011.6.22	225	招待费	巴中来客	蔡勇	杨兵	袁静华	欧明清	杨兵	
32	2011.6.29	195	招待费	清江来客	蔡勇	彭娟	罗建中	欧明清	张映上	
33	2011.6.7	60	交通费	市内办事		李英	袁静华	欧明清	欧明清	
34	2011.6.8	70	生活费	巴城办事		彭娟	李英	欧明清	张映上	
35	2011.6.10	70	误餐费	巴城交表		李英	袁静华	欧明清	欧明清	
36	2011.6.17	80	交通费	回城交表		李英	彭娟	欧明清	张映上	
37	2011.6.23	100	交通费	返乡开会		李英	袁静华	欧明清	欧明清	
38	2011.6.27	150	误餐费	培训填表		李英	彭娟	欧明清	张映上	
39	2011.6.21	300	招待费	成都来客		彭娟	李英	欧明清	张映上	
40	2011.6.21	1250	招待费	巴城招待成都及省外来客		彭娟	李英	欧明清	张映上	两桌
41	2011.6.27	80	办公费	标语		李代波	彭娟	欧明清	杨兵	
42	2011.6.29	20	办公费	政务中心购物转账手续费		彭娟	袁静华	欧明清	欧明清	
43	2011.6.8	210	交通费	乡领导到村检查安全工作	李佳	欧明清	袁静华	欧明清	张映上	

续表

序号	时间	金额	科目	事由	业主	经办人	证明人	审批人	安排人	备注
44	2011.6.13	100	交通费	巴城开会用车		欧明清	袁静华	欧明清	张映上	
45	2011.6.13	260	生活费	巴城办事		袁静华	彭 娟	欧明清	欧明清	
46	2011.6.13	120	住宿费	巴城办事		欧明清	袁静华	欧明清	张映上	
47	2011.6.16	160	交通费	到村检查农村工作		袁静华	彭 娟	欧明清	欧明清	
48	2011.6.17	170	生活费	巴城办事		袁静华	彭 娟	欧明清	欧明清	
49	2011.6.18	90	交通费	巴城开会回乡		袁静华	彭 娟	欧明清	欧明清	
50	2011.6.24	90	生活费	巴城办事		袁静华	彭 娟	欧明清	欧明清	
51	2011.6.11	697	办公费	电费	李德超	袁静华	彭 娟	欧明清	欧明清	
52	2011.6.10	360	生活费	巴城办事		袁静华	李 英	欧明清	张映上	
53	2011.6.11	340	办公费	打印纸2件		袁静华	彭 娟	欧明清	欧明清	
54	2011.6.12	48	交通费	巴城办事		袁静华	欧明清	欧明清	欧明清	
55	2011.6.20	60	资料费	两基教育照片	李 志	杨 兵	袁静华	欧明清	杨 兵	
56	2011.6.7	320	资料费	统计培训资料		袁静华	彭 娟	欧明清	欧明清	
57	2011.6.8	380	生活费	统计学习		袁静华	李 英	欧明清	张映上	
58	2011.6.8	100	生活费	下村检查工作回乡	刘红荣	杨 兵	袁静华	欧明清	杨 兵	
59	2011.6.9	120	生活费	下村检查工作回乡	刘红荣	杨 兵	袁静华	欧明清	杨 兵	
60	2011.6.30	220	招待费	区级部门来客	刘红荣	彭 娟	袁静华	欧明清	欧明清	
	合计	10807.5								

范例二，复旦大学图书馆经费公开。复旦大学图书馆网站主动公开了2009、2010和2011年图书馆的经费开支（2011年度图书馆经费开支见表2-2）。[①] 对于职务消费，复旦图书馆规定：有宾客来访没必要就不宴请、图书馆不买车、开车不报销等，却给学生提供许多免费服务，如不收取扫描费用等。

---

① 资料来源于复旦大学图书馆网站：http://www.library.fudan.edu.cn/services/libnews.htm#outlay1106，最后访问时间：2011年7月24日。

表2-2 2011年复旦大学图书馆经费支出分类表

一、图书馆收入分类表

收入一		收入二		收入三	
文献采购费	万元	设备费	万元	行政、日常业务费等	万元
学校拨款	2610.00	学校拨款	291.94	学校拨款	112.48
院系代订书刊款	220.04	退还设备预收等	7.05	校拨电话费	2.92
回溯专项	80.00	专项经费结余	100.73	查新等收入	1.05
古籍保护专项	20.00	RFID与移动阅读专项	230	上年结余	0.74
遗失书籍赔偿费、退刊费等	43.91	上年结余	0.21		
上年结余	16.52				
合计1	2990.47		629.93		117.19
教育部文科专款外文书（配额）	285				
教育部文科专款外文期刊（配额）	250				
外教中心外文图书（配额）	17				
合计2	3542.47		629.93		117.19
合计3			4289.59		

备注：1."收入一"中教育部文科专款、外教中心部分只给配额，不直接拨款。2."收入三"学校拨款部分不含员工福利金。

二、图书馆支出分类表

收入一		收入二		收入三	
文献采购费	万元	设备费	万元	行政、日常业务费等	万元
中文图书	652.69	专项经费—服务器、网络设备	78.13	日常办公费用（包括办公用品、网络流量费、会务费；退休职工活动、职工生病慰问等）	47.68
外文图书	280.6	书库空调、书架、阅览桌等	44.06	文献加工费（期刊装订、图书加工材料等）	20.29

续表

收入一		收入二		收入三	
文献采购费	万元	设备费	万元	行政、日常业务费等	万元
中文期刊	54.54	计算机设备	36.35	出差费（含国内交流及人员培训）	18.46
外文期刊	845.1	设备修理费	14.02	手纸、洗手液等	9.36
数据库	1057.28	RFID与移动阅读	3.39	电话费	3.27
馆藏回溯	74.21	物业水电材料	3.88	通借通还馆际运输费	2.59
国际交换	11.75	其他材料	18.93	复印材料费	2.83
				日常公务接待（含内、外宾接待）	1.83
				索引学会	10.56
合计1	2976.18		198.76		116.87
教育部文科专款外文书（配额）	285				
教育部文科专款外文期刊（配额）	250				
外教中心外文图书（配额）	17				
合计2	3528.18				
结余	14.29		431.18		0.32
总支出	3843.81				
总结余	445.79				

备注：1. 文献采购经费为实际支付费用，部分到货费用尚未支付。2. 因学校预算下达晚，设备费部分款项将在2012年支付。

公布"三公"消费数据的目的是为了社会监督，中央的一些部门公开的数据由于缺少细目，反而使人疑虑重重；地方政府公开消费数据却面临着影响经济发展的尴尬局面。一般而言，审计部门对公布不实的数据负有审计的义务，但由于政府"三公"消费公开在中国尚是一个新事物，实践中并无对公开数据进行审计的先例，而且从审计的历史来看，即使审计出来的违规金额数额巨大，也鲜见官员为此承担相关责任。公开的目的是为了监督，敦促各级政府在职务消费方面根据适度和必要性原则进行合法消费，不浪费纳税人的税费，因此，在"三公消费"方面，还需要各部门公布更细化的消费目录，使之真正透明化和公开化，达到监督和控制职务消费的目的。

（三）公务卡改革试点

公务卡是公务员日常公务支出和财务报销的信用卡。为了提高公务消费的支付透明度，加强财务管理，财政部、中国人民银行于2007年7月12日联合发布了《中央预算单位公务卡管理暂行办法》。公务卡实行"银行授信额度，个人持卡支付，单位报销还款，财政实时监控"的操作方式，差旅费、会议费、招待费和5万元以下的零星购买支出等都必须使用公务卡支付结算，单位财务人员可以查询到公务消费的每一笔信息，并在到期还款时由单位财务部门将款项直接支付给发卡银行。

根据暂行办法，2008年初，中央预算部门和省级预算单位全面推行公务卡改革试点，至2008年9月已有160多个中央部门实行了公务卡制度。一些地方政府，如北京、天津、四川、山东、重庆、湖北、浙江和江苏等省市也在陆续跟进。公务卡消费可以有效地防止用假发票报销或虚开报销发票等公务消费的不端行为，在管理和监督方面前进了一大步，是传统上公务小额消费现金支付方式不能比拟的。按照专家预期，公务卡消费制度将会取代传统的现金报销制度。2012年，财政部发布了《关于进一步加强党政机关出差和会议定点管理工作的通知》，要求中央党政机关工作人员出差、举办会议到定点饭店，使用公务卡结算住宿费，不得超标准接待和转嫁费用负担。财政部、中国人民银行联合发布了《关于加快推进公务卡制度改革的通知》（财库〔2012〕132号），要求各地扩大公务卡改革覆盖面，减少现金交易漏洞，动态监控公务支出。

当然，仅依靠公务卡还不能完全预防公务消费腐败行为，只有改革现有的预算制度，才能有效规范公职人员对公款的使用。

（四）公务用车制度改革

中国的公务用车改革，始于地方，并由来已久。1993年东莞市沙田镇取消公务用车的做法拉开了中国公务用车制度改革的序幕，此后，江苏、湖北、山东、四川、浙江等地都进行了方式不同的公车改革。中央国家机关，以外交部为先锋也进行了公车改革。总体而言，中国公车改革存在三种模式，即货币化模式、公车管理集约化模式以及货币化加公车管理集约化的综合模式。

1. 货币化模式

广东在全国率先开始公车使用的货币化改革行动，2001年，广州市天河区和黄埔区、惠州市等一些城区（市）开始推行公车改革。广州市天河区21个街道办全部进行了车改。按照级别，普通公务员至处级干部领取400元至2800元不等的车改补贴。2003年，广东省纪委、省监察厅出台了《关于积极稳妥推进公务用车制度改革的意见》，在佛山、东莞、中山、珠海四市开始全面推行公车改革。

中央机关的改革则始于2005年。2005年元旦开始，外交部驻外外交机构取消公车，实行货币化补贴。外交人员可以选择每月领取车补，或者选择购车补贴。车补以地区划分，各驻外外交机构从50~100美元/月不等。选择购车补贴的人根据职位的服务年限，负责总车款的60%~80%不等。外交部的改革对国家驻外外交人员有较大的冲击，一方面节约了经费，另一方面却造成部分人员消极对待外交工作，不积极主动履行职责。

对公务用车实行货币化补贴有两种选择，一是对部分公职人员实行车补，二是对全体公职人员都实行补贴。实践中，对部分公职人员实行车补，往往遭到另外一部分人的反对而无法推行，只好实行官员补贴，例如苏州的公务用车改革，实行全员补贴，被诟病为提升福利的"集体狂欢"。

2. 公车管理集约化模式

公车管理集约化是将原有公车统一集中到一个管理中心名下，机关领导、办事职员用车需要向该中心申请。公车集中管理以昆明为代表，昆明市党政机关的所有公车全部停用，或上缴至各区组建的机关公务交通服务车队，或拍卖收回作为财政经费。集约化管理的一种做法是"亮牌管理"。2010年1月5日，浙江省玉环县举行公务车辆亮牌管理仪式。该县定制了1000付统一的牌照框，对全县128个乡镇、街道及部门单位的800多辆公务用车实行亮牌管理，以严格执行公务车辆使用管理规定，加强公务用车使用情况的监督检查。[①]

---

① 资料来源于中国新闻网的报道，http://www.chinanews.com/gn/2011/04-21/2987471.shtml，最后访问时间：2011年8月7日。

3. 综合模式

2009年5月，杭州市级公车改革掀起序幕，市局（副厅）级以下干部一律取消专车，根据级别向公务员发放300~2600元不等的公车改革补贴，补贴只能用于申请公务用车的结账与乘坐公交、打的等事项，不能提取现金。经过三年的改革，杭州市设立"机关公务用车服务中心"，先后对800辆公车进行社会公开拍卖，仅余400辆作为公务用车，接受来自机关单位的公务用车预约。另外，杭州市纪委还起草了有关全市乡镇、街道车改的指导性意见。

2004年12月，东莞完成了市直党政机关车改；2005年10月前，东莞镇街车改完成。东莞公车改革采取货币补贴加公车集中管理的模式，即实行货币补贴的同时，除市委常委级配专车外，取消职能局一把手的专车，取消各职能局的公共用车，市政府成立车队，各局公务活动由车队派车。

四 中国职务消费规制的特点与问题

（一）以政策为主，制度规范不足

在职务消费规制方面，党政机关颁发的政策文件发挥着主导作用，职务消费规制具有阶段性、运动性的特点，缺乏对职务消费的长期化和制度性的规范。例如，2011年中央启动公车专项治理工作，治理从2011年4月开始，至2011年底基本结束。治理主要分动员部署、清理纠正、重点检查、建章立制4个阶段。这种运动式整治往往是决策者迫于形势或财政压力不得已进行的减负式改革，缺乏根本的制度设计，结果是运动来了一哄而上，运动一结束便故态复萌，甚至变本加厉。

（二）治理主体多头，权责不统一

政出多门、权责不明、权威性不够是职务消费规制失灵的主要原因。职务消费，本质上是公共支出或财政支出的问题。因此，从职责分工的角度看，规范职务消费的主要部门应是财政部门，而不是其他什么部门。但在实践中，很多地方和部门改革的负责单位却是党的各级纪律检查部门，这种治理模式存在明显的漏洞。纪委作为监督机构，主要履行的是监督检查职责，而非事前的经费使用和分配职能，尽管纪委可以就经费的使用发出各种禁令,但经费的实际分配单位是财政部门。另外,组织部门、人事部门、机关事务管理局等很多部门也都在出台各种改革方案,不排除有的地方或者部门将改革方案作为吸引眼球的政绩,而非真正地推进改革的情况。

(三) 散兵式作战,缺乏整体布局

目前所进行的职务消费规制都是自下而上的,或是按照条块进行,或是试点性进行,缺乏全局意义上的部署。改革伊始,往往是在一些部门或找一些地方进行试点,大多数部门和地方进行观望。这种改革路径缺乏整体呼应、舆论氛围和压力,被改革的部门和地区单兵作战,失败的可能性较大,即便取得了成功,也难以得到推广和仿效,毕竟这是对公职人员手中掌握的权力进行规范,遭遇到激烈的抵抗也是可以预见的。因此,实现对职务消费行为的全面规制,除了自下而上的改革外,还需要自上而下,对职务消费的规范进行整体部署。

(四) 知情权保障不充分,公民参与度低

目前所进行的职务消费改革均是由党政机关主导,普通民众被排斥在外。职务消费规制面临的阻力主要来自既得利益者,因此,党政机关出台政策进行自我革命自我规范往往具有不彻底性。要使职务消费改革具有科学性和公平性,应该由超越既得利益的外在力量来推动,其包括除政府以外的其他单位或公民。由于政府经费主要来源于纳税公民,作为公共服务的购买者,公民有权利了解相关情况,并通过一定的渠道参与职务消费的治理是理所当然之事。例如,在公车改革中,要不要发放交通补贴、发放多少,在行政部门拿出方案后,应当经社会听证,听取纳税人的意见,并最终通过立法程序,出台相应的法律法规,而不应像现在这样完全由政府部门自行决定。

(五) 职务消费福利化,过度消费严重

职务消费因公务而发生,属于公用经费,而福利则属于"人头费",在理论上不应该将职务消费转化为福利计入薪酬,但是实践中职务消费改革"泛货币化",甚至"等级化"的趋势非常明显。以公车改革为例,就出现了辽宁省辽阳市宏伟区车改后"书记、区长每年车补7.6万元"的极端案例。按照公务用车相关文件规定,只允许极少数具有一定级别的干部配备专车,实践中大多数官员配备的专车均属于违法,但是许多地方借公车改革的名义,对取消专车的领导予以高额补贴,这实际上等于将违法的职务消费转换为合法的福利,因此受到社会舆论的激烈指责,被称为"变相腐败"。

第三节　公职人员职务消费调研结果分析

了解公职人员对职务消费的真实想法,是制定各项法律和政策的前提,只有如此方能有的放矢。根据调研组2010~2011年开展的公职人员问卷调查,本部分对公职人员职务消费的调研结果分析如下。

一　公职人员对专车配备范围认识不清

调研结果显示,在对领导干部配备专车问题上,不少公职人员的认识存在混乱。例如,对何种级别的公职人员应当配备专车问题(对配备专车的领导级别的态度见图2-1),有21.6%的公职人员和19.3%的公众认为只有省部级(含副职)以上的干部才可以配备专车,20.2%的公职人员和17.1%的公众认为厅局级(含副职)干部就可以配专车,有26.8%的公职人员和22.8%的公众对县处级(含副职)领导干部配备专车表示认同,甚至有8%的公职人员和7.8%的公众认为科级(含副职)干部也可以配备专车,认为都不应该配备专车的比例并不高,公职人员和公众分别占12.4%和12.5%。对这种情况比较合理的解释有两种:一种是人们可能没有注意到专车与公车的区别,对领导干部公务用车的容忍度较高;第二种解释是由于人们对国家关于公务用车相关规范性文件缺乏认识和了解,凭借日常观察的经验,将日常看到的领导干部普遍配备专车的现象视为正常,也暗合人们对官场特权的合理预期。因此,应加大对公务用车相关规范的宣传,让人们对公务用车的标准有正确的认识,从而对公务用车行为进行积极监督,在全社会形成零容忍的氛围。

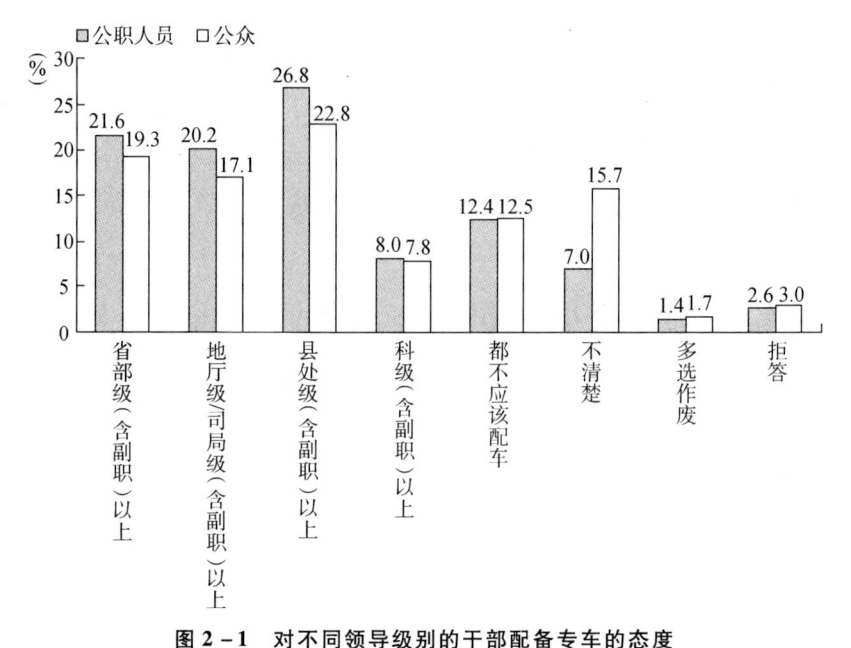

图 2-1 对不同领导级别的干部配备专车的态度

注：因四舍五入原因，个别数据总和可能略大于或者小于100％，以下同。

二 多数公众和公职人员支持公开公务消费内容

中国已经颁布了《政府信息公开条例》，党政机关的文件也多次重申要公开预决算和"三公"经费信息。但是目前仍未建立完善的职务消费公开制度，公开的内容和范围缺乏相对统一的标准，纳税人对职务消费知情权的保障途径还不畅通。调查结果显示，公开职务消费内容已经有了广泛的民意基础。68％以上的公职人员和76％以上的公众认为"公费宴请"应该公开"宴请人员情况""宴请目的""宴请标准"和"支出金额"（见图2-2）。

75％以上的公职人员和79％以上的公众认为"公务考察"应该公开"考察目的""考察计划""参加人员""费用来源和支出情况"（见图2-3）。目前，中国职务消费这块"坚冰"已开始消融，各级政府正逐步着手进行职务消费公开活动，但公开内容仅限于粗线条的预决算数字，离民众的期待还有很大的差距。在今后的职务消费的公开工作中，政府应该定期主动公开职务消费的详细信息，包括消费参加人、消费事由、消费地点、

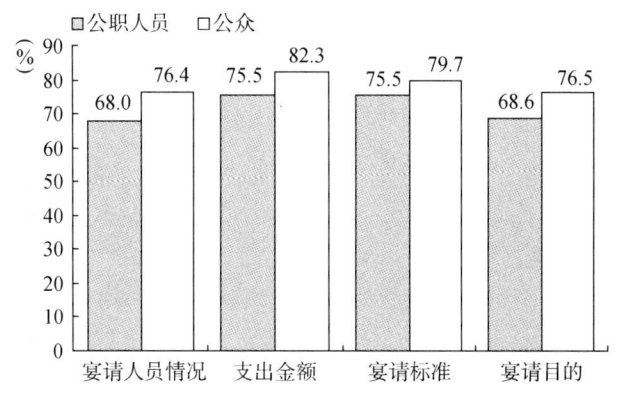

图 2－2　支持"公费宴请"公开事项的比例

消费金额等情况，供公众和审计机关监督。除了政府主动公开之外，纳税人还可以申请政府部门公开职务消费信息，并可以就申请结果寻求行政或司法救济途径。只有畅通司法救济途径，才能有效保障纳税人的知情权，从而激发公众对公职人员进行监督的热情，促进廉政建设。

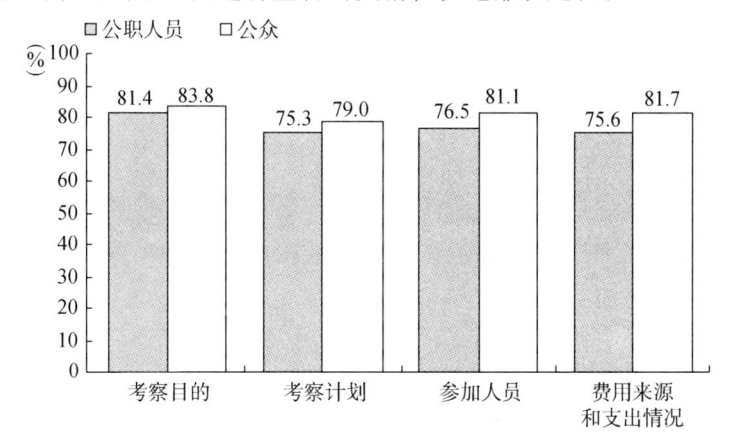

图 2－3　支持"公务考察"公开事项的比例

三　多数公职人员和公众认为应当处分超标准配车责任人

在调查是否应该处分超标准配专车的责任人时，结果显示，无论是公职人员还是公众，对处分责任人的认同度较高，有78.4%的公众和77%的公职人员选择应该处分责任人（见图2－4）。这里的处分，不仅仅限于行

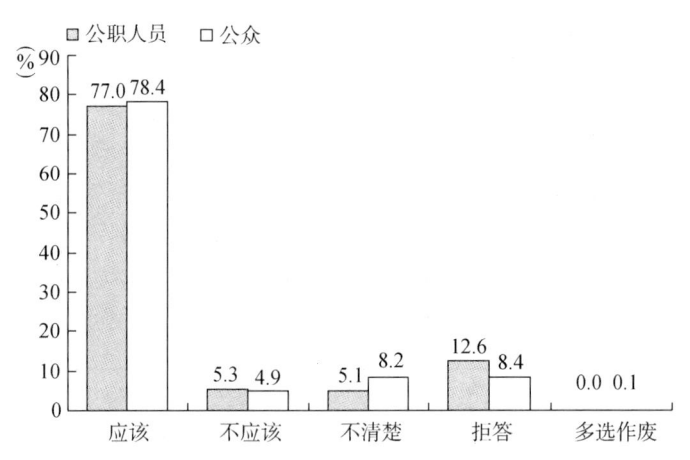

图 2-4　对超标准配备专车是否应该处分责任人的态度

政处分,而应该理解为追究法律责任。值得注意的是,不同性质的单位的公职人员对是否应该处分超标准配专车责任人的态度上不完全一致。检察院、公安机关、纪检和财政部门选择处分责任人的比例要高于人大、政协和法院,其中,检察院的人数比最高,高达89.1%,大约这与检察机关本身就是监督部门有关。人大和法院的比例较低,分别是67.1%和60.3%。从调查结果看,人大、政协和法院在处分责任人的态度上显得比较保守(见图2-5)。

对是否应该将超标准配备的专车拍卖上缴国库进行调查,结果显示,仅有51.9%的公职人员选择应该拍卖上缴国库,28.9%的公职人员拒答,说明公职人员对超标准配的专车是否拍卖上缴国库的思考还欠成熟(见图2-6)。

至于问卷提出的"超标准配专车的,两年内不再配车"的制裁措施,并没有得到公职人员的积极响应。调研结果显示,37.1%的公职人员选择拒答,10.9%的公职人员选择不清楚,14.6%的公职人员反对,只有37.4%的公职人员赞成,这低于公众的响应率(见图2-7)。

如前所述,中国针对职务消费颁布了一系列法规政策,并多次对"三公消费"展开专项治理措施,但是总体而言,职务消费行为仍然严重失范。究其原因,除了职务消费相关制度失灵之外,也与中国具有特殊的文化传统和民族心理有一定的关系,中华文化的背景使得公职人员职务消费规制面临重重困境。

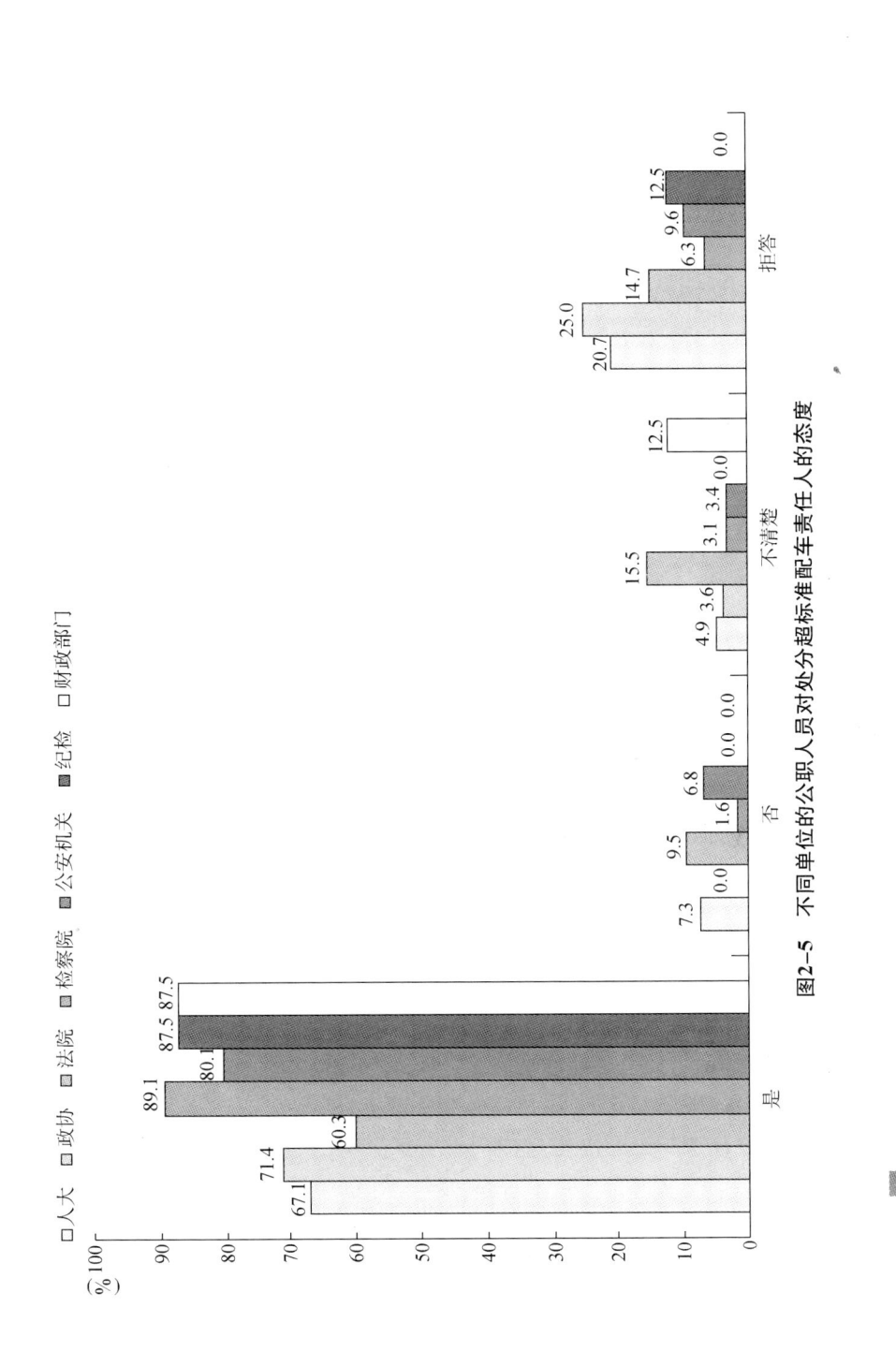

图2-5 不同单位的公职人员对处分超标准配车责任人的态度

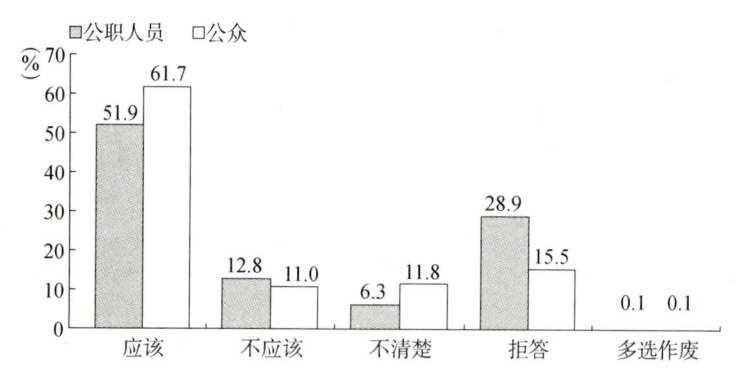

图 2-6 对是否应该将超标准配备的专车拍卖上缴国库的态度

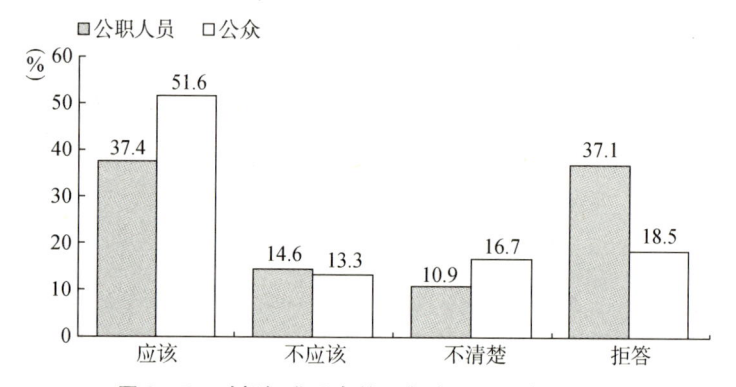

图 2-7 对超标准配车的两年内不再配车的态度

热爱吃喝是中国文化典型的特点之一。中华民族是一个热情好客的民族,人们习惯在觥筹交错间联络感情,私下里如此,官场亦不例外。几乎所有的公务活动最终都会在饭桌上有所展现,公款吃喝在餐饮业中占主导地位。[①] 另外,在好面子、攀比心理的推动下,职务消费的档次越来越高,奢侈之风愈演愈烈。

在中国的历史文化传统中,特权意识根深蒂固。从某种意义上说,公务用车不仅仅是一个解决交通的问题,更重要的是体现一种特权意识。这种特权意识不仅表现在公车配置级别上,还体现在公车在马路上享有特权和优待。交通管理部门碰到违反交规的公车往往会"网开一面"。有些地方

---

① 据中国烹饪协会 2003 年统计资料显示,公款吃喝在当年的消费比例中占到全年饭店经营额的 58% 左右。

为了避免公务用车在马路上享有特权，曾经出台措施要求取消政府的特权车牌。与之形成鲜明对比的是，美国法律规定，公务用车必须严格遵守交通法规，系安全带，违章受到的罚款由用车人自己承担。并且，美国政府规定，公务车必须在显著位置标明公车身份，接受民众监督。

虽然公众对职务消费造成的浪费现象深恶痛绝，但是在观念中仍将其作为恶习陋俗对待，并未认识到职务消费异化与贪污和挪用公款等一样，严重的也是一种犯罪行为；而且被当做陋习的也只是公款吃喝和公车私用，对于公费旅游则似乎更加宽容。正是在这样的公众意识氛围下，目前职务消费的规制还仅是纪律性规定，对职务消费失范行为仅仅适用违纪处分，未上升到违法层面，更遑论入罪受刑。此外，贪污受贿等职务犯罪通常会具体到某个或某些官员，但是职务消费的受益者往往是行政单位集体，甚至与单位或行业的福利挂钩，因此大多是法不责众背景下的一种"集体狂欢"。

第三章

公职人员兼职行为的
法律规制

兼职行为在公职人员群体中是一种常见现象。本章所论及的兼职既包括公职人员在其他部门或企业的兼职，也包括公职人员的经商活动，即第二职业。兼职不完全是禁止性行为，在有关部门的批准和许可下，公职人员可以在特定部门兼职，正因为如此，一些公职人员利用规定中的漏洞违规兼职，使得兼职行为一直呈现理不清剪不开的乱象。有关部门从20世纪80年代起，就针对公职人员兼职和经商行为发布了各种各样的文件和规定，30多年过去了，公职人员兼职和经商的情况仍然没能得到有效制止，"令不行、禁不止"的现象在公职人员经商和兼职方面体现得最为充分。2011年6月国家审计署披露，2010年，铁道部所属信息中心6名司局级干部未经批准在所属企业兼职，其中个别领导一人兼任18家所属企业董事长，[①] 这条消息再一次使公职人员违规经商和兼职成为人们关注的焦点。

第一节　公职人员兼职的基本理论

一　公职人员兼职的概念和方式

兼职是指一个人在本职工作之外兼任其他工作职务。一般而言，一个人可能同时担任几个职务。兼职者除了领取本职工作的工资外，还可以按标准领取所兼任工作职务的工资。合法的兼职对个人和社会都有益处，个人可以发挥聪明才智，社会也可以因此受益。

公职人员兼职是指公职人员在担任公职期间，还在其他政府部门或企、事业单位工作兼任职务或从事经营活动，即在本职之外兼任其他职务。公职人员兼职可以是获利性的，也可以是精神性、名誉性的。此外，需要说明的是，公职人员挂职锻炼或者义务劳动不属于兼职范畴。

公职人员兼职有合法兼职和违规兼职两种类型。一般来说，公职人员不应兼职，除非因工作需要，由组织指派方可兼职，经过批准的在国家机关内的兼职不属于禁止性行为的范畴。公职人员违规兼职一般是指未经批准的获利性兼职。按照公职人员兼职的收益划分，其可以分为获利性兼职、

[①] 参见国家审计署2011年第31号审计公告，全称是《中央部门单位2010年度预算执行情况和其他财政收支情况审计结果》。

荣誉性兼职或者二者兼备的兼职。一般说来，公职人员的合法兼职是经过批准的，但如果在兼职过程中，变相收取不合理报酬也属于违法行为。

从公职人员兼职的部门和行业来看，其可以分为在国家机关内的兼职、在企业等经济实体中的兼职、在事业单位如高校等的兼职、在商会及行业协会的兼职行为等，此外，还有一种特殊的兼职形式是公职人员自己经商办企业，也就是从事第二职业。一般来说，各种商会、协会都愿意公职人员在本单位兼职，因为公职人员的权力具有为其"开路搭桥"、获得某种利益的力量；公职人员也愿意在商会、协会兼职，以此为自己谋取某种利益。

现实中，有一种兼职现象未引起人们的足够重视，即公职人员——主要是高级别公职人员在高校、研究机构、律师事务所等机构兼职。公职人员在大学和研究机构兼职教授和博导虽然属于大学和研究机构的自主行为，但是否经过有关部门批准值得怀疑。据新华网报道，2009年11月有三位在任党政官员先后被清华大学聘为兼职教授。高级公职人员公务繁忙，若有时间为人之师，也可能疏于公务。高校聘请高级公职人员兼职是否借机为本单位谋取某种利益，值得怀疑。[①]

一些公职人员还兼职担任律师。公职人员大多具有一定的权力，由于有错综复杂的职务背景，其兼职担任律师显然对维护司法公正具有一定的不利因素。《律师法》对公务员兼职律师作了限制性规定，但未对所有公职人员兼职律师作限定，[②] 公务员和公职人员的人群具有重合性，但不完全一致，规定的疏漏使得公职人员兼任律师现象得不到有效的规制。

还有一些公职人员的兼职就是从事第二职业，如经商、以自己的名义或亲属的名义开办公司、入股等。由于党和政府早就明令禁止公职人员的经商活动，因此，此类兼职都是违法的。需要区分的是公职人员的正常商业行为和经商行为，正常商业行为是公职人员为了满足日常生活需要而从事的民事活动，但如果在诸如购买房产等民事活动中以权力为后盾超低价购买，则应视为权力交易行为。

---

① 黄修海：《行政机关公务员兼职行为的法律规制》，中南大学2010年硕士论文。
② 《律师法》第11条规定，公务员不得兼任执业律师。律师担任各级人民代表大会常务委员会组成人员的，任职期间不得从事诉讼代理或者辩护业务。第12条规定，高等院校、科研机构中从事法学教育、研究工作的人员，符合本法第5条规定条件的，经所在单位同意，依照本法第6条规定的程序，可以申请兼职律师执业。

二　公职人员违规兼职的原因和特征

经过批准的公职人员兼职原因很简单，就是工作需要。然而，违规兼职的原因就没有那么简单，有多种因素促使公职人员违规兼职。首先，公职人员兼职具有内在推动因素，即追求一定的经济利益是公职人员违规兼职的主要内因。无论在哪个国家，公职人员都是社会的精英阶层，为了保证其效忠国家，很多国家对公职人员的收入和社会保障予以优厚的待遇。中国是一个发展中国家，公职人员的收入同其他社会精英阶层相比略逊一筹，而且也不适宜在现阶段将其收入与普通民众的收入差距过分拉大，因此，利用职权获取更大的经济利益是一些公职人员违规兼职的最主要原因。其次，公职人员兼职具有外部的拉动因素，即一些企业或部门邀请公职人员兼职，达到相互利用获取利益的目的。公职人员大多具有一定的权力，一些企业或部门看中权力可能为其带来一定的好处，因而邀请该公职人员兼职。权力和利益交换是一些公职人员违规兼职的本质所在。最后，一些公职人员兼职并非出于经济利益，而是出于荣誉性、精神性、社会地位上的满足需要，其所兼职的单位则是利用其名声获取某种利益。

公职人员违规兼职具有以下特征：

（1）权力相关性。一般而言，公职人员违规兼职的部门或行业与其所监管行业或部门有关，有的甚至就是在自己监管的部门或行业兼职，这些部门或行业与公职人员的职务和权力有较大的相关性。可以想象，无权力的公职人员很难获得这种部门和行业的兼职机会。

公职人员职务越高，在自己所监管行业兼职的可能性越大；公职人员职务越低，兼职的部门反而越可能超出自己监管的范围，但即使不在自己监管的部门兼职，违规兼职仍可能影响其正常的公务活动，也应当明令予以禁止。

（2）权力交易性。一些部门或行业聘请公职人员兼职的目的很明确，就是看中其控制的权力可能会带来预期的好处。这实际上是公职人员权力寻租、权钱交易的一种方式。在市场经济中，各个市场主体处于竞争关系之中，权力的好恶对竞争的成败具有决定性的影响。一个企业或者部门聘请公职人员兼职，能使自己的利益最大化，公职人员在自己监管的行业兼职能够使自己手中的权力利益最大化,可以说,权力的可交易性是公职人员在外寻得兼职的基本条件。

(3)权力扩张性。公权力是以国家强制力为保障,是一种对全体公民和组织都有约束力的力量,这种力量具有天然的扩张性。公职人员代表人民行使权力,权力本应在一定的轨道上运行,然而,由于掌握权力的人并不会自觉地在合法的轨道上运行权力,追求利益最大化是其本性使然,在监管缺失的条件下,权力将加倍扩张。公职人员违规兼职便是权力扩张的具体表现之一,是权力运行出现了监管真空使然。体制内运行的权力尚且因各种漏洞难以监管,体制外兼职的权力运行就更具有扩张力,成为不受约束的权力,不受约束的权力是腐败的直接原因。因此,从本质上说,禁止公职人员违规兼职,不是对公职人员本身的约束,而是对权力运行的约束。

三 公职人员违规兼职的危害性

中国公职人员经商兼职行为由来已久,可以溯源到20世纪80年代。最初是鼓励公职人员自己兼职经商办企业,后来在社会舆论的压力下,有关部门开始限制公职人员兼职经商办企业,在各种禁令之下变成公职人员的亲属利用其职权职务影响经商办企业,但实际的掌权人仍然是公职人员本人。兼职企业的形式越来越多,由传统的办企业或在企业兼职演变为从事有偿中介、在国(境)外注册公司或者投资入股等形式,厅局长兼董事长、总经理等现象如过江之鲫屡见不鲜,虽然中央三令五申禁止,但由于缺乏严格的法律约束机制,监督难度较大。公职人员的职务行为是政府行为的代表,必须承担一定的责任和义务,如恪尽职守、廉洁从政、维护政府形象等。公职人员违规兼职具有相当大的危害性。

第一,勤政是现代公职人员行为规范的一项基本原则和要求。禁止国家公职人员兼职的本意在于:由于个人利益的驱动,国家公职人员参与营利性活动,势必会将相当一部分时间和精力用在私人的营利活动中,导致政府职能效率降低。同时,公职人员是国家形象的代表,是国家权力的执行者,如果公职人员参与营利性活动,会使群众对公务行为的权威性和公正性产生合理怀疑。而且,国家公职人员参与营利性活动,可能会对其职务的廉洁性造成影响。

第二，公职人员不得在企业和营利性事业单位兼职是市场法治的基本要求。公职人员具有先天的职务和权力优势，掌握更多的资源和信息，更了解相关政策及其出台背景，其经商、兼职，将会给市场经济的正常秩序带来严重干扰。企业本应是独立的自主经营者，公职人员兼任企业、事业单位的职务，无异于既当球员又当裁判，很难客观公正地行使职权和从事行政管理活动，因此，不准公职人员未经许可在企业和营利性事业单位兼职，能防止企业和营利性事业单位利用权力从事营利活动，也有利于防止和避免公私利益冲突。

第三，公职人员违规兼职是建设责任政府和法治政府的障碍。公职人员兼职经商使执法部门在执法时会遇到公职人员阻碍执法的情况，是形成执法不严现象的原因之一。

第四，公职人员违规经商将动摇政府的合法性，影响执政党的威信。公职人员违规经商、兼职，利用职权谋取私利，会损害国家、集体和群众的利益，造成社会分配的不公，败坏社会风气，使党和政府的威信受到严重损害。公职人员经商兼职容易引起公众的反感，这个反感不是只针对某一个兼职公职人员，而是会对整个政府产生不满，这种情绪是目前各地群体性事件多发的重要根源。因此，限制或禁止公职人员兼职是对权力行使的必然要求。

第二节　规制公职人员违规兼职的国际经验

对公职人员兼职行为的规制是各国公职人员制度的重要内容，其基本要求是，禁止或限制公职人员在担任公职期间，以获取报酬或其他利益为目的在政府其他部门或私营部门兼任某种职务。一般说来，公职人员应该对国家尽忠职守，因此，世界各国大都禁止或限制公职人员经商、兼职，大多只允许公职人员在下列特定范围内兼职：文学、科学、艺术创作、报告活动、教学科研活动等。中国发布的相关规定也限制公职人员违规兼职，但是限制的范围并不是非常明确。

许多国家和地区的法律对公职人员任职期间的兼职和取得额外报酬有

严格限制。法律限制兼职是为避免公职人员与政府发生潜在的利益冲突。公职人员容易利用职务的影响取得各种兼职机会而获取额外报酬,对此加以约束是防止公职人员为了追求过高的额外收入,疏于履行公职,并避免因公职身份给政府造成不良的影响。

为了防止公职人员利用工作时间去"捞钱",日本《国家公务员法》第101条规定,除法律法规另有规定外,公务员应将工作时间及职务上的注意力全部集中于完成公务。第103条规定,公务员不得兼任经营商业、工业、金融业以及有其他经营目的的私人企业(以下称为营利企业)或者其他团体的职员、顾问或者评议员,不得自己经营营利企业。第104条规定,公务员取得报酬,并兼任营利企业以外的事业团体的职员、顾问或者评议员,或者从事其他事业、业务的,需要取得内阁总理大臣及该职员所属部门负责人的许可。

美国《官员行为准则》规定,公务人员不得在一个历年内挣取兼职收入超过公职年薪收入的30%。1985年颁布的美国《政府工作人员道德准则》规定,不得以任何形式用公职做交易;国家公职人员不得在外兼任与其职责利益相冲突的工作或从事与其职责相冲突的事务,包括不得利用职权谋求工作;去职的政府官员在离职后一年内不得回原工作部门为别人从事游说活动,违反者将受到刑事处分。

新加坡《公务员指导手册》规定,原则上不允许官员兼职、买股票、投资,有特殊需要的,需征得主管领导的批准。公务员不允许私人经营企业和买卖,不许从事第二职业(兼职教学除外,但每周不超过6小时),不准直接或间接拥有私人企业、公司的股份或证券(公开上市的股票除外)。

英国相关法律规定,公务员利用非工作时间通过投资产生的股息、红利、房产租金收入等都被看成合法收入。但在工作时间内,公职人员不准经商,不准从事与本部门业务有关的任何营利活动。业余时在外兼职,应获得书面批准,不得与本职工作有冲突。在英国,警察是可以兼职的,但必须申报且兼职不得与警察职业有冲突。目前英国大概有8669名警察登记有兼职,大多数警察都是为了平衡日常生活收支而不得不做兼职。申报获得通过的兼职不能与警察公正地履行本职工作相冲突。不过,英国警方监察机构调查警察腐败情况时发现,警察申报兼职及批准的程序大多流于形式,相关方面的管理力度很小,几乎不评估兼职工作的合理性、对正常工作时间的影响以及对警方声誉是否有危害等。不少警察兼职的工作可能与警察的本职工作有冲突。①

《联邦德国公务员法》规定，下列情况的兼职不予批准：（1）兼职需要付出很大的劳动，妨碍他正常完成公职任务；（2）兼职与他所担负的公职产生矛盾；（3）兼职的工作属于该公务员职务正在从事或将要从事的工作；（4）兼职影响公务员的超党派性和公正性；（5）兼职会导致严重影响公务员将来的工作；（6）兼职有损于行政部门的威望。《联邦德国公务员法》还规定，官员接受下列兼职工作，需事先批准：（1）接受一个次要职务、一项监护权、财产管理权或遗嘱执行人；（2）接受一个有报酬的兼职工作，从事工业活动，合伙经营一个企业或者从事一种自由职业；（3）参加某一团体、合作社或以其他合法形式经营的企业理事会、监督委员会、行政管理委员会或其他机构以及接受某种信托活动。

奥地利《联邦官员法》规定，公务员不得从事有碍现任工作或有损于公务的其他职业。从事有经济收入的其他职业必须得到所在单位首长的批准。

印度《全印文官行为条例》规定，除执行法官的活动外，未经政府批准，不得直接或间接地从事贸易活动，不得参与按现行法律注册的银行或者其他企业的登记创办和经营活动，不得在任何投资中进行投机活动，不得进行可能妨碍和影响履行公务的投资，包括不允许其妻子及其他家庭成员从事这方面的投资活动。

瑞士《联邦公务员章程法》规定，担任联邦职务的公务员不得兼营副业，家庭成员不得从事有碍公务执行或与公务身份不相适应的活动；公务员家庭成员不得从事开办餐馆或咖啡馆、零售酒类等活动。

由上可见，不少国家都对公职人员兼职作了限制或者禁止性规定，甚至还规定了公职人员亲属也不得从事与其职务相关的营利性活动，其主要目的就是避免公职人员因兼职而影响公务执行力，或者出现利益冲突的情况。这些规定，有的可以借鉴，有的可以参考，用以规范中国公职人员的兼职行为。

---

① 张春雨：《英国：警官协会起草警员兼职新规》，《法制日报》2012 年 5 月 29 日。

第三节 中国限制或禁止公职人员兼职的相关规定

在中国，公职人员兼职问题已经被讨论了很久，党和政府也出台了大量的法规和文件，以中共中央和国务院名义颁布的就有几十个，主要内容包括：不准个人经商、办企业；不准违反规定在经济实体中兼职或者兼职取酬以及从事有偿中介活动；不准个人在国（境）外注册公司或者投资入股等。

一 禁止和限制公职人员兼职的法律法规

1993年8月国务院发布的《国家公务员暂行条例》是规范公职人员兼职的最早法律规定。其第31条第13项规定，国家公职人员必须严格遵守纪律，不得经商、办企业以及参与其他营利性的经营活动。第32条规定，违反第31条规定，尚未构成犯罪的，或者虽然构成犯罪但是依法不追究刑事责任的，应当给予行政处分；违纪行为情节轻微，经过批评教育后改正的，也可以免予行政处分。第33条第1款规定，行政处分分为：警告、记过、记大过、降级、撤职、开除。第49条规定："国家公务员原则上一人一职，确因工作需要，经任免机关批准，可以在国家行政机关内兼任一个实职。国家公务员不得在企业和营利性事业单位兼任职务。"该条例虽然明确提到了公职人员不得在外兼职的问题，即国家公职人员辞职两年内到与其原单位有隶属关系的企业或者营利性事业单位任职，须经原任免单位批准。但该规定的问题在于，如果公职人员辞职后在与原单位非隶属但有业务关系的企事业单位任职，就无法对其进行监管。根据自2006年1月1日起施行的《中华人民共和国公务员法》第107条规定，《国家公务员暂行条例》已于2006年1月1日废止。①

---

① 《中华人民共和国公务员法》已由中华人民共和国第十届全国人民代表大会常务委员会第十五次会议于2005年4月27日通过，自2006年1月1日起施行。1993年8月14日国务院公布的《国家公务员暂行条例》同时废止。

此外，值得说明的是，中国共产党党员参照实行国家公务员制度。1993年9月13日，中共中央转发了《中共中央组织部关于中国共产党机关参照试行〈国家公务员暂行条例〉的实施意见》，其要求党的机关与国家行政机关推行国家公务员制度同步进行，参照试行《国家公务员暂行条例》。中央组织部负责研究制定党的机关参照试行《国家公务员暂行条例》的实施方案。各级党的机关，要按照中央组织部提出的实施意见和制定的实施方案，结合实际情况，制定具体方案并组织实施。鉴于《公务员法》已于2006年颁布，中国共产党应当参照《公务员法》实行相关制度。

1999年全国人大常委会出台《个人独资企业法》，其第16条规定，法律、行政法规禁止从事营利性活动的人，不得作为投资人申请设立个人独资企业。该法从投资人资格方面限制了公职人员从事经商等活动，但对违法申请设立个人独资企业无相关的处罚规定。

2001年全国人大常委会修订通过《法官法》，其第32条[①]第11项规定，法官不得从事营利性的经营活动。第33条规定，法官有第32条所列行为之一的，应当给予处分；构成犯罪的，依法追究刑事责任。第34条规定，处分分为：警告、记过、记大过、降级、撤职、开除。受撤职处分的，同时降低工资和等级。

1995年全国人大常委会出台了《检察官法》，2001年6月，全国人大常委会进行了修正，新《检察官法》第35条第11项规定，检察官不得从事营利性的经营活动。第36条规定，检察官有第35条所列行为之一的，应当给予处分；构成犯罪的，依法追究刑事责任。第37条规定，处分分为：警告、记过、记大过、降级、撤职、开除。受撤职处分的，同时降低工资和等级。

1995年2月全国人大常委会出台《人民警察法》，2012年10月修订。

---

① 《法官法》第32条规定，法官不得有下列行为：（1）散布有损国家声誉的言论，参加非法组织，参加旨在反对国家的集会、游行、示威等活动，参加罢工；（2）贪污受贿；（3）徇私枉法；（4）刑讯逼供；（5）隐瞒证据或者伪造证据；（6）泄露国家秘密或者审判工作秘密；（7）滥用职权，侵犯自然人、法人或者其他组织的合法权益；（8）玩忽职守，造成错案或者给当事人造成严重损失；（9）拖延办案，贻误工作；（10）利用职权为自己或者他人谋取私利；（11）从事营利性的经营活动；（12）私自会见当事人及其代理人，接受当事人及其代理人的请客送礼；（13）其他违法乱纪的行为。

第 22 条第 10 项规定，人民警察不得从事营利性的经营活动或者受雇于任何个人或者组织。第 48 条规定，人民警察有第 22 条所列行为之一的，应当给予行政处分；构成犯罪的，依法追究刑事责任。行政处分分为：警告、记过、记大过、降级、撤职、开除。对受行政处分的人民警察，按照国家有关规定，可以降低警衔、取消警衔。对违反纪律的人民警察，必要时可以对其采取停止执行职务、禁闭的措施。

全国人大常委会于 2005 年通过了《公务员法》。《公务员法》是中国第一部综合规范公务员的法律，标志中国行政管理根据依法治国新方略，进入了依法管理干部人事的新阶段。目前，《公务员法》是规范公职人员兼职的位阶最高的法律，其第 33 条规定了对公务员要进行德、能、勤、绩、廉的考核。第 42 条对公职人员兼职作了明确规定：公务员因工作需要在机关外兼职，应当经有关机关批准，并不得领取兼职报酬。第 53 条第 1 款第 14 项规定，公务员不得有从事或者参与营利性活动，在企业或者其他营利性组织中兼任职务的行为。第 102 条第 1 款规定，原系领导成员的公务员在离职三年内，其他公务员在离职两年内，不得到与原工作业务直接相关的企业或者其他营利性组织任职，不得从事与原工作业务直接相关的营利性活动。这项规定的含义是，无论公职人员因退休还是其他原因离职，领导成员三年内，其他公务员两年内都不得从事与原来掌管的权力、分管的业务有直接关系的营利活动。《公务员法》的这项规定将前述的离任回避制度法律化，有助于解决公务员可能面临的利益冲突问题。之所以对公职人员违规兼职作出严厉规定，是因为公职人员都掌握一定的权力，这种权力只能用来为经济社会发展服务，为公众服务，如果利用权力的影响私自从事营利性活动，就会混淆公权与私利的界限，导致以权谋私、与民争利。不过，《公务员法》仅对公务员的兼职行为进行了规范，有关部门还应该将规范人员的范围扩大到所有公职人员群体。

2008 年 12 月，在《公务员法》实施近 3 年之后，中共中央组织部、人事部公布了《公务员职务任免与职务升降规定（试行）》，第 13 条规定："公务员因工作需要在机关外兼任职务的，应当经有关机关批准，并不得领取兼职报酬。"此条规定引起了社会的广泛关注。一般认为，《公务员法》已经对公务员兼职作了严格规定，此项规定似乎有放松管制之嫌疑。

二 限制公职人员兼职的政策性文件沿革

公职人员兼职作为一种有社会意义的现象是在改革开放之后，因此，本章对公职人员兼职政策性文件的分析也自改革开放之后的文件始。

改革开放伊始，在全民办经济气氛的推动下，经济体制改革如火如荼，公职人员争先恐后参与经济活动，当时甚至还提出"让党政机关干部也富裕起来"的口号。由于其特殊的身份，公职人员经商兼职给市场带来了活力，也造成了一些混乱。为此，1984年7月，中共中央办公厅、国务院办公厅颁发了《关于党政机关在职干部不要与群众合办企业的通知》，规定党政机关干部不得与群众合伙经办企业。经济体制改革必须坚持政企分开，官商、官工分开的原则。党政机关的在职党政干部与群众合伙兴办经营企业，削弱了党和政府对经济工作的全面领导，并使干群关系党群关系处于紧张状态。此规定要求不再提让"党政机关干部也富裕起来"，避免引起误解。该《通知》下达以后，党政干部兼职的情况有一定好转，但未得到根本的扭转。

为此，1984年12月，中共中央办公厅、国务院办公厅再次发布《关于严禁党政机关和党政干部经商、办企业的决定》（以下简称《决定》），要求各级党政领导机关特别是经济部门政企分开、官商分离，不得经商、办企业，与民争利。《决定》称党政机关在职干部经商办企业不利于经济体制的改革，不利于党风党纪和干部队伍的建设，也不利于改革的顺利进行。《决定》创新性地提出了"停薪留职"这一个公职人员兼职的变通处理办法，即"党政机关的在职干部，如本人要求留公职经商、办企业，可予批准，但不能保留原来的职务，其工资及生活福利待遇应即停发"。公职人员"停薪留职"的做法影响深远。有的公职人员"下海"后不成功又重返工作岗位，有的则成为弄潮儿，成长为企业家。

1985年7月，中共中央办公厅、国务院办公厅下发《关于党政机关干部不兼任经济实体职务的补充通知》，该通知规定所有在职和退居二线的党政机关干部，一律不兼任全民所有制各类公司、企业等经济实体（包括以民间面目出现的全民所有制企业）的职务（包括名誉职务），一律不准受聘担任集体或个体所有制各类公司、企业等经济实体的职务，一律不准兼任中外合资、合作企业职务。至此，大部分党政机关办的企业逐渐停办或者同党政机关脱钩。一些经商办企业的党政干部也回到原单位或辞去岗位，但是有的党政机关干部仍然采取各种手法继续经商、办企业，有的党政领导干部还继续兼任企业职务，有的家属利用领导干部的关系及影响经商、办企业。经商、办企业中出现了一些严重违法行为，特别是某些领导干部及其子女在这方面存在严重的问题。为此，1986年2月，党中央、国务院又发出了《关于进一步制止党政机关和党政干部经商、办企业的规定》。该规定非常严厉，其第1条规定，党政机关，包括各级党委机关和国家权力机关、行政机关、审判机关、检察机关以及隶属这些机关编制序列的事业单位，一律不准经商、办企业。凡违反规定仍在开办的企业，包括应同机关脱钩而未脱钩，或者明脱钩暗不脱钩的，不管原来经过哪一级批准，都必须立即停办，或者同机关彻底脱钩。不过，在执行该规定的过程中出现了一些理解上的偏差，中共中央办公厅、国务院办公厅于1986年3月29日又下发了《关于贯彻执行〈中共中央、国务院关于进一步制止党政机关和党政干部经商、办企业的规定〉几个问题的说明》，着重解释了几方面的问题。例如，《规定》中所说的党政机关和党政干部一律不准经商、办企业，是指不准各级党政机关和党政干部用公款（行政经费、事业经费、特需经费等）、贷款以及各种形式的集资经商、办企业，为本单位和个人谋取私利。但《说明》仍然存在明显的漏洞，虽然对一些问题作了明示，但其未排除用非公款经商、办企业，为本单位和个人谋私利的情况。同时，《说明》还扩大了事业单位可以兼职的范围，如允许科研、教育等事业单位从事与本单位业务、技术有关的技术转让、技术咨询、技术服务、技术承包等经营活动，这无疑为公职人员违规兼职留下了一定的活动空间，一些公职人员正是利用这个空间继续经商或兼职办企业。

到20世纪80年代末期，一些公司政企不分，官商不分，转手倒卖，牟取暴利，严重扰乱了市场经济秩序，败坏了社会风气。为此，有关部门开始密集出台相关规定。1988年中共中央办公厅、国务院办公厅下发了《关于解决公司政企不分问题的通知》，要求除国务院授权兼有行政管理职能和经营权的少数公司外，其他政企不分、政企合一的公司必须将经营权与行政权严格分开，凡从事企业经营的公司一律不能有行业管理、政府职能的权力，凡有政府职能、进行行业管理的公司一律不准从事企业经营。1988年10月发布的

《关于清理整顿公司的决定》,力图进一步纠正公司政企不分,以及各级机关用行政费、事业费等费用经商办企业的情况,并再次重申党和国家的在职人员不得到公司和企业兼职(含名誉职务)。1989年2月,中共中央办公厅、国务院办公厅还颁发了《关于清理党和国家机关干部在公司(企业)兼职有关问题的通知》,要求"已到公司(企业)兼职的党和国家机关干部,必须在1989年3月底以前辞去公司(企业)职务,或辞去机关职务。如本人坚持在公司(企业)任职,应免去其机关职务,并将人事、工资等各项关系转到所在公司(企业)"。这里所指的党和国家机关干部,包括已退出机关工作岗位,但未办理退(离)休手续的干部。为了加强执行,1989年8月17日,中共中央、国务院进一步下发《关于进一步清理整顿公司的决定》,再次重申中央关于党政机关不准经商办企业的相关要求。

前述各项规定、通知不可谓不多、不可谓不严厉,然公职人员兼职经商办企业的问题仍然愈演愈烈,甚至演变为腐败的形式了。因此,进入20世纪90年代后,有关部门明确将公职人员经商兼职与反腐败联系在一起。1990年7月,中国共产党中央纪律检查委员会出台《关于共产党员在经济方面违法违纪党纪处分的若干规定(试行)》,第30条规定:"党和国家机关、群众团体中的党员干部,违反党中央、国务院有关规定,经商办企业,或者利用职权,为亲属经商办企业谋取利益的,给予严重警告或撤销党内职务处分。在经商办企业中有其他违法违纪行为的,合并处理。"第31条规定:"党和国家机关、群众团体,违反规定经商办企业的,给予负直接责任的主管人员和其他直接责任人员中的共产党员警告或严重警告处分;情节严重的,给予撤销党内职务处分。在经商办企业中有其他违法违纪行为的,合并处理。"

1993年,中共中央办公厅、国务院办公厅发布了《关于反腐败斗争近期抓好几项工作的决定》,甚至将公职人员违规经商办企业兼职与腐败直接联系起来。《决定》要求党政机关县(处)以上领导干部不得从事以下行为:不准经商办企业;不准从事有偿的中介活动;不准在各类经济实体中兼职;不准利用职权为配偶、子女和其他亲友经商办企业提供任何优惠条件;经批准兼职的不得领取任何报酬;不准到下属单位和其他企业事业单位报销应由个人支付的各种费用;等等。

1993年中共中央纪律检查委员会发布《关于党政机关县(处)级以上

干部违反廉洁自律"五条规定"行为的党纪处理办法》,规定违反者依照《中共中央纪律检查委员会关于共产党员在经济方面违法违纪党纪处分的若干规定(试行)》(1990年7月)第30条处理。①

2004年,中国共产党中央纪律检查委员会、中组部联名发出《关于对党政领导干部在企业兼职进行清理的通知》,再次要求全国各地对党政领导干部在企业兼职的情况进行大规模的限期清理。清理工作分为两部分,一部分是对法规文件的清理,另一部分是对人员的清理。根据《通知》,党政领导干部不得在企业兼职,各地各部门要对有关政策和文件进行清理,凡与国家法律法规、中央规定不一致的要予以废止。各级党委、政府及其有关部门不得再审批党政领导干部到企业兼职。凡在企业兼职的党政领导干部,要免去或本人主动辞去其在企业的职务;凡企业负责人兼任党政领导职务,要免去其党政领导职务。因工作需要,企业负责人调入党政机关担任领导职务,必须辞去企业的领导职务;党政领导干部调任企业负责人,必须辞去党政领导职务。该《通知》将干部职务变动后的情况作为监管内容,进一步完善了监管范围。

中共中央组织部还就上述文件发布了两个附件。附件一的内容主要为,明确清理机构和应清理的对象范围。在清理机构方面,将有(包括部分具有)行政职能的事业单位也纳入清理范围以内,没有行政职能的事业单位则不在清理范围之内。对难以确定是否有行政职能的事业单位,需征求机构编制部门的意见,按管理权限,由党委(党组)研究确定。清理对象是现职的县处级以上党政领导干部,地方党政机关科级领导干部在企业兼职的,参照《通知》要求进行清理。清理党政领导干部在企业兼职不仅限于清理兼任企业领导职务,党政领导干部兼任企业董事、监事、独立董事、独立监事的,原则上也都应当进行清理。经批准兼任境内外上市公司独立董事、独立监事的中央管理干部,不在此次清理范围内。参照或依照公务员制度管理的部门适用《通知》,已列入参照或依照公务员制度管理的社会团体同样适用该《通知》,清理领导干部在企业兼职的情况。列入参照或依照公务员制度管理的社会团体,其领导干部在企业兼职问题,按管理权限,由党委(党组)根据该社团

---

① 第30条规定,党和国家机关、群众团体中的工作人员,违反党中央、国务院有关规定,经商办企业,或者利用职权,为亲属经商办企业谋取利益的,给予严重警告或撤销党内职务处理。在经商办企业中有其他违法违纪行为的,合并处理。

的职能研究确定。特别值得注意的是,附件一提出了党政领导干部在企业兼任名誉职务的,也应当进行清理。两院院士、国务院参事未担任党政机关领导职务的,其兼职行为不在清理范围之内。高等院校、科研机构不是党政机关,不具有行政职能,其领导干部在企业兼职的,不在清理范围。文件中所指的企业是包括国有、民营、三资等所有类型的股份制或非股份制的企业。遗憾的是,此次清理工作在处理方法上"雷声大雨点小",仍有避重就轻之嫌,如只是规定党政领导干部未经批准擅自兼职的给予严肃批评,问题严重的按有关规定处理,规定得非常不明确。

  附件二的主要内容是明确了应当清理的范围。地方政府驻外办事处的领导干部兼任以内部接待、服务为主的宾馆、物业等参股企业的职务,可暂缓清理。党政领导干部在企业化管理的事业单位或事业性质的经济实体中兼职的,不在此次清理范围内,但不得在这类事业单位中领取薪酬。事业单位转制为企业后,党政领导干部不得继续兼职。党政领导干部在社会团体兼职的,不在此次清理范围。党政领导干部经财政部门委派,在企业兼任财务总监的,原则上应当进行清理。经济技术开发区管理委员会的领导干部在所管理的企业兼职的,应当进行清理。

  为了将公务员兼职管理制度化和规范化,2008年2月,中组部、人事部出台了《公务员职务任免与职务升降规定(试行)》,规定公务员因工作需要在机关外兼任职务的,应当经有关机关批准,并不得领取兼职报酬。

  随着社会主义市场经济的发展,一些公职人员辞去公职或退休后"下海"的现象是正常的。但是,党员领导干部辞职或退休后,或者接近退休年龄将人事关系转到企业,鉴于其原工作、业务关系和权力的关系,从事与之相关的商业活动,具有更多的资源和优势,以权力和关系为资本,可以轻而易举获取更多财富。这种行为实际上会造成对市场经济的公平竞争规则的破坏,导致失衡,因此,有必要对党员领导干部辞职或退休后所从事的商业活动作某些方面的限制。这不仅可以使市场经济环境下人力资源进行合理流动,维护公平的市场经济秩序,也有利于遏制"期权腐败"。因此,2008年4月,中国共产党中央纪律检查委员会、中组部发布了《关于退出现职、接近或者达到退休年龄的党政领导干部在企业兼职、任职有关问题的意见》,把对离退休人员的管理也提上了日程。《意见》的核心精神为:退出现职、接近或者达到退休年龄和在地方换届时不再提名尚未办理退休手续的党政领导干部不得在企业兼职，个别确因工作需要到企业兼职、任职的，应当经过批准，且不得获取报酬和股权。经批准到企业任职的，应当将行政、工资等关系转入企业，不再保留公务员身份和保留党政机关的各种待遇。该《意见》第一次对退出现职、接近或达到退休年龄的党政干部兼职问题作了规范，但是其中的一些规定明显与回避制度相违背。例如，接近退休年龄的公务员经过批准可以到企业兼职，只要求其将工资关系转入企业，不再保留公务员身份、不再享受党政机关待遇即可，对监管一些行业主管干部而言，这显然是欠妥的。此外，该意见未明确违反规定的具体惩戒措施，使得该意见仍然是纸上谈兵，不具有权威性和可操作性。

1997年3月，中共中央印发《中国共产党党员领导干部廉洁从政若干准则（试行）》，对党政机关领导干部不得违规兼职作了规定。同年9月，中共中央纪律检查委员会还出台了《〈中国共产党党员领导干部廉洁从政若干准则（试行）〉实施办法》。① 2010年中共中央对前述《廉政准则（试行）》和《实施办法》进行了修改，发布了《中国共产党党员领导干部廉洁从政若干准则》，2011年中共中央纪律委员会发布了《〈中国共产党党员领导干部廉洁从政若干准则〉实施办法》。这是规范公职人员行为的最重要的两个文件。

《中国共产党党员领导干部廉洁从政若干准则》对禁止党员领导干部私自从事营利性活动作了较为详尽和严格的规定。② 《〈中国共产党党员领导干部廉洁从政若干准则〉实施办法》对《廉政准则》的若干概念进行了细化。其第10条规定，《廉政准则》第2条第1项所称"个人或者借他人名义经商、办企业"，是指个人独资或者与他人合资、合股经办商业或者其他企业，以个人或者他人名义入股的形式经办企业，私自以承包、租赁、受聘

---

① 2010年，中国共产党中央纪律检查委员会正式发布了《中国共产党党员领导干部廉洁从政若干准则》，《准则（试行）》即告废止。
② 第2条明确规定，禁止党员领导干部私自从事营利性活动，即不准有下列行为：(1) 个人或者借他人名义经商、办企业；(2) 违反规定拥有非上市公司（企业）的股份或者证券；(3) 违反规定买卖股票或者进行其他证券投资；(4) 个人在国（境）外注册公司或者投资入股；(5) 违反规定在经济实体、社会团体等单位中兼职或者兼职取酬，以及从事有偿中介活动；(6) 离职或者退休后三年内，接受原任职务管辖的地区和业务范围内的民营企业、外商投资企业和中介机构的聘任，或者个人从事与原任职务管辖业务相关的营利性活动。

等方式从事商业和其他经营活动。个人或者借他人名义经商、办企业的,依照《党纪处分条例》第77条①的规定处理。《廉政准则》第2条第5项所称"违反规定",是指违反《中共中央办公厅、国务院办公厅关于党政机关领导干部不兼任社会团体领导职务的通知》(中办发〔1998〕17号)、中共中央纪委、中共中央组织部《关于退出现职、接近或者达到退休年龄的党政领导干部在企业兼职、任职有关问题的意见》(中组发〔2008〕11号)等有关党员领导干部兼职或者兼职取酬、从事有偿中介活动的规定。违反规定在经济实体、社会团体等单位中兼职或者兼职取酬的,依照《党纪处分条例》第77条的规定处理。兼职的领导干部,应当辞去本职或者兼任的职务。所收取的报酬(包括各种经济利益)应当收缴。从事有偿中介活动的,依照《党纪处分条例》第77条的规定处理。所收取的报酬(包括各种经济利益)应当收缴。然而,如前所述,中共中央纪委、中共中央组织部《关于退出现职、接近或者达到退休年龄的党政领导干部在企业兼职、任职有关问题的意见》(中组发〔2008〕11号)存在明显的回避制度漏洞,《实施办法》仍将其作为"违反规定"的依据,显然是有问题的。

《廉政准则》第2条第6项所称"离职",是指以退休之外的方式离开公职,包括辞去公职、被辞退、被开除等情形。"原任职务",是指离职或者退休前最后担(兼)任的职务。在离职或者退休后3年内,接受原任职务管辖的地区和业务范围内的民营企业、外商投资企业和中介机构的聘任,或者个人从事与原任职务管辖业务相关的营利性活动的,依照《党纪处分条例》第82条②的规定处理。值得注意的是,禁止此类行为有两个条件,一是禁止的时限,即党员领导干部离职或退休后从事商业活动的,时限为3年;二是禁

---

① 《中国共产党纪律处分条例》(中共中央发布,2003年12月31日)第77条规定:"违反有关规定从事营利活动,有下列行为之一,情节较轻的,给予警告或者严重警告处分;情节较重的,给予撤销党内职务或者留党察看处分;情节严重的,给予开除党籍处分:(一)经商办企业的;(二)个人违反规定买卖股票或者进行其他证券投资的;(三)从事有偿中介活动的;(四)在国(境)外注册公司或者投资入股的;(五)有其他违反有关规定从事营利活动行为的。利用职务上的便利,为其亲友的经营活动谋取利益的,依照前款规定处理。违反有关规定兼职或者兼职取酬的,依照第一款规定处理。"

② 《中国共产党纪律处分条例》(中共中央发布,2003年12月31日)第82条规定:"有其他违反廉洁自律规定的行为,情节较轻的,给予警告或者严重警告处分;情节较重的,给予撤销党内职务或者留党察看处分;情节严重的,给予开除党籍处分。"

止的范围，党员领导干部3年内不得在原任职务管辖的地区和业务范围经商。

国有企业领导人的行为规范一直是监管的难点。前述规定主要是对党政机关干部的要求，1995年5月，中共中央纪律检查委员会发布《关于国有企业领导干部廉洁自律"四条规定"的实施和处理意见》，将不得违规兼职的主体范围扩大到了国企负责人。《意见》的适用范围为：国有大型、特大型企业中层以上领导干部；国有中小型企业负责人；国有资产占控股地位或主导地位的公司中由政府主管部门委派或者招聘的领导干部、企业职工代表大会选举产生并报政府主管部门批准的领导干部、企业党组织的领导干部，包括上述人员中已到退（离）休年龄，尚未办理退（离）休手续的干部。2009年7月，中共中央办公厅、国务院办公厅印发了《国有企业领导人员廉洁从业若干规定》，其第5条禁止国有企业领导人员从事获利性兼职。该条规定，国有企业领导人员应当忠实履行职责。不得有利用职权谋取私利以及损害本企业利益的下列行为：（1）个人从事营利性经营活动和有偿中介活动，或者在本企业的同类经营企业、关联企业和与本企业有业务关系的企业投资入股；（2）在职或者离职后接受、索取本企业的关联企业、与本企业有业务关系的企业，以及管理和服务对象提供的物质性利益；等等。

党政领导干部在企业及其他经济实体中违规兼职一直是规范的重点，但是在社团组织协会中的兼职则长期游离于监管之外。1998年7月，中共中央办公厅、国务院办公厅发出了《关于党政机关领导干部不兼任社会团体领导职务的通知》，禁止县及县以上的党政干部在社团组织中兼职。《通知》认为党政领导干部在社会团体和协会中兼职不利于集中精力做好领导工作，不利于政社分开，不利于政府职能的转变，不利于社会团体发挥社会中介组织作用。确有特殊情况需要兼任社会团体领导职务的，必须经过有关部门的批准。这是有关部门第一次对公职人员不得兼职社团工作作出规定。党政干部，特别是离退休干部在社团组织和协会中兼职的现象非常普遍，有的可能是经过批准，有的则是"友情出演"。

2007年5月，国务院办公厅下发了《关于加快推进行业协会商会改革和发展的若干意见》，要求现职公职人员不得在行业协会兼任领导职务，确需兼任的要严格按有关规定审批。行业协会的本质是民间自治组织，其功能是为行业会员服务，制定行业的规范，维护行业秩序。禁止公职人员兼职领导行业协会，避免权力介入，使行业协会回归社会本质，有益于市场经济的良性发展。

2003年颁发的《中国共产党纪律处分条例》则是为了强化各项规定的执行力。其第77条是对违反规定从事营利性活动的党员干部的处分规定。党员干部"违反有关规定从事营利活动，有下列行为之一，情节较轻的，给予警告或者严重警告处分；情节较重的，给予撤销党内职务或者留党察看处分；情节严重的，给予开除党籍处分"。①

实践中，一些部门和地方也就公职人员兼职出台了规范性文件。比如，1999年5月，中国证券监督管理委员会发布了《关于上市公司总经理及高层管理人员不得在控股股东单位兼职的通知》，规定："一、上市公司的总经理必须专职，总经理在集团等控股股东单位不得担任除董事以外的其他行政职务。二、总经理及高层管理人员（副总经理、财务主管和董事会秘书）必须在上市公司领薪，不得由控股股东代发薪水。"

围绕禁止公职人员兼职问题，各地方也有很多创新性的实践。例如，2005年，济南市出台《济南市民办学校管理暂行规定》，根据规定，国家机关工作人员不得担任民办学校理事会、董事会或者其他形式决策机构的成员。国家公职人员不得担任民办学校的专职工作人员和专职教师。

2007年，《关于杭州市行业协会与行政机关脱钩的实施意见》规定，公职人员不得在行业协会兼职。已兼职的必须在2007年9月底前辞去公职或辞去行业协会职务。

2010年，湖南省安全生产监督管理局向各市州安监局下发了《关于严禁安监系统工作人员在企业任（兼）职的紧急通知》，通知规定，此前在企业任职与兼职的，必须在2010年6月底前辞去企业所任职务；不能辞去企业职务的，必须辞去安监系统公职。

2011年，北京市规定，公职人员今后不得兼职社会组织。具体措施为，新增社会组织中将严格控制公职人员或事业单位人员兼职，现有社会组织中兼职的党政机关工作人员，原则上在换届选举中不得当选，实现逐步退出，还社会组织民间化本色。②

---

① 下列行为是指：（1）经商办企业的；（2）个人违反规定买卖股票或者进行其他证券投资的；（3）从事有偿中介活动的；（4）在国（境）外注册公司或者投资入股的；（5）有其他违反有关规定从事营利活动行为的。

② 孙韬：《北京规定公务员今后不得兼职社会组织》，《北京晨报》2011年2月26日。

由上可见，从20世纪80年代以来，党和国家三令五申党政干部不得经商和在企业兼职，但执行得并不好，公职人员违反规定在外从事获利性兼职的问题迁延至今仍然没有得到很好的解决。一些公职人员到企业兼职，由于其优势地位使市场经济的其他主体处于不公平竞争中，群众对此非常反感。这些文件规范得不到有效执行的主要原因在于：

1. 规定之间相互矛盾

已颁布的有关禁止公务员经商、兼职的某些规定有时前后不一致，[①] 如1984年12月《中共中央、国务院关于严禁党政机关和党政干部经商、办企业的决定》规定："党政机关干部可以采取向投资公司投资的方式，为国家和地方的经济发展作贡献，投入的资金可按照银行的规定获得利息，但不能参与有关企业的经营活动，更不得从中分红"；"具有一定科技知识和专业特长的离休、退休干部，经有关部门批准，可以从事技术性、知识性咨询活动，可以举办培训班、补习学校、医疗所等，并取得合理的经济收入；也可以应聘于本地或外地企事业单位从事咨询或讲学活动，依照合同领取应得的劳动报酬。应聘迁居外地的，可以保持原地户籍，允许随时迁回。离休、退休干部可以从事家庭养殖业、种植业。出售自己的劳动产品。从事上述活动的离休、退休干部，按照有关规定继续领取应领的工资和享受的生活待遇。"而1986年中共中央、国务院《关于进一步制止党政机关和党政干部经商、办企业的规定》则明令禁止离退休干部到国营企业兼职，到非国营企业兼职的，必须在离休、退休两年以后。

一些地方政策与有关规定也相冲突。[②] 1992年邓小平"南方谈话"后，各地出现了经商、办企业、兼职的热潮。各级政府机关制定了许多鼓励干部经商的政策，如鼓励官员"下海"，"下海"官员可"保留身份、保留职务、保留待遇"，"下海"期间，不影响正常的职务晋升和职称评定等。这些规定都是与中央相关政策相违背的。一些基层的公职人员兼职经商受到同级部门的默许，一些经济比较困难的县为了发展经济，但是资源有限，于是鼓励部分公职人员招商引资，并按招商引资的数额给一定的补偿，这与中央政府禁止公职人员经商的宗旨是相违背的。

---

① 田湘波：《治理官员经商的两难困境》，《人民论坛》2009年第8期。
② 田湘波：《治理官员经商的两难困境》，《人民论坛》2009年第8期。

2. 有的规定存在较大的漏洞

法律、行政法规规定公务员不得从事或者参与营利性活动，不得在企业或者其他营利性组织中兼任职务。禁止在"企业"兼职规定得非常明确，但未准确划定"其他营利性组织"的范畴，使一些人有了活动空间，在一些"非营利性组织"，如民办高校、民办非企业单位等兼职，仍然会有获利性收入，其间仍然会存在利益交换的问题，因为如果是在公职人员管辖的范围内，权力的行使就很难不出现偏差。

又如，2004年中国共产党中央纪律检查委员会、中组部联名发出的《关于对党政领导干部在企业兼职进行清理的通知》所规定的机构清理范围仍然有限，没有行政职能的事业单位不在清理范围之中。而且，事业单位是否具有行政职能还需要按管理权限，由党委（党组）研究确定。此外，党政领导干部在社会团体兼职的，不在此次清理范围；参照公务员法管理的社会团体适用《通知》，未列入参照公务员法管理的社会团体的领导干部在企业兼职的问题，按管理权限，由党委（党组）根据该社团的职能研究确定。这项规定不仅将无行政管理职能的事业单位放了出去，而且授予了各级党委（党组）较大的自由裁量空间。

3. 缺乏发现公职人员违规兼职的机制

与其他公职人员禁止性行为一样，公职人员违规兼职也缺乏发现和监督机制，这使得一些公职人员在外违规兼职的现象得不到规范。目前，政府职能转变尚未完全到位，纪检机关与税务部门、工商部门协调配合不够，公务员考核制度不健全等，导致大量公职人员兼职获利的行为具有较强的隐蔽性，有关部门很难发现这些行为。一方面，媒体和群众的举报权利未得到相应的鼓励和保障；另一方面，无论是公职人员还是公众对公职人员的兼职的危害性认识不足，因此，相对于其他禁止性行为而言，公众对违规兼职似乎不如其他禁止性行为那么愤慨，缺乏举报的动力。

第四节　公职人员兼职调研结果分析

一　部分公职人员对禁止获利性兼职的规定认识模糊

尽管法律对公职人员不得从事获利性兼职（经批准的除外）作了明确

的规定,但仍然有部分公职人员对是否可以从事营利性兼职的问题认识不清。调研显示,绝大多数接受调查的公职人员和公众都认为公职人员不得从事营利性兼职,其比例分别为:公职人员70.9%,公众72%,公众的比例略高于公职人员。不过,另有18.4%公职人员认为可以从事营利性兼职,同时有15.7%的公众对此也持赞同态度(见图3-1)。根据上述数据,无论是公众还是公职人员,大多数在公职人员不得从事营利性兼职方面有明确认识,但有部分公职人员对获利性兼职认识模糊。持赞同态度,这应该是尽管中央三令五申,但公职人员兼职现象仍然未得到有效禁止的主要原因。禁止公职人员兼职的规定已经施行数年,但仍有公职人员似乎并不认同,可见,迫切的问题仍然在于教育公职人员。

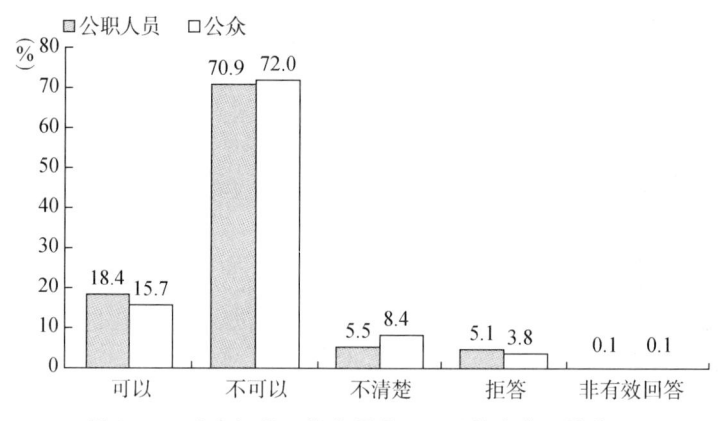

图3-1 政府机关工作人员是否可以从事获利性兼职

二 公职人员年龄越小对获利性兼职越认同

年龄分布对于公职人员对获利性兼职的看法有一定的影响。由图3-2可见,从总体上说,反对从事营利性兼职的公职人员占绝大多数,这说明大多数公职人员对此问题的认识还是清楚的。值得注意的是,公职人员年龄越小的认为可以从事营利性兼职的人越多,从50年代生人到90年代生人,反对公职人员兼职的人数呈下降趋势,即年龄越大反对公职人员从事营利性兼职的人数越多。如50年代出生的公职人员中有80%的人反对公职人员从事营利性兼职。这种趋势说明,年轻公职人员对相关政策的认识和理解存在偏差和误读,尚待加强教育和学习,使之明确权力的本质以及防范公职行为与获利性兼职之间利益冲突的重要性。

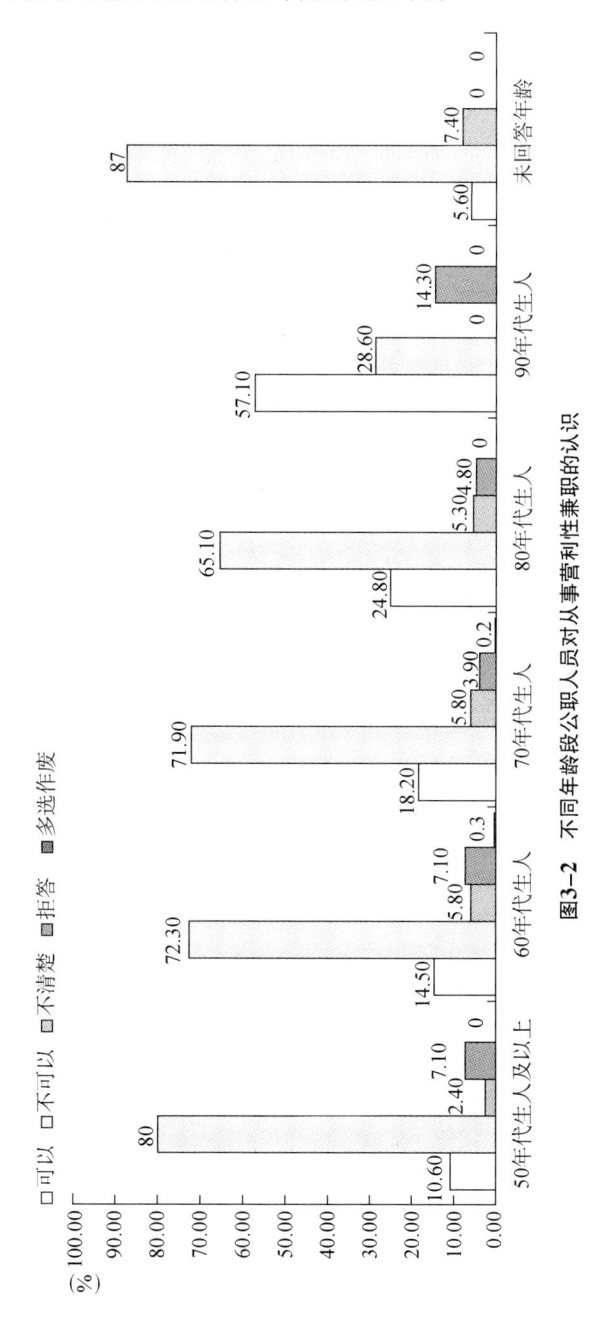

图3-2 不同年龄段公职人员对从事营利性兼职的认识

三 20%的省部级公职人员认为可以从事获利性兼职

行政级别的不同或单位级别的不同对于公职人员对兼职的理解和认识有一定的影响。不同级别公职人员对是否可从事获利性兼职的答案差异较大。按行政级别划分，认为可以从事获利性兼职的公职人员比例分别为：省部级20.0%、地厅级/司局级6.9%、县处级15.2%、科级15.9%、科级以下24.6%（见图3-3）。令人惊讶的是，省部级公职人员作为政策制定者，本该对各种政策和规定了然于心，竟然有1/5的人认为可以从事获利性兼职，其看法明显与相关政策和法规相背离，这显然不是误读，而是其真实的想法。另一个值得注意的现象是科级以下的公职人员赞同获利性兼职的人数占近1/4，尽管相关规定只针对一定级别的公职人员，但科级以下的公职人员存在晋升的可能性，对公职人员队伍的廉洁性显然有较大的影响。此外，权力的大小与行政级别不一定成正比，现实中，科级公职人员贪腐现象也比较严重，他们虽然官职不高，但一般都在基层根基牢固，关系网错综复杂，可以权倾一方，在某种意义上说，一些高级别公职人员都未必有科级官员那样的影响力，各种渠道披露出来的腐败官员信息也旁证了这一点。

此外，尽管相关规定已经比较明确，但仍然有不少公职人员不清楚是否可以从事获利性兼职，不同级别的比例分别为：省部级6.7%、地厅级/司局级3.4%、县处级2.8%、科级6.8%、科级以下6.0%（见图3-3）。同样是省部级和科级及其以下的公职人员所占比例较高。不清楚是否可以进行营利性兼职，一是对相关文件的学习和理解不够，二是相关规定确实存在规定不明确、条文不清楚的情况。

图3-4反映的是公职人员所在单位的级别与兼职的相关性。单位级别对兼职与否的相关性影响不突出。除了所在单位是科级的公职人员有63.2%的人回答不可以兼职，人数最少，其他公职人员回答不可以兼职的比例均在70%左右。回答可以兼职的情况类似，单位级别为科级的公职人员人数最多，为22.1%，其余均未超过20%（拒答的除外）。由此可见，较之其他单位级别的公职人员，科级单位的公职人员对兼职规定的理解和执行有更大的偏差，有更多的人倾向于在外兼职。

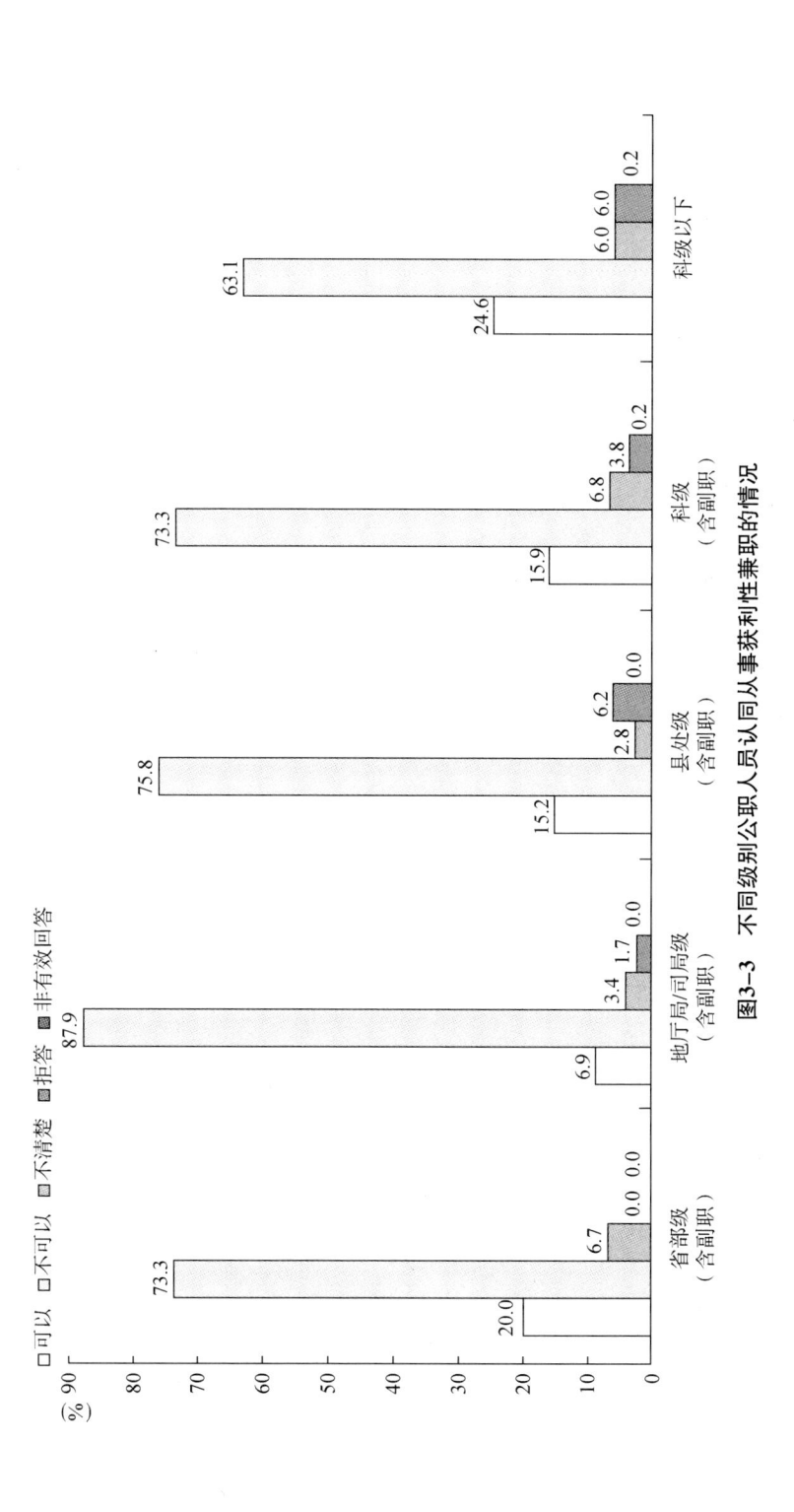

图3-3 不同级别公职人员认同从事获利性兼职的情况

综上所述，年轻公职人员和省部级公职人员，以及科级单位的公职人员应该成为兼职管理重点注意的对象，有关部门在制定政策时，有必要对此加以认真考虑。

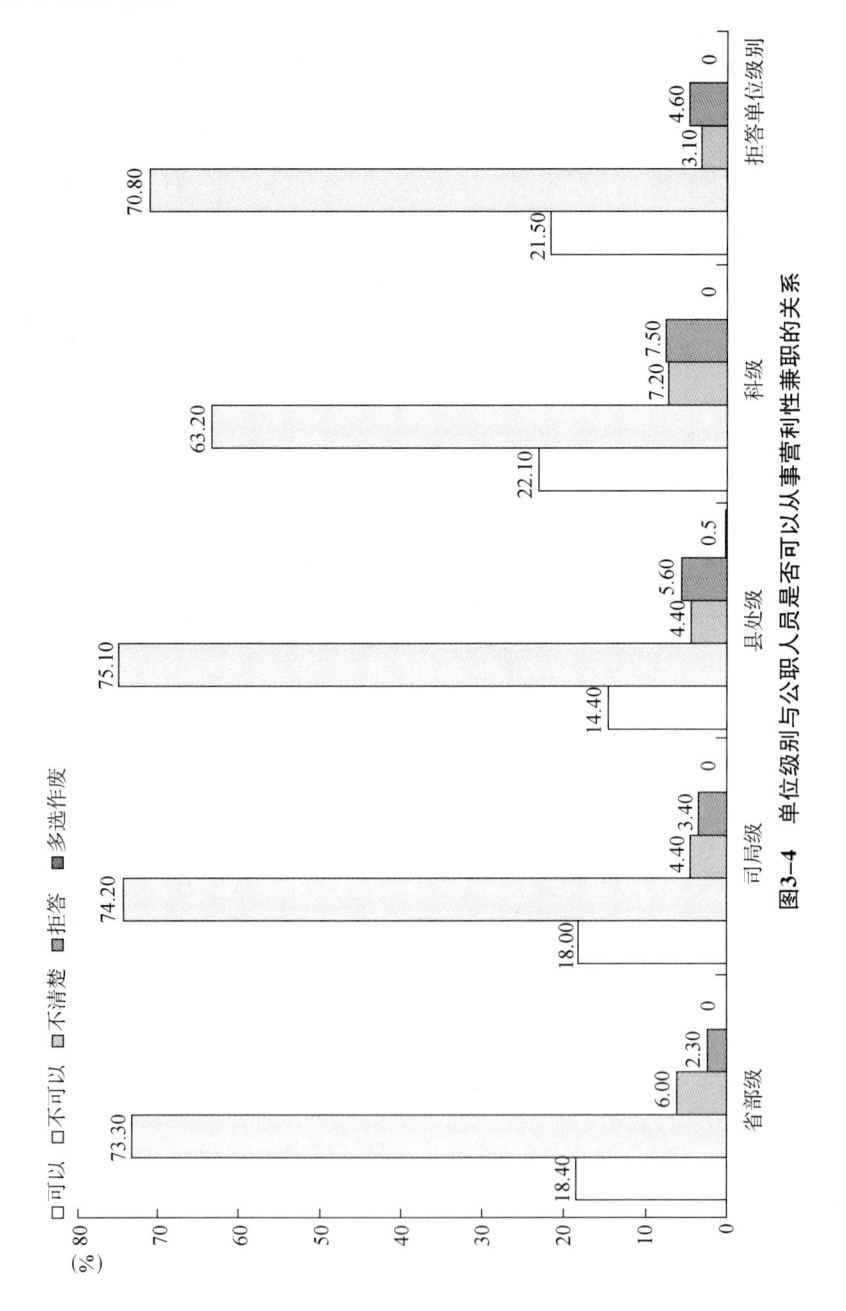

图3-4 单位级别与公职人员是否可以从事营利性兼职的关系

四 低学历公众对公职人员获利性兼职容忍度较高

一般而言，受教育程度应当能在一定程度上影响人们对政策法规的认识。调查结果显示，不论何种学历，绝大多数接受调查的公众都反对公职人员获利性兼职。不同学历的人反对公职人员兼职的认识百分比为：小学及以下学历的人为 55.6%、初中 66.1%、高中 71.1%、大学专科 70.5%、大学本科 73.9%、研究生及以上 73.2%。这里出现了一些差别，即学历越高，反对公职人员的获利性兼职的人越多，小学及以下学历的人认为公职人员可以进行兼职的百分比最高，占被调查人数的 33.3%，其余为初中 11.3%、高中 13.3%、大学专科 15.8%、大学本科 16.5%、研究生及以上 16.8%。有不少公众不清楚公职人员是否可以从事获利性兼职：小学及以下 11.1%、初中 6.5%、高中 10.4%、大学专科 10.1%、大学本科 6.5%、研究生及以上 8.9%。加上认同公职人员可以从事获利性兼职的人数，其比例分别为：小学及以下 44.4%、初中 17.8%、高中 23.7%、大学专科 25.9%、大学本科 23.0%、研究生及以上 25.7%（见图 3-5）。调查结果表明，接受调查的低学历公众中有近半数的人对公职人员获利性兼职更宽容，之所以这么多接受调查的公众认同获利兼职或者不清楚是否可以兼职，原因可能在于其认知程度较低、有关部门的宣传解释不够、不少公众对禁止公职人员获利性兼职的规定不了解、不清楚等，因此，需要加强对低学历人群在这方面的教育和宣传工作。

五 不同政治面貌的公众对公职人员获利性兼职的态度有较大差异

规范公职人员的兼职行为也是对执政党的规范，当然也有相当部分的公职人员不是共产党员。调查结果显示，绝大多数接受调查的共产党员公众旗帜鲜明地反对公职人员获利性兼职，反对比例为 77.2%，民主党派人士为 50%，共青团员为 61.9%，无党派人士为 68.6%，群众的比例仅次于党员公众，为 74.5%。上述结果说明，大多数共产党员对此还是有非常清醒的认识的，但也有少数接受调查的党员公众认为可以从事获利性兼职，所

公职人员 禁止行为研究

图3-5 不同学历公众对公职人员从事获利性兼职的看法

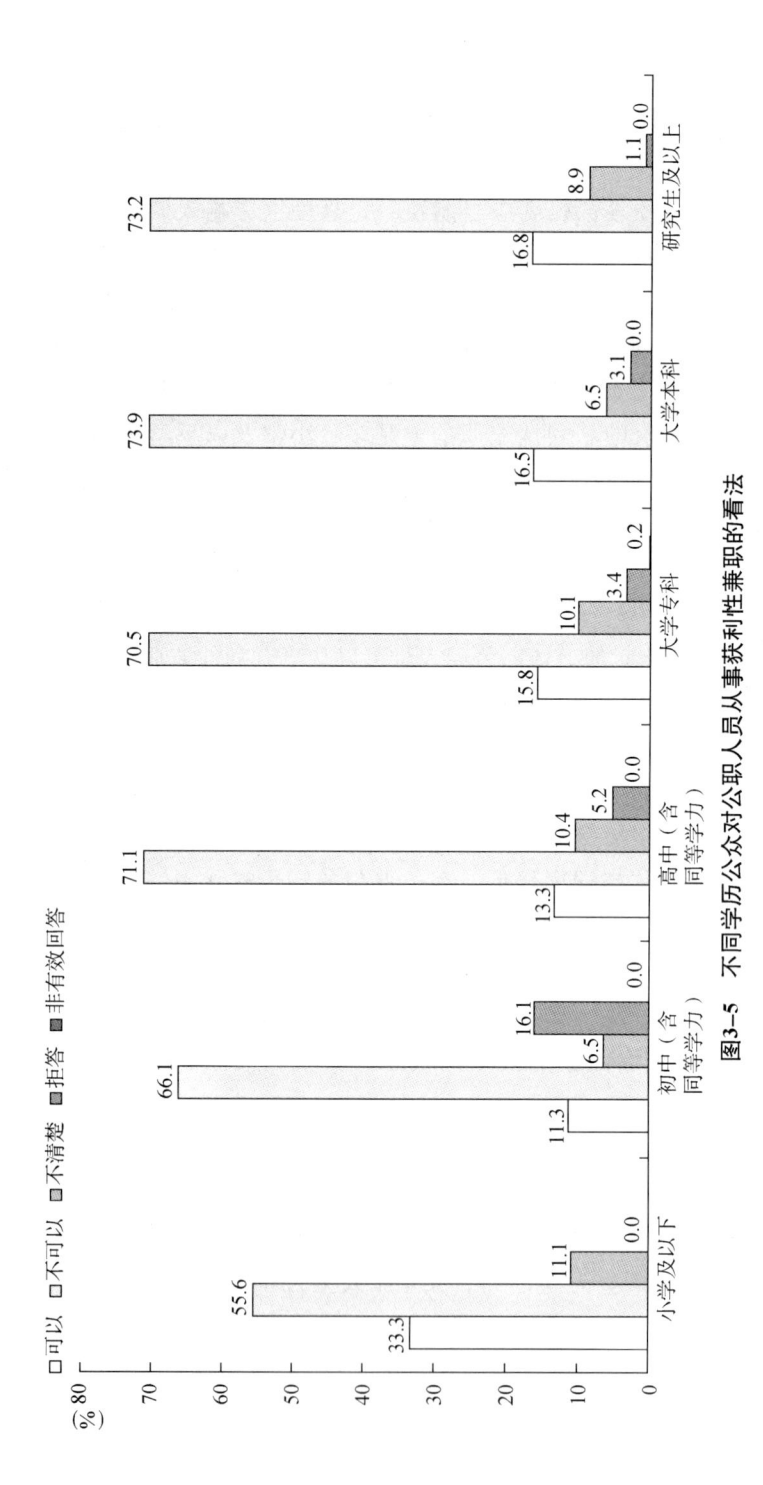

图3-6 不同政治面貌公众对公职人员从事获利性兼职的看法

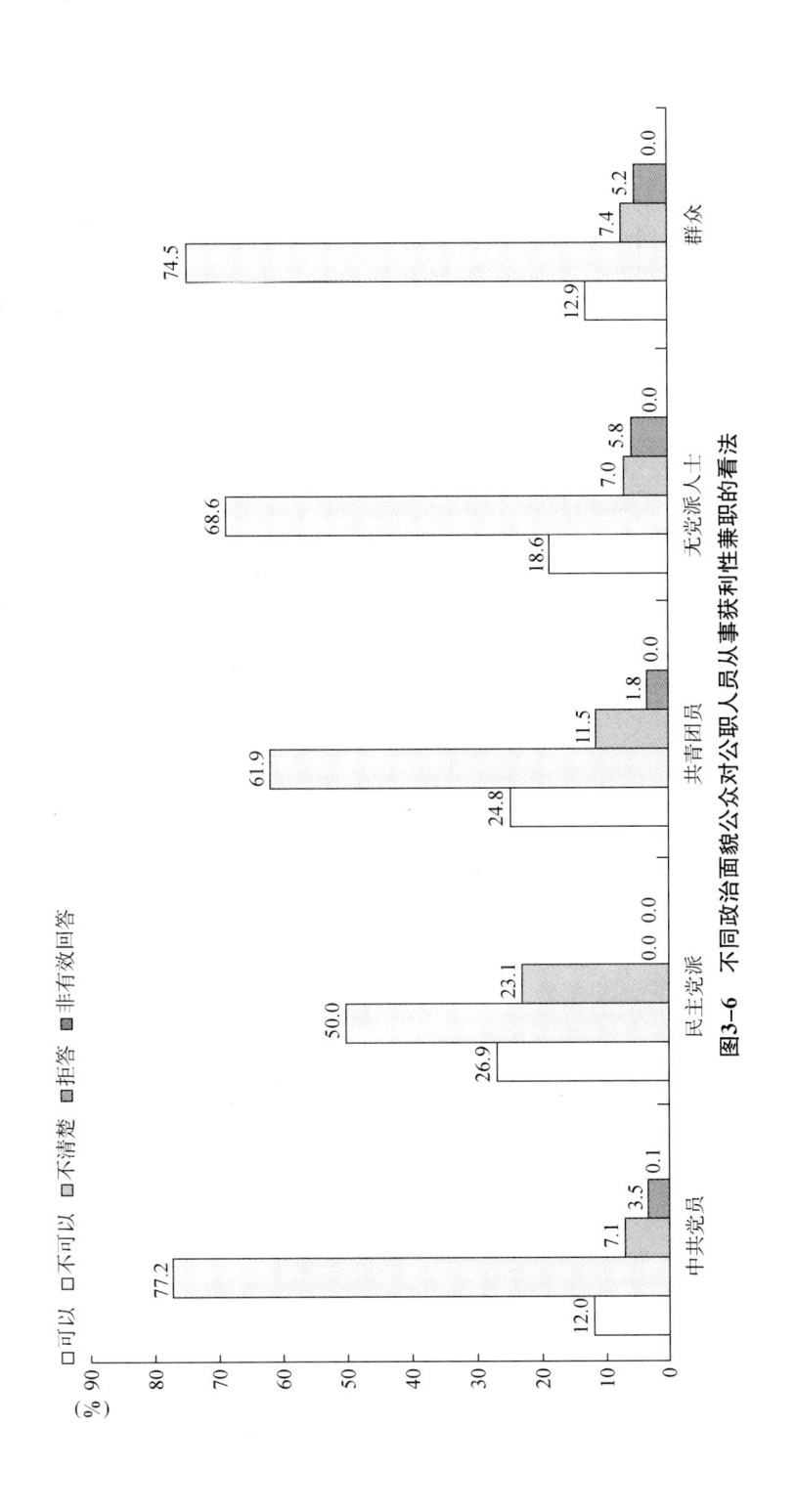

占比例为 12.0%；其余的民主党派持赞成态度的为 26.9%、共青团员 24.8%、无党派人士 18.6%、群众 12.9%（见图 3-6）。民主党派、共青团员和无党派三个群体回答可以的人数比例较高。认为公职人员可以从事获利性兼职，加上不清楚公职人员是否可以从事获利性兼职的人数比分别是：党员公众为 19.1%，民主党派为 50.0%，共青团员为 36.3%，无党派人士为 25.6%，群众为 20.3%。此组数据值得注意的是民主党派的态度，反对公职人员从事获利性兼职、赞成及不清楚各占 50%，原因值得深究。民主党派是监督执政党廉政建设的重要力量，自身的廉政建设也不可忽视。

六 无业人群最反对公职人员获利性兼职

职业状况最能反映一个人对公职人员行为规范的态度。调研结果显示，绝大多数接受调查的不同职业状况的公众反对公职人员获利性兼职，其比例分别为：已就业人员为 72.7%、无业（含失业、待业）75.4%、学生 64.7%、离退休人员 72.4%。除了学生群体外，其他职业状况的人群反对公职人员获利性兼职的比例都在 70% 以上。回答公职人员可以从事获利性兼职的比例分别为：已就业 15.7%、无业（含失业、待业）15.4%、学生 22.8%、离退休人员 7.6%。不清楚公职人员是否可以从事获利性兼职的人数比例分别为：已就业 8.8%、无业（含失业、待业）3.1%、学生 11.0%、离退休人员 3.8%（见图 3-7）。不同就业状况回答可以，加上不清楚公职人员是否可以从事获利性兼职的人数比例分别为：已就业 24.5%、无业（含失业、待业）18.5%、学生 33.8%、离退休人员 11.4%。从此组数据看，接受调查的学生赞同公职人员从事获利性兼职或者不了解此规定的人数高达 1/3，这说明学校在加强对学生的宣传和教育、普及相关的政策和法律知识方面有欠缺。学生是中国的未来，关乎国家的前途和希望，在学习阶段形成正确的人生观和世界观非常重要。

禁止公职人员违规营利性兼职的目的是规范权力的运行。权力的设立和行使本来是为了平衡个人之间及个人与社会之间的利益关系，其与社会公共利益密切相关。权力的所有者和行使者的分离，在缺乏约束和制衡的基础上，权力有可能成为权力行使者用职位谋取私利的特权。公职人员在履行职责时，本应恪尽职守，心无旁骛，但从事营利性兼职一方面可能使

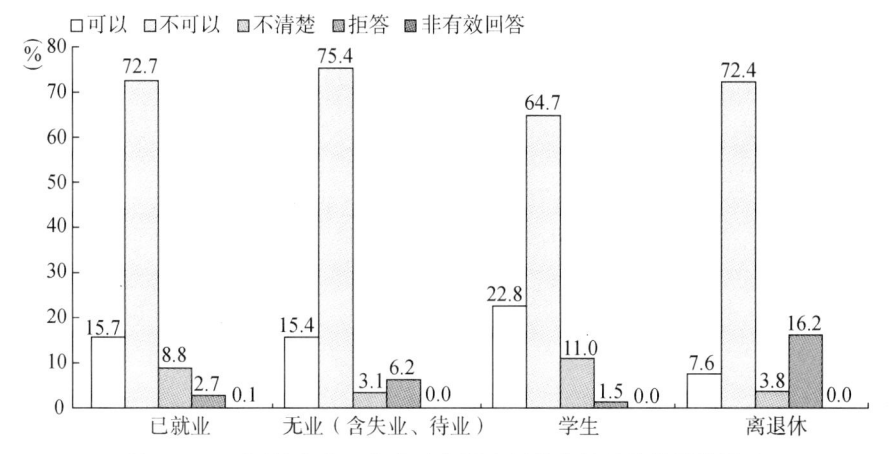

图 3-7　不同就业状况公众对公职人员从事获利性兼职的看法

之分心，另一方面则可能会导致因其职务而"近水楼台"获取私利。大多数非因公的公职人员营利性兼职会与其职务有一定的关联，如果和公职所维护的利益产生冲突时，必然会影响公职人员从事职务行为，也可能是腐败的前奏，因此，应当禁止公职人员从事营利性兼职。

上述调查结果揭示了接受调研的不同群体对公职人员获利性兼职的认识。其中不乏令人惊心让人讶异的数据，这说明一些公职人员本身存在认识问题，也是尽管有关部门颁布了各种各样的禁止性规定，公职人员违规兼职得不到真正有效遏制的原因之一。

第四章

"裸官"的法律规制

"裸官"是民间对亲属在境外的官员的一个通俗称谓，也是人们对配偶及未成年子女乃至家庭主要财产都在境外的公职人员的隐喻说法。改革开放以后，中国对外交流扩大，人员流动增多，这是一件利国利民的好事，但是，随着对外开放的深入，人员流动出现了一些新的问题，最为引人关注的就是公职人员外逃问题。腐败公职人员的常见做法是先把配偶和子女移民海外，再把贪污受贿所得转移给移居海外的配偶和子女，以便案发后迅速逃亡，即便不成功，公职人员本人受到了惩处，其配偶和子女仍然能够享受其非法所得，正所谓"牺牲我一个，幸福几代人"。"裸官"是近些年公众最为关心的问题，有人甚至统计了"裸官"的数量，并对"裸官"现象表现出由衷的担忧。美国国土安全部与国务院情报研究局的数据显示，2000～2011年中国留学生为1107076人，学生家属为52836人，访问学者为217964名，访问学者家属为60764名，此外还有10482名新闻媒体人登陆美国。同时，美国国土安全部2012年年度报告也显示，在中国改革开放后的第三个十年中，有13331660名中国人进入美国国境，其中1549188人获得美国绿卡（永久居留权），746899人加入了美国国籍，其中不少为中国官员的配偶和子女。①"裸官"现象表明腐败分子增强了风险意识，为反腐败制造了重重阻力，这不仅引起公众的深恶痛绝，也严重动摇了中国共产党的执政合法性，败坏了政府的声誉。中央和地方有关部门注意到了这个问题，并出台相关文件和规定，试图对"裸官"进行规制。为此，本章对"裸官"的法律管制及其认识进行了分析。

第一节 "裸官"法律规制概述

一 "裸官"的概念

理论界对"裸官"并没有一个准确的定义，实践中对"裸官"现象的研究也较为肤浅和表面。2010年5月中共中央办公厅、国务院办公厅发布的《关于对配偶子女均已移居国（境）外的国家工作人员加强管理的暂行

---

① 《在美华人遭遇监控内幕》，《凤凰周刊》2012年第27期。

规定》第一次对"裸官"作了正式界定,"裸官"是指国家工作人员"配偶、子女均已移居国(境)外的;没有子女,配偶已移居国(境)外的;没有配偶,子女均已移居国(境)外的"。"裸官"不包括"经组织批准引进的海外高层次人才、国家特需高级科技人才和通过其他途径回国的海外高层次人才"。"移居国(境)外"是指"获得外国国籍,或者获得国(境)外永久居留权、长期居留许可"。

有学者认为,这个定义虽然是权威的,但从风险和风险管理的角度来看,定义的范围偏小。这里的风险是指公职人员腐败的风险和腐败发生后逃亡的风险,因此,应该根据风险的大小,把"裸官"分为不同的层级。按腐败风险由高到低,"裸官"可以划分为四个层级:A. "暂行规定"中的"裸官"范围;B. 配偶已"移居国(境)外";C. 子女中至少有一位或全部已"移居国(境)外";D. 子女中至少有一位或全部在国(境)外留学但并未"移居国(境)外"。根据这个分级,不同层级的"裸官"也可分别被称为A级、B级、C级、D级。A级"裸官"腐败风险最高,从A级到D级,风险水平渐次降低。[①] 按其子女配偶移居海外情况,还可分为"全裸"或"半裸"。"全裸"为配偶、子女乃至财产都在海外,"半裸"是配偶、子女有一方在海外。

应该说,这些分类有一定的合理性,但这只能说配偶或子女移居国外的公职人员具有腐败并潜逃的可能,而不能认为具有这种背景的公职人员都是腐败官员,都会潜逃境外。当然,对公职人员配偶及子女移居海外的不同情况进行分类还是非常有意义的,一是有助于掌握公职人员的动态,提高对高危职业的风险预警,二是为预防腐败政策提供前瞻性依据。

研究"裸官",首先面临的问题便是中国究竟有多少"裸官"。公职人员申报配偶和子女的就业出国情况已经有一段时间了,不知何种原因,有关部门迟迟拿不出准确数据,而只能靠民间的猜测。根据有关数据,每个省大约有4万名"裸官",他们15年间侵吞、携带出境的资金高达一万亿元以上。[②] 从逃亡的腐败"裸官"的身份来看,外逃贪官有相当一部分是国企的"一把手"和政府的中高级领导干部,如浙江省建设厅原副厅长杨秀珠(逃往美国)、河南烟草专卖局原局长蒋基芳(逃往美国)、原厦门市副

[①] 任建明:《"裸官"腐败风险及其制度预防》,《理论视野》2011年第4期。
[②] 李秀江:《夹击裸官》,《小康》2010年第9期。

市长蓝甫（逃往澳大利亚）、原云南省委书记高严（逃往澳大利亚）、原贵州省交通厅厅长卢万里（逃往斐济）、福建省工商局原局长周金伙（逃往美国）等。

从腐败"裸官"的逃亡地来看，职务高、涉案金额多的公职人员的逃亡目的地多为美国、加拿人、澳大利亚等发达国家，职务低的则大多逃亡于非洲、拉美、东欧或者中国周边的一些不发达或者中等发达国家。

从腐败"裸官"的逃亡方式来看，不少公职人员是将公费出国考察作为外逃途径，有少部分是私自办理因私护照，甚至办理化名因私护照逃亡。因此，对公职人员护照应加强管理，特别是对公职人员公费出国要加强管理。

二 "裸官"的行为特征

分析"裸官"的行为特征有利于强化对"裸官"的法律监管。一般而言，"裸官"可能具有以下几个行为特征。

（一）"裸官"对国家的忠诚度存疑

公职人员负有忠诚于国家和人民的义务，该义务分为"积极忠诚义务"与"消极忠诚义务"。"积极忠诚义务"指公务人员能够在从事公务时以道德为行为的基础；"消极忠诚义务"指公务人员行使公务时能以法律为基础。[①] 成为道德的典范是对公职人员的高要求，依法履行职务则是对公职人员的最低要求。"裸官"将配偶和子女，甚至财产均转移至国外，其"积极忠诚义务"和"消极忠诚义务"都值得怀疑。就"积极的忠诚义务"而言，公职人员应该忠于其服务的国家，与民同甘共苦，不得因国家的贫穷而心生二心；就"消极忠诚义务"而言，"裸官"将财产和亲属转移至国外，某种程度上也违背了其应有的职责。"裸官"配偶或子女移居国外的原因有多种：一是国外有较好的生活条件和生活环境，二是国外有较好的求学环境，三是腐败犯罪后逃避国内的制裁。第一种显现出"裸官"贪图外国的生活，为配偶和子女谋求更好的生活环境，表现出对所服务国家的前途缺乏信任，

[①] 彭锦鹏主编《公务人员忠诚查核相关问题之研究》，第17页，台湾大学图书馆：http://ebooks.lib.ntu.tw/Home/book_fetcher.jsp? IP = 288971&State = 0。

没有与本国人民同舟共济的愿望和决心，不仅没做到"先天下之忧而忧"，反而是"先天下之优而优"，公职人员的这种行为是对政府形象的一大打击。2012年5月，法国总统奥朗德上台伊始就公布了其第一年的施政日程，其中最引人注目的内容便是国家元首和政府成员的薪俸减少30%。政府和部长办公室成员签署道德公约和公布个人全部财产，在经济形势不佳的情况下，奥朗德的做法就体现了与民共苦的决心，而非"鸟择良木而栖"。第二种原因则要具体分析，公职人员的子女或配偶在外求学，不属于"裸官"问题，因为其配偶或子女学成后可能会回国报效祖国，也有可能是为移居国外做准备，如果是后一种，这也是公职人员对国家的忠诚度降低的一种表现。公职人员配偶和子女全部移居海外，损害了党和政府的形象，破坏了国家和民族的凝聚力。

最后一种原因无须赘述。公职人员忠诚于国家和人民是对公职人员的起码政治要求，世界上多数国家和地区也将其作为一项基本的任职法律条件。俄罗斯国家杜马2012年通过了一个法案，禁止各级公务员、军人及其配偶和未成年子女在海外拥有不动产和银行账户，禁止购买和拥有外国公司的有价证券，但用于公务、医疗或教育目的不在此限。违反上述规定将被处以500万~1000万卢布（1卢布为0.032美元）的罚款，或者被判处5年以下有期徒刑，并最多在3年内不得担任公职。法案要求拥有海外资产的上述人员在2013年6月1日前注销其海外账户，转让其不动产。俄罗斯国家杜马一官员说，如果想买股票，就在这里买；如果想存钱就在这里存，不允许一条腿在俄罗斯，另一条腿在国外。①

（二）"裸官"可能损害国家和人民的利益，危害国家安全

配偶和子女移居海外的公职人员对移居国家有一种天然的倾向情结，在公务活动中可能做出有利于移居国的决策和举动，使本国的利益受到损害。当然，也需要注意的是，并不是所有"裸官"都必然会做出损害本国利益的行为，而是说"裸官"更有可能实施这样的行为，当然，这里不排除非"裸官"在外事公务经济活动中也会做出损害国家和人民利益的行为的情况。

---

① 《外电：俄罗斯禁止官员拥有海外资产》，《参考消息》2012年12月23日。

此外，一些外逃"裸官"掌握一定的国家机密，外逃后为寻求所在国的庇护，会以国家机密作为与别国交易的砝码，威胁到国家的安全。

（三）"裸官"行为可能是腐败的前奏

改革开放 30 余年来，中国经济取得了飞速的发展，国民财富有了巨大增长，但大多数公职人员的工资水平仍不足以供养其配偶和子女在国外的生活，也不可能为子女在国外上学提供昂贵的学费支持。因此，配偶和子女移居海外，特别是移民发达国家的公职人员的廉洁程度受到质疑是合理的。"裸官"配偶和子女的生活经费来源有几种可能，一是贪污受贿所得，二是其配偶或子女经商所得，三是获得国外的奖学金，四是接受馈赠。有第一种行为的公职人员已经构成犯罪，属于刑法制裁的范畴。第二种行为应该进行区分，但总的来说，有关政策和文件明确规定高级公职人员的子女和配偶不应在本人所管辖的行业经商，如果是在本人管辖的范围内经商获利应该说是一种禁止性行为，即便是在公职人员管辖范围外经商，也难免有瓜田李下之嫌。第三种获得国外奖学金的行为则是合法行为。第四种行为，则应当认真分析馈赠人与受赠人之间的关系，如果有业务管理关系则有受贿嫌疑，属于禁止或限制性行为。除了获得奖学金之外，其他几种资金来源都存在违规和可能违规的情况，其配偶和子女移居海外的公职人员具有一定的腐败嫌疑，应该是反腐败的重点监督对象。

三　监督"裸官"的必要性

加强对"裸官"的监督和管理，对反腐倡廉制度建设具有十分重要的意义。"裸官"的要害不是"裸"而是"贪"，因此，"裸官"并不直接等同于贪官。但是，"裸官"外逃是客观存在的事实。"裸"本无罪，但对"裸官"现象不能听之任之，"裸官"现象可能是腐败的前奏。因此，在制度上把"裸官"问题纳入反腐体系，防止公职人员由"裸官"转为贪官应是预防腐败的重要内容。

改革开放以来，中国公民获得外国国籍，或者获得国（境）外永久居留权、长期居留许可的情况越来越多，不少公职人员的配偶、子女也卷入移民大潮之中，移居国（境）外。一般来说，多数其配偶和子女移居海外的公职人员能够遵守国家法律和纪律，安心工作，尽职尽责。但是，如前所述，"裸官"对国家的忠诚度有所降低、可能危害国家安全、有腐败的嫌疑是不争的事实。公职人员对国家和人民的忠诚是其必备的素质，"裸官"将其配偶或子女移居国外，取得外国的国籍或者永久居留权，不应看成只是个人的自由选择行为，而是与其工作和服务的国家和人民的利益息息相关的行为，"裸官"选择了将配偶及子女移民海外，很难期望其尽心尽责，服务于国家和人民。因此，为了保证公职人员对国家和人民的忠诚度，有必要对公职人员"裸官"行为进行监管。当然，"裸官"不等于"贪官"，贪官并非都是"裸官"，加强对"裸官"的监管，同时也是保护公职人员合法权益的一种手段。总之，监管"裸官"只是规范公职人员行为的一种手段，遏制腐败和保证公职人员的政治忠诚度，使其全心全意为人民服务才是最终的目的。

第二节 "裸官"监管制度规范分析

一 中央监管"裸官"的规范性文件

与其他公职人员禁止性行为规范不同，规范"裸官"行为的文件并不多，法律层面则几乎是空白。"裸官"的相关管理规定有一个发展的过程，有关部门注意到应加强对"裸官"的监管是在 20 世纪 90 年代。1997 年，为加强对领导干部的管理和监督，经中共中央、国务院批准，中共中央办公厅、国务院办公厅于当年 1 月 31 日印发了《关于领导干部报告个人重大事项的规定》，将是否属于"裸官"列为应当向组织汇报的个人重大事项之一。由于"裸官"既非学术性词汇也非政治性词汇，此文件中，并未出现"裸官"这一词语，本章也是根据文件描述的相关特征来推定"裸官"行为要件的。该《规定》第 3 条第 3 项规定，领导干部应当报告本人、子女与外国人通婚以及配偶、子女出国（境）定居的情况。第 7 条规定了对"裸官"处理的情况，对报告的内容，一般应予保密，组织认为应予公开或本人要求予以公开的，可采取适当方式在一定范围内公开。第 8 条规定了对不如实报告的处理情况，即领导干部不按本规定报告或不如实报告个人重大事项的，其所在组织应视情节轻重，给予批评教育、限期改正、责令作出检查、在一定范围内通报批评等处理。《规定》要求领导干部通报"裸"的状况，规范对象是领导干部，从主体范围和监管处罚机制来看，这仍然还是一个内部通报和处理的措施。

2006年发布的《关于党员领导干部报告个人有关事项的规定》则有所进步，最突出的是明确了应申报公职人员的单位性质和级别。《规定》要求，申报的公职人员应是在各级党的机关、人大机关、行政机关、政协机关、审判机关、检察机关担任领导职务和非领导职务的副县（处）级以上（含副县〔处〕级）干部。

2009年9月，中国共产党中央纪律检查委员会十七届四次全会公报进一步明确了申报的内容，即把住房、投资、配偶子女从业情况列入报告内容，扩大了配偶子女均已移居国（境）外的公职人员的财产申报的范围。

2010年2月，监察部、国家预防腐败局发布《国家预防腐败局2010年工作要点》，强调要制定对配偶子女均已移居国（境）外的公职人员的管理办法，这是监察部、国家预防腐败局首次将"裸官"监管作为工作的重点。

2010年5月，中共中央办公厅、国务院办公厅颁发了《关于对配偶子女均已移居国（境）外的国家工作人员加强管理的暂行规定》（以下简称《"暂行规定"》），这是规制"裸官"行为的第一个专项规定，也是中央加强对"裸官"监管的最有力的措施之一。《暂行规定》共12条，主要内容如下：一是明确了适用范围，对配偶子女均已移居国（境）外的具体情况作了界定；二是他们均须报告配偶子女移居国外的情况；三是规定了适用人员回避制度，以保守国家机密、防止利益冲突；四是对适用人员的护照、港澳台通行证件加强管理；五是在任用适用人员时要全面考察《暂行规定》所涉及的全部情况。

需要说明的是，《暂行规定》适用于配偶子女均已移居国（境）外的国家工作人员，但经组织批准引进的海外高层次人才、国家特需高级科技人才和通过其他途径回国的海外高层次人才不在其内。《暂行规定》适用于所有国家工作人员，但县处级副职以上领导干部是规范的重点，并在相关条款中作了强调。事业单位、人民团体、国有企业（含国有金融企业）中的非国家工作人员参照本规定执行。《暂行规定》力图使对配偶子女均已移居国（境）外的国家工作人员管理工作制度化、规范化，是维护国家利益、加强对配偶子女均已移居国（境）外的国家工作人员管理的重要依据。

2010年7月，中共中央办公厅、国务院办公厅印发的《关于领导干部报告个人有关事项的规定》提出，领导干部应当报告本人婚姻变化和配偶、子女移居国（境）外、从业等事项。

从时间上看，中央对"裸官"的监管不可谓不严密，然而收效甚微，"裸官"照做，以至于民间出现了"外国人的爹在管理中国人"的调侃，使党和政府的形象受到很大的伤害。2012年"两会"期间，曾有记者问时任国家预防腐败局局长的马馼中国"裸官"的数量。尽管有关部门早就要求领导干部申报配偶及其子女的情况，但马馼声称，拿不出相关数据。这很让人费解，国家给国家预防腐败局投入了大量的经费，监管"裸官"应是其主要任务，这么多年过去了，仍然拿不出"裸官"的准确数据，不能不说是有关部门的失职，或者是不作为，应当进行问责。

二 地方监管"裸官"的实践

相对于中央迟缓的"裸官"监管动作，一些地方部门对"裸官"的监管却异常活跃，提出了一系列的监管对策。2009年11月，深圳市委、市政府出台了《关于加强党政正职监督的暂行规定》，凡公职人员配偶和子女非因工作需要加入外国国籍或者取得国（境）外永久居留权在国（境）外定居的，不得担任党政正职和重要部门的班子成员。2010年7月深圳市公布了该规定的实施细则《关于深入贯彻落实加强党政正职监督暂行规定的若干实施意见》，在市、区两级建立了领导干部配偶、子女出国（境）情况年度报告制度，要求领导干部配偶、子女出国（境）一年一报。深圳市建立该制度的目的是希望加强对"裸官"的管理，防止国家和人民利益受侵犯的情况发生。

深圳的这种做法可以说具有开创性，对全国都有一定的示范效应。深圳的做法是实践中对"裸官"监管提出的第一个具有操作性的对策。此项规定的精神是提出了"合理性怀疑"，然而，学界认为深圳的"限裸"政策在逻辑上存在悖论，"合理性怀疑"是对公职人员的"有罪推定"。有观点认为，一个人对国家是否足够忠诚，是否具有全心全意为人民服务的思想，是否具有真正执政为民的智慧与能力，不应该由其配偶和子女的生活选择来决定。在全球化时代，与其他人群一样，公职人员的配偶和子女也有权选择自己的生活方式、生活地点。而且，从国外的实践来看，只有担任了涉及国家机密的职位的公职人员的子女和配偶移民国外才需要申报或者备案。对"裸官"不能"一竿子打翻一船人"，应该具体问题具体分析。此外，也并非正职和重要部门才是腐败高发领域，一些副职或非主要行业的腐败发生率和涉案金额同样不少。①上述观点不乏合理性，但其忽略了一个本质性的问题，由于公职人员具有特殊的身份、执掌权力，不能将公职人员的配偶和子女的移民行为与普通大众一样相提并论，而必须有特殊的监管措施。而且，不容置疑的是，外逃的诸多贪官绝大多数是"裸官"，"裸官"监管应该引起高度重视，至于"裸官"监管的范围则是可以进一步讨论的话题。

2010年2月，杭州市依照中国共产党中央纪律检查委员会《关于党员领导干部报告个人有关事项的规定》，把住房、投资、配偶子女从业等情况列入向纪委报告的内容，对隐瞒不报、弄虚作假的将严肃处理。此外，杭州市还加强了对配偶子女均已移居国（境）外的"裸官"的管理，比如要求公职人员定期报告自己的动向。②

2009年4月，广东省委组织部出台的《省管干部考察对象报告个人有关事项试行办法》规定，省管干部上任前需报告家属涉外情况等信息。《试行办法》对领导干部在提拔使用前向组织报告个人事项的范围、方式和程序等作了具体规定，以掌握所考察干部的社会关系、婚姻变化、计划生育、配偶及子女涉外事项、经商办企业等情况。2012年10月，广东省进一步推出《广东省从严治党五年行动计划》，其中不乏创新，有些在全国还属首创。比如实行对曾受到党纪政纪处分的干部、"裸官"和违反计划生育有关政策规定的干部，其提拔任用都有具体的限制，对一些不宜担任国有企业领导人员的，则实行职位禁入制度。其最为醒目的是对"裸官"实行"双限制"，即职位限入和提拔限制。

2008年8月，郑州市纪委发布了《郑州市领导干部"四会一课"廉政教育暂行办法》，规定，公职人员子女出国自费留学或定居，要先经过纪检

---

① 《思想理论动态参阅》课题组：《治"裸官"贪腐的关键在于管住权力》，《领导文萃》2010年第11期。
② 《杭州加强官员监督 "裸官"需定期报动向》，《钱江晚报》2010年2月27日。

机构审核，必要时还要接受廉政谈话，等等。

上述规定表明，不少地方注意到了"裸官"对于公职人员廉洁从政可能有的消极影响，监管"裸官"的态度积极，并采取各种措施予以管制。但从其运行效果来看，这些规定有的无的放矢，有的隔靴搔痒，实际效果不理想，"裸官"现象依然存在，甚至愈演愈烈。监督效果不理想的原因很多，法律、制度、机构不完善都是对"裸官"监管不力的因素。例如，执行过程缺乏透明度和民主，需要申报的是公职人员，负责登记备案的也是公职人员，"与人方便，自己方便"，① 而且，由于缺乏监督，申报信息的真实性无法得到确认。

三 监管"裸官"的规范性文件的特点

从中央到地方，对"裸官"进行监管的相关文件规定具有以下几个特点。

1. 监管的规定多为党的文件

对"裸官"进行规范的文件多数最初是以党的文件形式出现的，说明规范"裸官"运动乃是最先从党内掀起的。这是因为，公职人员，特别是领导干部多是共产党员，中国共产党从自身入手清理具有合理性。此外，相对于立法而言，发布党的文件和规定对相关行为进行规范更容易、更快捷，不像立法要经过烦琐的程序和论证。但是，以党的文件形式对公职人员进行规范存在明显的不足。一是公职人员并非都是共产党员，对非共产党员公职人员，特别是非党员领导干部该如何规制是党内文件不能解决的问题。二是党的规范和文件虽然在发布时具有快捷性，但缺乏法律的权威性，且各种通知、条例、规定重叠，前后不一、矛盾现象严重，这些都使得党的文件的效力大打折扣。

2. 监管对象不统一，重点为领导干部

各种条例、规定或通知均规定了"裸官"监管的对象，但其范围不统一。多数文件规定的适用对象为县处级以上领导干部，但也有文件规定适用于所有的工作人员，领导干部只是监督的重点，如《关于对配偶子女均

---

① 《限制裸官　防腐篱笆越扎越紧》，《人民日报》2010年6月22日。

已移居国（境）外的国家工作人员加强管理的暂行规定》（2010年）的适用对象改为"国家工作人员"，这与《刑法》对国家工作人员的界定类似。

3. 监管方式是内部式而非开放型

大多数监管"裸官"的文件的主要内容为，公职人员应向本单位主管部门申报本人、子女与外国人通婚以及配偶、子女出国（境）定居的情况，只有在一些例外的情况下，如无党委或单位调动等方可不由本单位受理。向本级人事组织部门报告相关事项显然具有一定的局限性。报告的内容一般处于保密状态，组织认为应予公开或本人要求予以公开的，可采取适当方式在一定范围内公开。由于大多数规定都未明示申报内容是否应对外公开，"裸官"内部式监管特点突出。内部监管无异于自己监管自己，监督效果不言而喻，乏力无效。申报的内容"一般应予保密"更是匪夷所思。保密原则适用于国家机密、商业秘密和其他需要保密的领域，公职人员配偶及子女移居海外的情况不应属于秘密范围；而"组织上认为应予公开的内容"条件和标准也不甚明了，"本人要求公开"则几乎不可能出现，这些规定使对"裸官"的监管显得十分滑稽和尴尬。

4. "裸官"监管缺乏实质内容

在"裸官"监管方面，公职人员需要申报的内容主要是其配偶、子女获得外国国籍，或者获得国（境）外永久居留权、长期居留许可的情况，以及收入、房产、投资等事项。[①] 这条规定看似全面，但缺失了一个重要的实质内容，即"裸官"的境外财产申报。一般而言，所有公职人员都应申报境外财产情况。中国是一个发展中国家，以中国现有公职人员的工资水平，无力供养在国外定居的配偶、子女，也很难负担配偶、子女在海外求学的费用。要求申报其海外财产既可对公职人员的财产来源进行监督，预防腐败的发生，也可对公职人员的合法财产加以保护。

[①] 《关于领导干部报告个人有关事项的规定》（2010年）第4条规定："领导干部应当报告下列收入、房产、投资等事项：（一）本人的工资及各类奖金、津贴、补贴等；（二）本人从事讲学、写作、咨询、审稿、书画等劳务所得；（三）本人、配偶、共同生活的子女的房产情况；（四）本人、配偶、共同生活的子女投资或者以其他方式持有有价证券、股票（包括股权激励）、期货、基金、投资型保险以及其他金融理财产品的情况；（五）配偶、共同生活的子女投资非上市公司、企业的情况；（六）配偶、共同生活的子女注册个体工商户、个人独资企业或者合伙企业的情况。"

5. "裸官"违规行为处罚不明

相关文件对不如实申报"裸官"事宜的处罚没有标准和可操作性，大多是一些笼统规定。例如，上述文件均规定，对不如实申报的公职人员视情节轻重，进行批评教育、组织处理或追究纪律责任和法律责任。但问题是，什么是不如实申报？谁负责核查？怎么核查？鉴于目前各机构信息共享的程度很差，对不如实申报的情况很难核实，因此在何为"违反规定"并不明确的情况下，给予什么处罚也就可以不了了之。实践中，也很少见相关人员未如实申报而受到处罚的案例。

第三节 "裸官"调研结果分析

一 公职人员对"裸官"的认同度更高

对"裸官"的认识是制定"裸官"监管政策和法律的重要依据。课题组针对"裸官"问题，对公职人员和公众进行了调查。调查结果显示，公职人员认为配偶可以拥有外国国籍的人数要多于公众，有38.9%的公职人员认为配偶可以拥有外国国籍或外国永久居留权，34.2%的公众认为公职人员配偶可以拥有外国国籍或外国永久居留权（见图4-1）。认为所有公职人员的配偶都不能拥有外国国籍或者外国永久居留权的公职人员占被调查公职人员的17.1%，公众持同一态度的占被调查公众的19.0%；认为县处级以上级别公职人员配偶不得拥有外国国籍或外国永久居留权的公职人员的比例为14.8%，公众为13.3%；认同司局级以上公职人员配偶不得拥有外国国籍或者外国永久居留权的公职人员比例为14.5%，公众为10.6%，公职人员认同的人数比例要高于公众的人数比例。从数据来看，同意禁止一定级别的公职人员配偶拥有外国国籍或外国永久居留权的人占多数，公职人员有46.4%，超过认可其配偶拥有外国国籍或者外国永久居留权的7.5个百分点；公众为42.9%，低于公职人员的百分比。此外，对此问题回答不清楚的公职人员人数比例为12%，公众为19.3%。

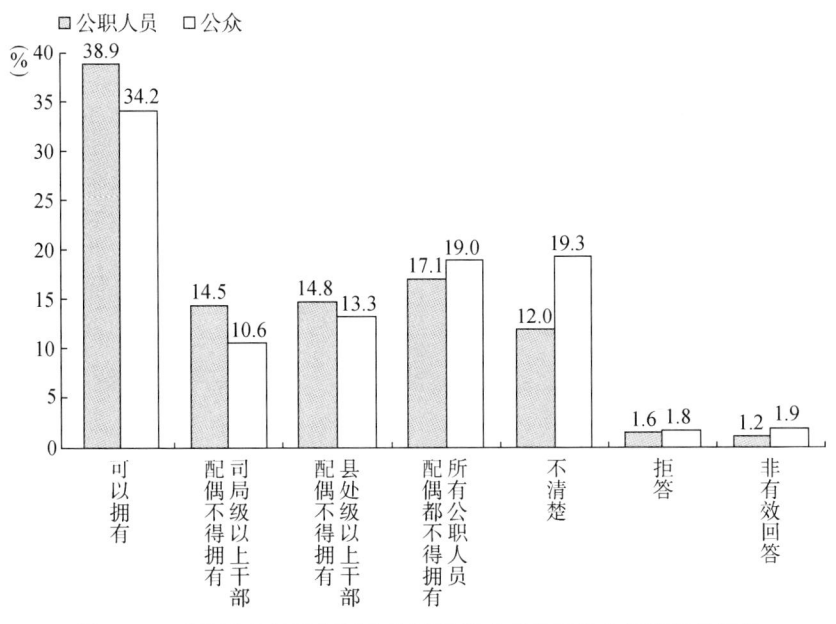

图 4-1　对公职人员配偶拥有外国国籍或者外国永久居留权的看法

可见，人们对公职人员配偶是否可拥有外国国籍或者外国永久居留权问题，无论是公职人员还是公众，认识都比较模糊。但总的看来，同意禁止一定级别的公职人员配偶拥有外国国籍或者外国永久居留权的人数居多。

在子女是否应拥有外国国籍或者外国永久居留权问题上，调查结果显示，认为子女可拥有外国国籍或外国永久居留权的公职人员要多于公众，公职人员和公众的人数比分别为 46.7% 和 39.7%。认为所有公职人员的子女都不能拥有外国国籍或者外国永久居留权的公职人员人数比例为 14.6%，公众为 15.7%；认为县处级以上级别公职人员配偶不得拥有外国国籍或外国永久居留权的公职人员比例为 11.5%，公众为 11.9%；司局级以上公职人员子女不得拥有外国国籍或者外国永久居留权的公职人员比例为 13.5%，公众为 10.4%，公职人员认同的人数比例要高于公众的人数比例。从数据来看，同意禁止一定级别的公职人员子女拥有外国国籍或外国永久居留权的公职人员占 39.6%，公众为 38%，低于公职人员的百分比。此外，对此问题回答不清楚的公职人员人数为 12%，公众为 19.5%（见图 4-2）。

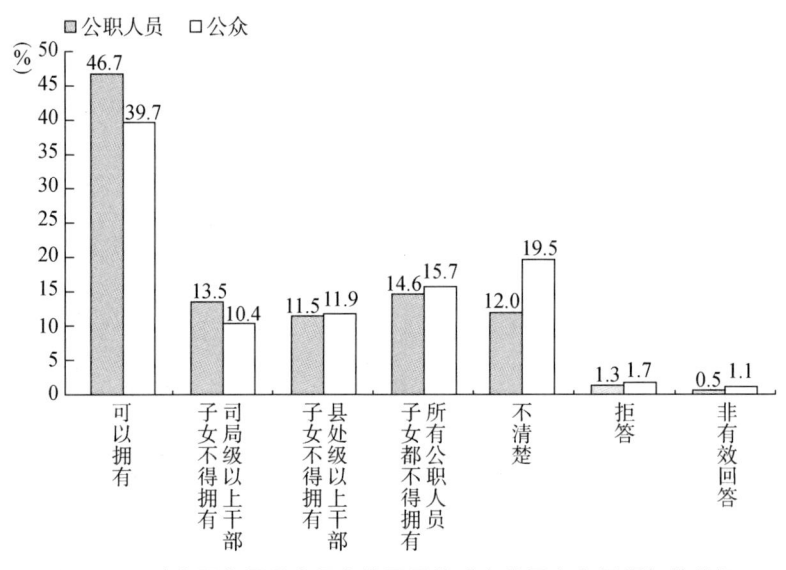

图 4-2 对公职人员子女拥有外国国籍或者外国永久居留权的认识

二 高级别公职人员对限制"裸官"较抵触

令人回味的是不同级别的公职人员对配偶是否应拥有外国国籍或者外国永久居留权的回答。图 4-3 显示,在可以拥有、司局级以上领导干部不得拥有、县处级以上领导干部不得拥有、所有公职人员都不得拥有,以及不清楚等选项中,选择可以拥有外国国籍或者外国永久居留权的比例比较高。在认可其配偶拥有外国国籍或者外国永久居留权的选项上,按不同级别划分,接受调查的省部级(含副职,以下同)公职人员中有 33.3%,地厅级/司局级为 41.4%,县处级为 38.6%,科级为 42.0%,科级以下为 33.7%。认可一定级别以上的公职人员配偶不得拥有外国国籍或者外国永久居留权的公职人员级别分别为:省部级 46.6%、地厅级/司局级为 53.4%、县处级为 46.9%、科级为 43.8%、科级以下为 49.7%。此外,回答不清楚选项的公职人员级别分别为:省部级 20%、地厅级/司局级 5.2%、县处级 9.7%、科级 11.4%、科级以下 14.7%。令人惊讶的是居然有高达 20% 的省部级公职人员选择了不清楚选项,实在是一件耐人寻味的事情。

图4-3 不同级别公职人员对其配偶拥有外国国籍或者外国永久居留权的认识

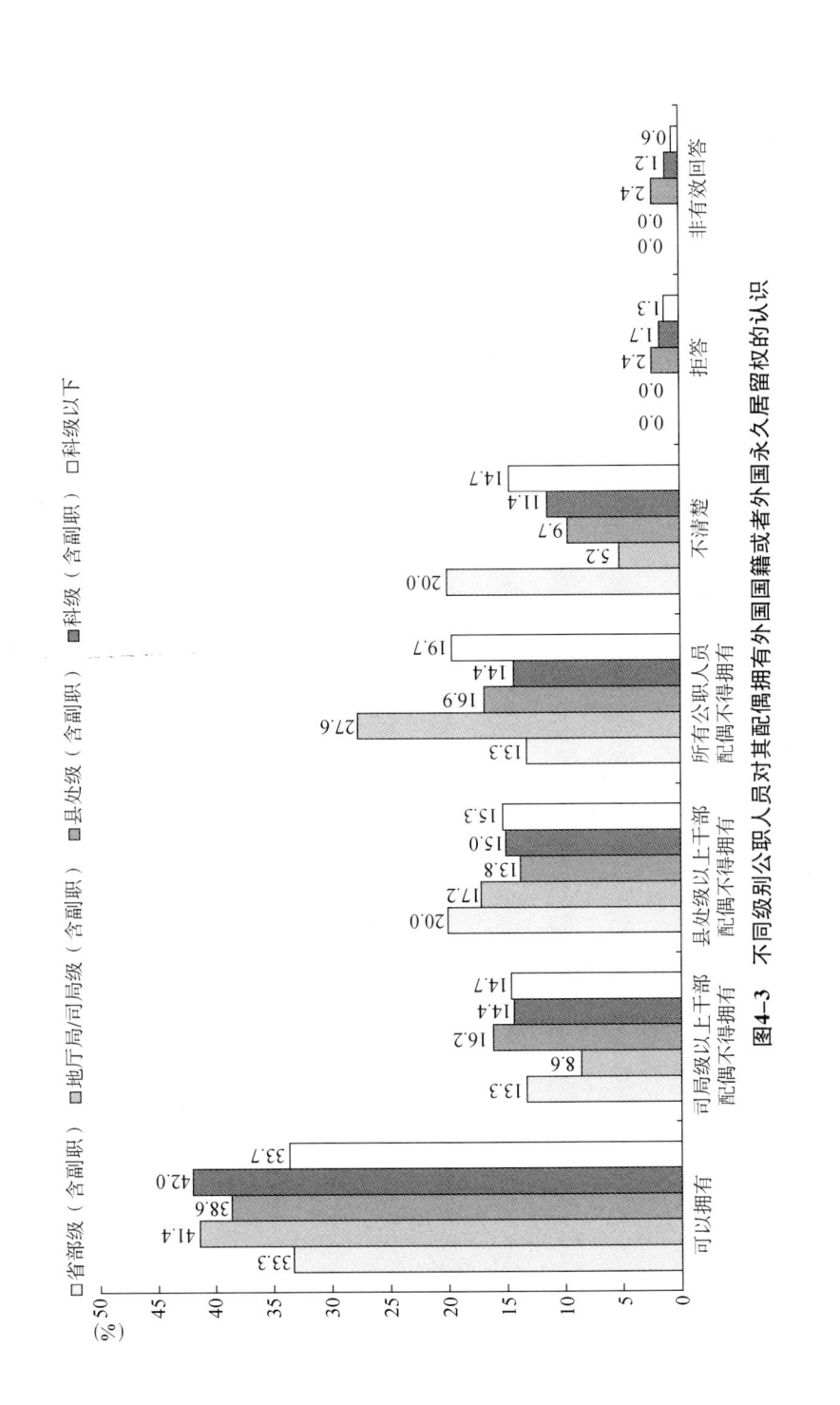

在询问公职人员子女是否应拥有外国国籍或外国永久居留权问题时，不同级别的公职人员的回答与前一选项的结果相似。在可以拥有、地厅级/司局级以上不得拥有、县处级以上不得拥有、所有公职人员都不得拥有，以及不清楚等选项中，选择可以拥有外国国籍或者外国永久居留权的比例竟然惊人的高。在认可子女可以拥有外国国籍或者外国永久居留权的选项上，按不同级别划分，接受调查的省部级（含副职，以下同）公职人员有53.5%，地厅级/司局级为53.4%，县处级为51.7%，科级为49.6%，科级以下为38.9%。接受调查的省部级、地厅级/司局级和县处级的公职人员超过半数认可子女拥有外国国籍或者外国永久居留权。认可一定级别以上的公职人员子女不得拥有外国国籍或者外国永久居留权的公职人员分别为：省部级26.7%、地厅级/司局级为36.3%、县处级为38.5%、科级为36.5%、科级以下为44.5%。此外，回答不清楚选项的公职人员级别分别为：省部级20%、地厅级/司局级10.3%、县处级6.2%、科级11.9%、科级以下15.8%（见图4-4）。

如上所述，省部级、地厅级/司局级、县处级有超过半数（53.5%、53.4%、51.7%）、科级有近半数（49.6%）的公职人员认为其子女可以拥有外国国籍或者外国永久居留权。调查结果表现出的这种倾向性，应该引起有关部门的高度重视。公职人员的配偶子女有选择生活和工作地点的自由，但前提是不得影响公职人员的廉、勤品质，而且，如果公职人员都选择将子女移居境外，将影响到人们对政府的信心，以及对国家前途的信心，因此，对公职人员亲属移民进行规范大有必要。

三 文化程度与反对"裸官"呈正相关

文化程度与对"裸官"的认识具有一定联系。问卷调查了五种文化程度的人对"裸官"问题的认知程度，分别是小学及以下、初中、高中、大学专科、大学本科、研究生及以上。在公众方面，认为公职人员配偶可以拥有外国国籍或者外国永久居留权的，小学及以下的有33.3%，初中有19.4%，高中有26.6%，大学专科有34.5%，大学本科有38.1%，研究生及以上有33.0%；认为地厅级/司局级以上公职人员配偶不得拥有外国国籍或者外国永久居留权的比例分别为：小学及以下为0，初中4.8%，高中9.8%，

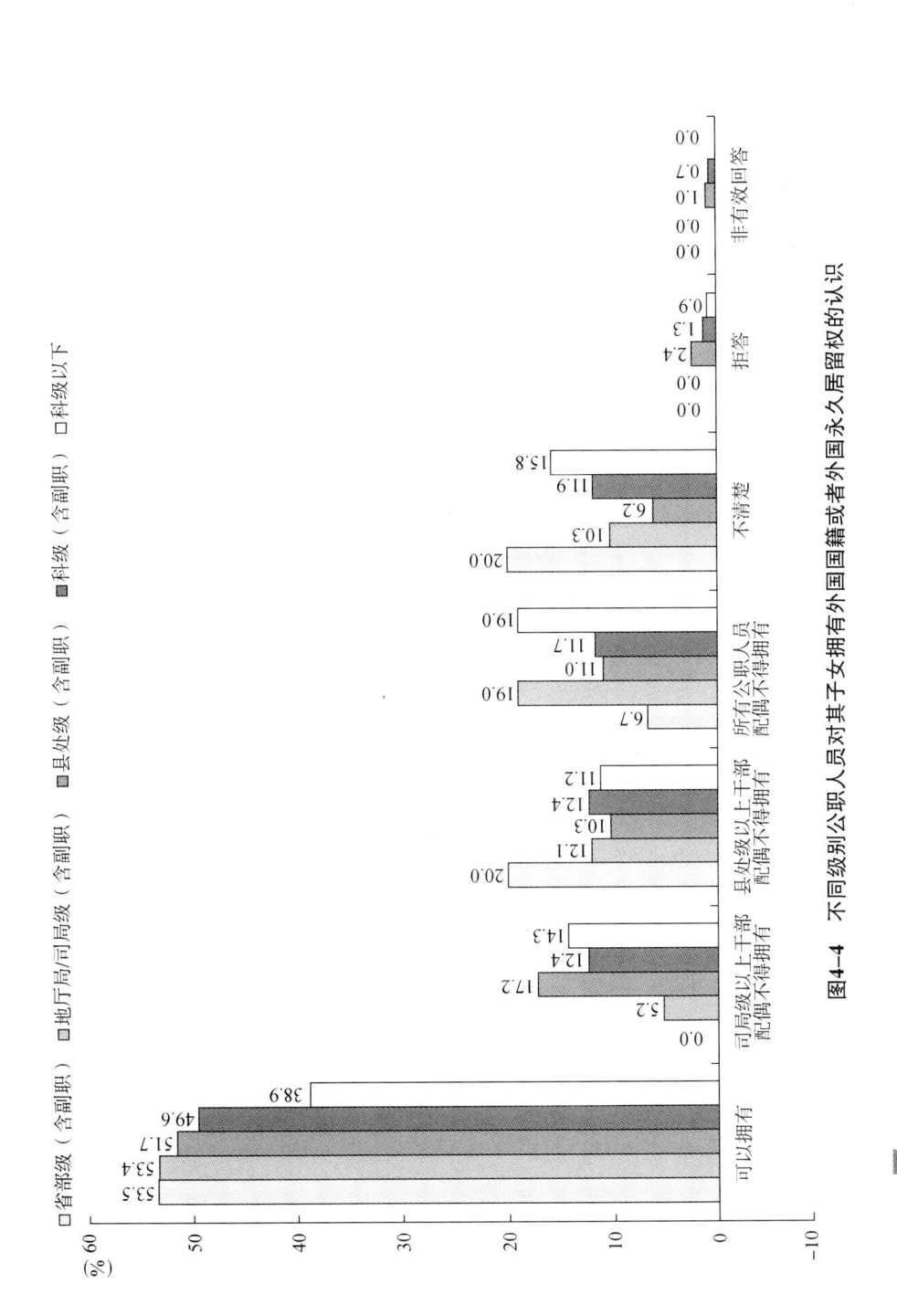

图4-4 不同级别公职人员对其子女拥有外国国籍或者外国永久居留权的认识

大学专科 8.5%，大学本科 12.0%，研究生及以上 14.5%；认为县处级以上公职人员配偶不得拥有外国国籍或者外国永久居留权的比例分别为：小学及以下 11.1%，初中 11.3%，高中 8.1%，大学专科 13.7%，大学本科 13.4%，研究生及以上 17.9%；认为所有公职人员配偶都不得拥有外国国籍或者外国永久居留权的比例分别为：小学及以下 22.2%，初中 17.7%，高中 16.2%，大学专科 22.0%，大学本科 17.4%，研究生及以上 19.6%（见图 4-5）。

调研结果显示，公众认为一定级别的公职人员配偶不得拥有外国国籍或者外国永久居留权的比例分别为：小学及以下占 33.3%，初中占 33.8%，高中占 34.1%，大学专科占 44.2%，大学本科占 42.8%，研究生及以上占 52%。上述数据显示，公众认为应该对一定级别的公职人员的配偶拥有外国国籍或者外国永久居留权的情况加以限制的人数比例要高于不作限制的人数比例（小学及以下持平）。对于公职人员配偶可以拥有外国国籍和外国永久居留权，小学及以下学历的人中，认同的人数占 33.3%，不认同的占 33.3%，不清楚的占 33.3%；初中学历的人认同的占 19.4%，不认同的占 33.8%，不清楚的占 33.9%；高中学历的人认同的人数比例占 26.6%，不认同的占 34.1%，不清楚的占 32.4%；大学专科学历的人认同的人数比例占 34.5%，不认同的占 44.2%，不清楚的占 20%；大学本科学历的人认同的人数比例占 38.1%，不认同的占 42.8%，不清楚的占 15.3%；研究生学历及以上认同的占 33.0%，不认同的占 52%，不清楚的占 12.3%（见图 4-5）。

由上可见，公众的学历越高，反对公职人员配偶拥有外国国籍或者外国永久居留权的人数比例就越高。

在公众对公职人员子女是否可以拥有外国国籍或者外国永久居留权认识方面，调查结果显示，在被调查公众中，认为公职人员子女可以拥有外国国籍或外国永久居留权的人数比为：小学及以下的有 33.3%，初中有 25.8%，高中有 28.9%，大学专科有 36.4%，大学本科有 47.8%，研究生及以上有 38.0%；司局级以上公职人员不得拥有外国国籍或者外国永久居留权的人数比分别为：小学及以下为 0，初中 4.8%，高中 6.9%，大学专科 9.7%，大学本科 10.8%，研究生及以上 16.8%；县处级以上公职人员子女不得拥有外国国籍或者外国永久居留权的比例分别为：小学及以下 11.1%，初中 6.5%，高中 10.4%，大学专科 13.1%，大学本科 10.3%，研究生及以上 17.3%；所有公职人员子女都不得拥有外国国籍或者外国永久

图4-5 不同学历公众对公职人员配偶拥有外国国籍或者外国永久居留权的认识

第四章 裸官的法律规制

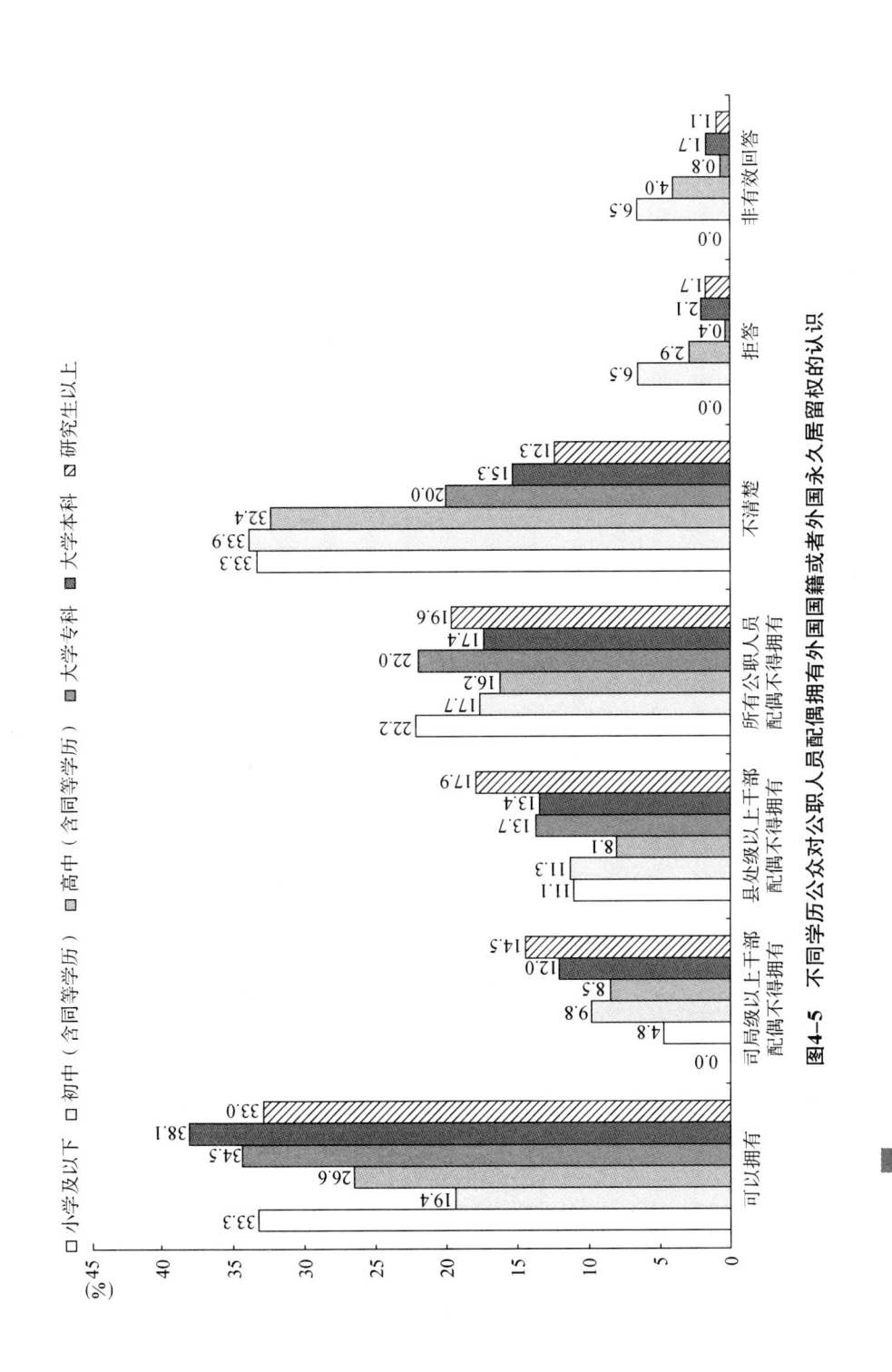

居留权的比例分别为：小学及以下为 22.2%，初中 14.5%，高中 15.6%，大学专科 18.0%，大学本科 14.8%，研究生及以上 12.8%（见图 4-6）。

调研结果还显示，认为应该对一定级别的公职人员的子女拥有外国国籍或者外国永久居留权加以限制的人数比例要远远高于不作限制的人数比例。对公职人员子女可以拥有外国国籍和外国永久居留权，小学及以下学历的人，认同的人数占 33.3%，不认同的 33.3%，不清楚的 33.3%；初中学历的人认同的 25.8%，不认同的 25.8%，不清楚的 33.9%；高中学历的人认同的人数比例为 28.9%，不认同的 32.9%，不清楚的 34.1%；大学专科学历的人认同的人数比例为 36.4%，不认同的 40.8%，不清楚的 21.6%；大学本科学历的人认同的人数比例为 47.8%，不认同的 35.9%，不清楚的 13.9%；研究生学历及以上认同的占 38.0%，不认同的占 46.9%，不清楚的占 12.8%（见图 4-6）。

与前一问题的结论类似，公众的学历越高，反对公职人员子女拥有外国国籍或者外国永久居留权的人数比例就越高。不过，相对于配偶问题，公众在公职人员子女能否拥有外国国籍或者外国永久居留权问题上要更宽容一些。

四 民主党派人士反对"裸官"态度鲜明

在不同政治面貌公众对公职人员配偶拥有外国国籍或者外国永久居留权的调查中，接受问卷调查的政治面貌为中共党员的公众中，有 37.7% 的人认为公职人员的配偶可以拥有外国国籍或者外国永久居留权，民主党派人士为 30.8%，共青团员为 32.2%，无党派人士为 33.7%，群众为 29.8%。认为地厅级/司局级以上公职人员的配偶不得拥有的党员公众为 11.6%，民主党派为 42.3%，共青团员为 8.8%，无党派人士 8.1%，群众 8.6%。认为县处级以上公职人员配偶不得拥有外国国籍或者外国永久居留权的党员公众为 14.3%，民主党派 7.7%，共青团员 12.4%，无党派人士 9.3%，群众 13.8%。认为所有公职人员配偶都不得拥有外国国籍或者外国永久居留权的党员公众为 17.5%，民主党派 11.5%，共青团员 21.5%，无党派人士 19.8%，群众 20.1%。对此问题不清楚的党员公众为 15.4%，民主党派 7.7%，共青团员 23%，无党派人士 27.9%，群众 22.1%（见图 4-7）。

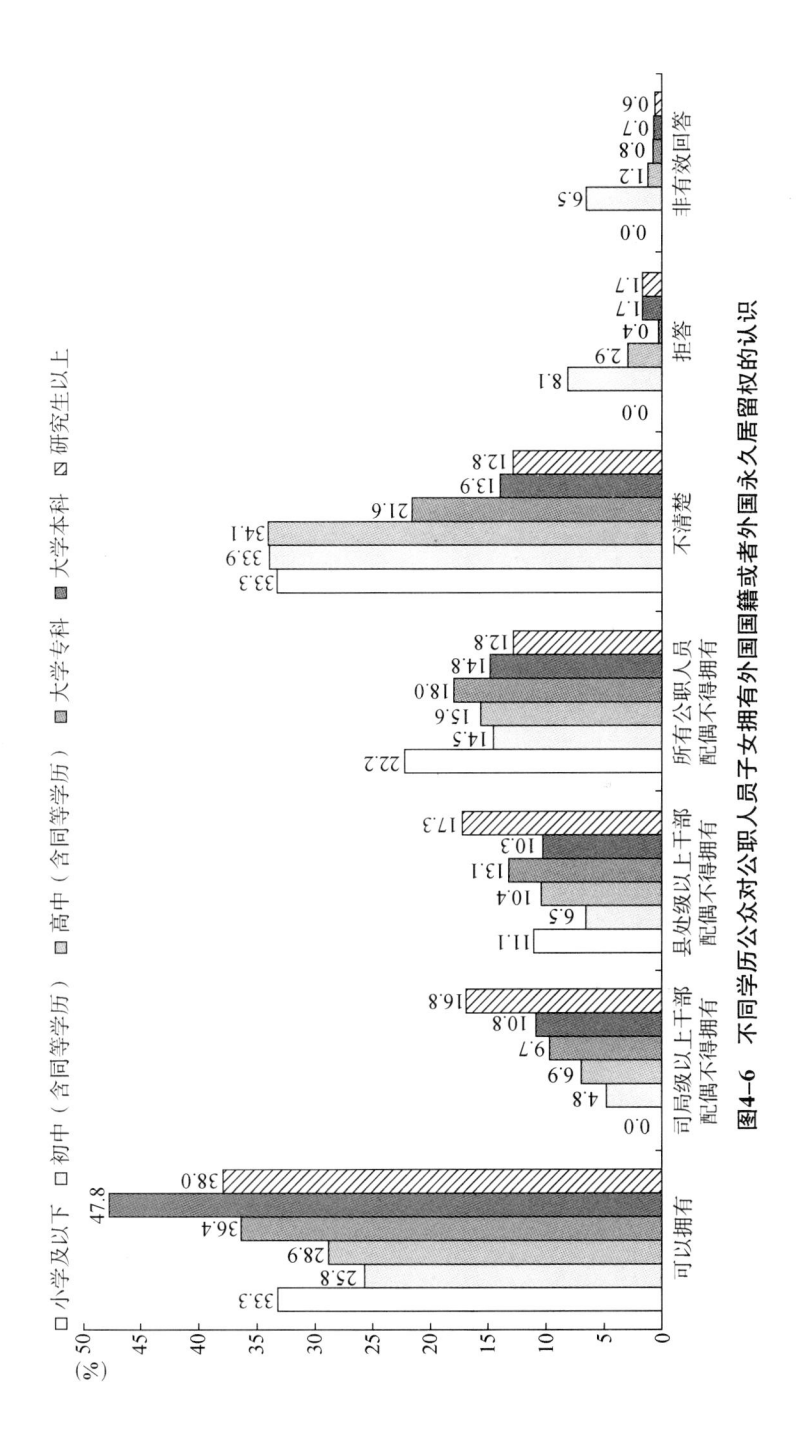

图4-6 不同学历公众对公职人员子女拥有外国国籍或者外国永久居留权的认识

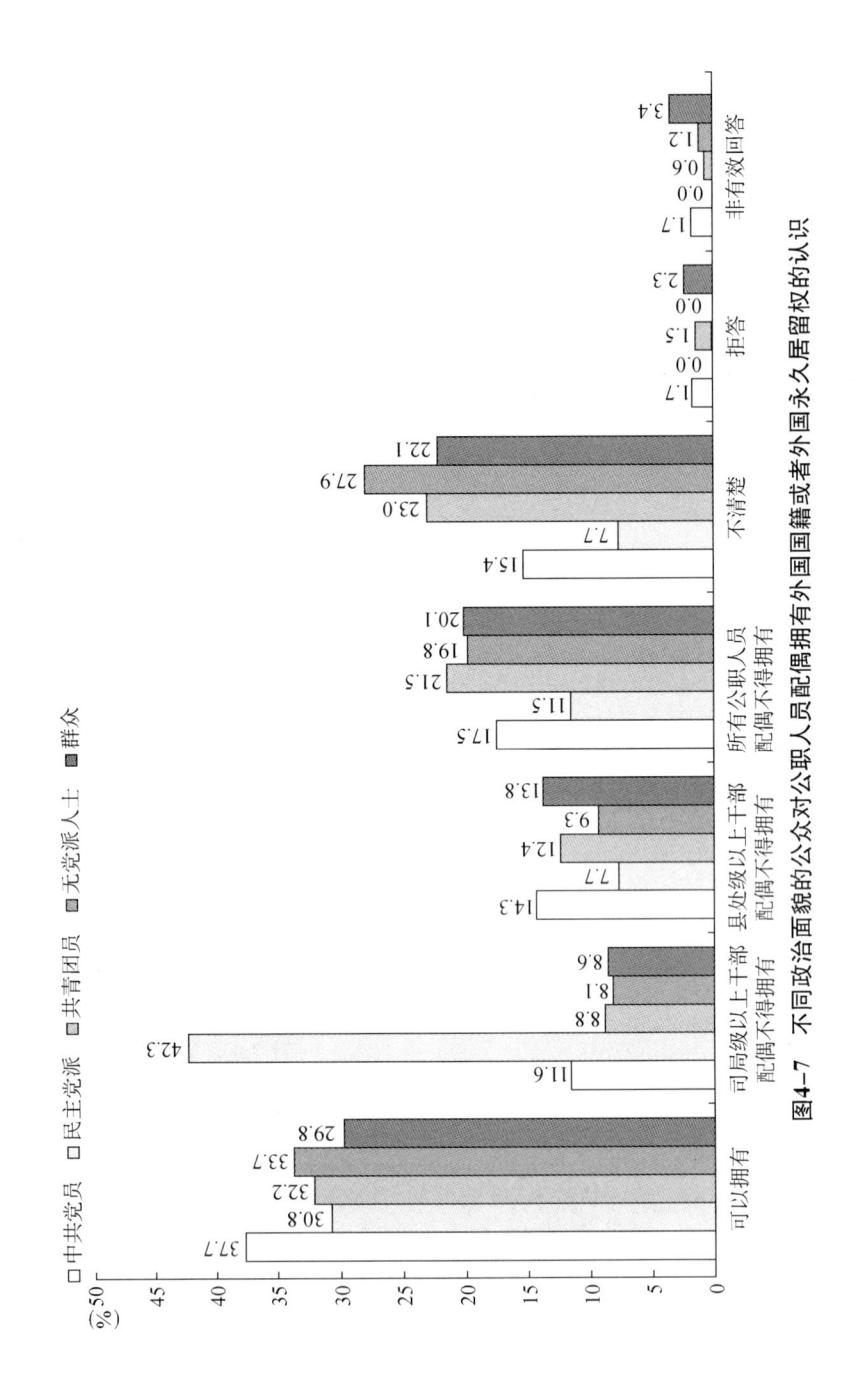

图4-7 不同政治面貌的公众对公职人员配偶拥有外国国籍或者外国永久居留权的认识

此组数据非常值得注意的是，有 42.3% 的民主党派人士认为司局级公职人员配偶不得拥有外国国籍和外国永久居留权。

政治面貌不同的公众对公职人员的子女是否可以拥有外国国籍和外国永久留居权的问题的态度表现出一定的差异。在接受问卷调查的公众中，政治面貌为中共党员的有 44.6% 的人认为公职人员子女可以拥有外国国籍或者外国永久居留权，民主党派人士为 34.6%，共青团员为 36.3%，无党派人士为 34.9%，群众为 34.7%。认为司局级以上公职人员的子女不得拥有的党员公众为 11.6%，民主党派为 26.9%，共青团员为 10.6%，无党派人士 11.6%，群众 6.6%。认为县处级以上公职人员子女不得拥有的党员公众为 12.2%，民主党派 3.8%，共青团员 12.7%，无党派人士 8.1%，群众 12.0%。认为所有公职人员子女都不得拥有的党员公众为 11.9%，民主党派 26.9%，共青团员 17.4%，无党派人士 17.4%，群众 20.9%（见图 4-8）。

调查结果显示，反对一定级别公职人员的子女拥有外国国籍或者外国永久居留权的公众人数比例普遍超过认同人数比例。对于公职人员的子女可以拥有外国国籍和外国永久居留权，认同的党员人数比例为 44.6%，不认同的 35.7%，不清楚的 17.1%；认同的民主党派比例为 34.6%，不认同的为 57.6%，不清楚的为 7.7%；认同的共青团员为 36.3%，不认同的 40.7%，不清楚的 21.5%；认同的无党派人士 34.9%，不认同的为 37.1%，不清楚的为 26.7%；群众认同的为 34.7%，不认同的为 39.5%，不清楚的为 21.5%。

可见，除了具有党员身份的公众认同公职人员的子女可以拥有的人数比例多于主张限制派外，其余的人都是限制派占多数。民主党派人士主张限制的人口比例高达 57.6%，尤其是其意见又分为两派，一方主张司局级以上公职人员子女不得拥有外国国籍或者外国永久居留权，另一方则主张所有的公职人员子女都不应该拥有外国国籍或者外国永久居留权。

五　职业状况与反对"裸官"行为的认识无明显关系

在调查不同就业状况公众对公职人员配偶是否可以拥有外国国籍或者外国永久居留权问题时，接受调查的公众中有 35.8% 的就业人员、30.8% 的无业人员（含失业、待业）、33.8% 的学生、21.0% 的离退休人员认为公

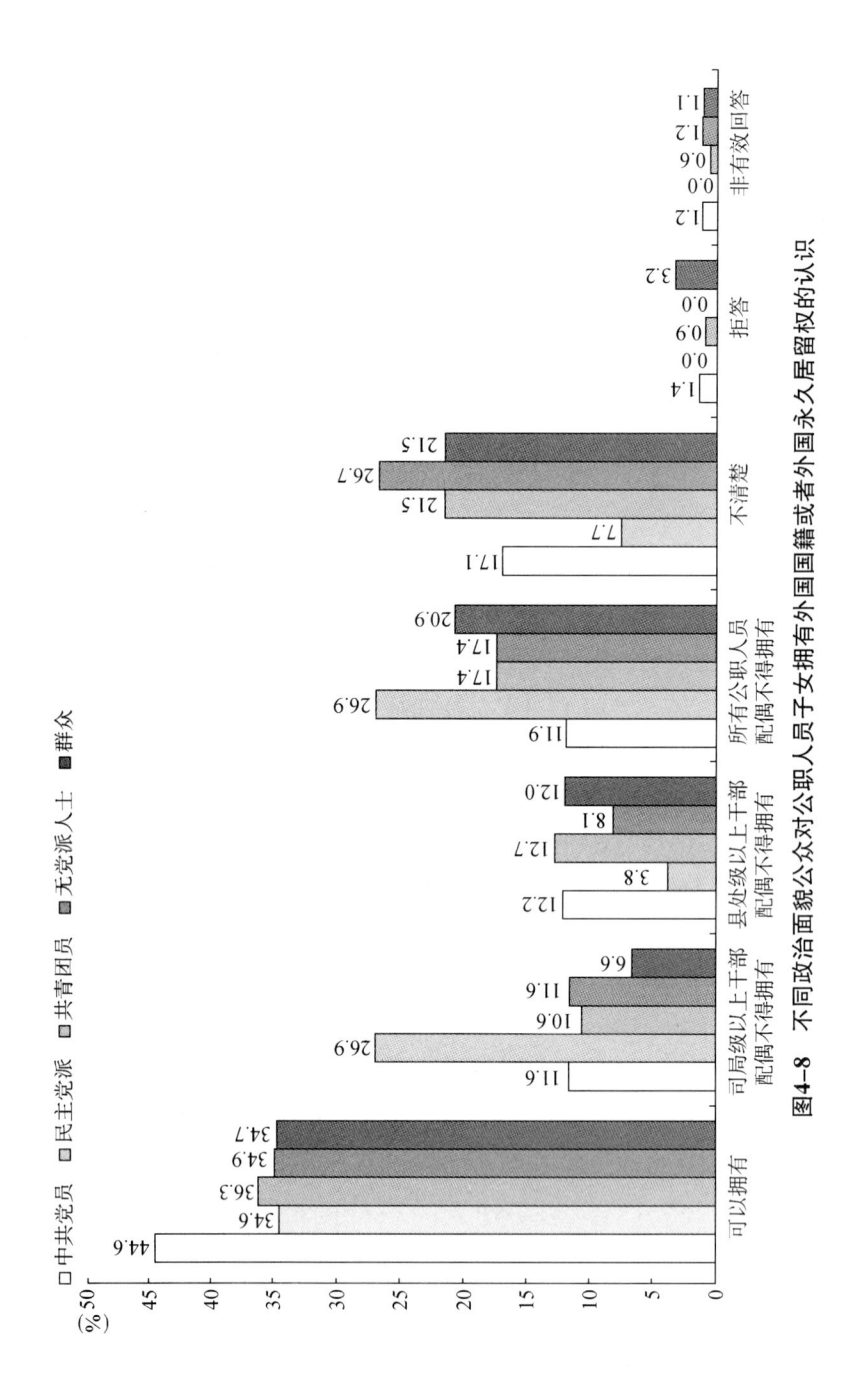

图4-8 不同政治面貌公众对公职人员子女拥有外国国籍或者外国永久居留权的认识

职人员配偶可以拥有外国国籍或者外国永久居留权；有10.8%的就业人员、4.6%的无业人员（含失业、待业）、10.3%的学生、12.4%的离退休人员认为司局级以上公职人员的配偶不得拥有外国国籍或者外国永久居留权；有13.6%的就业人员、15.4%的无业人员（含失业、待业）、14%的学生、8.6%的离退休人员认为县处级以上公职人员的配偶不得拥有外国国籍或者外国永久居留权；有18.6%的就业人员、16.9%的无业人员（含失业、待业）、20.6%的学生、21.9%的离退休人员认为所有的公职人员配偶都不应拥有外国国籍或者外国永久居留权（见图4-9）。

调查结果显示，不论处于什么职业状况，接受调查的公众认为应当禁止一定级别公职人员配偶拥有外国国籍或者外国永久居留权的人数比例远超过认同的人数比例。对公职人员的配偶可以拥有外国国籍或者外国永久居留权，有职业人员认同的人数比为35.8%，不认同的43%，不清楚的18.5%；无业人员（含失业、待业）认同的为30.8%，不认同的36.9%，不清楚的26.2%；学生认同的为33.8%，不认同的44.9%，不清楚的20.6%；离退休人员认同的为21.0%，不认同的42.9%，不清楚的21.9%。

不同职业状况的公众对公职人员子女是否应拥有外国国籍或者外国永久居留权的态度也不同。接受调查的公众中有41.5%的就业人员认可公职人员子女可以拥有外国国籍或者外国永久居留权，无业人员（含失业、待业）为27.7%，学生为44.9%，离退休人员为21.0%；有10.2%的就业人员认为司局级以上的公职人员子女不得拥有；无业人员（含失业、待业）为13.8%，学生为8.1%，离退休人员为14.3%；有12.2%的就业人员认为县处级公职人员子女不得拥有，无业人员（含失业、待业）为12.3%，学生为15.4%，离退休人员为4.8%；有15.6%的就业人员认为所有的公职人员子女都不应拥有，无业人员（含失业、待业）为18.5%，学生为11.0%，离退休人员为21.0%（见图4-10）。

调查结果显示，不论处于什么职业状况，多数公众认为应当禁止一定级别的公职人员子女拥有外籍或者外国永久居留权。对于公职人员子是否可以拥有外国国籍或者外国永久居留权，就业人员认同的人数比为41.5%，不认同的38%，不清楚的18.7%；无业人员（含失业、待业）认同的为27.7%，不认同的44.6%，不清楚的23.1%；学生认同的为44.9%，不认同的34.5%，不清楚的19.1%；离退休人员认同的为21.0%，不认同的40.1%，

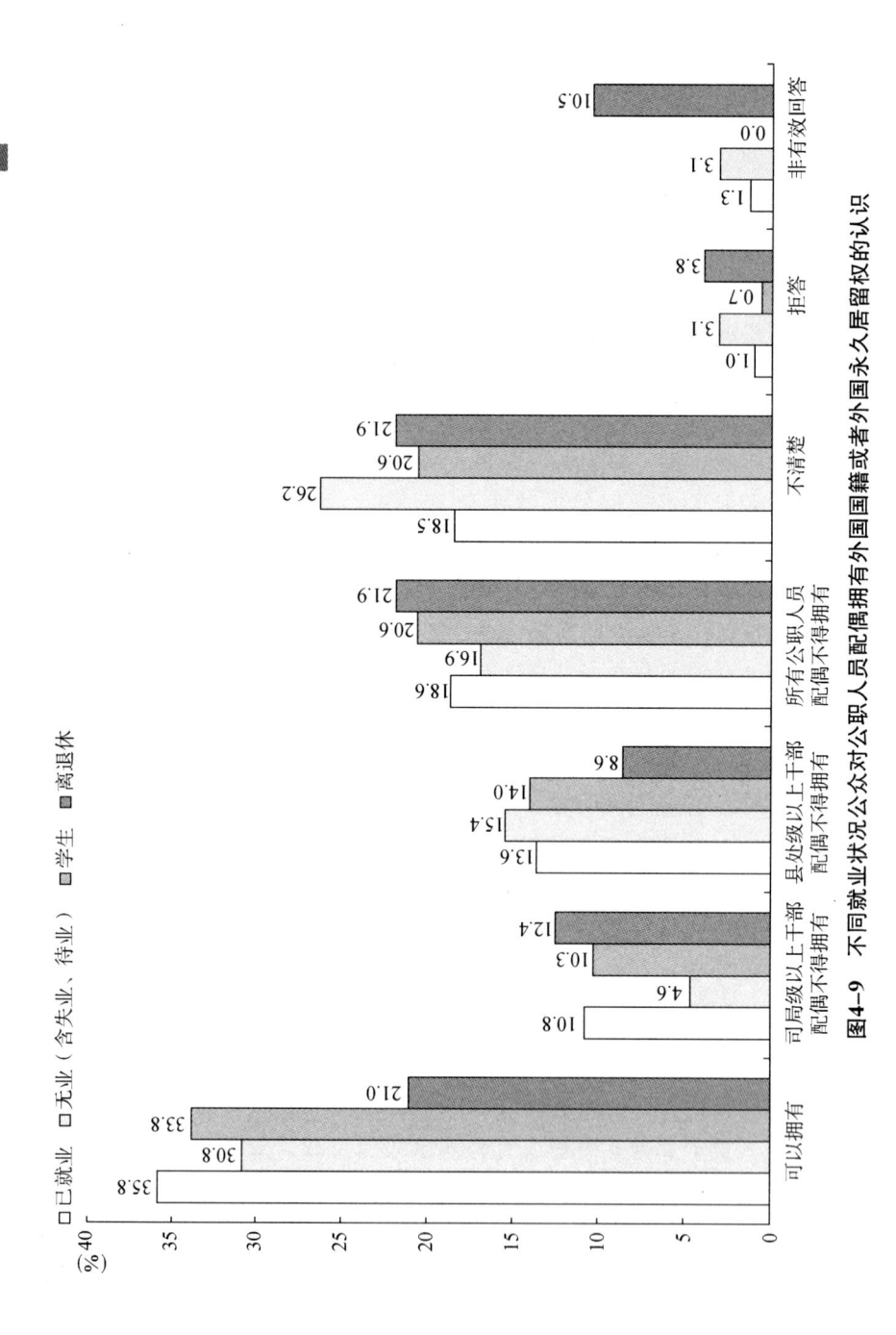

图4-9 不同就业状况公众对公职人员配偶拥有外国国籍或者外国永久居留权的认识

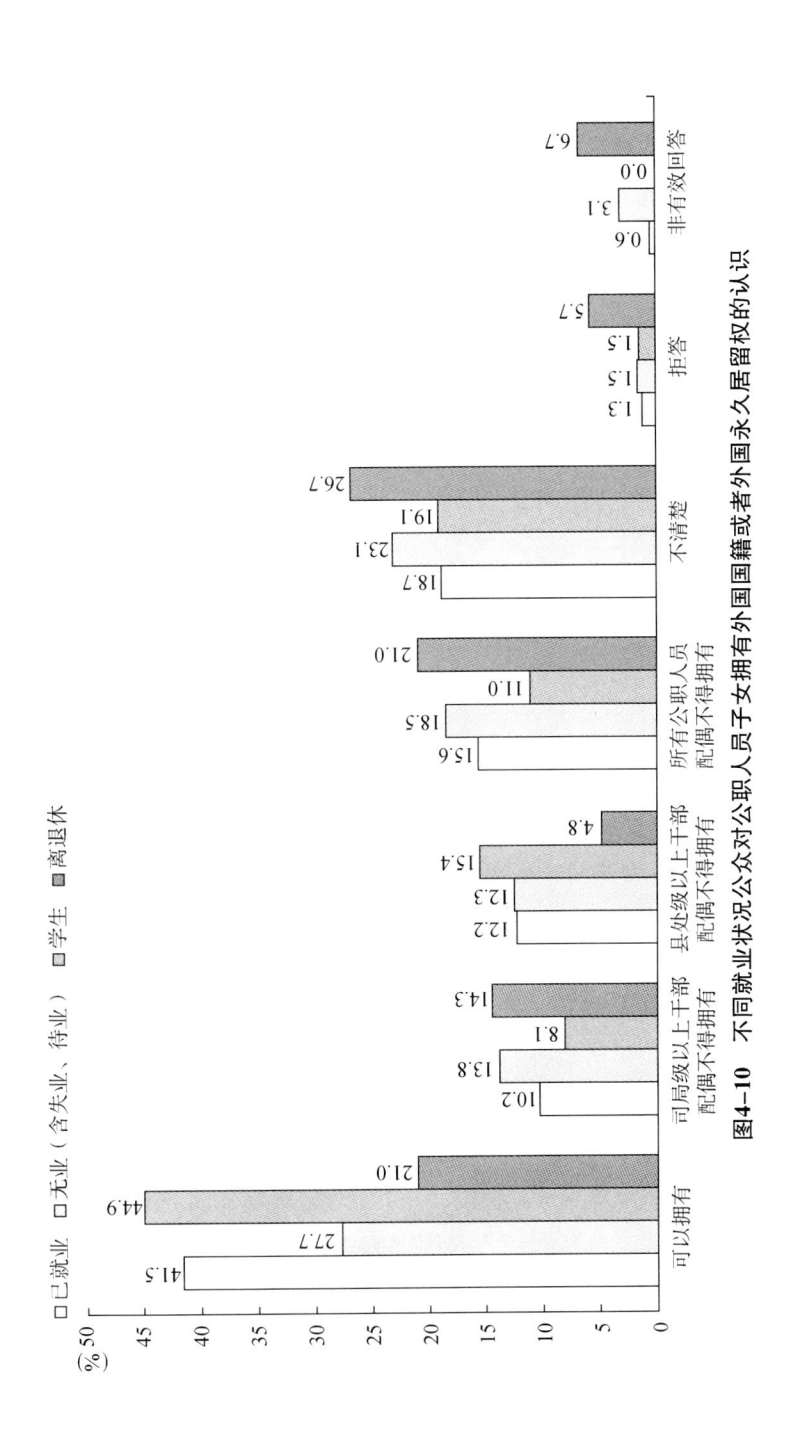

图4-10 不同就业状况公众对公职人员子女拥有外国国籍或者外国永久居留权的认识

不清楚的 26.7%。

结论为，两组人群中有职业的人和学生认同公职人员子女可以拥有外国国籍和外国永久居留权的人数比例超过主张限制的人数比例，而另外两组，无业人员和离退休人员反对的人数比例则大大超过认同的人数比例，据此可见，经济地位或者对前景期望的差异对不同职业状况人群的判断有一定影响。

第四节　"裸官"监管是反腐败措施中的软肋

"裸官"无疑是贪腐的高危人群，虽然有关部门针对"裸官"问题出台了各项规定，采取了各种措施，"裸官"的问题仍然难以得到有效控制。"裸官"监管难的原因很复杂，既有认识上的，也有法律和制度上的，大致分为以下几类。

一　人们对"裸官"现象的危害性认识不足

"裸官"对国家利益和公共利益具有潜在的危害是毋庸置疑的。中国在近30年的改革开放期间，取得了巨大的成就，积聚了大量的财富，同时，也出现了许多问题，如社会分配不公、贫富差距加大、社会冲突加剧、环境破坏严重等。一部分人将这些问题放大，并低估中国政府解决这些问题的能力，不少公职人员，尤其是高级别公职人员也持有这样的看法，他们选择将配偶和子女移居海外，防范国家将来可能出现的风险，这种做法与公职人员的基本要求相背离。首先，公职人员代表国家和人民行使权力，其将配偶子女乃至存款转移境外，单身在国内任职是对国家前途缺乏信心，对国家和人民的忠诚度降低。当其配偶和子女宣誓效忠他国的时候，要求公职人员效忠本国本身就是一个两难选择。其次，要害部门的公职人员的配偶和子女如果拥有外国国籍或者外国永久居留权，对国家的政治和政府决策将有较大的影响。这与前一个问题有密切的关系。公职人员配偶或子女具有外国国籍或者外国永久居留权，其在履行与这些移居国家有关的公务的时候，难免会"身在曹营心在汉"，在公务行为中有"暗度陈仓"的行为，很难指望其能恪尽职守。在政策和法律制定上，在具体的行政行为上，在市场商贸管理上都会出现偏颇的行为，或者失去公正性，或者损害国家与人民的利益。最后，不利于反腐败工作的推进。尽管并不是配偶和子女拥有外国国籍或者外国永久居留权的"裸官"都是腐败官员，但是"裸官"的确是贪腐的高危人群。大量案件也证实，一些腐败公职人员提前将配偶子女移民国外，财产转移国外，以便事发东窗时出逃海外。贪腐公职人员出逃将会给国家和人民造成重大损失，严重损害了政府的形象，危及了执政党的合法性。尽管存在上述潜在的危害性，一些人对"裸官"的危害却认识不足。随着中国的对外开放，人员交流扩大，不少公职人员和普通民众的配偶或子女拥有外国国籍或外国永久居留权，这种做法在很多人的心中并无不妥。调查显示，有相当数量的人认为公职人员配偶（及子女）可以拥有外国国籍或者外国永久居留权。如认同公职人员配偶可拥有外国国籍或外国永久居留权的有38.9%的公职人员和34.2%的公众；认同公职人员的子女可拥有外国国籍或外国永久居留权的有46.7%的公职人员和39.7%的公众。接受调查的公职人员和民众都有1/3以上的人认识不清，对普通民众而言，认识不清，情有可原；但对公职人员而言，理不应如此。

二 制约"裸官"的现行规定数量不少，但缺乏法律权威性

"裸官"具有一定的潜在危害性，规制"裸官"的现行法规数量也不少，然而大多具有一定的局限性。

第一，规范"裸官"的相关规定大多数是党的文件或规定，权威有限。大多数公职人员都是执政党党员，这些规章制度对其有约束力，但毕竟不是适用于全体公职人员。此外，各种规定之间存在不统一或相互矛盾的地方，如有的规定适用于党员领导干部，有的则规定适用于国家工作人员，但重点是党员领导干部；有不少管理"裸官"的规定是行政法规、地方性法规和规章制度，其权威难以和法律相提并论；有的规定是执政党和政府联合发布，仍然没有解决权威性问题，而且颁布的规定越多，其权威性和效力越容易逐步减弱。

第二，缺乏对违规"裸官"的有效制裁。例如，有的文件规定，公职人员应定期向上级部门报告配偶及子女财产就业情况，但报告之后谁负责

处理，是否应向公众公开都语焉不详。最为重要的是，如何确定报告的真实性，对不实申报的如何处理，等等。大多数文件都规定，党员领导干部或工作人员不如实申报，将视情节程度给予相应的处罚，如《关于领导干部报告个人重大事项的规定》第 8 条规定，领导干部不按本规定报告或不如实报告个人重大事项的，其所在组织应视情节轻重，给予批评教育、限期改正、责令作出检查、在一定范围内通报批评等处理。这类处罚规定数量不少，但几乎都无法与相关法律衔接，结果是这些规定"看起来很美"，实际上不具备可操作性。其一，这些规定是内部式监管，内部式监管难以实现真正的监督，让本单位人事部门对本单位领导进行监管难以落到实处。其二，申报内容只是本人陈述，缺乏核实申报信息的相关配套制度和技术手段，无法确定申报内容的真实性，使这项制度沦为形式化、走过场。其三，相关规定几乎都未涉及申报之后是否应向公众公开，使申报失去了最重要的外部监督途径。其四，限制和制裁"裸官"的措施软弱乏力。公职人员不按本规定报告或不如实报告个人重大事项的，其所在组织应视情节轻重，给予批评教育、限期改正、责令作出检查、在一定范围内通报批评等处理。这些规定只是一种避重就轻的"掸灰尘"式的处罚。此外，还有一些规定，如《中国共产党党员领导干部廉洁从政若干准则》第 13 条规定，党员领导干部违反本准则的，依照有关规定予以批评教育、组织处理或纪律处分，涉嫌违法犯罪的，依法追究其法律责任。这条规定的后一款看似严厉，但很少有人因不实申报而被追究法律责任。可以说，这些处罚规定大多只是一种警示性宣告。这些避重就轻"掸灰尘"且华而不实的处罚措施，完全不足以遏制"裸官"现象的蔓延。

第三，要求报告的人员范围窄，术语模糊，且对要害部门公职人员未作特殊规定。中共中央办公厅、国务院办公厅 2010 年颁布的《关于党员领导干部报告个人有关事项的规定》规定，"领导干部配偶、子女移居国（境）外的情况"应当报告。《规定》在第 2 条解释了领导干部概念，即其规定的领导干部包括：各级党的机关、人大机关、行政机关、政协机关、审判机关、检察机关、民主党派机关中县处级副职以上（含县处级副职）的干部。在现实生活中，一些要害部门的科级公职人员也具有相当的权力，也可能给国家和人民的利益带来危害。而且，由于科级公职人员直接接触公共财物的可能性更大，以权谋私的可能性也更大。调查显示，有相当部分的公职人员和公众认为，应当将"裸官"报告制度的适用范围扩大到全体公职人员。如有17.1%的公职人员认为所有公职人员的配偶都不能拥有外国国籍或者外国永久居留权，公众的人数比例则为19.0%；接受调查的公职人员认为所有公职人员的子女不能拥有外国国籍或者外国永久居留权的占14.6%，公众的人数比例为15.7%。因此，现行规定的适用范围是否应当适度扩大，有关部门应当对此进行研究论证。

第四，监督"裸官"的技术手段尚待完善。全面掌握"裸官"的信息是防治"裸官"的前提，但目前各有关部门对"裸官"信息的掌握可以说很模糊。公职人员的配偶、子女是否获得外国国籍或者永久居留权的情况，其在国外从事的职业；公职人员在海外的财产，如存款、房产等财产的情况，都无法得到证实。部分行为不轨的"裸官"通过各种方式掩饰、隐瞒违法活动所得，并将大量的资产转移境外是将资产转移并合法化的最重要途径。

无法核实"裸官"自行申报的信息是因为相应的监管手段不完善。国内有关部门无法取得"裸官"配偶和子女在境外的居留和就业情况的真实情况，所有信息全凭"裸官"一张嘴，监管部门只能任由其说，信息的准确性存疑。而这些信息并非不能核实，而是有关部门懈怠不去核实。以"裸官"的亲属去向而言，严格地说，国内的户籍和出入境管理处应该大有作为，关键是其想不想作为。

此外，信息技术手段的不完善和制度缺陷，也使得有关部门不能有效监控公职人员资金流动状况，加上国外银行部门大多有为客户保密的条款，国内有关部门无法掌握"裸官"在境外财产的真实情况，公职人员有多少海外资产，有没有海外资产只能任其申报，公职人员资金流动处于监控真空状态，因此，完善资金流动监管制度势在必行。

第五，追逃国际合作不够，不少"裸官"变逃犯，难以抓回。在全球化条件下，新的交通工具、通信技术缩小了国际社会的距离，扩大了人们的交往范围。但同时，一些国家和地区的政治经济金融制度不完善，贪污、贿赂、洗钱等腐败犯罪活动国际化有了现实可能并为之提供了条件。腐败犯罪分子利用制度漏洞大肆侵吞国家财产、携款外逃，将受贿和贪污的资金隐藏到国外，或者通过洗钱方式，使之合法化。在国际反腐败合作中，多边条约一直发挥着非常重要的作用。联合国及一些国际组织、区域性组织缔结的条约都属于多边条约。中国对外逃贪官主要采取两种方式，一种是引渡，一种是遣返。引渡和遣返需要与犯罪嫌疑人所在国签订双边或多边协议。目前，有30余个国家与中国有引渡或遣返条约。在多边条约方面，全国人大常委会于2003年8月批准了《联合国打击跨国有组织犯罪公约》，2005年10月批准了《联合国反腐败公约》。

在双边条约方面，中国自1986年开始同外国谈判签订司法协助条约，从1993年开始与外国签订引渡条约。至2006年2月，中国已与50个国家缔结了81项司法协助条约、引渡条约及移管被判刑人条约。与中国签订条约的国家主要有加拿大、保加利亚、波兰、蒙古、土耳其、古巴、俄罗斯、埃及、白俄罗斯、哈萨克斯坦、吉尔吉斯斯坦、希腊以及美国等。中国与外国所签订的这些条约涉及司法协助的意愿、原则、程序、权利和义务等，是中国进行司法协助国际合作的重要法律根据。

根据条约提出的法律协助请求将直接送给司法部，《联合国反腐败公约》要求将案件送给最高人民检察院的除外。无条约的法律协助和引渡请求应该通过外交渠道送给外交部，或送给引渡条约规定的其他部门。在没有引渡和司法协助条约的情况下，如果存在互惠保证，并不危害中国的国家利益和安全的情况下，中国可以向请求国提供引渡或司法协助。

反腐败国际合作还依赖国内法的制定情况。支持反腐败国际合作的国内法主要有《刑法》（1997年）、《刑事诉讼法》（1996年，2012年修正）、《引渡法》（2000年）和《反洗钱法》（2006年）。上述法律适用于所有条约所规定的请求。《刑法》规定了相关腐败犯罪的罪名和处罚。《刑事诉讼法》第17条首次将刑事司法协助问题纳入国内法的范围，中国的司法机构和外国的司法机构可以就惩治犯罪事务相互合作。根据该条款，刑事诉讼法规定的国内调查条款（如搜查、查封、取证、冻结和没收财产）也适用于多边法律协助请求。

《反洗钱法》第5章专门规定了反洗钱的国际合作事项。其第27条规定，中华人民共和国根据缔结或者参加的国际条约，或者按照平等互惠原则，开展反洗钱国际合作。第28条规定，国务院反洗钱行政主管部门根据国务院授权，代表中国政府与外国政府和有关国际组织开展反洗钱合作，依法与境外反洗钱机构交换与反洗钱有关的信息和资料。第29条规定，涉及追究洗钱犯罪的司法协助，由司法机关依照有关法律的规定办理。中国刑法规定洗钱为刑事犯罪，洗钱罪上游犯罪包括毒品犯罪、黑社会性质的组织犯罪、恐怖活动犯罪和走私犯罪。《反洗钱法》在此基础上还将上游犯罪范围扩大到包括"贪污贿赂犯罪、破坏金融管理秩序犯罪、金融诈骗犯罪等犯罪"，并规定该法适用于对涉嫌恐怖活动资金的监控。《反洗钱法》将腐败犯罪也纳入了洗钱的上游犯罪。

中国将腐败犯罪列入洗钱罪的上游犯罪具有重要意义。腐败犯罪如贪污贿赂犯罪对一个国家的经济和政治生活影响巨大，贪污贿赂犯罪所得的国外转移使反腐败成为全世界共同的难题，猖獗的洗钱活动已成为国际公害。确定洗钱为刑事犯罪并使其上游犯罪范围最大化是国际反洗钱的四大原则之一，另外三项原则是：制订以可疑交易报告制度为核心的金融机构和特定非金融行业及职业反洗钱措施；建立金融情报机构并赋予其权力；加强反洗钱协调与合作。为了加强反洗钱行动，中国人民银行作为中国反洗钱行政主管部门，于2004年建立了反洗钱监测分析中心——中国的金融情报中心。

尽管从制度和机构上都有了一定完善，但追逃仍然任重道远。首先，追逃成本巨大。2006年"两会"期间，公安部公布的追逃成本显示，在国内普通的追逃费在万元左右，最高可以达到上百万元。[①] 除去国内的成本，国际谈判、国际公务往返、调查取证等也将耗费巨资。

追逃同时还面临其他的一些制度性障碍。例如，引渡、刑事司法合作问题和犯罪资产返还问题。以引渡为例，《引渡法》规定了引渡的条件、程序，但在实践中，引渡仍然会面临诸多障碍。引渡是一个国家在另一个国家的请求下，交出在有管辖权的请求国被指控或被判处有罪的犯罪人。有权请求引渡的国家是：（1）罪犯本人所属国；（2）犯罪行为发生地国；（3）受害国。引渡是一个国家主权范围自由决定的事。根据国际法，国家并无引渡罪犯的义务，但如果国家间有条约规定，应履行条约义务。如无条约规定，是否向他国引渡，则完全由一国自行决定。如果发生几个国家同时要求向某国引渡某一罪犯时，原则上被请求国有权决定接受哪一国的引渡要求。

引渡条约是国家之间签订的要求把他国指控为犯罪和判刑的人移交给

---

① 柴小梦：《"裸官"现象产生原因及其应对措施探究》，《当代经济》（下半月）2011年第2期。

该国进行审判和惩罚的条约。引渡条约通常是双边的,也有多边的。根据引渡条约,战争罪、灭绝种族罪和种族隔离罪不在拒绝引渡之列。引渡一般分为条约引渡和无条约引渡两种。大多数国家都规定了引渡制度,但同时也规定了引渡的法定条件。一些国家无双边引渡条约还可以依据互惠原则开展引渡合作,但是有一些国家把双边引渡条约作为引渡合作的前提条件。如何克服"条约前置主义"的法律障碍,是中国对外开展引渡国际合作值得注意的问题。

《联合国反腐败公约》是各签约国在引渡方面最重要的法律依据。第一,公约规定的犯罪应包括在所有国家间的双边条约中,而且也应该包括在未来可能制定的双边引渡条约中。第二,如果一个成员国要求以条约为引渡的前提,《联合国反腐败公约》就应当是必须遵守的条约。第三,如果一个成员国并不要求一个条约为引渡的前提条件,那它必然应将《联合国反腐败公约》规定的犯罪作为可引渡的犯罪。[①]

然而,对中国来说,引渡外逃贪官会遇到以下几个障碍。

(1) 死刑不引渡原则。死刑不引渡原则是指被请求引渡者在引渡后有可能被请求国判处或执行死刑时,被请求国将拒绝引渡。大多数国家都有这样的规定,只有个别国家例外,如泰国就同意引渡死刑犯。中国《引渡法》没有规定是否不引渡死刑犯,但第8条第7项规定,如果被要求引渡之人在请求国可能会受到折磨或酷刑以及野蛮、羞辱性的对待或惩罚,将拒绝引渡。此外,中国国内立法对外逃贪官所涉及的罪名基本都保留了死刑,这与国际社会对经济犯罪人不适用死刑的一般态度不同。因此,中国在条约框架内要求其他缔约国引渡中国的腐败犯罪嫌疑人时,将遭遇"死刑犯不引渡"的障碍。不过,中国的情况近年来稍有改变。2006年4月,中国在与西班牙签署的引渡条约中(《中华人民共和国和西班牙王国引渡条约》),涉及了死刑犯引渡问题。条约规定,中西双方有义务按照条约,应对方请求,相互引渡在一方境内发现的被另一方通缉的人员。条约规定:"根据请求方法律,被请求引渡人可能因引渡请求所针对的犯罪被判处死刑,除非请求方作出被请求方认为足够的保证不判处死刑,或者在判处死

---

① ADB/OECD Anti-Corruption Initiative for Asia and the Pacific, Mutual Legal Assistance, Extradition and Recovery of Proceeds of Corruption in Asia and the Pacific, ADB/OECD, Paris, 2007, p. 29.

刑的情况下不执行死刑",否则被请求方"应当拒绝引渡"。这是中国第一个表明涉及死刑立场变化的条约,但其未改变中国现行法律关于死刑制度的规定。

(2) 涉及根本利益和公共利益的不引渡问题。一些国家在引渡或提供司法协助时可能损害本国根本利益和公共利益时,将拒绝国际合作。《联合国反腐败公约》也规定在可能损害被请求国的主权、安全和公共秩序或其他根本利益的情况下,拒绝国际合作。对什么是根本利益,亚洲国家的看法不甚一致,也没有准确的定义,它有可能指国家主权,也可能指国家安全或公共利益。[①]

(3) 双重犯罪不引渡问题。双重犯罪是拒绝引渡或提供司法协助的条件之一。双重犯罪在很多国家的引渡法中是一条刚性原则,[②] 所以在引渡和司法协助等事项上,此原则有可能会阻碍国际合作。《联合国反腐败公约》允许被请求的国家拒绝不符合双重犯罪原则的司法协助请求;涉及非强制性的司法协助时,鼓励各缔约国灵活对待双重犯罪原则;涉及强制性行为时,在不违反被请求国的国内法的条件下酌情决定。另外,司法协助行为是否具备强制性,应由被请求国来判断。[③] 这一规则突破了传统的"双重犯罪原则",使缔约国将因不符合双重犯罪的拒绝问题与可能违背条约宗旨相联系,对国际司法协助法的发展有深远影响。[④]

(4) 双重危险和同时诉讼问题。禁止双重危险原则是指对判决、裁定已经发生法律效力的刑事案件被告人,不得再次起诉和审理。禁止双重危

[①] ADB/OECD Anti-Corruption Initiative for Asia and the Pacific, Mutual Legal Assistance, Extradition and Recovery of Proceeds of Corruption in Asia and the Pacifi, ADB/OECD, Paris, 2007, p.50.

[②] 黄风:《当前国际刑事司法合作的若干热点问题》, http://www.criminallawbnu.cn/criminal/info/showpage.asp? showhead = &ProgramID = 110&pkID = 8169。

[③] 公约第46条第9款规定:"(一)被请求缔约国在并非双重犯罪情况下对于依照本条提出的协助请求作出回应时,应当考虑到第1条所规定的本公约宗旨。(二)缔约国可以以并非双重犯罪为理由拒绝提供本条所规定的协助。然而,被请求缔约国应当在符合其法律制度基本概念的情况下提供不涉及强制性行动的协助。如果请求所涉事项极为轻微或者寻求合作或协助的事项可以依照本公约其他条款获得,被请求缔约国可以拒绝这类协助……"

[④] 田立晓:《〈联合国反腐败公约〉与中国刑事法治》, http://www.iolaw.org.cn/showNews.asp? Id = 7478。

险原则是现代各国普遍接受的刑事审判原则，其意义在于，强调判决、裁定的既判力和权威性，保障刑事被追诉人的权利。联合国《公民权利和政治权利国际公约》第 14 条第 7 项就规定，任何人已依一国的刑事法律被最后定罪或者宣告无罪者，不得就同一罪名再予审判或惩罚。

（5）政治犯不引渡问题。世界大多数国家和地区都拒绝就政治犯问题进行司法协助并引渡政治犯，不过，各国对政治犯的理解却存在一定的差异，实践中各国或地区也均视个案情况而定。《联合国反腐败公约》对"政治犯引渡"问题的国际合作有专门的规定。根据《联合反腐败公约》，腐败案件不属于政治案件。但在实践中，出于各种考虑，如果犯罪涉及政治人物，许多国家将拒绝提供引渡或刑事司法协助。

（6）银行机密。许多国家在银行立法方面都有防止银行记录泄露的严格规定，其目的是保护储户的利益，维护正常的金融秩序。但从腐败案件国际合作的视角来看，这样的规定有可能成为阻止国际合作的障碍。如腐败罪的调查都要求银行记录为证据，然而，很多情况下，银行拒绝提供这样的记录。为了使银行的规定不至于阻挠多边法律协助，一些国际条约禁止签约国以银行机密的理由拒绝合作，如《经济合作发展组织反国际商业交易中贿赂外国公务员公约》第 9 条、《联合国反腐败公约》第 46 条等都作了这样的规定。

第五章

公职人员收受礼金礼品行为的法律规制

第一节　公职人员收受礼品规制概述

一　礼品的概念和含义

礼品是人们表达某种情感或者为达到某种目的而馈赠的物品,赠送礼品是社会生活中不可缺少的一种行为交往方式。在中国,礼品可以追溯至远古时的祭祀活动,赠礼最初是向神灵表示敬意、祈求神灵保佑的一种方式,后来演变为古代战争中部落兼并而产生的纳贡。随着社会的发展和社会交往的增多,赠送礼品才逐渐演变成一种社会交往方式。在中国文化中,赠送礼品具有非常重要的意义,中国人在日常生活中非常注重礼尚往来,如《礼记·曲礼上》记载:"礼尚往来,往而不来,非礼也,来而不往,亦非礼也。"

从语言学上分析,"礼品"一词由两个字组成。"礼"的意思是仪式、礼节以及诸如忠孝等道德理念。"品"的意思是物质的东西。中国古代礼品的种类多样,衣物、珠宝、食物、武器、牲畜、田宅都是馈赠的礼品。在古代,由于身份地位低下,女性也可能是互相馈赠的礼品。古代美女西施就被越王勾践当作礼品献与吴王夫差;东汉王允在施用连环计时,也将貂蝉当作礼品送给董卓。

中国古代对官员收受礼品有很多记载,最耳熟能详的是"羊续悬鱼"。据《后汉书·羊续传》记载,羊续,后汉泰山平阳(今山东泰安)人,历任庐江、南阳两郡太守多年,但从不请托受贿、以权谋私。到南阳郡上任不久,羊续属下的一位府丞送来当地特产——一条白河鲤鱼。羊续拒绝收受,但推却不过。当这位府丞离去后,羊续便将鲤鱼挂在屋外,任风吹日晒成了干鱼。一年后,这位府丞送来了一条更大的鲤鱼。羊续指着柱上悬挂的干鱼说:"你上次送的鱼还挂在那里,已成了鱼干,请你一起都拿回去吧。"这位府丞羞愧难当,只好把鱼取走了。南阳郡百姓尊称其为"悬鱼太守"。明朝于谦有感此事曾赋诗曰:"剩喜门前无贺客,绝胜厨内有悬鱼。清风一枕南窗下,闲阅床头几卷书。"今天,"羊续悬鱼"指的是居官清廉、拒绝受贿的意思。

古代对官员礼品馈赠制度有详尽的规定，以宋朝的规定最为详细。宋朝对各类官员，如对各路监司和州级官员帅臣、统兵官、内侍、走马承受、涉外使臣、司法官及一般官员的礼品馈赠都作了详细的规定。例如，宋宁宗时的《庆元条法事类》"职制门·馈送类"就有关于对监司接受礼物和馈赠他人的详细规定。其中"职制敕"规定了以下几方面：其一，监司"出巡，于所辖并干办处，越等及例外受供给、馈送者，以自盗论"；其二，监司（知州同）"非任满替移（在任二年以上非），虽有例册，辄馈送罢任之物及受之者，并坐赃论"；其三，监司（帅臣、知州同）子弟及随行亲属、门客，如在所部"干托骚扰，收取馈送"，罚杖八十；其四，监司的属官"缘路见州县官，若受馈送者，各徒二年"。同书"厩库敕"规定：各监司（发运使同）"若朝省所遣官至本路"，"辄以香药馈送（非以香药，别为名目馈送者同），徒二年。折计价值，以自盗论"。该"职制敕"不仅规定了收礼官员的职务，还规定了收礼的方式、种类以及处罚的形式。宋代的礼品馈赠管理制度对上宽而对下严，大部分条法都是针对地方官员和中下层官员，没有规定允许官员受礼的最高限额，而且一般不对违法者实行经济制裁等。

在现代社会，礼品的种类和形式更加多样，送礼想要表达的意思也更为复杂。礼品可以是实物，也可以表现为非实物性利益，这种利益可以是现实的也可以是期权的。在很多情况下，为了行为方便，礼品更多表现为礼金形式，甚至直接就是银行现金卡的形式。

一般来说，现代社会礼品的范围较广，包括现金、有价证券、物品，如房产、轿车、电脑、照相机和古玩字画等。有人将当前最为流行的十大礼品作了一个归纳：黄鹤楼1916香烟，市场售价2000元左右一条，由于强劲的礼品需求，市场上很难买到；金骏眉茶叶，标价8800一斤，制作一斤金骏眉需要6万～8万个芽头，20多个熟练女工采摘一天；茅台酒，1500元一瓶；拉菲红酒，产自法国，一瓶2006年产的拉菲，市场价为1.5万元，1982年产的则市场价为5万～6万元，以至于有人笑称，"每一班巴黎飞往中国的航班上，至少有三个是到中国卖红酒的"；iPhone手机和iPad平板电脑；LV包，中国认知度最高的奢侈品；冬虫夏草，其比黄金原料价格高50%；出国游；玉，与字画古籍相比，其便于保存，与房子汽车相比，其便于携带；黄花梨，因稀缺更是礼品中的上品。

不同国家和地区对礼品礼金的界定不同。例如，新加坡《防止腐败法》（*Prevention of Corruption Act*）中的界定相对宽泛。根据该法的规定，贿赂（gratification）包括：（1）金钱或者任何礼物、贷款、费用、酬金、佣金、有价证券或者其他财产或者任何可以形容为动产或不动产的财产性利益，而不论其是动产还是不动产；（2）任何职位、职业或协议；（3）任何借款、合同债务或者其他任何责任的部分或全部的偿还、放弃、履行或清偿；（4）其他任何服务、帮助或者任何可以形容的好处，包括使逃避惩罚，或使规避任何惩戒或惩罚本身的行为或程序所带来的或其中发生的，或令人担忧的不利条件，无论该行为实施与否，同时还包括任何权利、公权力或职责的行使或不行使；（5）提议、约定或承诺给予以上（1）、（2）、（3）、（4）各项中所规定的任何报酬的行为。日本《国家公务员伦理法》以及《国家公务员伦理规程》把公职人员自他人处接受动产或者不动产财物、接受金钱借贷、无偿借用他人动产或者不动产、无偿接受劳务、与利害关系人共同进行娱乐、自利害关系人处获取的报酬等均纳入"利益"范围之内。

赠送礼品的场合很多。婚、丧、嫁、娶、迁居、升职、评先进、留学、外出开会、生病、节假日等都可能成为送礼的场景或理由。"礼轻情意重，礼重含义深"。在民间，馈赠礼品既可以表示为对送礼人的尊敬和爱戴，也可以表示成对收礼人的某种期盼，即期待收礼人付出某种回报。送礼和收礼在民间社会是一种正常的活动，无须对礼品赠送的范围及形式进行规范。然而，公职人员收受礼品礼金则需要另当别论，因为，公职人员收受礼品的行为可能对公正行使职权具有一定的影响。

二 公职人员收受礼品行为的界定

互赠礼品是人们表达感情或进行人际交往的一种正常的社交活动，但是因公职人员的身份而具有了特殊的含义。由于公职人员代表国家行使权力，收受个人或单位的礼品或礼金的行为有可能影响权力的公正行使，或者利用权力为自己谋取私利，因此，对公职人员收受礼品和礼金的行为加以规范非常有必要。公职人员收受礼品礼金的行为具有以下特征。

第一，从行为主体看，赠送礼品礼金的人可以是任何个人或者单位，收受礼品礼金的人则应是公职人员，其可能掌握权力也可能不掌握权力。

不掌握权力的公职人员是否可以收受超出一定数额或价值的礼品或礼金，由于没有规定，是否应加以规范值得讨论。

第二，从行为目的看，向公职人员送礼的行为是想获取一定的利益，或者是获得了某种利益后表示感谢。公职人员收受礼品礼金是一种双向行为，送礼者和受礼者有期望的目的和动机。当然，也可能存在双方之间没有任何利益关系的送礼情况。在希望获得某种利益的赠送礼品行为中，赠送礼品或礼金的人或单位希望通过公职人员的权力获取某种现实或期权利益。公职人员在行使权力时具有一定的自由裁量权，向公职人员赠送超出一定价值的礼品或礼金有可能使公职人员作出有利于送礼人的决策。可以说，大多数送礼的人，或者是想与公职人员建立一定的关系，或者是希望在与权力有关的活动中获得公职人员的关照、利益、好处、晋升或提拔。总之，为了获得某种利益回报，婚、丧、嫁、娶、升官、升学、乔迁、生子、留学等都是向公职人员赠送礼品的场合，而且礼轻回报重。除了期望被动收受礼品礼金以外，一些公职人员甚至会主动利用手中的权力寻租，不惜损害国家和公共利益，违背了权力的公正公平原则。

第三，从行为对象来看，礼品或礼金的形式可以是物品，如房产、轿车、电脑、照相机和古玩字画，也可以是有价证券，如现金、股票等。此外，一些非物质性的利益也属于礼金的范围，如高级俱乐部会员卡，帮助收礼人的亲属就学、就业等。收受期权好处也应被视为收取利益的行为，如在职时为请托人谋利，离职后再收取回报。

第四，从行为情节来看，公职人员收受的礼品或礼金必须限定一定的数额或价值，收受数额较大或价值较高的财物或非物质性利益是禁止性行为，未超出一定范围的礼品馈赠应属于正常的社交行为。如果赠送的礼品礼金超出了一定的范围，公职人员收受礼品礼金就应成为法律约束的行为。

一般来说，公职人员作为普通人也应当有正常的礼尚往来，但因公职人员有着特殊身份，在正常场合收受礼金可能也会与权力或职位有密切的关系，即给公职人员赠送礼品有可能是正常的礼尚往来，但也有可能是送礼的人，特别是赠送高价礼品的人希望通过公职人员的权力关照，获取一定的利益。如果公职人员收受了高额礼品，并在职权范围内给予关照或回报，就是一种禁止性的寻租行为。

公职人员依法从政是保证社会成员公平获取稀缺的社会资源的必要条件，权力的运行就是社会利益的分配过程，在这个过程中，公职人员不但需要协调社会成员之间的利益冲突，还应秉公执法，不得以手中的权力交换个人利益。违规收受礼品并给予送礼人以关照，使社会资源的分配有失公允，违背了公职人员的职责，损害了公职人员的公信力，进而影响到执政党和政府的公信力。公职人员违规收受礼品的寻租行为不是小事，但在处理相关情况时应该区分公职人员违规收取礼品与正常礼仪往来以及与受贿犯罪的界限，不过，在中国这样的人情社会中具有一定的难度。

三 限制公职人员收受礼品的域外规定

给公职人员赠送礼品的历史悠久，但对公职人员收受礼品的行为进行规范是对现代政府的客观要求。各国政府对此都非常重视，出台了许多规定，大多数规定都将其视作公职人员的行政伦理规范，并予以法制化。

限制公职人员收受礼品是许多国家和地区廉政制度的一部分。一般来说，不少贪污腐败行为都是从收受礼品开始的，贪欲逐渐恶性膨胀，深陷泥潭，不可自拔。因此，世界上许多国家和地区对官员收受礼品都有严格的限制。在立法较严厉的国家和地区甚至规定，所有公职人员（包括其直系家属）都不得接受来自任何方面、任何形式的馈赠和捐献。一些国家的法律不但规定了收礼的禁令并且规定了收礼的例外，同时对公职人员的收礼总数也有一定限额。

韩国在公务宴请和送礼方面就有着严格规定。韩国2003年以总统令的方式公布实施了《公务员行动纲领》，各部处和地方政府根据该纲领制定了本部门本地区的公务员行动纲领，所有的公务员必须遵守这两个纲领。根据该纲领，韩国公务员和与职务相关人员一起吃饭或接受礼品馈赠时，金额不得超出3万韩元（约合人民币190元）。公务员在红白喜事时，接受的礼金不能超过5万韩元（约合人民币310元），亲属馈赠的除外。

日本《国家公务员伦理规程》中有一系列接受礼品礼金或者利益的禁止性规定，其核心为公职人员不得无偿接受利害关系人利益。日本《国家公务员伦理规程》第3条第1款规定：不得（1）自利害关系人处接受金钱、物品或者不动产的赠与；（2）自利害关系人处借贷金钱；（3）无偿借用利害关系人的物品或者不动产,或者由利害关系人承担相关费用;(4) 无偿接受利害关系人提供的劳务,或者由利害关系人承担相关费用;(5) 自利害关系人处接受未公开发行的股份;(6) 接受利害关系人提供的招待;(7) 与利害关系人共同游玩或者打高尔夫;(8) 与利害关系人共同旅行,但公务出差除外;(9) 通过利害关系人让第三人实施上述行为。公职人员在接受上述利益时即便支付了对价,若该对价低于相关物品或者服务当时的实际价值,仍视作该公职人员获取了与该差价相当的利益(《国家公务员伦理规程》第 3 条第 3 款),应当受到处罚。《国家公务员伦理规程》还规定了利害关系人的范围,即在过去 3 年或现在,一切与公务员有直接或间接关系的人,都被视为有利害关系人。

巴基斯坦《1964 年政府公职人员行为条例》第 5 条规定,非经政府事前批准,任何政府公职人员均不得接受或者允许其家庭成员接受任何人赠送的、可能使其对馈赠者承担职务上的义务的礼物。公职人员可以接受价值在 1000 卢比以下的礼物;价值在 1000~5000 卢比的礼物,公职人员需要支付礼物价值的 25% 的价款,否则不得留作个人物品,且据该比例所缴款额不得低于 1000 卢比;价值超过 5000 卢比的礼物,需要公职人员支付礼物价值的 25% 的价款,但个人据此所缴纳的价款不得低于 1000 卢比,不得高于 5000 卢比,如果高于 5000 卢比,个人还需要再交付 15% 的价款。第 9 条规定,任何政府公职人员非经政府事前批准,不得索取、接受或以任何方式参与筹集任何名目的赞助和资助。第 10 条规定,任何政府公职人员不得借钱给任何在其管辖范围内以及在公务上与其有联系的人,也不得向上述当事人借钱,即不得使自己对上述人员承担金钱上的义务。

菲律宾《国家官员和雇员的行为守则和道德规范》第 7 条规定,禁止国家官员和雇员在执行职务中,因其所在的机关管理的工作或者其机关可能影响的事项而直接或者间接地向任何人索取或者接受赠与、赏金、偏袒、执行贷款或具有金钱价值的任何东西。菲律宾还专门发布了总统令——《在包括圣诞节在内的任何场合国家官员和雇员接受私人做出的赠与应受惩罚》,禁止国家官员和雇员在包括圣诞节在内的任何场合接受私人赠与。

中国香港特别行政区的《防止贿赂条例》禁止公职人员接受与之有公

务往来的人士或者机构提供的礼物、折扣、贷款或者旅费，同时也禁止任何过分慷慨、优厚或者殷勤的款待。香港特区政府在《接受利益（行政长官许可）公告》中，规定了公职人员可以在不违反《防止贿赂条例》的情况下接受礼物。比如，亲属给予的礼物、折扣、贷款或者旅费；在按照风俗习惯赠送或者交换礼物的场合，挚友馈赠总额不超过2000港元的礼物或者旅费，其他人士馈赠总额不超过1000港元的礼物或者旅费，或者在其他场合，挚友馈赠总额不超过400港元的礼物或者旅费；接受挚友不超过2000港元的贷款或者其他人士不超过1000港元的贷款，但均需要在14日内还清。

中国台湾地区的"公务员服务法"第16条禁止有隶属关系的"公务员"相互赠受财物；第18条禁止公务员利用视察调查等机会，接受地方官民的招待或者馈赠。

1883年英国《净化选举、防止腐败法》规定，如果官员个人财产与其正常收入之间存在差距，必须就此作出解释与说明，如不能提供合法所得的证据，将被认定为灰色收入。议会议员在申报财产时需要如实填写工资、奖金、补贴、津贴、福利和免费旅游等事项，如果从事咨询、授课、创作或者参与经营活动的，还需要将这些活动的收入如实申报；而议员以外的公务员也有将其获得的任何与职务关系有关的实物、现金和其他好处如实向政府申报的义务。英国《1995年公务员管理枢密院令》（Civil Service Order in Council 1995）第4章第3节第5条还规定，依据诚实和公正无私原则，各个内阁部与政府机构必须告知其职员在哪些情况下必须报告所收到的礼品、款待、奖赏、勋章及其他收益的情况，以及在哪些情况下须在接受前取得批准等。

印度《全印文官行为条例》规定，未经政府准许，任何文官成员不得接受、其妻子和其他家庭成员也不得接受任何人巨额礼物。

这些国家或地区在规定公职人员禁止性行为时，也考虑到私人交往中的礼尚往来问题，明确规定了允许接受的利益及其标准。比如，日本在上述禁止性行为之外，在《国家公务员伦理规程》中规定了允许公职人员收受利益的几种情形，包括：（1）从利害关系人处获赠宣传用物品或者纪念品，且这些物品是被广泛分发给众多人员的；（2）在众多人员出席的立餐酒会上，从利害关系人处获赠纪念品（此处的"众多人员"为20人以上）；

(3) 为履行公务而访问利害关系人时，使用该利害关系人提供的物品；(4) 为履行公务而访问利害关系人时，利用该利害关系人提供的汽车（限于该利害关系人在其业务中日常使用的汽车，且从该利害关系人办公场所周边交通状况看，利用该汽车具有相当理由）；(5) 在为履行公务而出席的会议及其他集会上接受利害关系人提供的茶点；(6) 在众多当事人参加的立餐酒会上接受利害关系人提供的食物；(7) 公职人员与亲属、朋友可以在为履行公务而出席的会议上接受利害关系人提供的简单食物。另外，公职人员自行负担费用，或者由利害关系人以外的第三人负担费用的，则可以同利害关系人共同进餐，但是，本人饮食标准超过1万日元的，需要向本单位的伦理监督官申报。在众多人员参与的立餐酒会上与利害关系人共同进餐，或者与有私人关系的利害关系人共同进餐时，本人或者有私人关系的其他人负担费用的，则不受上述规定的限制。在金钱物品的赠与方面，则主要着眼于是否符合普通的社会交往常态，在婚丧嫁娶中，允许利害关系人赠送符合社会通行标准的一定数额的礼金。

由上可见，许多国家和地区对公职人员收受礼品礼金进行规制的目的非常明确，公职人员收受礼品的行为不得与职务行为相冲突，规定的内容也较为具体，对收受的数额和种类作了细致的划分，如在种类上，除了一些物质的和有价证券礼品外，还包括一些款待性的内容，如接受一定数额以上的交通和食宿资助等；规定了应上缴数额或应登记的标准；监管机构的职责非常明确，对违规公职人员的制裁也作了较为清晰的规定，特别是明确了对故意提供虚假信息的应给予刑事制裁。

相对而言，中国关于公职人员收受礼品的相关规定无论是内容还是形式都显得非常粗糙，收受礼品的种类、数量和金额不明确，一般由各地方和各部门自行规定，由于各地社会经济发展不平衡，这本来有一定的合理性，但有的地方规定收受的礼品达200元就应上缴显然不符合实际情况。此外，对赠送礼品当事人的范围规定得也非常模糊，对谁能送礼谁不能送礼只是作了笼统的规定，具有较大的活动空间，为监管带来了不小的难度，这就难怪实践中鲜有官员因收受礼品而受到制裁的情况。

第二节　中国规制公职人员收受礼金礼品的规定与实践

中国规范公务员收受礼品的现行制度大多是由一些政府规章、党内文件和政策性文件来规定的。下面就规范公职人员收受礼品、礼金及招待的一些主要法律、政策文件和规章制度作简要分析。

一　规制公职人员收受礼品的规范性文件和法律

公职人员收受礼品礼金成为廉洁从政的重要内容并加以规范是改革开放之后的事情。1995年4月，中共中央办公厅、国务院办公厅出台《关于对党和国家机关工作人员在国内交往中收受礼品实行登记制度的规定》，其第2条规定了相关人员不得收受礼品的内容，即党和国家机关工作人员在国内交往中不得收受可能影响公正执行公务的礼品馈赠（不含亲友之间的交往），未能拒收的礼品除价值不大的以外，必须登记上缴。第4条规定了收受礼品的处理办法，在规定期限内不登记或不如实登记、不上缴的，由所在党组织、行政部门或纪检监察机关责令其登记、上缴，并给予批评教育或者党纪政纪处分。第5条规定了适用人员的范围，主要为党的机关、人大机关、行政机关、政协机关、审判机关、检察机关中从事公务的人员。此外，国有企业、事业单位的负责人，国家拨给经费的各社会团体中依照法律从事公务的人员也适用本规定。第6条规定了监管机构，负责执行的部门为各级党组织和行政部门，各级纪检监察机关负责监督检查。第7条还授权各省、自治区、直辖市结合本地区的实际，制定具体的礼品登记标准。

《关于对党和国家机关工作人员在国内交往中收受礼品实行登记制度的规定》是中国第一个针对公职人员国内交往收受礼品的专项制度，根据该规定，各地出台了相应的政策，有的对礼品的数额作了相应规定，如规定礼品价值100元就应申报或上缴，有的规定礼品价值达为200元的就应登记或上缴，有的则没有规定礼品的价值和数量，只是笼统地称应将收受的礼品上缴。实践中，由于缺乏统一性和可操作性，几乎没有人上缴和登记，使得这些规定沦为笑柄。

下面是该文件附件礼品登记表。该表由两部分组成，第一部分是收礼人也即登记人信息，如政治面貌、单位、职务、礼品名称、数量、型号、价值，以及送礼的时间和地点。第二部分由管理机构填写，内容为接受登记的部门、礼品的处理情况和礼品的移交情况（见表5-1）。

表 5-1 礼品登记表

登记人		政治面貌		登记时间	
单位、职务				电话	
礼品名称、数量、型号及价值					
送礼人姓名、单位、职务					

送礼时间、地点：

（以下由受理礼品登记部门填写）

接受登记部门	
礼品处理情况	经手人：　　　　　　　　　批准人：
礼品移交情况	移交人：　　　　　　　　　接收人：

2001年，中国共产党中央纪律检查委员会和监察部联合印发了《关于

各级领导干部接受和赠送现金、有价证券和支付凭证的处分决定》。其第 2 条规定，各级领导干部一律不得接受管理和服务的对象、主管范围内的下属单位和个人、外商和私营企业主，以及其他与行使职权有关系的单位和个人的现金、有价证券和支付凭证。第 4 条规定了违规接受礼金礼品的处罚办法，领导干部接受上述单位和个人赠送的现金、有价证券和支付凭证的，不论数额多少一律给予警告以上处分直至开除党籍，或者责令辞职、免职、解聘、辞退等组织处理。涉嫌犯罪的，移送司法机关处理。这里虽然提到了刑事制裁，但同样缺乏与刑法相衔接的实施细则。《处分决定》的适用对象是在党的机关、人大机关、政协机关、审判机关、检察机关、事业单位、人民团体中副科级以上的公职人员，以及国有企业的中层以上人员。值得注意的是，这个规定第一次对领导干部的亲属收受礼品的行为作了规定，可谓是前进了一大步。此外，还对赠送礼品的人作了规范。① 不过，从制裁形式来看，该规定仍然是内部纪律处分，还是处在原地踏步阶段。

2003 年中共中央发布了《中国共产党党内监督条例》，其中第 18 条规定，各级党员领导干部应当向党组织如实报告个人重大事项，自觉接受监督。

2003 年，中共中央对 1997 年 2 月颁布的《中国共产党纪律处分条例（试行）》进行了修订，出台了《中国共产党纪律处分条例》，对公职人员收受礼品的情况作了较为详尽的规定。其第 74 条第 1 款规定，党和国家工作人员或者其他从事公务的人员不得接受可能影响公正执行公务的礼品馈赠，不登记交公的，视情节轻重给予相应的处罚：警告或者严重警告、撤销党内职务或者留党察看、开除党籍等。第 87 条规定，党和国家工作人员或者其他从事公务的人员不得利用本人职务上的便利，通过其他党和国家工作人员职务上的行为，为请托人谋取不正当利益。第 88 条规定，党和国家工作人员退（离）休后，不得利用本人原有职权或者地位形成的便利条件，通过在职党和国家工作人员职务上的行为为请托人谋取利益。第 89 条对公

---

① 其第 5 条规定，领导干部的父母、配偶、子女接受与该领导干部行使职权有关系的单位和个人赠送的现金、有价证券和支付凭证，应当追究该领导干部的责任，根据情节轻重，给予相应的纪律处分。第 6 条规定了对赠送现金、有价证券和支付凭证人的处理，即向领导干部赠送现金、有价证券和支付凭证的个人和单位，应当根据情节轻重，给予责任人相应的纪律处分。

职人员违规收受礼品行为的制裁作了规定，特别规定党和国家机关、国有企业（公司）、事业单位、人民团体在经济往来中，在账外暗中收受各种名义的回扣、手续费，以受贿论。第 90 条规定了对给公务员送礼的党员视情节轻重给予警告或者严重警告、撤销党内职务或者留党察看、开除党籍处分。因行贿给国家、集体和人民利益造成重大损失的，从重或者加重处分，直至开除党籍。

该条例在党纪处分的执行程序上，对执行党纪处分决定的期限、方式和应当办理的相关手续等事项以及对不按规定执行党纪处分决定的行为如何追究责任均作出了具体规定。因此，较之以前的规定，《党纪处分条例》有了较大的进步，解决了党纪处分决定中难以执行的问题。此外，《党纪处分条例》还明确了党纪处分与其他党内法规的关系，即《党纪处分条例》的总则适用于有关党纪处分规定的其他党内法规，但是其他党内法规中有特别规定的除外。特别是《党纪处分条例》第一次将党员公职人员及单位送礼情节严重的行为与《刑法》第 385 条和第 387 条相衔接，是对公职人员收受礼品最为严厉的规定。

2005 年 4 月 27 日第十届全国人民代表大会常务委员会第十五次会议通过的《公务员法》第 53 条规定了公务员的 16 种禁止性行为，但其未提及公职人员收受礼品行为及其相关制裁。第 16 种禁止性行为只是笼统规定为违反纪律的其他行为，而"其他行为"具体所指，语焉不详。

2010 年出台的《中国共产党党员领导干部廉洁从政若干准则》是对公职人员行为最为全面的监管准则。其第 1 条第 2 项禁止公职人员接受可能影响公正执行公务的礼品、宴请以及旅游、健身、娱乐等活动安排。实际上，一些公职人员不仅收受礼品礼金，即传统的财物，而且接受非财产性利益，如旅游、健身、按摩等利益。第 3 项是不准在公务活动中接受礼金和各种有价证券、支付凭证。有价证券和支付凭证包括各类商品的提货单，银行的汇票、本票、支票，还包括股票、债券、基金、购物卡、加油卡、消费卡等。对领导干部在公务活动中接受礼金和各种有价证券、支付凭证的处理，有关文件早就作了规定，如《国务院关于在对外公务活动中赠送和接受礼品的规定》（国务院令 133 号）、《中共中央办公厅、国务院办公厅关于严禁党政机关及其工作人员在公务活动中接受和赠送礼金、有价证券的通知》（中办发〔1993〕5 号）以及《党纪处分条例》均有明确规定，即在公务活动中严禁接受和赠送礼金、有价证券,收受了应在一个月内登记,并上缴单位财务部门或者纪检监察机关。

2011年,中共中央纪律检查委员会颁布了《〈中国共产党党员领导干部廉洁从政若干准则〉实施办法》,这是最详细也是最严厉的党员领导干部行为准则,其中对收受礼金、礼品作了十分详细的界定。

涉及公职人员收受礼品和礼金的法律不多,公职人员违规收受礼品和礼金是亟待规范的禁止性行为,但《公务员法》对此付之阙如,不能不说是一大遗憾。

与公职人员收受礼品的相关行为有关的法律是《刑法》及相关司法解释。1988年1月,全国人大常委会《关于惩治贪污罪贿赂罪的补充规定》是有关公职人员收受礼品犯罪的最早规定。其第10条规定,国家工作人员在对外交往中接受礼物,按照国家规定应该交公而不交公,数额较大的,以贪污罪论处。这条规定只涉及国家工作人员在对外交往活动中收受礼品的情形。一般而言,在对外交往中,公职人员接受对方表示尊重而馈赠的一定数额以下的礼品是对对方的尊重的正常礼仪行为,但如果数额巨大就应该上缴,毕竟其是在代表国家政府部门履行公务行为时收受的礼品,属于国有资产,而且礼品数额较大上缴也符合国际惯例。在外交活动中收受数额巨大的礼品,拒不上缴,实际是利用职务便利侵占国有资产。1997年刑法修订之后,此补充规定被废止,相关内容体现在了1997年修订的《刑法》中。《刑法》第385条规定了受贿罪,国家工作人员利用职务上的便利,索取他人财物的,或者非法收受他人财物,为他人谋取利益的,是受贿罪。国家工作人员在经济往来中,违反国家规定,收受各种名义的回扣、手续费,归个人所有的,以受贿论处。第387条规定了对受贿罪的处罚,国家机关、国有公司、企业、事业单位、人民团体,索取、非法收受他人财物,为他人谋取利益,情节严重的,对单位判处罚金,并对其直接负责的主管人员和其他直接责任人员,处5年以下有期徒刑或者拘役。前款所列单位,在经济往来中,在账外暗中收受各种名义的回扣、手续费的,以受贿论,依照前款的规定处罚。第388条规定了受贿的另一种特殊情况,国家工作人员利用本人职权或者地位形成的便利条件,通过其他国家工作人员职务上的行为,为请托人谋取不正当利益,索取请托人财物或者收受请托人财物的,以受贿论处。

在实践中，对利用职权收受贿赂为他人谋取利益触犯刑法的公职人员处罚较严，相关案件屡见不鲜，但是因收受礼品而受到惩处的案件非常之少。《刑法》第394条规定，国家工作人员在国内公务活动或者对外交往中接受礼物，依照国家规定应当交公而未交公，数额较大的，依照本法第382条、第383条的规定定罪处罚。由于缺乏衔接，在现实中，实际因收受礼品未上缴而定罪的案件少之又少。在这方面最著名的案例当属原北京市市委书记陈希同案，其因收受价值50万的礼品而被刑事制裁。陈希同收受礼品受刑事制裁本无可厚非，但由于此类案件少之又少，成为另类，屡被人质疑制裁的动机和目的，反而失去了公信力。

二　地方规制公职人员收受礼品的实践

各地各部门根据中央的规定和国家法律也制定了一些规范公职人员收受礼品行为的配套措施。2005年1月，中共江苏省委、江苏省人民政府出台了《关于严禁公职人员收受礼金礼品的若干规定》，其第2条规定了禁止收受礼品的种类，即公职人员不得接受其管理和服务的对象以及其主管范围内的下属单位和个人的现金，代币购物券、礼仪储蓄单、债券、股票及其他有价证券，消费卡、购物卡、电话充值卡、商品提货单等各种支付凭证（以下简称"礼金"）和高档耐用物品、金银制品等贵重物品（以下简称"礼品"）。第3条规定了不得收受礼品的公职人员范围，如公职人员不得接受与其主管的业务有关的外商和私营企业主以及其他可能影响公正执行公务的单位和个人的礼金、礼品。第4条规定了公职人员不得收受礼品的场合，公职人员不得利用逢年过节、婚丧喜庆、工作调动、子女上学等机会收受礼金、礼品（不含亲友之间的交往和上级单位、本单位组织的慰问）。第5条明确了对礼金的处理办法，公职人员因各种原因未能拒收的礼金、礼品，应在一个月内作如下处理：（1）礼金不论数额大小，一律登记上缴受礼人所在单位纪检部门，并由单位集中上缴财政部门，或由受礼人具实名上缴廉政账户；（2）礼品一律登记上缴受礼人所在单位纪检部门，由单位按照有关规定处理。第6条对拒不上缴的人员规定了处罚措施。首先，共产党员违反本规定，收受礼金、礼品不登记不上缴，视情节轻重，给予党内警告或严重警告、撤销党内职务或留党察看、开除党籍、行政处分等。其次，不是共产党员的公职人员违反本规定，按照情节轻重，给予相应的行政处分。多次收受礼金、礼品的，按照礼金、礼品的累计价值和情节轻重，给予相应的党纪、政纪处分。以敛财为目的，本人或指使配偶、子女索取礼金、礼品的，从重处理。最后，领导干部违反规定收钱送钱的，一律先行免职，再按规定进行处理。对违规收受礼金礼品公职人员的处罚为，依据情节轻重，按照干部管理权限和有关程序，可以单独或同时给予诫勉谈话、调离原岗位、责令辞职、免职、降职、解聘、辞退等组织处理。涉嫌犯罪的，移送司法机关处理。

江苏省将监督收受礼金礼品的行为作为党风廉政建设责任制的重要考核内容，定期进行检查和考核，并将该考核结果作为对公职人员进行业绩评定、选拔任用和责任追究的重要依据。

1995年6月，甘肃省纪律检查委员会和监察厅发布了《甘肃省党和国家机关工作人员在国内交往中收受礼品登记标准和上缴处理的实施办法》，第2条规定了不得收受礼品礼金的内容，党和国家机关工作人员在国内交往中，不得收受可能影响公正执行公务的礼品馈赠，因各种原因未能拒收的礼品，必须登记上缴。党和国家机关工作人员在国内交往中收受的其他礼品，以实物价值折算金额（人民币，下同）为标准，一次性收受礼品价值在100元以下的，不予登记；一次性收受礼品价值在100元（含100元）以上的，必须登记。亲友之间互相交往中馈赠的礼品不予登记。第3条规定了处理办法，自收受之日起（在外地接受礼品的，自回本单位之日起）一个月内由本人如实填写礼品登记表，连同礼品一并上缴。第7条规定了处罚的方式，对于收受后应登记、上缴的礼品在规定期限内不登记或不如实登记、不上缴的，由所在单位党组织、行政部门或纪检监察机关责令其登记上缴，并视其情节，给予批评教育或党纪政纪处分。第8条规定了监管的机构，本办法由各级党组织和行政部门负责执行，各级纪检监察机关负责监督检查。

广东省一直比较重视公职人员收受礼品礼金问题，在广东，礼品礼金又被形象地称为"红包"。2012年，广东省省委办公厅、省人民政府办公厅印发了《关于贯彻落实〈廉政准则〉深入开展治理收送"红包"问题工作的意见》，要求广东领导干部在职工大会上承诺拒收"红包"，对四种收送"红包"的当事人先免职，再根据有关规定从严处理。四种情形分别是：一是用公款赠送"红包";二是收受管理或服务对象的"红包";三是授意或委托特定关系人收送"红包";四是多次收送"红包"。

2010年11月25日,中共重庆市市委办公厅、重庆市人民政府办公厅印发了《关于收送"红包"、超标准使用公务车、违规经商办企业的纪律规定》的通知,规定凡具有以下情形的人员,担任领导职务的一律先予免职,再根据有关规定从严处理;未担任领导职务的,一律给予党纪、政纪处分:(1)用公款赠送"红包"的单位负责人、经办人;(2)收受管理和服务对象、下属单位和个人的"红包",不按规定登记、上缴的公务人员;等等。

三 公职人员收受礼品礼金相关规定的特点

从上述规定来看,中国在规制公职人员收受礼品方面有相当多的规定,涉及收受礼品的种类、数额、监管机构和制裁等。这些规定不可谓不全面,实践中公职人员收受礼品之风却愈演愈烈,并无收敛之状。个中缘由极其复杂,既有文化的因素,也有制度的因素。制度是为规范人的行为而设,制度失灵与制度设计有关。且先不论文化因素,单论制度因素,这些规定的确"看起来很美"、很完善、很严厉,但仔细分析,会发现其更像是"稻草人",张牙舞爪,唬人而不实用。这些规定主要有以下几个特征。

1. 相关规范缺乏稳定性

首先,禁止收受礼品的场合不断变化,从禁止相关人员在对外交往活动中接受数额较大的礼品,发展到在国内交往活动中也不得接受数额较大的礼品。1988年全国人大常委会《关于惩治贪污罪贿赂罪的补充规定》第10条就规定国家工作人员在对外交往中接受礼物应该交公而不交公,数额较大的,以贪污罪论处。1997年《刑法》第385条规定,国家工作人员利用职务上的便利,索取他人财物的,或者非法收受他人财物,为他人谋取利益的,是受贿罪。国家工作人员在经济往来中,违反国家规定,收受各种名义的回扣、手续费,归个人所有的,以受贿论处。其次,规范的对象范围不断扩大,从开始的禁止国家工作人员收受礼品到相关人员的父母、配偶和子女也不得收受超过一定数额的礼品。根据相关规定,党和国家机关、国有企业（公司）、事业单位、人民团体，也被纳入规范范围。通过其他国家工作人员实施的相关行为同样在禁止范围内。如《刑法》第388条规定，国家工作人员利用本人职权或者地位形成的便利条件，通过其他国家工作人员职务上的行为，为请托人谋取不正当利益，索取请托人财物或者收受请托人财物的，以受贿论处。最后，禁止收受的礼品形式在不断增加，从最初的实物性的礼品到有价证券，发展到今天，礼品的形式已经发生了很大的变化，不再限于实物礼品或有价证券，提干、升学留学、娱乐、招待也是变相的礼品形式。前公安部副部长李纪周因受贿落马，其受贿的最大一笔数额是赖昌星为其提供的50万美元的留学资金。社会在不断发展变化，规定不断更新是可以理解的，但是变动过于频繁、缺乏前瞻性会使规定的权威性受到伤害。

2. 各种规定之间缺乏呼应和衔接

规范公职人员收受礼品的规定既有法律，也有党的规范性文件。这些法律和文件各自为战，规定之间并不关联，自成体系，缺乏衔接。它们各自有规范的对象，即便规范的对象相同，规定的内容与禁止收受礼品的形式也都不同。而且，除了明令禁止的文件以外，许多文件是否仍具有效力很值得怀疑。除了刑法外，相关规定也有相应的制裁措施，但是大多数是行政制裁和纪律处分，这些制裁之间也并无关联。如收受礼品的相关规定与《刑法》第394条就缺乏有效的衔接。《刑法》对公务活动中收受数额较大的礼品，应交公而未交公的，规定了严厉的刑事处罚，《刑法》的规定与中共中央办公厅和国务院办公厅的国内交往礼品登记制度规定的制裁力度，如只是责令其上缴、批评教育或者党纪处分相比可以说是有天壤之别。

3. 相关规范具有较大的解释空间

法律的实施仰赖于法律的解释，一些重大法律的解释具有一定之规和统一路径，但是对党在不同时期发布的规范性文件的解释则各地有自己的观点，不同的解释导致了实施效果的多样性。例如，《甘肃省党和国家机关工作人员在国内交往中收受礼品登记标准和上缴处理的实施办法》规定，党和国家机关工作人员在国内交往中不得收受可能影响公正执行公务的礼品馈赠，因各种原因未能拒收的礼品，必须登记上缴。党和国家机关工作人员在国内交往中收受的其他礼品，以实物价值折算金额为标准，一次性收受礼品价值在 100 元以下的,不予登记;一次性收受礼品价值在 100 元(含 100 元)以上的必须登记。其他地区也有自己的对收受礼品数额的规定,这就导致了中央虽然有统一的规定,但是到了地方就只能依据本地的实际情况来定,在一定意义上削弱了中央规范的权威性。

4. 公职人员收受礼品的行为难以制裁

公职人员收受礼品的行为比较隐蔽,是否收受、收受多少主要依靠公职人员自行申报,监管人员和机构很难掌握真实信息。在实践中,对利用职权收受贿赂为他人谋取利益触犯刑法的公职人员处罚较严,相关案件屡见不鲜,但是因收受礼品而受到惩处的案件非常之少。《刑法》第 394 条规定,国家工作人员在国内公务活动或者对外交往中接受礼物,依照国家规定应当交公而未交公,数额较大的,依照本法第 382 条、第 383 条的规定定罪处罚。但由于缺乏衔接,在现实中,实际因收受礼品未上缴而定罪的案件非常罕见。

第三节 公职人员接受礼金礼品的调研结果分析

一 多数人认同公职人员不得在履行职务外接受礼品

调查显示,多数人认为公职人员不可以在履行职务外接受礼品礼金,其中有 66.3% 接受调查的公职人员认为不可以接受,公众有 71.5% 的人认为不得在履行职务外收受礼品。但是,分别有 20.2% 和 34.9% 的公职人员和公众认为可以在履行职务之外接受被管理对象的一定数额以下的礼品。此外,有 39.0% 的公职人员和 45.4% 的公众认为,可以在履行职务之外收受非管理对象一定数额以下的礼品(见图 5-1)。数据显示,尽管多数人认为,公职人员在履行职务外不得接受管理对象或非管理对象的礼品,仍然有相当数量的公职人员和公众认为可以接受,这说明无论公职人员还是公众在礼品管理和规范上都存在一定的认识分歧和误区。

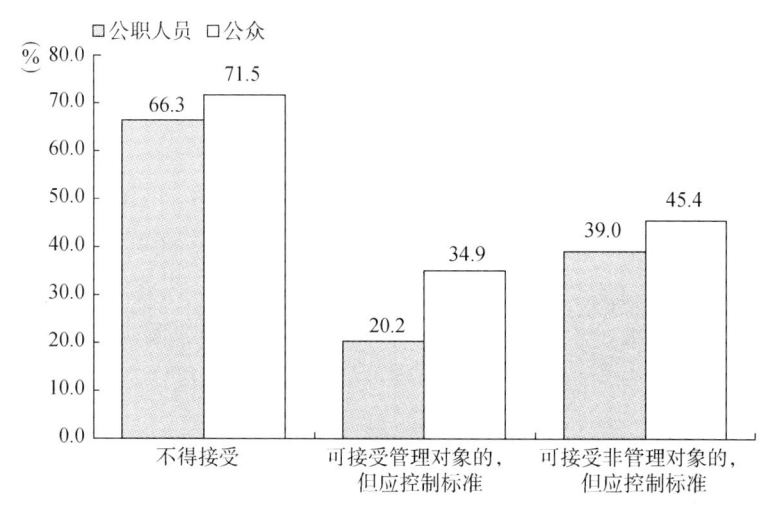

图 5-1 对公职人员履行职务之外接受礼品礼金招待的态度

二 单位行政级别越高的公职人员对收受礼品的认识越模糊

不同单位级别的公职人员对收受礼品的态度有较大的区别。图 5-2 显示，省部级单位和科级单位既是所调查单位行政级别的两端，巧合的也是认识的两端。单位为省部级的公职人员中有更多的人认为，在履行职务外可以接受他人的礼品、礼金和招待，占被调查人数的 19.5%；单位行政级别为科级的公职人员反而对此的认同度最低，占被调查人数的 13.5%。单位级别越高，掌握的权力越大，管理的部门越多，其公职人员的政策水平则应该更高，而调研显示的结果恰恰相反，这种现象应该引起有关部门的高度重视。

图 5-3 显示，对履行职务之外是否可以接受管理对象的礼品、礼金或招待，单位行政级别越高，认为可以在履行职务外接受管理对象的礼品、礼金或招待的公职人员人数比例就越小，反之，认同的人数比例就越高。例如，单位行政级别为科级的公职人员中只有 40.1% 认为，在履行职责外，不可以接受管理对象的礼品、礼金或招待。而单位行政级别为司局级的公职人员有 52.9% 的人认为即使是在履行职责外，也不得接受管理对象的礼品、礼金或者招待，其次是省部级单位的公职人员，有 50% 的人认为不得接受。这组数据与前一组数据形成了较大的反差，即单位行政级别高的公

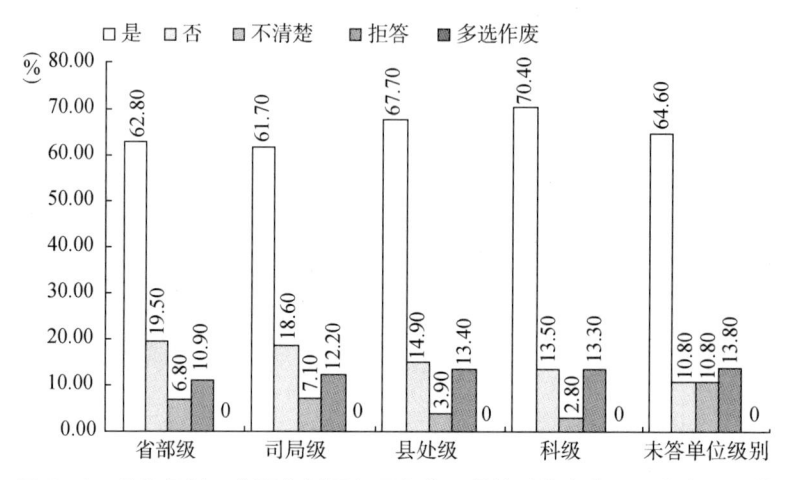

图 5-2　单位级别：公职人员履行职务外不得接受他人礼品、礼金和招待

职人员认为履行职务外不得接受管理对象的礼品、礼金或者招待的人数相对更多。这两组数据表达的意思完全相反，但是在不同级别的比较中，高行政级别单位的公职人员反对的和认同的人都是最多的。

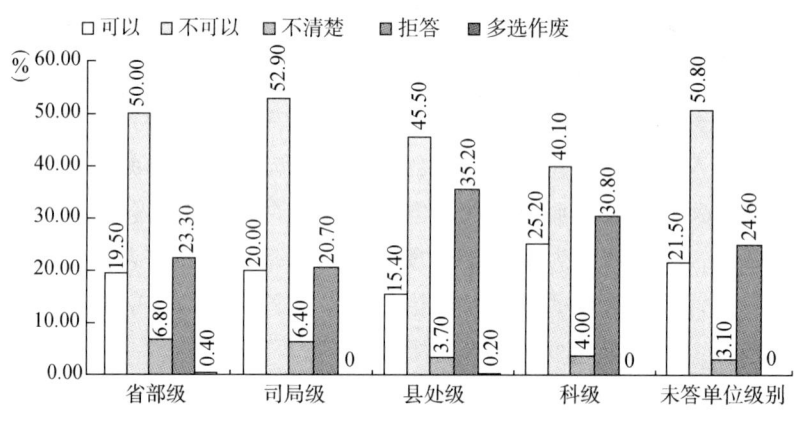

图 5-3　单位级别：履行职责外可以接受管理对象的礼品、礼金或招待

在履行职务外是否可以接受非管理对象的礼品、礼金或者招待方面，答案则有较大的变化。不论其单位级别高低，认为可以接受的人数急剧攀升。认同人数最多的是单位为司局级的公职人员，有 45.8% 的公职人员认为可以在履行职务外接受非管理对象的礼品、礼金或者招待，认同度最低的是单位为县处级的公职人员，占 34.5%（见图 5-4）。这组数据的核心

是非管理对象，单位行政级别高的公职人员，认为在履行职务之外可以接受非管理对象的礼品、礼金或者招待的人数比例也相对更高。

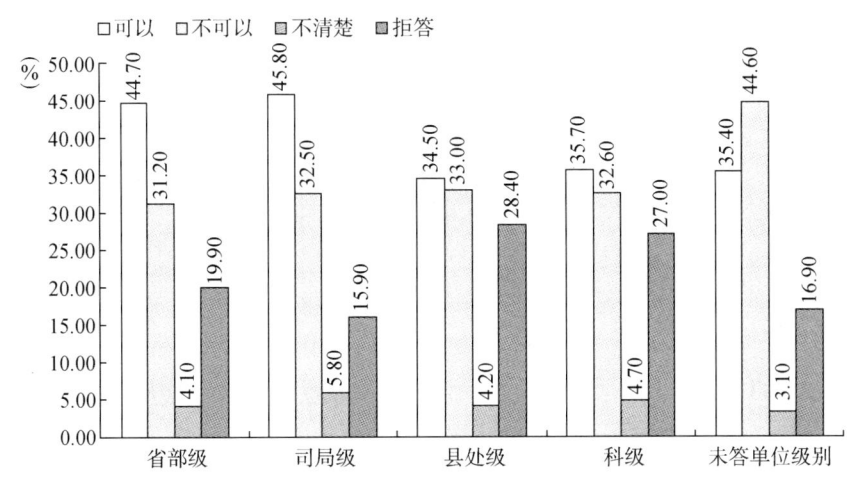

图 5-4 单位级别：履行职务外可以接受非管理对象一定范围内的馈赠或招待

三 省部级公职人员认为履行职务外可以接受礼品的人数比例最高

前面分析的是不同单位级别的公职人员对收受礼品、礼金或者接受招待的认识，下面将分析不同行政级别的公职人员个人对此的认识情况。由图5-5可见，无论什么级别，绝大多数公职人员都认为，在履行职务外，均不得接受礼品、礼金或者招待。科级以下的公职人员持赞同态度的人数比例最高，为68.50%，司局级干部持赞同态度的人数比例最低，为53.40%。

对履行职务外是否可以接受管理对象一定范围内的馈赠，不同级别的公职人员的认识也有较大的差异。司局级公职人员认为可以接受的人数比例最低，仅有8.60%，省部级的公职人员认为可以接受的人数比例最高，占26.70%（见图5-6）。此外，无论什么级别，对这个问题选择拒答的人数比例较高，有两种可能，一是或许是对此认识不清楚，二是潜意识地回避回答此问题。

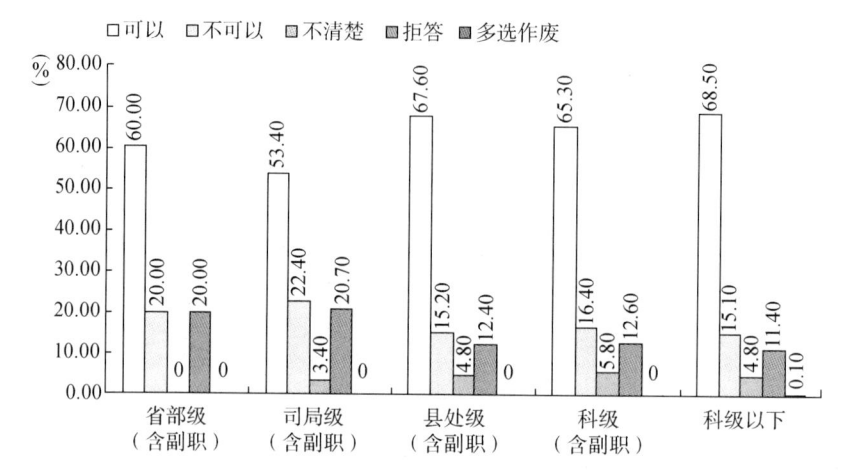

图 5-5　不同级别公职人员对履行职务外不得接受礼品、礼金或招待的认识

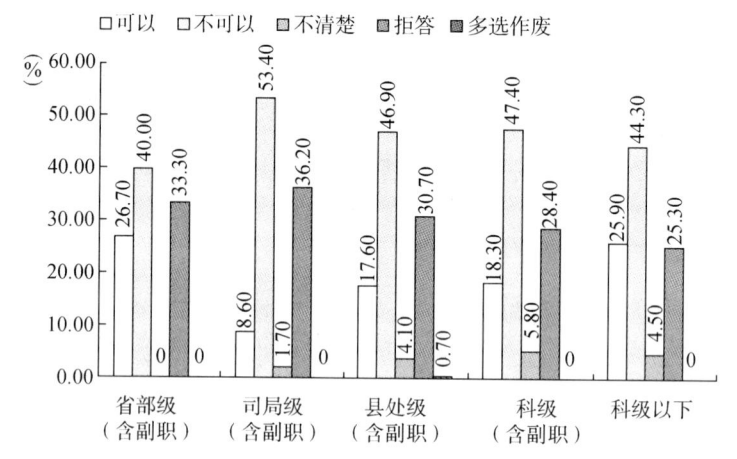

图 5-6　不同级别公职人员在履行职务外可以接受管理对象的
馈赠、招待，但必须控制在一定范围内

图 5-6 是不同级别公职人员对履行职务外是否可以接受管理对象一定范围的馈赠或招待的认识，图 5-7 则是其对是否可以接受非管理对象一定范围内的馈赠或招待的认识。图 5-7 显示，除了司局级公职人员认为履行职务外也不得接受非管理对象一定范围的馈赠或者招待的人数比例高于可以接受的人数比例外（分别为：不可以接受 43.10%，可以接受 32.80%），其余级别的公职人员均是可以接受人数比例超过不可以接受的人数比例。其中，省部级公职人员人数比例最为悬殊，认为可以接受的人数比例为

46.7%，不可以接受为 13.3%。

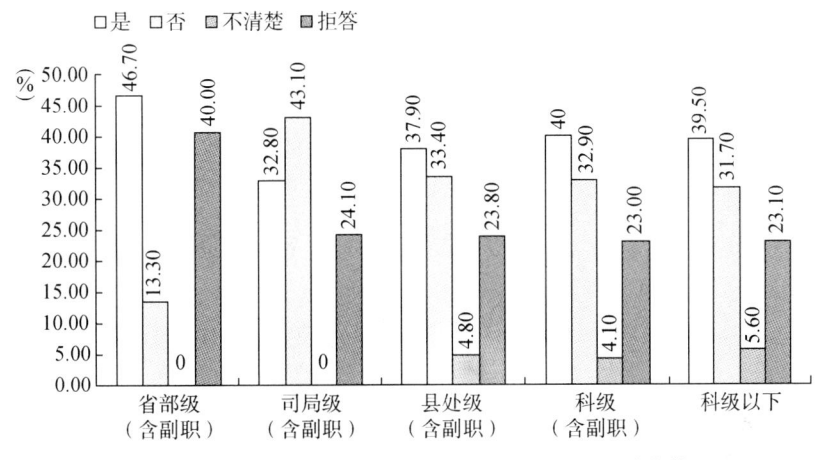

图 5-7　不同级别公职人员对履行职务外可以接受非管理
对象一定范围内的馈赠、招待的认识

由上述几组数据看，多数公职人员认识到在履行公职时不应接受管理对象的礼品、礼金，但是有相当多的公职人员认为在履行公职之外可以收受一定数额的礼品，此外，所有级别的公职人员中多数人认为可以在履行职务外接受非管理对象的礼品。上述这两种认识与公职人员的行政伦理严重背离。不论是否在履行公职，公职人员都应该在收受礼品、礼金方面严格规范自己的行为。尽管公职人员是在履行公职之外收受礼品礼金，但赠送人可能出于长期投资的考虑希望谋求期权利益，对公共利益存在潜在的威胁，因此，履行公职之外收受礼品、礼金同样需要规范。

四　收受礼品、礼金的公职人员呈年轻化趋势

（一）公职人员

公职人员的年龄是分析问题的一个较重要的参数。一般来说，不同年龄段的公职人员所处的职位不同，掌握的权力大小不同，对收受礼品、礼金或者接受招待的态度也会有差异。图 5-8 显示，20 世纪 70 年代和 80 年代出生的公职人员，对接受礼品、礼金的认同度较高，分别有 17.1% 和 17.3% 的人认为可以在履行职务外接受他人的礼品、礼金或者招待。50 年

代和 60 年代出生的公职人员认为可以接受礼品、礼金或者招待的人数比例相对较低，分别为 12.9% 和 13.7%。由于出生在 70 年代和 80 年代的公职人员是现有公职人员的中坚力量，这两个群体的态度能够说明公职人员在收受礼品、礼金方面存在的认识问题。图 5-8 显示的是这部分中坚力量认同履行职务外可以接受礼品、礼金或者招待，但涉及管理对象的馈赠时，其反对的态度比较明确。可见，在是否接受管理对象的礼品、礼金或招待方面，近半数的公职人员还是清楚政策界限的。

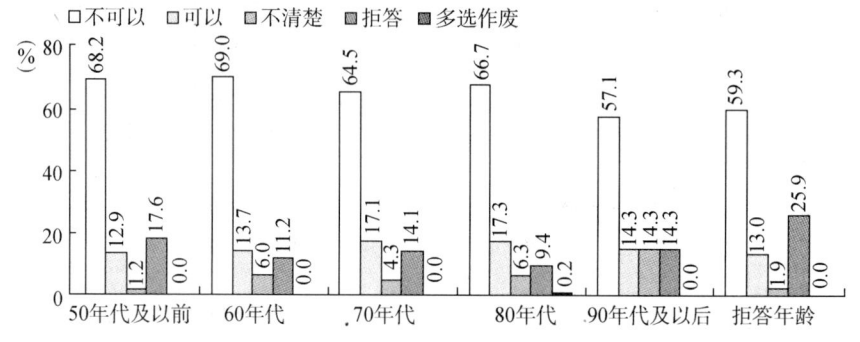

图 5-8 不同年龄公职人员对履行职务外是否能接受礼品、礼金或者招待的认识

在是否可以接受管理对象一定范围的馈赠或者招待方面，不同年龄段的公职人员态度出现了较大的差异。90 年代出生的公职人员有高达 71.4% 的人认为可以接受管理对象一定范围的馈赠或招待，60 年代、70 年代和 80 年代出生的公职人员认为不应该接受的人数比例较高，分别有 43.8%、47.2% 和 49.2% 的人认为不应当接受（见图 5-9）。

对是否能够接受非管理对象一定范围的馈赠和招待，数据显示，认同接受馈赠和招待的人数呈现年轻化趋势，50 年代及以前和 70 年代出生的公职人员赞成和反对的差异不是很大，80 年代和 90 年代出生的公职人员多数认为可以接受非管理对象一定范围的馈赠和招待（见图 5-10）。这里值得注意的一个数据是，有相当多的公职人员对此问题选择了拒答，其中原因值得分析。

（二）公众

某种程度上，了解不同年龄段公众对公职人员收受礼品、礼金或者接受

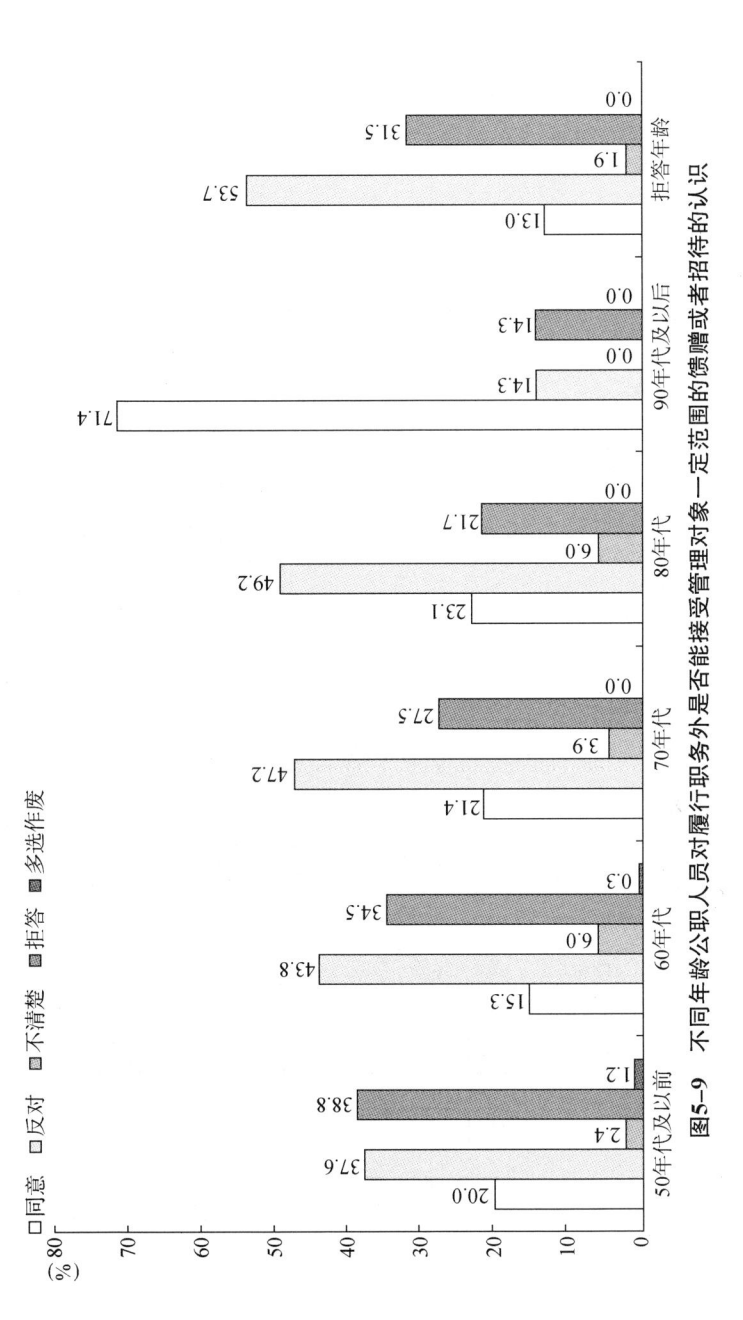

图5-9 不同年龄公职人员对履行职务外是否能接受管理对象一定范围的馈赠或者招待的认识

第五章 公职人员收受礼金礼品行为的法律规制

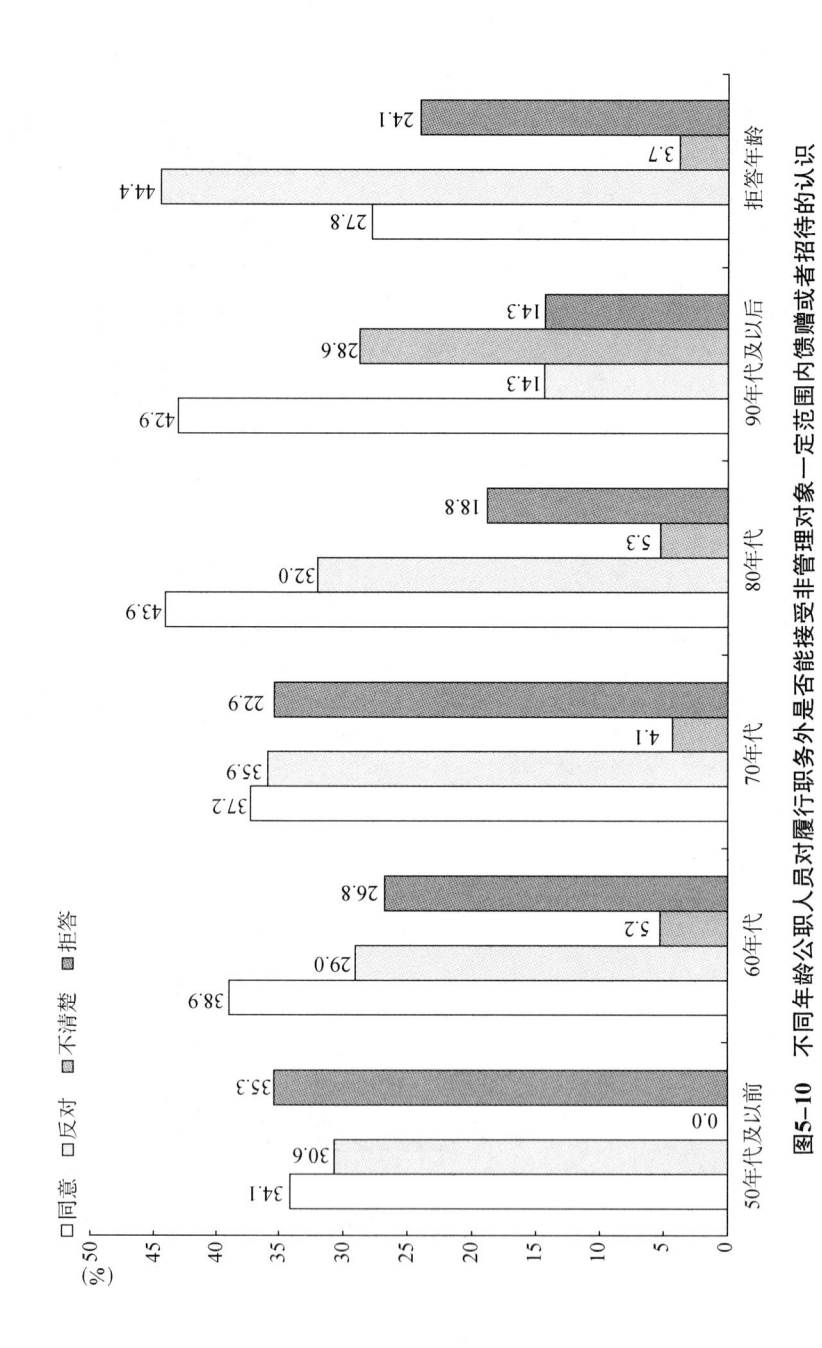

图5-10 不同年龄公职人员对履行职务外是否能接受非管理对象一定范围内馈赠或者招待的认识

招待的态度与有关部门把握政策尺度有直接的关系。图 5-11 显示，除了 90 年代出生的赞成人数比例低于 60%，其余年龄段都有高达 60% 以上的人认为公职人员在履行职务外也不得接受他人的礼品、礼金或者招待。各个年龄段的数据差异较小。

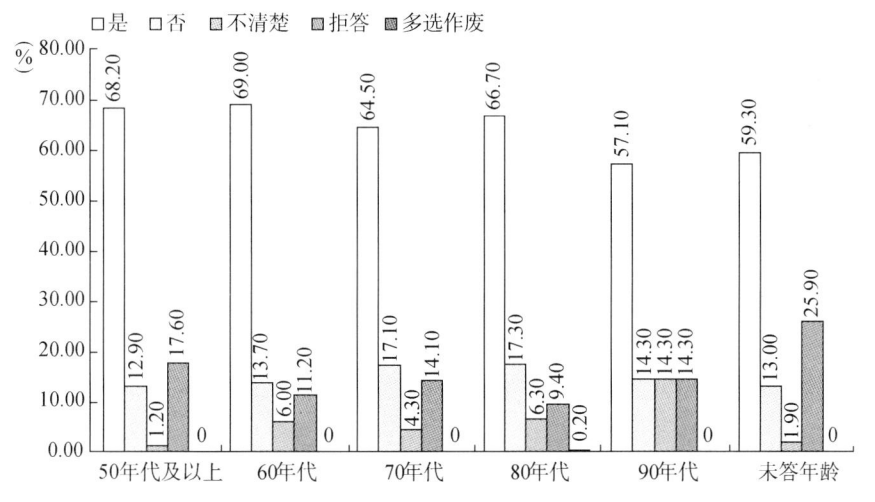

图 5-11 不同年龄公众对公职人员在履行职务外不得收受
他人礼品、礼金及招待的认识

对履行职务外是否可以接受管理对象一定范围内的馈赠或者招待，90 年代出生的公众认同度较高，有高达 71.40% 的人认为在履行职务外可以接受管理对象一定范围内的馈赠和招待。60 年代、70 年代和 80 年代出生的公众反对的声音则较强，即认为在履行职务外也不得接受管理对象的馈赠和招待，分别占被调查人数的 43.80%、47.20%、49.20%（见图 5-12）。此年龄段的公众态度与公职人员态度比较趋同。

与公职人员数据相似，在履行职务外是否可以接受非管理对象一定范围内的馈赠或者招待方面，70 年代以上的公众的数据与公职人员的数据没有差异。80 年代和 90 年代出生的公众反对和赞成的人数比例相差较大，80 年代出生的公众有 43.90% 持赞同态度，32.00% 持反对态度；90 年代出生的公众有 42.90% 持赞同态度，14.30% 持反对态度（见图 5-13）。

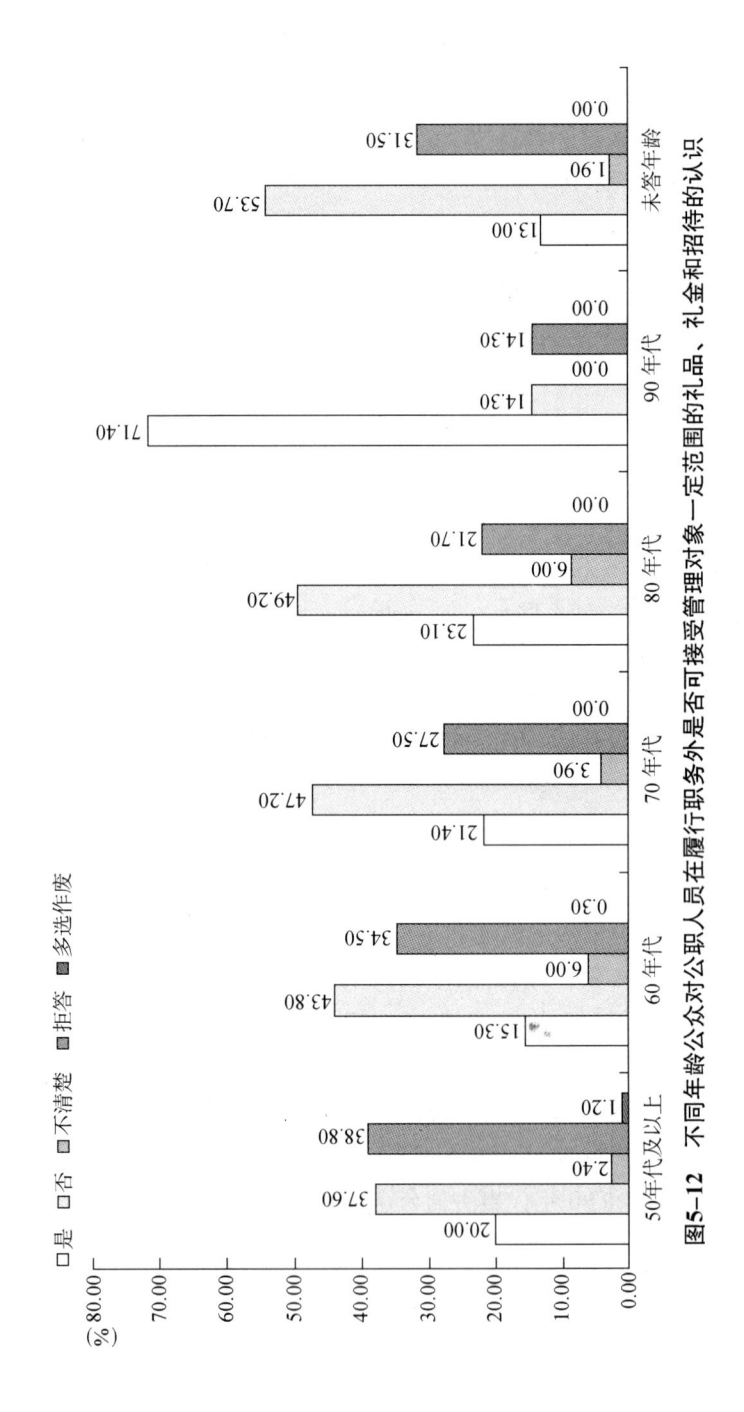

图5-12 不同年龄公众对公职人员在履行职务外是否可接受管理对象一定范围的礼品、礼金和招待的认识

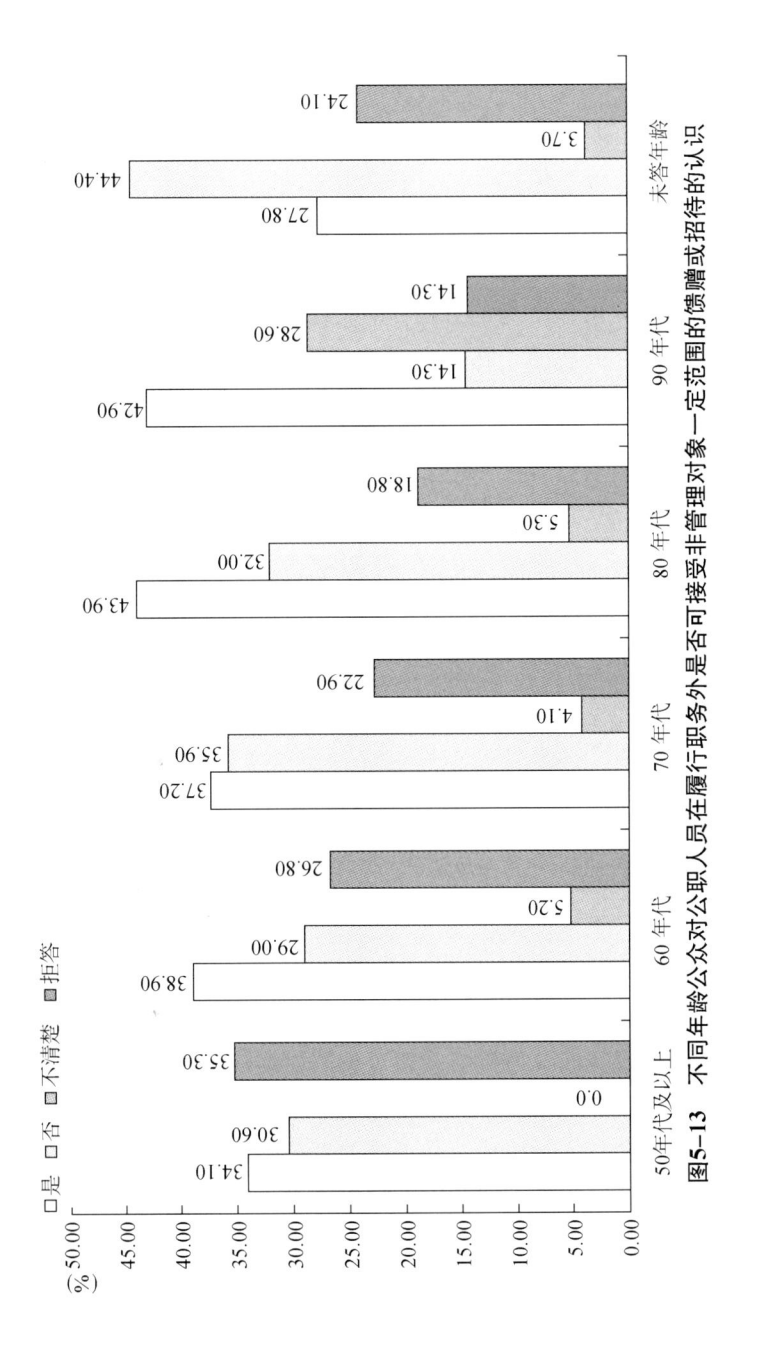

图5-13 不同年龄公众对公职人员在履行职务外是否可接受非管理对象一定范围的馈赠或招待的认识

五 学历高的公职人员对履行职务外收受礼品的容忍度较高

一般来说，公职人员的学历越高，对政策的理解水平就越高，然而调研显示，这个判断似乎值得怀疑。在公职人员中，学历越高对履行职务外接受他人礼品、礼金或者招待越持宽容态度，如研究生学历以上的公职人员中只有57.60%的人认为在履行职务之外也不得接受他人的礼品、礼金或者招待，由此向文化程度低的方向延伸，公职人员文化程度越低，反对履行职务外接受他人的礼品、礼金或者招待的人数比例就越高。研究生学历公职人员数据具有两极化，即反对履行职务外接受礼品、礼金或者招待的人数比例也最高，占22.60%（见图5-14）。

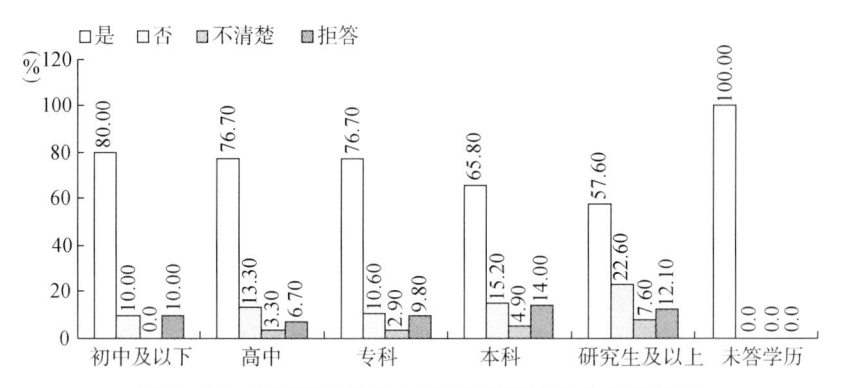

图5-14 不同学历公职人员对履行职务外也不得接受
他人礼品、礼金或招待的认识

对履行职务外能否接受管理对象一定范围的馈赠或者招待，图5-15显示，学历越高的公职人员反对的人数比例越高，如研究生学历以上的有56.7%的人反对履行职务外接受管理对象的馈赠或者招待，其次是大学本科的公职人员，有46.4%的人反对履行职务外接受管理对象的馈赠或者招待。高中文化程度的公职人员赞成接受馈赠或者招待的人数最多，为43.3%。

图5-16显示，对履行职务之外是否能接受非管理对象一定范围的馈赠或者招待，研究生学历以上的公职人员认为可以接受的人数比例最高，占47.50%，但是反对的同样也是研究生学历的人数比例较高，为32.20%。

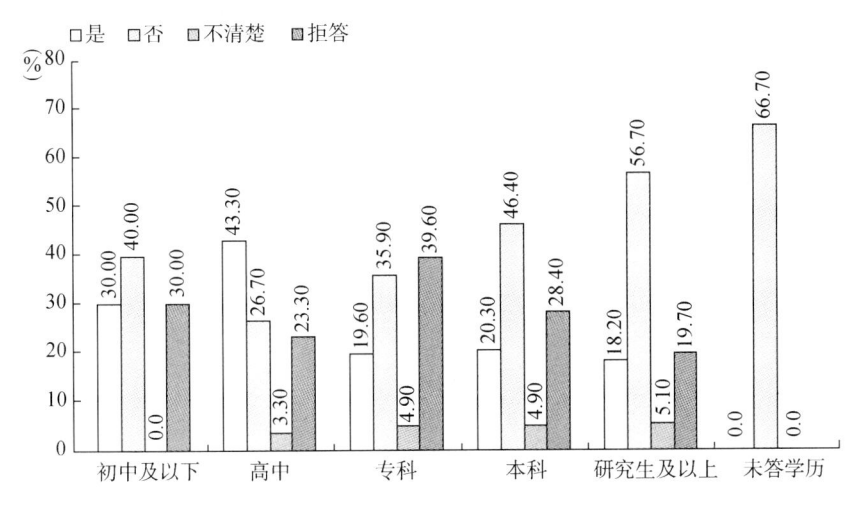

图 5-15　不同学历的公职人员对履行职务外可以接受管理*
对象一定范围内的馈赠或招待的认识

* 多选作废的问卷数未统计。

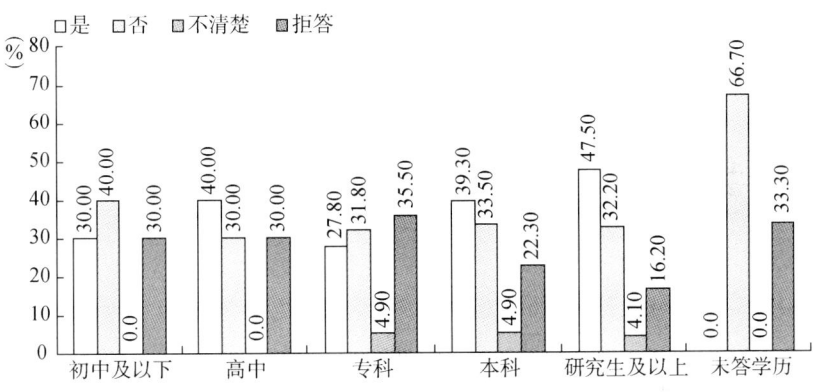

图 5-16　不同学历的公职人员对履行职务外可以接受非管理
对象一定范围内的馈赠或招待的认识

公职人员违规收受礼品、礼金、接受馈赠和招待是滋生腐败的温床，因为容易导致权力失控、决策失误和行为失范，不少公职人员最初是由收受礼品而最终走向了犯罪。监管公职人员收受礼品行为的规定不可谓不多，但因存在各种缺陷，基本上达不到监管的目的。相关规定满天飞，然公职人员收受礼品的风气不仅没有得到扭转，甚至愈演愈烈，节日期间尤甚，成为一些公职人员的敛财时间。在互联网上输入礼品回收四个字，成千上万条的礼品回收链接涌入眼帘，街肆上随处可见天价烟酒、虫草、燕窝、购物卡等礼品回收店，礼品回收形成了一条送礼－收礼－礼品回收－现金的黑色利益链。因此，从源头上预防和解决腐败问题，将公务员收受礼品、礼金纳入法律框架，减少公务员因收受礼金而滋生和蔓延腐败的土壤和条件，是规范公职人员行为的重要任务。

从宏观上说，改善公职人员的福利制度，稳步推进职务消费货币化改革，促进公务员消费更加合理、透明，解决地区之间、部门之间和部分社会成员之间收入差距过大的问题，是解决公职人员违规收受礼品的前提条件。从微观上说，解决公职人员违规收受礼品、礼金的途径则主要是规范公职人员收受礼品的标准、对象。解决公职人员违规收受礼品的目的是规范行政权力，虽然通过精简行政审批项目、减少审批程序、项目公开招投标、改革干部人事制度等可以在一定程序上规范行政权力，但规范公职人员收受礼品礼金行为，减少权力寻租的机会则更具有可操作性。公职人员是社会公共事务的领导者和管理者，是社会道德风尚的倡导者和实践者，公职人员只有先正己，不让公众对政府和其公职角色产生怀疑，才能后服人。

第六章

公职人员亲属营利性
行为的法律规制

公职人员亲属在自己所辖范围内从事商业活动获取暴利古已有之,并非当今才有之事。"一人得道,鸡犬升天"是古代社会人们对官员亲属子女借助权势升官发财的讽刺性描述。中国历朝历代法律都比较重视规范公职人员行为。公职人员及其家属参与经商谋利本质是以权力的转换来谋取个人私利。在这方面,唐代吏治立法特别注重规范官吏经商谋利,尤其是在惩治官吏通过代理人经营谋利或于辖区内非经常性买卖得利,限制和打击官吏一定范围内的亲属经商及非经常性买卖谋取剩利方面颇有建树。[1] 开元《杂令》规定:诸王、公主及官人,不得遣官属亲事、帐内、邑司、奴客、部曲等在市肆兴贩及于邸店沽卖出举(《唐令拾遗》)。官吏的亲属很容易利用官吏的权势谋取不正当利益。因此唐律规定,诸官人,身及同居大功已上亲,自执工商,家专其业,不得仕,其旧经职任,自解黜(《唐令拾遗》),意为不允许官吏"同居大功已上亲"以商业为职业,否则官吏应被免职。处于监临地位之官吏(负有监察临视责任的官吏)的亲属也不得在辖区内做买卖营利、役使及借贷举债。处于监临地位的官员通常握有实权,其亲属容易利用官员的职权或权势而巧用买卖的名义谋取不正当利益。因此,唐律对处于监临地位的官吏的亲属与未处于监临地位的官吏之亲属的不正当谋利的处罚不同。《唐律·职制律》规定:"诸监临之官家人,于所部有受乞、借贷、役使、卖买有剩利之属,各减官人罪二等。官人知情,与同罪;不知情者,各减家人罪五等。其在官非监临,及家人有犯者,各减监临及监临家人一等。"唐朝统治者已认识到管理官吏亲属在自己辖区内从事获利性活动的危害性,并制定了相关的处罚,不仅处罚官员,也处罚亲属,不仅有行政制裁,也有严厉的刑事制裁。

反观现实社会,却存在许多不尽如人意之处。20世纪80年代以来,中国实行改革开放,党领导中国人民发展经济,使中国经济和社会取得了长足的进步和发展,人民生活水平得到了显著的提高。尽管中国共产党在这方面取得了举世公认的成就,但是,部分公众对一些党的领导干部仍然有较大的意见,其中,最大的不满在于一些公职人员以权谋私,任人唯亲,利用职权和职务上的影响,将自己的亲属安排在利益丰厚的行业或部门就职,为配偶、子女经商办企业谋取非法利益"开绿灯"。公职人员的这种行

---

[1] 储著斌、张忠国:《唐代禁止官吏经商谋利的法律规定及启示》,《郑州轻工业学院学报》(社会科学版)2002年第3期。

为不仅违背了公平原则，而且与公职人员的天职不合。虽然中国共产党在20世纪80年代中期就意识到规范公职人员及其亲属行为的重要性，并出台了一系列规范性文件，但是其内容和规范的力度并不能满足现实的需求。从80年代至今，公职人员亲属非法谋利行为从表面上看可能有了收敛，但实质上更隐蔽、更疯狂，引起的民愤也更大。执政党能否避免专制社会官吏的覆辙，管好公职人员亲属问题对今天的中国共产党而言将是一大考验。

基于公职人员的职务和权力，对公职人员亲属进行管理是规范政府权力的必然内容。一些公职人员本身并无重大违法行为，但是在约束亲属方面，却乏善可陈；另一些公职人员则利用亲属的特殊身份进行谋利活动。这两种行为都会对党和政府的形象造成严重的损害。

第一节　公职人员亲属行为法律规制概述

一　公职人员亲属管理的界定

（一）应接受管理的公职人员亲属范围

对公职人员亲属的管理，首先要明确应监管的公职人员亲属的范围。一般而言，纳入管理的公职人员亲属的范围应当包括配偶、子女。兄弟姐妹及其父母和岳父母是否应纳入监管范围尚存在一定争议。此外，公职人员身边的工作人员，如秘书、司机等是否也应当纳入管理范围更是无明文规定。从实践来看，将公职人员的兄弟姐妹、父母、岳父母，以及将并非公职人员亲属的身边工作人员纳入监管范围，有牵连和扩大化的嫌疑，但将其纳入监管范围也并非完全没有道理，由于其与公职人员有密切的关系，从已有的案件看，这部分人利用公职人员的职权谋取私利的现象也非罕见。根据现有的规定，仅将公职人员的配偶和子女纳入监管范围，明显存在监管范围窄小、效果不理想的问题。如何做、怎么做值得讨论。不过，本章仍集中于"亲属"范围，暂不讨论公职人员身边工作人员的问题。

（二）应当禁止的公职人员亲属行为的种类

公职人员亲属禁止性行为包括以下几类：一是职务类，如违规提拔亲属等；二是财物类，如用公款支付亲属的学习、培训、旅游等费用，为配偶、子女及其配偶以及其他亲属出国（境）定居、留学、探亲等向个人或者机构索取资助，或是利用公职人员职务之便，亲属收受他人的礼品、礼金；三是妨碍公务类，如亲属涉案接受调查时进行干预；四是从事获利性职业类，如为亲属经商、办企业提供便利条件，允许、纵容亲属在本人管辖的地区和业务范围内个人从事可能与公共利益发生冲突的经商、办企业、社会中介服务等活动；五是就业类，如利用职权为亲属安排就业等。这些行为都是公职人员亲属滥用公职人员职务和权力的具体表现。

以安排亲属就业为例，一些机构公务员招考及事业单位招聘时，比照公职人员子女的情况规定招聘条件，表面是面向大众招聘，实际是暗中照顾公职人员子女，在当今就业压力巨大的情况下，这种行为会引起社会的极大不满。再如，一些公职人员的配偶或子女在外留学或者定居，其费用明显超出公职人员的收入和支付能力，后面存在明显的不正当权钱交易行为，极有必要对这种现象进行清理，恢复公众对公职人员的信任。

（三）公职人员亲属禁止性行为的表现方式

表面上，公职人员亲属禁止性行为的实施者是其亲属，如配偶、子女、兄弟姐妹等，但实际上，这些行为的后面是公职人员，特别是借助高级别公职人员或一部分掌握权力的公职人员的特殊身份地位和地位作用的结果。[1] 因此，此类公职人员禁止性行为的表现形式与公职人员的职务和权力大小有密切关系。一是公职人员充当亲属从事禁止性行为的"保护伞"。公职人员的身份和地位有利于亲属从事获利性职业，在违规经营时甚至还成为逃避执法部门处罚的"保护伞"。二是公职人员帮助亲属成立假外资企业获利。他们先将其配偶、子女移居境外，然后再以中外合资或独资企业为名，套取银行贷款，谋取利益。三是公职人员利用国有企业或事业单位的改制之机，让配偶、子女承包、租赁或"买断"改制的中小企业，成为企业家。四是公职人员利用职权和职务的影响，为亲属筹集资金、批项目、提供优惠的政策条件，以获取非法利益；亲属收取相关人员的好处，如礼品、礼金、留学资助、住房、汽车等资助或大小财物。五是

---

[1] 贺家铁：《对领导干部配偶、子女经商办企业问题的调查与思考》，《内部文稿》2001年第20期。

"官商勾结",这是公职人员纵容亲属从事禁止性行为的一种特别表现形式。许多公职人员都喜欢与企业主打交道,名义上是打着服务企业的牌子,实际上是通过自己手上的权力为企业老板帮忙,以自己或家属的名义私下在一些企业入股。有些公职人员的配偶、子女自身就在经商,其利用手中的权力关照一些企业,受那关照的企业则向公职人员的配偶、子女提供商业交易的机会。

二 公职人员亲属禁止性行为的特征

公职人员亲属禁止性行为与一般的公职人员禁止性行为有所不同。

(1) 公职人员亲属禁止性行为的实施主体除了公职人员以外,非公职人员,即其亲属,或者与公职人员有密切关系的人也可以是实施主体。公职人员与这些人员一起构成公职人员亲属及相关人员禁止性行为的共同主体。

(2) 公职人员亲属禁止性行为表现为利用公职人员职务之便谋利,具有暴富特征。在市场经济条件尚不完备的情况下,公职人员亲属如配偶、子女经商办企业,凭借公职人员的职务和权力,轻易获得贷款,在各种市场活动中占领先机。如在企业产权制度改革中,公职人员利用职务之便,将改制的企业大幅压价,卖给其亲属。又如,公职人员利用职权为亲属承接和转包工程提供便利等。

(3) 公职人员亲属禁止性行为具有隐蔽性。公职人员利用职权和职务为其亲属谋取非法利益时,公职人员大多藏于后台,甚至其亲属也都藏于后台,结果是,虽然人们能够察觉公职人员及其亲属实施了禁止性行为,但因具有隐蔽性而难以查实并追究。

(4) 交换性。交换性体现在若干方面,首先,公职人员相互之间可以形成亲属行为交易交换关系,如关照彼此的亲属,使其在自己的管辖领域内经商办企业,规避管理漏洞。其次,公职人员可以与企业之间形成权钱交换关系。最后,公职人员可以与对其权力有需求的自然人形成交换关系,如其亲属利用公职人员手中的行政审批权收受各种利益。所有的交换本质上都是权钱交换。

三 公职人员亲属禁止性行为的危害性

随着中国经济社会的发展，一些公职人员通过贪污、受贿等直接犯罪行为谋取私利有所收敛，其更多采取的是通过亲属收受贿赂、接受资助、经商办公司等形式来获取私利。公职人员亲属及相关人员的这种禁止性行为具有更强的隐蔽性和交换性，查处的难度较大。公职人员相互之间可以形成交易关系，对彼此的亲属进行关照，跨行业经商办企业，规避管理漏洞，形成新的财富分配不公。公职人员亲属及相关人员还可以接受非公职人员，如企业家或其他人的资助和收受其礼品、礼金，再利用权力为其争取稀缺资源。

由上可见，公职人员亲属禁止性行为具有较大的危害性。一是严重损害了党和政府在人民群众中的威信与形象。公职人员是为人民代行权力，本应尽忠职守，全心全意为人民服务，然而一些公职人员利用职权和职务上的影响为亲属谋取非法利益，使权力成了谋取私利的工具，严重败坏了公职人员的形象，影响到执政党的合法性。二是扰乱了经济秩序、破坏市场经济的公平机制。公职人员的亲属经商办企业或在外商独资企业和中外合资企业任职，可以凭借特殊的身份获得稀缺资源，牟取暴利。这种行为破坏了市场配置资源原则，既导致了市场的竞争不公，又加剧了社会的分配不公，给经济建设造成不良影响。三是严重毒化了社会风气。公职人员利用职权和职务为亲属谋取非法利益给社会风气带来严重的负面影响，本应身为表率的公职人员及其亲属肆无忌惮地通过各种公开的或隐蔽的手段获取私利，对社会是一种无形的刺激和引导行为，难免导致社会各阶层效仿和学习，各个社会领域如商业活动、教育、工程建设、医疗均竞相失范，使整个社会处于一种无序的非正常的社会交往氛围中，社会良知、道德规范被抛诸脑后。

第二节 中国规制公职人员亲属营利性行为的规定

一 规制公职人员亲属营利性行为的主要规范性文件

公职人员亲属禁止性行为众多，本章只选取公职人员亲属从事营利性活动的规范进行分析。从形式上看，规范公职人员亲属及相关人员禁止性行为的同样多是一些党的纪律规定和政策性文件。

对公职人员亲属营利性行为进行规范始于20世纪80年代。当时，中国正经历一个全民经商的浪潮，公职人员亲属也不例外，投身到经商的大潮中。一些党政机关领导干部的子女、配偶利用特殊身份和社会关系，套购国家紧缺物资，进行非法倒卖活动，利用各种手段和资源快速致富，引起社会的极大反感。为了平息社会的不满，有关部门开始对公职人员亲属的经商行为进行规范。1985年5月，中共中央、国务院出台了《关于禁止领导干部的子女、配偶经商的决定》，其主要内容为，"凡县、团级以上领导干部的子女、配偶，除在国营、集体、中外合资企业，以及在为解决职工子女就业而兴办的劳动服务性行业工作者外，一律不准经商。所有干部子女特别是在经济部门工作的干部子女，都不得凭借家庭关系和影响，参与或受人指派，利用牌价议价差别，拉扯关系，非法倒买倒卖，牟取暴利。各级领导干部要以身作则，模范地执行本决定，教育自己的子女及配偶遵纪守法，严格按照党的政策办事，绝对不得利用关系进行违法活动"。这是改革开放后最早的规范公职人员亲属营利性活动的文件。

2000年以来，领导干部配偶及其子女经商办企业现象日渐严重，中共中央加强了监控的力度，三令五申禁止领导干部的亲属经商和办企业。2000年1月，中共中央纪律检查委员会四次全体会议发表公报，重申领导干部要严格执行不准利用职权和职务上的影响为配偶、子女谋取非法利益的规定，省（部）、地（厅）级领导干部的配偶、子女均不得在该干部管辖的地区和业务范围内的外商独资企业或中外合资企业担任由外方委派、聘任的高级职务。

2000年5月中国共产党中央纪律检查委员会印发了《关于"不准在领导干部管辖的业务范围内个人从事可能与公共利益发生冲突的经商办企业活动"的解释》（中纪发〔2000〕4号文件），这个文件是对公职人员亲属的专门规定，对"利益冲突""社会中介和法律服务活动""证券交易活动"进行了界定。省（部）、地（厅）级领导干部（以下简称领导干部）的配偶、子女，不准在该领导干部管辖的业务范围内个人从事可能与公共利益发生冲突的经商办企业活动，不准与该干部管辖的部门、行政机构、行业内的机关、社会团体、国有企业、事业单位直接发生商品、劳务、经济担保等经济关系。

《解释》对亲属行为作了详尽的归纳和界定，明令禁止许多行为，主要是营利性的活动，如不得从事由政府投资或审批的项目的投标、承包等活动，营业性歌厅、舞厅、夜总会等娱乐业，洗浴按摩等行业的经营活动；不准为该单位内设机构直接管辖的案件和具体事项提供有偿社会中介和法律服务活动[①]；上市公司的行业主管部门和上市公司的国有控股单位的主管部门、证监会的领导干部的配偶子女不得从事其管辖公司的证券交易活动。《解释》发布后，中央国家机关和地方各级党委政府相继出台了配套规定。

2000年8月，中国共产党中央纪律检查委员会发布《关于中央国家机关各部门制定的司（局）级以上领导干部配偶、子女个人经商办企业的具体规定适用于地方厅（局）级以上领导干部的通知》，明确了相关规定适用于地方对口部门的厅（局）级领导干部以及省、地（市）党委、政府分管该部门的领导干部。

2001年2月，中国共产党中央纪律检查委员会印发《关于省、地两级党委、政府主要领导干部配偶、子女个人经商办企业的具体规定（试行）》的通知，再次对省（自治区、直辖市）、地（市）两级党委、政府主要领导干部配偶、子女不得在该领导干部任职地区个人从事经商办企业活动作出规定，[②] 已经从事经商办企业活动的，配偶、子女应退出所从事的经商办企业活动，或者领导干部本人辞去现任职务或给予组织处理。规定发布后继续从事上述活动的，对领导干部本人给予违纪处分。

2003年颁布的《中国共产党纪律处分条例》对公职人员亲属管理的集中情况作了规定。一是党员干部和亲属不得由下属单位支付其应由个人支

[①] 社会中介和法律服务活动是指在会计师（审计）事务所、财会咨询公司、税务师事务所、律师事务所，各种资产评估、价格鉴证、工程造价审计（审核、咨询）等机构中任职所从事的社会中介和法律服务活动。

[②] 限制相关人员从事的范围为：(1) 不准从事房地产开发、经营及相关代理、评估、咨询等有偿中介活动；(2) 不准从事广告代理、发布等经营活动；(3) 不准开办律师事务所；受聘担任律师的，不准在领导干部管辖地区代理诉讼；(4) 不准从事营业性歌厅、舞厅、夜总会等娱乐业，洗浴按摩等行业的经营活动；(5) 不准从事其他可能与公共利益发生冲突的经商办企业活动。

付的费用;① 二是其亲属不得收受他人财物,为他人谋利益;② 三是党员领导干部的配偶、子女不得在该党员领导干部管辖的区域或者业务范围内经商。③

2010年,中国共产党中央纪律检查委员会颁布《中国共产党党员领导干部廉洁从政若干准则》,对公职人员亲属管理作了有史以来最严格的规定,其第5条从八个方面禁止公职人员利用职权和职务上的影响为亲属及身边工作人员谋取利益。④ 与亲属行为相关的主要内容有:违规提拔亲属、用公款支付配偶子女的费用、妨碍对亲属案件的调查处理、亲属收受利益为他人谋私利、默许纵容亲属以本人名义谋取私利、为亲属经商创造条件、

---

① 第72条第2、3款规定,禁止党员利用职务上的便利,将本人或者亲属应当由个人支付的费用,由下属单位或者其他单位支付、报销,或者将配偶、子女及其配偶应当由个人支付的出国(境)留学费用,由他人支付、报销。

② 第75条规定,禁止党和国家工作人员或者其他从事公务的人员利用职务上的便利,为他人谋取利益,其父母、配偶、子女及其配偶以及其他共同生活的家庭成员收受对方财物的,应当追究该人员的责任,情节较重的,给予警告或者严重警告处分;情节严重的,给予撤销党内职务或者留党察看处分。上述人员利用职务上的便利,为他人谋取利益,并指定其他第三人从中收受财物的,依照上述规定从重或者加重处分。

③ 第76条规定,党员领导干部的配偶、子女及其配偶,违反有关规定在该党员领导干部管辖的区域或者业务范围内从事可能影响其公正执行公务的经营活动,或者在该党员领导干部管辖的区域或者业务范围内的外商独资企业、中外合资企业中担任由外方委派、聘任的高级职务的,该党员领导干部应当按照规定予以纠正;拒不纠正的,其本人应当辞去现任职务或者由组织予以调整职务;不辞去现任职务或者不服从组织调整职务的,给予撤销党内职务处分。

④ 第5条规定:(1)不得要求或者指使提拔配偶、子女及其配偶、其他亲属以及身边工作人员;(2)不得用公款支付配偶、子女及其配偶以及其他亲属学习、培训、旅游等费用,为配偶、子女及其配偶以及其他亲属出国(境)定居、留学、探亲等向个人或者机构索取资助;(3)不得妨碍涉及配偶、子女及其配偶、其他亲属以及身边工作人员案件的调查处理;(4)不得利用职务之便,为他人谋取利益,其父母、配偶、子女及其配偶以及其他特定关系人不得收受对方财物;(5)不得默许、纵容、授意配偶、子女及其配偶、其他亲属以及身边工作人员以本人名义谋取私利;(6)不得为配偶、子女及其配偶以及其他亲属经商、办企业提供便利条件,或者党员领导干部之间利用职权相互为对方配偶、子女及其配偶以及其他亲属经商、办企业提供便利条件;(7)不得允许、纵容配偶、子女及其配偶,在本人管辖的地区和业务范围内个人从事可能与公共利益发生冲突的经商、办企业、社会中介服务等活动,在本人管辖的地区和业务范围内的外商独资企业或者中外合资企业担任由外方委派、聘任的高级职务;(8)不得允许、纵容配偶、子女及其配偶在异地工商注册登记后,到本人管辖的地区和业务范围内从事可能与公共利益发生冲突的经商、办企业活动。

亲属在本人管辖范围内经商等。

此外,对国企领导人员亲属的禁止性行为管理也浮出水面。《关于国有企业领导人员违反廉洁自律"七项要求"政纪处分规定》(2009年1月23日监察部、人力资源和社会保障部、国务院国有资产监督管理委员会令第17号公布,自2009年3月1日起施行)第3条规定,国有企业领导人员不得有下列行为:(1)利用职务上的便利通过同业经营或关联交易为本人或特定关系人谋取利益;(2)相互为对方及其配偶、子女和其他特定关系人从事营利性经营活动提供便利条件;等等。

法律对公职人员亲属禁止性行为,特别是对公职人员亲属的营利性行为没有直接规定。《公务员法》没有直接规定公职人员亲属或身边人的管理问题,其第53条第7项规定,公务员不得贪污、行贿、受贿,利用职务之便为自己或者他人谋取私利。第68条规定了公务员有亲属关系的任职回避问题。[1]

2009年,中国共产党中央纪律检查委员会首次公布了十七大以来全国范围内的领导干部亲属子女管理方面的数据,全国共有185940个领导干部申报登记了配偶、子女的从业情况,有493名领导干部的配偶、子女违规问题得到了纠正,82名领导干部因配偶、子女违反从业的有关规定受到了查处。[2] 相对于庞大的公职人员队伍,这个数字实在微乎其微。对此,有两种解释,一种是违规的公职人员确实少,另一种则是监管不到位,一些违规现象未被发现和处理。后一种解释比较符合逻辑和现实。

二 公职人员亲属营利性行为规范性文件的特点

在中国,公职人员亲属的营利性行为规范存在如下几个特点。

---

[1] 第68条规定,公务员之间有夫妻关系、直系血亲关系、三代以内旁系血亲关系以及近姻亲关系的,不得在同一机关担任双方直接隶属于同一领导人员的职务或者有直接上下级领导关系的职务,也不得在其中一方担任领导职务的机关从事组织、人事、纪检、监察、审计和财务工作。因地域或者工作性质特殊,需要变通执行任职回避的,由省级以上公务员主管部门规定。

[2] 《2.4万官员上缴1.6亿财物》,《新京报》2009年1月7日。

（一）应当规制的公职人员亲属主体范围存在争议

当前的法规仅禁止公职人员直系亲属在公职人员职权范围内和管辖范围内从事营利性活动，对在职权与管辖范围外以及旁系亲属从事营利性活动并没有限制，因此也不能认为其从事营利性活动是非法的，而且对公职人员旁系亲属经商办企业也束手无策，这可以说是公职人员隐性经商大行其道的根本原因。从制度上看，公职人员近亲属从事营利性活动完全是管理空白，他们可以自由享受特权带来的好处，却不受任何制度的约束。在过往已经查处的腐败公职人员中，其配偶或者子女或者亲属大部分都在下海经商，并非其亲属都有经商办企业的天赋，而是公职人员手中的权力助其获得巨额利润。传统上贪污受贿获取巨额财产的方式具有较大的风险，而利用权力为亲属经商办企业提供方便，是可供其选择的获取巨额财富的最佳手段，人们甚至无法想象权力和资本合谋将会上演什么样的财富游戏。因此，有关部门需要加强对公职人员近亲属的管理，如果不加大预防和查处力度，这类行为将层出不穷、危害巨大。

（二）公职人员之间亲属互惠的禁止性行为难以规范

现实中，公职人员互惠亲属的禁止性行为表现突出，如公职人员与其他公职人员形成交换关系，其亲属的公司不在本人管辖的地区经营，而是在其他公职人员管辖的地区经营。尽管监察部、人力资源和社会保障部、国务院国有资产监督管理委员会《关于国有企业领导人员违反廉洁自律"七项要求"政纪处分规定》中禁止互惠行为，但是对于甲公职人员亲属在乙公职人员管辖地区经营公司，乙公职人员亲属在甲管辖地区经营公司，却无法监管。而且，这种行为与传统的贪污、受贿方式牟利不同，其不仅规避了监管，获取了暴利，还赢得了勤劳致富的好名声。公职人员亲属从事营利性活动的成功率远高于一般人，其中原因显而易见，权力交易具有重要作用。曾当选"2009中国十大品牌市长"的原广东省中山市市长李启红的亲属，如丈夫、弟弟、丈夫的弟弟等多人经商、办企业。市长亲属参与工程招投标，无往而不胜。像李启红这样披着"人民公仆"的外衣，通过土地经济、房地产开发、内幕消息等，与民争利、中饱私囊、集聚家族财产的公职人员并非只此一人。

（三） 制止公职人员亲属从事营利性活动法规缺乏强制性

各种与公职人员管理相关的法规缺乏刚性和强制力，例如《公务员法》、《中国共产党党员领导干部廉洁从政若干准则》、《中国共产党地方委员会工作条例（试行）》、《中国共产党党内监督条例（试行）》和《中共中央、国务院关于进一步制止党政机关和党政干部经商、办企业的规定》等文件对公职人员亲属从事营利性活动都作了规定。如领导干部直系亲属经商办企业必须申报，处级以上领导干部子女不得在其父母管辖范围内经商办企业等，但多数只是要求公职人员申报或回避，对公职人员亲属违规行为如何定性、怎么处罚、由谁处罚规定不明确，更谈不上对非直系亲属的规范了。由于信息不透明，公职人员直系亲属或非直系亲属的信息很难获取，无疑给公职人员亲属"暗度陈仓"从事营利活动留下了可以操作的巨大空间。

第三节　公职人员亲属营利性行为调研结果分析

公职人员亲属从事营利性活动是公众普遍关心的问题，一些公职人员亲属违规进行营利性活动也是人们目前对政府不满的重要原因。为了了解人们对公职人员亲属从事营利性活动的认识，以便有关部门掌握第一手的材料，制定相应的法律和政策，中国社会科学院法学研究所法治国情调研组在问卷调查中，就公职人员亲属从事营利性活动的认识进行了调查。这里所说的公职人员亲属从事营利性活动，主要是指其亲属在该公职人员管辖范围内而非在其管辖范围外从事营利性活动，尽管不同公职人员之间在不同管辖范围做出亲属互惠行为也属于应当监管的行为，但这种行为的监管难度更大、更复杂。

一　多数公众反对公职人员亲属营利性行为

在对待公职人员亲属从事营利性活动方面，公职人员本应具有高于公众的自觉意识，但后者表示反对的人数比例要高于前者的人数比例。如

图 6-1 所示，61.4%的公职人员和 66.1%的公众认为应当将公职人员直系亲属从事营利性活动的情况向社会公示；51.2%的公职人员和 53.3%的公众认为应责令其亲属退出营利性活动，或者责令公职人员辞职；35.5%的公众认为应当将公职人员直系亲属的获利所得上缴国库，而公职人员认同这一观点的人数比例仅为 24.3%。

就此问题而言，并非是公职人员的素质低于公众，而是其身在其中，受利益驱使而已。

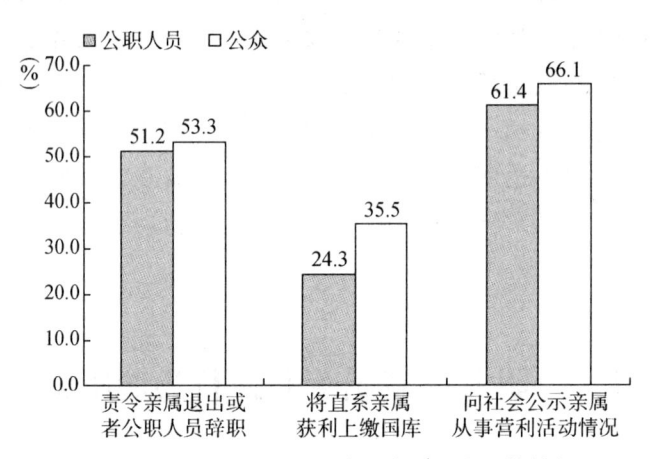

图 6-1 公职人员与公众对亲属在公职人员管辖行业从事营利活动的态度

二 不同单位行政级别公职人员对亲属营利性活动的认识不同

不同行政级别单位的公职人员掌握的权力不一样，考察单位的行政级别同样具有一定意义。如图 6-2 所示，无论单位是什么行政级别，仅有半数左右的公职人员同意应当责令在自己管辖范围内从事营利性活动的亲属退出或者本人应当辞去职务，选择反对、不清楚和拒答答案的占被调查者的半数左右。此外，有 21.8%单位为省部级的公职人员和 24.4%单位为地厅级/司局级的公职人员明确反对责令亲属退出或者本人辞职，此组数据不可谓不令人吃惊。高级别行政机关的公职人员态度暧昧，对监督实效有较大的影响。

不同单位级别的公职人员对于应否将直系亲属在政府机关工作人员管辖的相关行业从事营利活动的获利上缴国库的认识则更是让人触目惊心

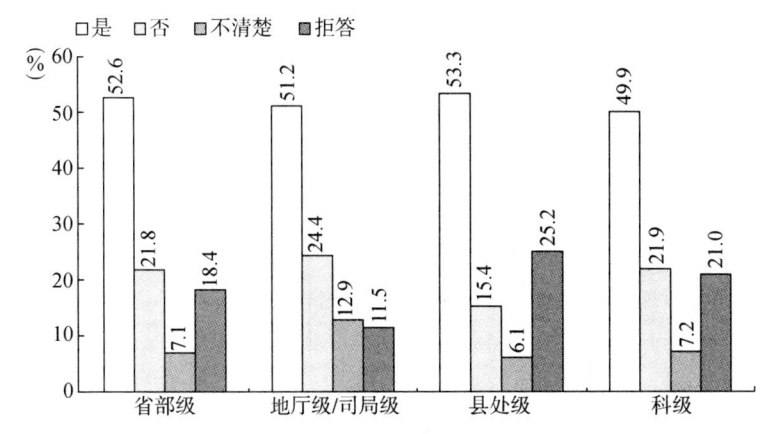

图 6-2　不同单位级别的公职人员对于应否责令直系
亲属退出或本人辞职的认识

（见图 6-3）。单位为省部级、司局级的多数公职人员反对将亲属的获利上缴国库。省部级单位的公职人员同意的为 22.2%，反对的为 38.3%，加上不清楚和拒答的人数，有 70% 以上的人员对此持否定态度；地厅级/司局级同意的为 21.4%，反对的为 35.3%，加上回答不清楚和拒答的，持否定态度的司局级公职人员人数比例甚至超过省部级单位的公职人员。此外，单位为县处级和科级的公职人员反对的人数比低于省部级和司局级单位的公职人员，但是其选择拒答的人数处于高位，加上选择不清楚答案的人群，同样为 70% 以上的公职人员作了否定回答。

令人讶异的是，尽管反对将亲属的获利所得上缴国库，但不同单位级别公职人员对于应否向社会公示直系亲属在政府机关工作人员管辖的相关行业从事营利活动的情况倒是持肯定态度的居多，大有"君子坦荡荡"的气度。认为应当向社会公示其直系亲属从事获利性活动的不同单位行政级别的公职人员人数比例分别为：省部级单位的为 72.6%、司局级为 57.6%、县处级为 64.5%、科级为 56.4%（见图 6-4）。

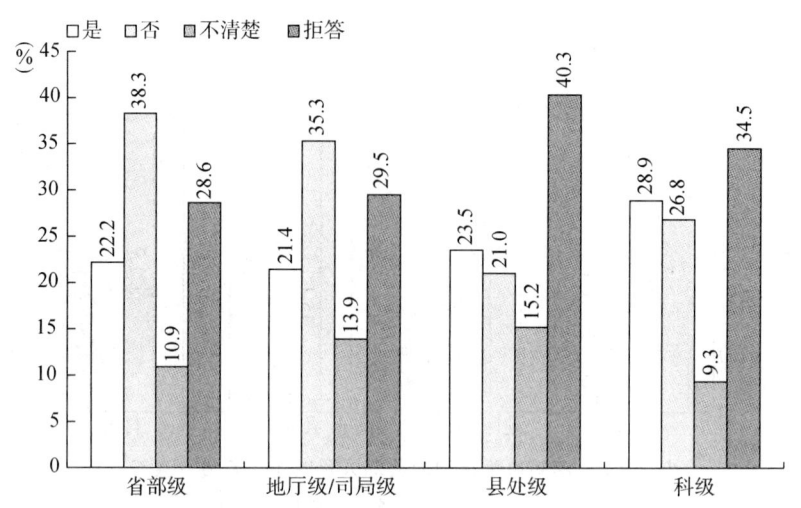

图 6-3 不同单位级别的公职人员对于应否将直系亲属的获利上缴国库的认识*

* 多选作废数据未包含在本图中。

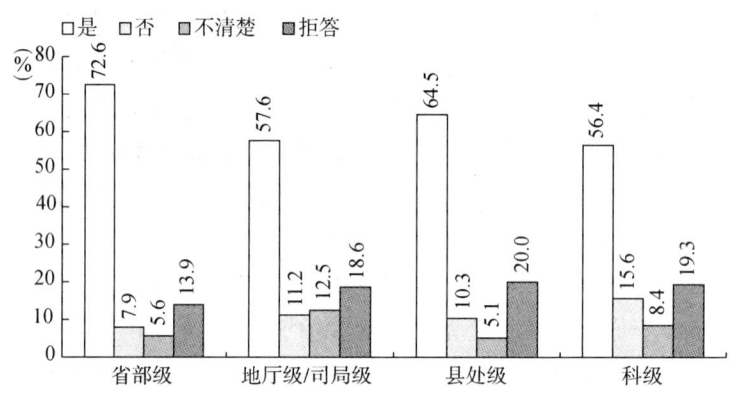

图 6-4 不同单位级别的公职人员对于应否向社会公示直系亲属从事营利活动的认识*

* 多选作废数据未包含在本图中。

三 年龄与公职人员亲属从事获利性兼职的相关性

年龄在这里分为两个方面,一个是工龄,也就是资历,一般而言,工龄长的或说资历深的公职人员的年龄会较大;另一个是公职人员的实际年龄。分析这个问题的目的是希望了解不同年龄段的人对监管公职人员亲属从事营利性活动的认识。

首先,不同工龄的公职人员对亲属从事获利性活动的认识存在差异。图6-5显示,工作年限为26~30年的公职人员,认同亲属退出获利性行业或公职人员本人辞职的人数比例最高,为69%,其余由高到低的顺序为:工龄为30年以上的为57.6%,16~20年的为56.50%,11~15年的54.60%,21~25年的为52.30%,6~10年的为51.00%,5年及以下的为44.00%;认为不必责成亲属退出或者公职人员本人辞职的人数比例最高的为5年及以下的公职人员,人数比例为29.30%,其余由高到低的顺序为:工龄为21~25年的为27.10%,30年以上的为24.20%,6~10年的为21.00%,11~15年的为15.00%,16~20年的为13.40%,26~30年的为10.60%。

上述数据显示,工龄分布与此问题的相关性呈现较为复杂的关系。总的来说,工龄在5年及以下的年轻公职人员认为不必责令亲属退出或者本人辞职的人数比例最高,但工龄在21~25年以及30年以上的人认为不必责令亲属退出或者辞职的人数比例也不低,反而工龄在26~30年的人数比例较低。因此可以说,不论工龄长短,认识都存在模糊之处,或者他们的确是认同或者是认识确实不清楚。

其次,不同年龄的公职人员对亲属从事营利性活动的监管的认识也存在分化,图6-6显示了不同年龄段的公职人员对这个问题的看法。随着公职人员年龄的递减,对应当责令亲属退出营利性行业或者公职人员本人应当辞职观点的认可程度呈下降趋势。有65.90%的20世纪50年代出生的公职人员认为应当责令亲属退出或者自己应该辞职,其他年龄段分别为:60年代出生为56.20%、70年代出生为53.20%、80年代出生为41.40%、90年代及以上出生为28.60%。另外还有相当多的公职人员拒绝回答这个问题,拒绝的人数比例分别为:20世纪50年代出生为17.60%、60年代出生为20.30%、70年代出生为20.60%、80年代出生为16.90%、90年代及以上出生为14.30%。此外,90年代及以上出生的公职人员回答是、否和不清楚三种答案的人数比例一样多。由上述数据所见,对于这个问题,年纪较大的公职人员显然比年轻公职人员的认识更清楚,更了解相关政策,由于年轻公职人员是高级公职人员的后备军,其行为是否规范事关未来,因此,有关部门应当加强对年轻公职人员的教育和管理。

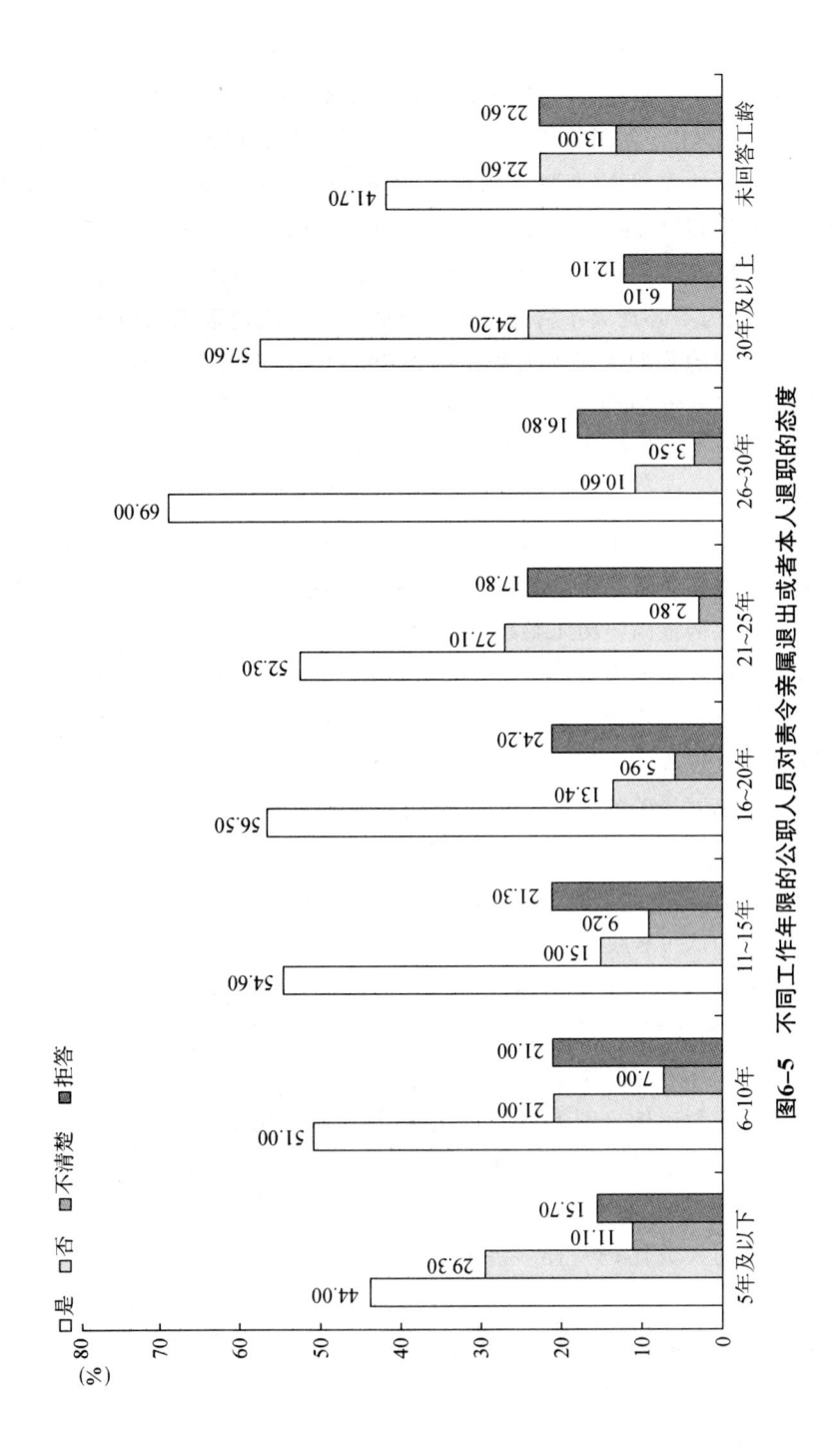

图6-5 不同工作年限的公职人员对责令亲属退出或者本人退职的态度

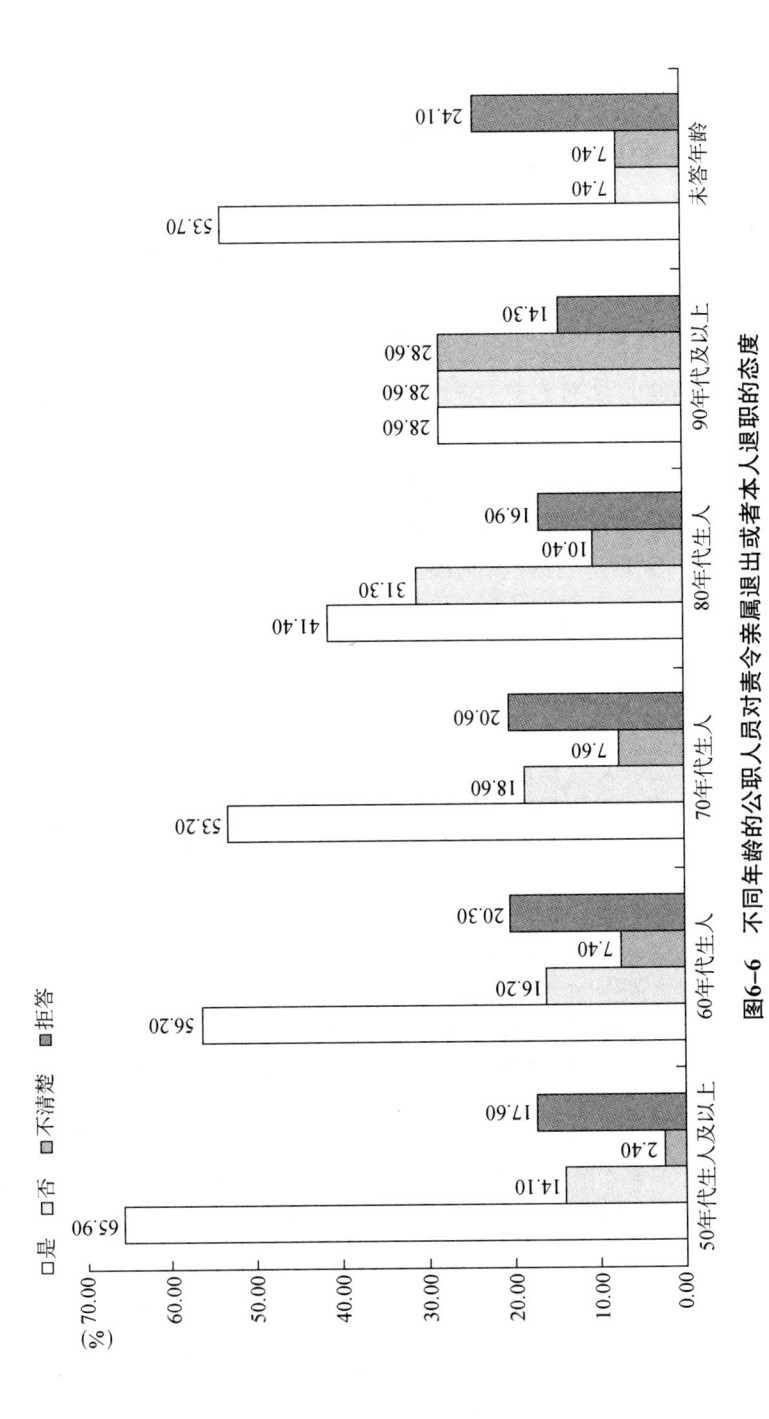

图6-6 不同年龄的公职人员对责令亲属退出或者本人退职的态度

四 不同行政级别公职人员对亲属营利性活动的认识

在调查公职人员对直系亲属在其管辖行业从事营利性活动的认识时，对是否应责令亲属退出或公职人员本人辞职方面，行政级别不同的公职人员的认识也不同。态度最为积极的是司局级公职人员，有67.20%的司局级公职人员认为应该责令其亲属退出或者公职人员本人应当辞职。其余人数比例从高到低分别为：县处级59.00%、省部级53.30%、科级48.90%、科级以下为48.60%。反对人数比例最高的是省部级公职人员，其人数比为26.70%，其余比例由高到低分别为：科级以下23.50%、科级20.70%、县处级17.90%、司局级15.50%（见图6-7）。在这个问题上，省部级公职人员反对的人数比例较高，值得有关部门密切注意，应当了解其中原因，制定相关政策，采取适当的监管措施。

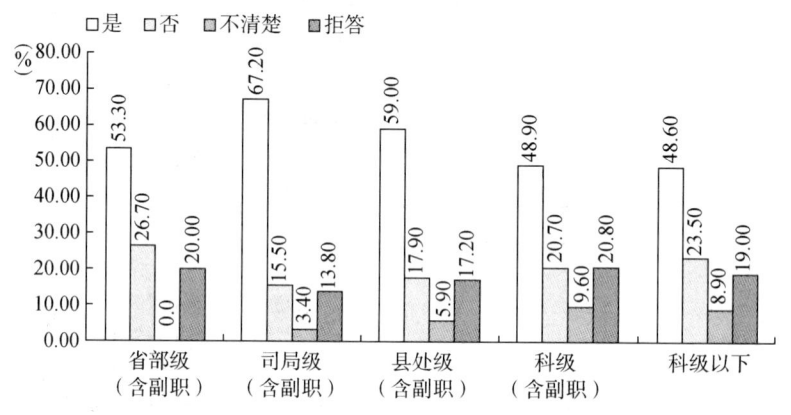

图6-7 不同级别公职人员对直系亲属在其管辖行业从事营利性活动时应否责令亲属退出或公职人员本人辞职的态度

不同级别的公职人员对是否应公布亲属从事营利性活动的认识也有较大差异。图6-8为不同行政级别的公职人员对是否应向社会公布其公职人员直系亲属在其管辖行业从事营利性活动的态度。值得肯定的是，多数公职人员都认同应当向社会公开亲属从事营利性活动的情况，其中，省部级公职人员持赞同意见的人数最多，为66.7%，其他依次是科级公职人员为63.8%，科级以下为62%，司局级为58.6%，县处级为57.2%。比较而言，县处级公职人员的认同比例最低。另外，值得注意的是拒答数据组。由

图 6-8 可见，有相当一部分公职人员选择了拒答答案，而且行政级别越高，选择拒绝答案的人数比就越高，省部级为 33.3%，司局级为 31%，县处级为 24.5%，科级为 17.4%，科级以下为 13.4%。之所以呈现这样的分布，一个假设是，县处级公职人员和省部级公职人员的亲属在其管辖行业内从事获利性工作的人数多，当然，这还只是公职人员对此问题的认识，实际情况究竟如何，还需要相关部门的数据予以证实。

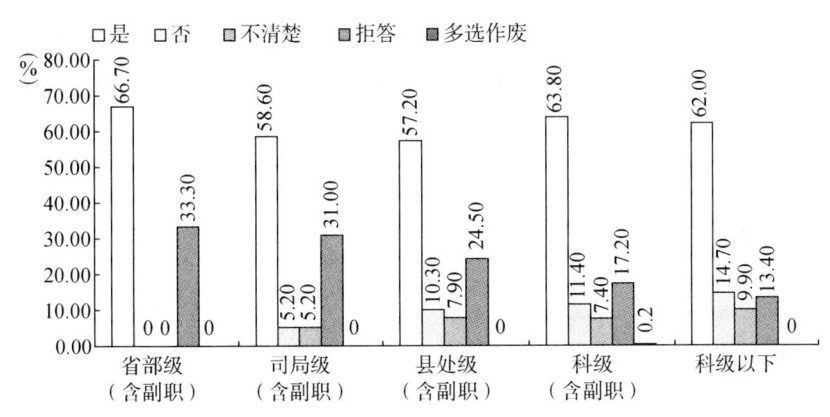

图 6-8　不同级别公职人员对是否应向社会公布直系亲属
在其管辖行业从事营利活动的态度

对是否应将公职人员直系亲属在其管辖行业内从事营利性活动获利上缴国库，不同级别公职人员的态度同样出现了较大的分化。省部级公职人员的态度显现出截然相反的态势，即赞同的人数比例和拒答的人数比例完全相同，都为 40.0%；司局级公职人员的态度错综复杂，赞成的人数为 27.6%、反对的为 27.6%、拒答的为 43.1%；县处级公职人员的态度更加复杂，赞成的人数比低于反对的人数比，赞成的为 19.0%、反对的为 27.9%，拒答的为 36.9%；科级公职人员赞成的人数比为 24.1%、反对的为 29.4%、拒答的为 33.6%；科级以下的公职人员赞成的人数比为 28.5%、反对的为 30.5%、拒答的为 29.2%（见图 6-9）。不同级别的公职人员对这个问题的态度有一点是趋同的，即多数人选择拒绝回答此问题，占人数比例的第一位，而且，行政级别较高的被调查者，拒答的人数相对也较多。

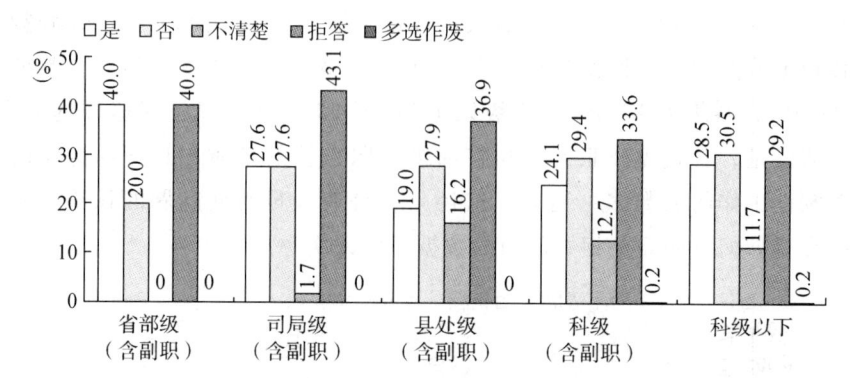

图 6-9 不同级别公职人员对是否应将亲属获利上缴国库的认识

对待利益的态度最能够体现公职人员服务于国家和人民的愿望和意志，如此多的公职人员反对将亲属违规获利所得上缴国库，或者反对向社会公开其亲属从事营利性活动的情况，应当引起有关部门的高度重视。

公职人员亲属在公职人员管辖领域内从事获利性活动需要两个条件，一是资本的投入，二是关系网络的存在。这两点对公职人员亲属而言都不成问题。有的行业看起来门槛很高，但公职人员拥有一定的权力，可以作为"权力股"，代替资金的不足；从事营利性活动需要建立一定的人际网络，公职人员所处的优势地位有利于建立这个网络，使亲属能在其中上下其手、如鱼得水。公职人员亲属从事获利性活动的市场风险小，利益回报大，企业经营可能赢利也可能亏损，但"权力股"往往只赚不赔。此外，现行的党纪政纪和法律制度只禁止公务员本人及其直系亲属经商办企业，但没有禁止公职人员的其他亲属如兄弟姐妹和其他亲友从事获利性活动。正是由于这种低风险高收益活动的诱惑，尽管屡次清理，公职人员亲属从事营利性活动的现象仍然大行其道，未见收敛之势，令全社会反感。以权力来经商是当今社会最大的腐败。

20世纪80年代中央就曾经出台禁止领导干部子女经商的文件，然时至今日，30多年过去了，公职人员亲属违规经商行为并未得到遏制，不少领导干部的子女成为先富起来的那一部分人。中国进行经济体制改革，人民生活水平有了大幅度的提高，但公众对此并不满意，原因之一就是社会分配不公正。社会分配不公的最重要表现就是公职人员亲属凭借公职人员的权力和职务，抢占资源，破坏市场经济的公平竞争原则，造成一部分人违法地"先富起来"。目前，公职人员亲属实施禁止性行为的现象愈演愈烈，侵蚀到社会的不同领域，这不仅与市场经济的原则相违背，更重要的是与中国共产党执政为民的宗旨相违背，这些人的行为使执政党的形象严重受损。因此，执政党采取措施严肃治理公职人员亲属禁止性行为责无旁贷，而且迫在眉睫。不先正己，何以正人？因其已经关系到政党和政府合法性的问题。

第六章 公职人员亲属营利性行为的法律规制

第七章

公职人员财产监督制度

公职人员禁止性行为很多都是与公职人员非法获取财产有关的，因此，公职人员的财产监督成为规范公职人员行为的重要措施。本章将专门讨论公职人员财产监督在规范公职人员禁止性行为中的作用。

第一节　公职人员财产监督制度的基本理论

一　公职人员财产监督制度的含义

公职人员具有双重身份，一方面，在日常生活中是普通的公民，和其他公民一样享受权利、履行义务；另一方面，又在公共管理中掌握公共资源、依法履行公共管理职责并可能享有为履行职权所需的一定特权。公职人员手中的权力来源于国家和全体人民的委托，因此，与普通公民相比，他们还需要承担更多的义务和责任，并确保手中的权力用于为国家和人民谋取福祉。自古以来，任何权力都可能遭到滥用，因此，为了有效约束公职人员的行为，确保公职人员廉洁、公正地行使手中的权力，并保持对国家和人民的始终忠诚，不仅要约束公职人员所有行使权力的行为，还应扩展到监督公职人员的一些私人领域，对公职人员的财产进行必要的监督就是较为重要的制度之一。

所谓公职人员财产监督制度，是指为了规范公职人员行使权力的行为，通过公职人员自行申报财产、有关机关依法核查真实性、向公众公示公职人员财产状况接受公众监督等方式，对公职人员的相关财产状况进行监督的制度。公职人员财产监督制度的目的是防止公职人员陷入利益冲突，即公职人员行使权力非为公共利益，而是为了从其他人之处获得财产性利益，即所谓的自身利益和公共利益之间出现冲突的状况。

二　财产监督的相关概念

对公职人员的财产状况进行监督除了此处使用"公职人员财产监督"这一概念之外，人们耳熟能详的还有"财产申报""财产公示"等。从实施这项制度的目的、方式、方法等角度考虑，本章倾向于采用"公职人员财产监督"之概念。

财产监督、财产申报、财产公示等概念之间有一定的相关性，但又具有一定的区别。财产申报制度（Properties Declaration System，或者 Financial Disclosure System）是境外各政府规范公职人员行为、反腐败的重要制度，中国学界移植了该概念。在境外，财产申报制度被视作公职人员伦理制度的重要组成部分，是规范公职人员行为、预防公职人员腐败的重要机制。该制度的主要内容为，依据有关法律法规的规定，特定的公职人员须向专门机关报告其财产和收入情况及其变化，并接受专门机关乃至社会公众监督。

财产申报从其制度本身，尤其是从其概念表述来看，更多强调的是公职人员对自身财产状况的申报，强调公职人员的自律，反腐败专门机构的监督职能体现不足，也不太重视公众对于监督公职人员财产状况的介入和参与。所以，这一概念的主要问题在于，其重点强调公职人员的自律和对自身财产的申报，而容易忽视专门机关对于公职人员财产状况、申报情况的监督，尤其是容易忽视公众在公职人员财产监督中的主动性和参与度。

与财产申报制度不同，财产公示制度是由有关部门将受监督的公职人员的财产情况通过新闻媒体、网络、布告栏等渠道向社会公众、单位职工公开。这一做法改变了一些地方在收到公职人员申报材料后，将其放入档案袋、锁进保险箱的做法，主动地将相关材料向有关主体公开，接受监督。财产公示制度在一定程度上有助于消除公众对实施该制度是走过场的质疑。财产公示制度是近年来国内有些地方采取的监督公职人员财产的新做法。但是，其也存在一些问题，例如，在财产公示过程中，具体公开什么、向谁公开、怎么公开，这些都要由有关机关决定。公众只能被动地接受所公开的信息，这同样制约了对公职人员财产的监督力度，也不能从根本上将公众参与反腐败斗争的热情转化为有效的全民反腐行动。

因此，本书不使用"财产申报""财产公示"等概念，而是使用"财产监督"。这是因为，财产监督具有广泛的涵盖性，可以包括公职人员的财产申报、专门机关监督、财产公示、公众参与监督等众多内容。从中国近年来的发展趋势来看，腐败行为的期权化、隐性化给腐败案件的查处带来了较大的困难，仅仅依靠公职人员的自我约束不足以取得相应的效果，同时单纯依靠有关机关的监督一则面临有关机关无力——核查财产状况的困境，二则缺乏公众的有效参与不能很好地保证反腐败斗争的效果,难以真正赢取公众对国家反腐败和公职人员廉洁度的信赖,更难以确保反腐败斗争的持续。特别是在中国的反腐败进程中,公众对于公职人员的财产状况和廉洁性异常关注,公职人员单方、简单的申报并不能满足公众的要求,需要强调专门机构的监督和公众的参与。而财产监督这一概念不仅意味着重视公职人员对自身财产状况的申报,还意味着重视有关机构如何监督、公众如何参与监督的问题。因此,应该说,公职人员财产监督是一项全方位监督公职人员财产的制度,也是规范公职人员财产活动最有力的一项制度。

三 公职人员财产监督制度与隐私权

隐私权是指公民的私人生活与私人信息不被他人非法侵扰、知悉、搜集、利用和公开的一种人格权。它包括以下几个内容:(1)公民的住址、住宅电话、身体肌肤形态等个人信息;(2)公民的储蓄、财产状况、社会关系、档案材料、通信、日记和其他私人文件;(3)公民婚恋、性生活、行踪等私人活动,公民的住宅或身体隐秘部位等私人空间;(4)其他属于私人内容的公民个人信息、数据。上述信息未经许可不得公开、调查、传输、利用。隐私权是个人利益的体现,强调个人信息的独占、专有性。中国现行法律还未将隐私权作为一项具体的人格权进行明文规定,但《宪法》、《民法》、《刑法》等法律中都有间接相关的规定。

公职人员作为公民应当享有隐私权是无疑义的,但由于公职人员代表国家行使权力,其部分隐私权与公共利益相关,他们的一些私人信息,如财产、学历、个人背景等是判断其是否能够胜任职务以及是否能够正当行使权力的重要依据,因此,公职人员的隐私权应受到限制。此外,公职人员因其职务而享有一些特殊的权益,如较好的社会保障、较高的社会地位、掌握社会资源等,恰恰因为这些权益,其也必须牺牲部分隐私权,以保证公共利益不受侵犯。

公职人员必须让渡部分隐私权,但不是无限制地让渡,让渡的范围须由法律明文规定。公职人员隐私权的让渡必须遵循以下几个原则。首先,公职人员隐私权的让渡必须遵循公共利益原则。凡是公职人员的隐私权涉及公共利益,就必须限制公职人员隐私权的范围和空间。其次,公职人员隐私权的让渡必须遵循职务相关性原则。不同职务、不同级别的公职人员在隐私权的限制上应有所区别。越是涉及重要权力和重要利益的职位，就越应限制其隐私保护的范围。最后，公职人员隐私权的让渡必须遵循必要性原则。如前所述，公职人员隐私权的让渡必须以公共利益为准则，不得过渡限制，在不必要限制的情况下，应尽量保护公职人员的隐私。

总之，权力的行使目的是保障公民权利的实现，由于存在各种因素，权力的行使与权利的保障存在错位，限制公职人员的隐私权，将其与公共利益、公民权利相关的隐私置于公众监督之下，既可以保障公民的知情权，也是实现权力有效监督的重要途径。换言之，隐私权不应作为公职人员禁止性行为的遮羞布、挡箭牌，同时也应保障公职人员非让渡的隐私权。

公职人员的财产监督就属于公职人员隐私权让渡的结果。公职人员应当就其拥有的财产接受监督，并说明其财产的合法来源。财产监督制度限制了公职人员的财产私密性，使其财产来源尽量做到合法透明。人们可以通过财产监督制度掌握公职人员的财产状况，结合其本人职级、收入水平、家属从业与薪酬情况以及各种可能的合法获利渠道，分析其财产是否与其收入相符，判定该公职人员是否存在滥用权力谋取不当的私人利益的可能，进而判定一个公职人员是否因为某些财产行为而身陷利益冲突。

四　实施公职人员财产监督制度的意义

实施公职人员财产监督制度对于预防公职人员腐败和滥用权力、督促其廉洁从政有着重要的作用。

首先，实施公职人员财产监督制度是新形势下反腐败斗争必不可少的利器。毫无疑问，严厉查处滥用权力、贪污腐化的公职人员是反腐败斗争的重要内容，有助于警示腐败分子，教育公职人员。但是，严厉的惩处只是反腐败的手段之一，中国多年来反腐败斗争的经验已经证明，仅仅依靠查办大案要案并不能跳出腐败官员"前仆后继"的怪圈，单纯依靠查处、惩治腐败分子也并不能从根本上达到遏制腐败犯罪的目的。强化预防机制，做到反腐败战线前移，形成系统的预防和惩处腐败的体系，特别是通过有效的监督和预防机制，防止公职人员滥用手中权力、借助权力谋取私人利益才是有效之策。公职人员财产监督制度是这个完整的体系中的重要一环，通过对公职人员的财产状况和变动情况的监督，促进公职人员的行为自律，规范公职人员财产行为和权力行使，避免公职人员因与他人之间的利益纠葛而逐步滑向腐败的深渊。

其次，公职人员财产监督制度可以规范公职人员的行为，提高其廉洁从政意识。公职人员身兼普通公民与权力行使者两种身份，难免在保障公共利益与追求个人利益之间发生一定冲突。公职人员掌握公共资源，如果在行使权力过程中，处理不好利益关系，片面追求个人利益，滥用公权力和公共资源为个人谋取利益，必然导致腐败。因此，最大限度防止公职人员身陷利益冲突乃是反腐败制度建设中的重要内容。实施财产监督制度可以较为全面地掌握公职人员的财产情况和变动状况，并将其作为认定该人员是否存在利益冲突和贪腐行为的参考依据，有利于反腐败机构乃至社会公众对公职人员的廉洁行为进行监督。一般而言，公职人员所拥有的财产如果与本人及家人的收入水平相距甚远，且不能作出合理解释的，其廉洁程度自然应当受到质疑和关注。由此，财产监督制度可以有效地规范公职人员的财产行为，督促其强化廉洁自律的观念和意识，注意自身行为的正当性与合法性，警醒自己保持廉洁、勤勉，避免身陷利益冲突漩涡。

再次，实施财产监督制度有助于挤压期权腐败的空间，加大公职人员贪污腐化的成本。期权腐败是近年来公职人员腐败行为的新形式，其一改传统上权、钱即时交易的模式，表现为放长线钓大鱼，形式多样。有的公职人员利用手中的权力，为他人谋取非法利益，但是并不要求受益人立即给予回报，而是让对方在未来的某个时候（如退休、离职或者退职之后），给予形式不同的巨额回报；有的则是某些实力雄厚又颇具"眼光"的人，选择有利用价值的公职人员进行所谓的"感情投资"，留待日后有需要时再要求该公职人员为其谋取非法利益。这种腐败方式在滥用权力与获取非法利益之间因缺乏直接、直观的联系而难以查处，实行财产监督制度则可以有效地防止这一现象的蔓延。财产监督制度要求公职人员在任期间或者离任之后若干时间内定期申报自己及家庭的财产状况，包括要申报财产变动情况以及有关财产的获取时间、方式，而且，一旦财产状况出现异常，比如财产状况明显与公职人员收入不符，公职人员就必须对该财产获取的合法性作出说明。尤其是在当今信息社会中，公众参与财产监督的意识和能力大大提高，网民通过网络手段监督公职人员财产状况的案例比比皆是，公职人员财产状况中的蛛丝马迹都可能成为把其拉下马的有价值线索。财产监督制度使公职人员的财产状况及其变动均处在有关机关乃至公众的监督之下，即便仍旧有可能通过期权腐败、洗钱等掩盖其非法牟利的行为，但是，毫无疑问，其非法获利的难度与成本都将大大增加。

最后，实行公职人员财产监督制度有助于健全公职人员诚信体系。公职人员私人财产的来源是否合法，是判定其权力行使的纯洁性和正当性的前提。公众对公职人员财产来源合法性乃至其廉洁程度的质疑必将导致对其行使权力合法性、正当性和公正性的质疑，并可能动摇对整个公职人员诚信的信赖。通过对公职人员财产乃至配偶、子女等"身边人"的财产状况的监督，可以有效地打消公众对公职人员廉洁程度的怀疑和猜测。另外，实施公职人员财产监督制度，还有助于保护公职人员的合法财产。公职人员的合法财产包括继承、近亲属的合法经营等取得的超出公职人员自身工资水平的财产，这些以合法手段获取的财产同样应当依法受到保护。实施公职人员财产监督制度，可以还那些财产来源合法，不存在徇私舞弊、以权谋私等行为的公职人员一个清白，使那些拥有合法财产的公职人员的声誉得以维护，避免遭受不必要的怀疑。

第二节　域外公职人员财产监督制度概况

一　域外公职人员财产监督制度的由来与发展

作为公职人员财产监督制度的重要组成部分，财产申报较为成形、系统的制度建设起源于1883年英国的《净化选举、防止腐败法》（Corrupt and Illegal Practices Prevention Act 1883）。英国出台财产申报制度是为了防止候选人通过贿选方式拉选票，为此，英国要求选举结束后，当选者必须公布其各项竞选经费的支出情况。后来，随着公职人员廉洁从政制度建设的需要，财产申报制度逐步由选举领域扩展到了其他公共管理领域，并从通过选举上台的公职人员扩展到了所有的公职人员。1883年《净化选举、防止腐败法》规定，如果官员个人财产与其正常收入之间存在差距，就必须作出解释和说明。作为对财产监督立法最早的国家,英国所强调的是公职人员的诚实度而不是对其的惩罚。

现代公职人员财产监督制度最为系统、完善的当属美国,其他很多国家和地区的财产监督制度在不同程度上都受到美国的影响。第二次世界大战后,美国某种程度上沦为了政党分赃政治,国民对政府普遍存在不信任感。20世纪70年代,发生的"水门事件"[1] 促使美国国会制定了公职人员廉政法案,其中最重要的内容之一就是建立一套囊括规范高级公务员、民选政务官员、代议人员与司法人员的财产监督体制,该体制的法律依据为1978年《政府道德法》(Ethics in Government Act 1978)。[2]

美国《政府道德法》是全球第一部对高级公务员、高级法官、高级代议人和高级军官赋予申报财产义务的法律,该法的适用范围与申报义务人应申报财产的种类非常广泛,基本上涵盖了各种主要的腐败源。美国国会在制定《政府道德法》时,设定了以下立法目的:增进大众对政府的信赖,显示政府清廉,避免利益冲突,拒绝不愿意接受公众监督者进入公共服务部门,借助公务员申报财产利益来使公众便于判断公务员履职情况等。[3] 其中,避免利益冲突是其核心内容。美国对高级公职人员实施财产监督制度的目的,不在于确认公职人员财产数额多寡,或者发现腐败行为线索,而是借这套财产申报制度,避免公职人员因其就任前后担任私人职务或者获取的私人利益,而产生公共利益与私人利益冲突。美国公职人员财产监督制度的目的在于使公职候选人通过任职审查和避免利益冲突。此外,美国的《政府道德法》与其他避免公务员利益冲突的法律(如《旋转门法案》等)相互呼

---

[1] 当时的共和党总统候选人尼克松的竞选团队以非法手段潜入民主党设在水门大厦(Watergate)的竞选总部,窃取了竞选对手的机密文件。事后,尼克松虽然在此次选举中顺利当选连任,但国会根据记者爆料,对本案进行了调查,并酝酿弹劾总统,导致尼克松辞职下台,由副总统福特继任。"水门事件"的影响并未随着尼克松的引咎辞职与稍后被赦免而完全结束。

[2] 此前美国一些州已有关于财产申报的立法,例如加州1969年的财产申报法(1969 financial disclosure law, cal. Gov. code, §§3600-3704)。

[3] Office of Government Ethics, Report to Congress, Evaluating the Financial Disclosure Process for Employees of the Executive Branch, and Recommending Improvements to it, March 2005, p. 2, http://www.oge.gov/About/Legislative-Affairs-and-Budget/Reports-and-Testimony/Substantive-Reports-to-Congress/Reports-to-Congress-on-Financial-Disclosure-(March-2005)/.

应，共同构成了美国的政府阳光法案系统，以防止公务员的私人私益与所代表的公共利益之间产生冲突，从而提升公众对于政府的信赖度。

美国《政府道德法》自颁布后，又分别于 1979 年、1982 年、1983 年、1990 年、1992 年、1996 年、2002 年多次增修补充相关规定，包括国会议员财产公开要求（Legislative Personnel Financial Disclosure Requirement）、行政人员财产公开要求（Executive Personnel Financial Disclosure Requirement），以及司法人员财产公开要求（Judicial Personnel Financial Disclosure Requirement）。此外，美国还成立了政府道德办公室（the Office of Government Ethics），并通过了《道德改革法案》（*Ethics Reform Act of 1989*）以及《卸任后利益冲突法》（*Post Employment Conflict Interest*），作为公职人员财产申报制度的后续配套措施。

当前，世界上许多国家和地区纷纷确立了各自的公职人员财产监督制度。从各国各地区的实践看，财产监督的制度创设主要是采取了立法的方式。比如，有的国家和地区制定了专门的财产监督方面的法律法规，比较有代表性的有日本的《为确立政治伦理而公开国会议员等资产的法律》、墨西哥的《公务员财产登记法》、中国台湾地区的"公职人员财产申报法"、中国澳门特别行政区的《财产申报方面的法律》（澳门特别行政区第 11/2003 号行法律）等。

还有的国家和地区则是在其他的有关法律之中设置专门的财产监督制度。比如，有的是在其反腐败法律法规中作出规定，如新加坡是在其《防止贪污法》中予以规定的，又在新加坡政府所颁布的《行为与纪律》（*Conduct and Discipline*）中作了细则性规定；有的则规定在专门的防止利益冲突法律法规中，如加拿大的《利益冲突法》；有的则规定在公职人员伦理方面的法律法规中，如日本的《国家公务员伦理法》、韩国的《公职人员伦理法》、菲律宾的《国家官员和雇员的行为守则和道德规范》等。

20 世纪末以来，全球化对社会生活带来了重要的影响，同时也伴随着一系列的副产品，腐败的国际化就是其一。腐败将社会资源转化成非法的个人资源，不仅对各国的政治、经济制度造成较大的威胁，还严重地侵蚀了社会的道德价值观，摧毁了公民对权力和制度合法性的信任。腐败犯罪分子利用制度漏洞大肆侵吞国家财产、携款外逃。一些国家和地区的政治经济金融制度不完善，使贪污、贿赂、洗钱等腐败犯罪活动国际化有了现实可能。腐败不仅仅是一个国家或者一个地区的内部事务，逐渐演变为一个跨国、跨地区的问题，需要多个国家或者地区共同参与、协同应对，加强反腐败的国际合作，确立反腐败的国际性标准成为近年来反腐败的一个重要内容。公职人员的财产监督制度也成为世界范围内共同推动的反腐败措施，许多涉及反腐败的国际性法律文件也纷纷认可公职人员财产监督制度的重要性。《联合国反腐败公约》就明确要求缔约国根据本国法律的基本原则，酌情努力制定措施和建立相关制度，如应建立公职人员的职务外活动、任职、投资、资产以及贵重馈赠或者重大利益的申报制度（第8条第5款）。一些地区性反腐败合作文件，如《亚太地区反腐败行动计划》也指出，应当建立相关的机制，通过披露或监督，如个人的财产和债务等，提高透明度。

二 域外财产监督制度规制的公职人员范围

财产监督制度主要是通过掌握公职人员的财产状况达到规范和监督公职人员行为的目的，因此，财产监督制度的适用对象必然是各类公职人员，但具体的范围，各国各地区的规定则不尽相同。从各国各地区的规定看，财产监督制度有的适用于一定级别以上的公职人员，有的适用于全体公职人员。

以美国为例，《政府道德法》第101条规定，美国公职人员财产监督制度主要依据公务员职务等级划定范围，而不是以从事任务的性质为依据，只要是高于法定职级的公职人员，均须依法申报财产，至于职级在法律规定以下，即使负责办理采购、征费收费税务等特殊业务的人员，仍不承担财产申报义务。

在美国公职位阶体系中，公务人员分职系（Series）与职等（Grade），合称"GS"，即职务等级表。GS表把联邦政府文官分为18个职等，对应不同的薪水级别收入。低级办事人员实际上只有1~15等。GS16至GS18职等设立高级行政职务，实行品位分类；取消职等，只设工资级别，以促进人员相互流动、级随人走（美国公职位阶体系见表7-1）。

表 7 - 1　美国公职位阶体系

职务等级	薪水级别	官员位阶
GS1 - GS15	10 个薪水级别	低级行政职务
GS16	9 个薪水级别	高级行政职务
GS17	5 个薪水级别	
GS18	1 个薪水级别	

美国《政府道德法》规定，超过 GS15 的公职人员应申报财产，即 GS16 至 GS18，与行政首长第 4、5 级（Level IV，V of the Executive Schedule）均在应申报财产的高级行政职务之列。文职人员未超过 GS15 或军职人员未达 O～7 薪级者，除非政府道德办公室局长特别指令，均无须申报。至于不具有公务员身份的联邦政府聘雇人员，依据《政府道德法》的规定，以其薪资等级等于或高于一般俸表 GS15 职等最低俸级薪俸 120% 为申报标准。此外，经政府道德办公室局长特别指定，可以免除申报义务①（见表 7 - 2）。

表 7 - 2　美国政府道德法规定应进行财产申报的公职人员范围

任命制公职人员	行政人员	1. 职级在 GS15 以上，或者其薪资等于或高于该职级的行政部门所属公务员或雇员。② 2. 政府道德办公室局长确定属于或同等于 GS15 级的人员。 3. 依据美国法典第 3105 条第 5 项规定的被排除在竞争性公职人员之外的、特殊行业从事秘密工作或具有制定政策性质工作的雇员。 4. 政府道德办公室局长与各地道德办公室长官。③ 5. 总统行政办公室雇员，国会任职的公务员。 6. 美国法典第 202 条第 18 项规定的政府特别雇员。
	司法人员	1. 薪水相当于 GS15 级的法院任职的公务员。 2. 行政法官、最高法院大法官、各级联邦法院法官。④ 3. 各级法院内非法官但薪水高于 GS15 薪水 120% 的雇员。⑤
	军人	军职人员薪资在美国法典第 201 条第 37 项所规定 O～7 级以上者。

---

① 美国《政府道德法》第 101（f）（5）条。
② 美国《政府道德法》第 101（f）（1）、101（f）（2）、101（f）（3）条。
③ 美国《政府道德法》第 101（f）（7）条。
④ 美国《政府道德法》第 101（f）（11）、101（f）（12）条。
⑤ 美国《政府道德法》第 101（f）（11）、101（f）（12）条。

续表

民选制公职人员	国家首脑	1. 新当选或在任总统、副总统。①
	候选人	1. 被批准提名或参选总统、副总统职位的候选人。② 2. 由总统提名需经参议院批准的任职人员。③ 3. 国会议员候选人。
	代议人员	1. 国会议员,即参议员、众议员、国会代表,来自波多黎各的常驻专员。 2. 依据参议员规则第41条规定,政治基金的被指派人在被指派处理政治基金时,必须申报财产。④
国企领导与政府雇佣人员	国企领导⑤	1. 邮政总局局长、副局长、美国邮政理事会理事。 2. 基本薪金相当于 GS15 级的邮政总局和邮资委员会的官员。 3. 薪资高于 120% 的邮政集团雇员。
	雇佣人员	不具公务员身份的联邦政府聘雇人员,以其薪资等级等于或高于一般俸表 GS15 职等最低俸级薪俸 120% 为申报标准。

在韩国,财产监督制度也主要适用于高级公务员或者处于特定职位的公务员,一些级别较低但拥有经济社会管理重要权力的公职人员也被包括在其中。高级公务员为:总统、国务总理、国务委员、国会议员、地方议会议员、4级以上一般职公务员及报酬与此相当的其他专业技术公务员、法官和检察官、大将以上的及与此相当的军人、大学校长及负责人、银行官员、国家出资的特定公职团体等(韩国《公职人员伦理法》第3条)。对于一些拥有较高权位的政府机关,韩国还降低了级别要求,将一些级别较低的公务员也纳入了申报义务主体的范围。比如,监视员所属公务员中5级以下的一般职公务员和与此相当的其他专业技术公务员;警察公务员中的警政、警监、警尉、警司;消防公务员中的消防领、消防警、消防尉、消防长和地方消防领、地方消防警、地方消防尉、地方消防长;国税厅、关税厅所属公务员中5级以下的一般职公务员和与此相当的其他专业技术公务员;法务部和检察厅所属公务员中5级以下的检察事务职公务员;中央行政

---

① 美国《政府道德法》第 101(c)条。
② 美国《政府道德法》第 101(c)条。
③ 美国《政府道德法》101(f)(8)条。
④ 美国《联邦参议员财产申报须知》(Public financial disclosure report for the united states senate, http://ethics.senate.gov/downloads/pdffiles/fdform06.pdf),第1页。
⑤ 美国《政府道德法》第 101(f)(6)条。

机关（包括所属机关）所属公务员或地方自治团体所属公务员中供职于其主要职能为监察业务的部处的特定职公务员、5级以下一般职公务员和与此相当的其他政职公务员和上级监督者；地方自治团体所属公务员中供职于税赋的附加、征收、调查和审查等相关业务的部处的5级以下一般职公务员和与此相当的其他政职公务员和上级监督者等（韩国《公职人员伦理法施行令》第3条）。

但是，也有的国家和地区规定，财产监督制度适用于所有的公职人员。比如，在菲律宾，所有的公共官员与雇员都负有申报财产的义务。中国澳门特别行政区也规定所有公共职位和公共行政工作人员（澳门特别行政区第11/2003号行法律第1条）都应申报财产。其中，公共职位包括：行政长官及主要官员；立法会议员；司法官员；行政会成员；公共行政部门，包括自治部门、自治基金及其他公务法人的领导、主管人员，以及其领导、行政管理、管理和监察等机关的主席及成员；公营企业、公共资本企业、公共资本占多数出资额企业、公共财产的特许企业的行政管理机关及监察机关的据位人；代表澳门特别行政区的官方董事及政府代表；其他等同领导及主管职位者，尤其是办公室主任、顾问及技术顾问。公共行政工作人员包括自治部门、自治基金及其他公务法人的人员，具体有：确定性委任或定期委任的公务员；临时委任或以编制外合同制度聘用的服务人员；以合同聘用且具有从属关系的人员；澳门保安部队文职人员或军事化人员；海关人员。

三 公职人员财产监督适用的财产范围

财产监督制度的另外一个关键问题是应受监督的公职人员财产的范围。应该从两个层面来理解这个问题，一是哪些财产种类应当被纳入监督范围，二是限定于公职人员个人名下的财产还是应适当放宽范围，扩大监督的对象。

首先，从各国各地区实施公职人员财产监督制度的主要做法和趋势看，一般都倾向于适当放宽"财产"的范围，将广泛的利益都作为应受监督的财产对待。

美国《政府道德法》规定，凡是"有价值的东西"都应申报，包括礼品、财务、津贴或对个人赔偿的项目，也包括任何有价值的贷款、奖品、契约、报酬、储蓄、就业、赠与、酬金、附加利益、小费、贷款、额外补贴、特权、奖励、捐款等，总之超过200美元的就得申报（见表7-3）。

表7-3 美国公职人员应申报财产的种类

类型	细　节
收入	单笔或累计超过200美元的各种收入（含酬金与资本收入）的来源、形式、数量或价值。①
赠与	1. 非直系三代亲属赠与超过250美元以上礼品的；② 2. 价值累积超过美国法典第7342（a）（5）条第5项规定的（除非低于100美元）。
财产	1. 过去一年中超过1000美元的财产收益； 2. 存款或类似存款累积超过5000美元的。③
债务	超过1万美元的债务（不包括不动产抵押与车辆贷款等，也不包括配偶子女的债务）。④
交易	过去一年中购买、销售或交易价值总额超过1000美元的股票、债券、期货等各种形式的证券。⑤
酬金	1. 过去一年中，在私人公司或非营利事业机构、劳工团体等其他非美国政府的机构，担任代表、顾问或合伙人等，酬金超过5000美元以上的；⑥ 2. 担任宗教、社会、慈善或政治团体的名誉性职务，则无须申报。
信托	参加完全信托的财产的收益情况。

作为例外，有些财产即便超过200美元也不需要申报，包括：（1）合法收入：公职薪水、报酬和员工福利、退休金、储蓄金、社会安全年金。（2）参加完全信托基金的财产。⑦（3）必要公务费用：经授权报销的实际必要费用（含旅费、餐费、小费等）、符合法令的竞选经费或政治献金、因公共服务突出而公开受赠的奖励、政府机关赠送的礼物或其他纪念品。（4）稿酬：因出版资料或商业出版物而获得的稿费报偿。（5）直系三代亲属所赠送的礼物。

随着社会生活的日益复杂，可能导致公职人员陷入利益冲突的财产因素也日益增加，为了更好地发挥财产监督制度的效果，世界上其他国家和地区

---

① 美国《政府道德法》第102（a）（1）（A）至（B）条。
② 美国《政府道德法》第102（a）（2）（A）条。
③ 美国《政府道德法》第102（a）（3）条。
④ 美国《政府道德法》第102（a）（4）条。
⑤ 美国《政府道德法》第102（a）（5）条。
⑥ 美国《政府道德法》102（a）（7）条。
⑦ 美国《政府道德法》第102（f）（3）条。

也对需要接受监督的财产范围作了尽可能宽泛的规定。从一些国家和地区财产监督制度所涉及的财产种类来看，需要接受监督的财产绝不限于其工资，而是包括其家庭财产在内的各种经济利益，既包括金钱，也包括各种有价财物；既包括各种有形的财产，也包括各种无形的财产；既包括所拥有的权利、所掌握的现实的利益，还包括潜在的利益以及各种负债。比如，日本《为确立政治伦理而公开国会议员等资产的法律》第2条就规定，国会议员所要申报的财产除了包括土地、建筑物、存款、有价证券、汽车、船舶、工艺品之外，还包括对高尔夫球场的利用权利以及所借贷的金钱等。在中国澳门特别行政区，需要申报的资产除包括资产（包括不动产、工商业场所、合伙或公司的股、股份、出资或其他的资本参与，对船舶、飞行器或车辆拥有的权利，有价证券和金额超过公职索引表500点的银行账户、现金、债权、艺术品、珠宝及其他物品）外，还包括从工作或职业活动取得的收益（包括退休补助、退役补助，及退休金或退役金；从工商业活动取得的收益；从不动产、著作权、工业产权及资金运用所取得的收益），以及负债（指金额超过公职索引表500点的债务）和所兼任的有酬或可获财产利益的职位、职务或活动（澳门特别行政区第11/2003号行法律第2条）。

公职人员财产监督的另外一个问题是，接受监督的公职人员的财产，是仅限于本人名下的财产，还是应适当放宽到公职人员的近亲属的财产。因为，很显然，如果仅仅限定在公职人员名下的财产，必然会给其转移资产、逃避监督留有一定的空间。因此，现在各国财产监督的趋势是适当放宽接受监督的财产范围，不仅限于公职人员名下的财产。比如，依据美国《政府道德法》第102（a）（3）条、第102（a）（4）条、第102（a）（5）（A）条，第102（e）（1）条、第102（e）（2）条的规定，公职人员的配偶及其扶养的子女（未满21岁、与申报义务人同居的非婚生或与婚生子女与养子女）的所得与财产都需要申报，但分居与离婚者除外。此外，依据美国政府道德办公室公布的行政部门人员填写强制公开财产申报表说明书（SF-278 Form）[1]，以及美国《国会道德条例》[2]，符合如下三种例外情况

---

[1] OGE Form 278, Executive Branch Personnel, Public Financial Disclosure Report, http://www.oge.gov/Form-Library/OGE-Form-278-Automated-（PDF）/.

[2] House Ethics Manual Committee on Standards of Official Conduct 110th Congress, 2d Session 2008 Edition, p.253, http://insidertrading.procon.org/sourcefiles/houseethicsmanual.pdf.

的，申报义务人可以不必申报部分配偶子女财产项目：（1）涉及的项目是配偶或受扶养子女独立的权利或义务，而且申报义务人对此一无所知；（2）涉及的项目自始至终都不是从申报义务人的收入或财产所衍生出来；（3）申报义务人自始至终未从该内容获益，或期待从该内容获益。

在其他国家或地区，财产监督制度所要求公职人员申报的财产也大都不限于公职人员本人的收入和财产，其配偶乃至子女等近亲属的财产也应接受监督。有的要求申报本人和配偶的财产，如中国澳门特别行政区第11/2003号行法律第2条就规定，公职人员只需要申报本人以及其配偶或与其有事实婚姻关系的当事人的财产状况。有的国家和地区要求公职人员申报未成年子女、其抚养的子女或者未婚子女的财产状况。比如，泰国《反腐败法》第39条规定，公职人员需要申报其抚养的子女的财产状况；菲律宾《国家官员和雇员的行为守则和道德规范》第8条要求申报与公职人员共同生活且未满18岁未婚子女的财产情况。还有的国家和地区并不限于未成年子女。比如，尼泊尔《公务员行为规范》就规定，公职人员的儿子以及未出嫁女儿的财产也需要予以申报（第5章第31条）。韩国《公职人员伦理法》的规定更宽泛，公职人员除了申报本人拥有的财产之外，还需要申报其配偶（包括事实婚姻关系中的配偶），以及本人的直系亲属（出嫁的女儿、外祖父母、外孙子女等除外）所拥有的财产；如果公职人员因婚姻关系而入籍到配偶家中的话，那么，还要申报配偶的直系亲属所拥有的财产。

四　公职人员申报财产的程序

各国和各地区公职人员财产监督中要求公职人员申报财产一般实行初任申报、日常申报和离职申报三种形式。

申报财产一般由专门机构予以受理。在美国，行政部门的官员向所在区域内对应级别的政府道德办公室申报财产；立法部门公职人员向众议院议员行为标准委员会申报财产[《政府道德法》第103（h）条]；司法部门的官员则向美国司法联席会申报财产；选举候选人向联邦竞选委员会申报[《政府道德法》第103（e）条]。当申报义务人未及时申报，各级道德办公室官员、联邦政府道德办公室局长、各个部门的秘书处、国会道德办公室特别委员会，均有义务通知申报人提交申报书。

政府道德办公室负责公务员道德教育与培训，此外，道德办公室官员同时提供公务员相关咨询服务，发挥一定的主动督促功能。比如，当审核财产申报资料发现不确实时，应由其通知申报义务人作口头或文字说明解释，预防犯罪发生。

在实际操作中，美国的政府道德办公室制定了统一的申报书，其中必须公开的申报表为 SF-278 表，要求申报的财产事项被分类列在申报书的四张表格中（见表 7-4 至表 7-7）。申报书由封面页和另外四张表格组成，不能使用电子邮件的形式。具体如下：

表 7-4　美国公职人员资产及收入申报表

附表 A：资产及收入
申报本人、其配偶或未成年子女名下，价值高于 1000 美元的每一项资产；详细列出在单笔或累计 200 美元以上的收益，并分类列出其价值及种类（红利、租金及版税、利息、资本收益，投资基金、信托或附条件信托除外）；及申明其资产是介于（1~100 万美元）/（100 万~500 万美元）/（500 万美元以上）。

表 7-5　美国公职人员交易、礼品及旅费申报表

附表 B：交易、礼品及旅费
获提名人无须填附表 B，但一经确认成为官员，即须申报这些交易及礼品。

表 7-6　美国公职人员负债申报表

附表 C：负债
申报本人、其配偶或子女名下的所有 1 万美元以上的债项，自住房屋的按揭贷款除外；申报其 1 万美元以上债务；按日期、利息及还款期限罗列其他贷款。

表 7-7　美国公职人员政府外任职情况申报表

附表 D：政府外任职情况
申报在过去两年内在政府以外担任的有薪及无薪职位；申报在任何公司、商号、合伙企业、商行、非牟利机构及教育院校担任的职位；申报过去两年内，本人曾经提供服务的当事人及客户的名称，收受酬金超过 5000 美元的（对获提名人须简述这些服务的性质，但无须透露所涉金额的总数）。

韩国不同部门的公务员申报财产的受理机关不同，基本上是向申报义

务人的所属机关申报。具体为：国会议员和其他国会所属公务员受理机关是国会事务处；法官和其他法院所属公务员的受理机关为法院行政处；宪法法院院长、法官以及所属公务员的受理机关为宪法法院事务处；中央选举管理委员会和各级选举管理委员会所属公务员的受理机关是中央选举管理委员会事务处；政府的院、部、处、厅所属公务员的受理机关为所属的院、部、处、厅；监察院所属公务员的受理机关为监察院事务处；国家安全企划部所属公务员的受理机关为国家安全企划部；地方自治团体所属公务员的受理机关为地方议会；地方议会议员和地方议会所属公务员的受理机关为地方议会（韩国《公职人员伦理法》第5条）。

当然，也有的国家和地区将申报义务人划分为一定的群体，打破向所属机关申报的格局，将其申报财产的受理权限分别集中于某些特定的部门。比如，菲律宾《国家官员和雇员的行为守则和道德规范》第8条规定，由中央或者地方的廉政专员、副专员及其他专门机关负责受理申报，具体为：宪法及全国选举的官员向廉政专员总部申报；参议员和众议员分别向参众两院秘书申报；国家行政官员向总统府申报；地区以及当地官员和雇员向本地区廉政副专员申报；上校或者海军少校以上的武装部队官员向总统府申报，该级别以下的官员向各地区的廉政副专员申报；其他负有申报义务的官员和雇员向公务员委员会申报。

五　对公职人员所申报财产的审查

世界各国和地区对于财产申报的审查方法也各有不同，有的国家和地区采取由受理申报机关审查的做法，有的则采取受理机关和审查机关分离的做法。在美国，根据申报义务人所隶属的部门不同，申报财产的审查程序也有所不同。在立法部门，由参议院与众议院指定委员会，建立与执行已申报财产数据的审查程序。在行政和司法部门，公职人员申报财产的审查程序由下列三个单位进行：（1）各级政府道德办公室财产申报承办人员须于财产申报后的60日内，完成形式与实质的审核；（2）财产申报承办人与政府道德办公室负责人审核所属公务员的财产申报后，如果认为有不足或不符规定之处，应通知申报人补充资料或提出解释，若仍不合规定，有权通知申报义务人不达标可能会遭到撤职、建立信托或自动调任或辞职等不利后果；（3）在司法部门，司法联席会议（Judicial Conference of the United States）对财产申报进行形式与实质审查，考察有无利益冲突，并提出建议。检察长（Inspector General）执行法定职权时，也有权查阅公职人员申报财产的资料。

在韩国，公职人员伦理委员会负责对财产申报进行审查，如果该委员会认为申报义务人申报的内容有遗漏或者错误的，可以要求其补正。在审查过程中，该委员会还可以要求申报义务人提交有关的证明材料，可以要求申报义务人、其配偶及其他近亲属以及有关的当事人说明情况，并可以要求有关机关提交必要的材料（韩国《公职人员伦理法》第8条）。

向公众公开也是对所申报的财产进行监督的重要方面。这主要有两种做法，一种是主动进行公开，另一种是应公众要求予以公开。韩国采取的是将有关公职人员的财产申报内容予以直接公开的做法。按照韩国《公职人员伦理法》第10条的规定，公职人员伦理委员会应当在申报时间截止后1个月内，将各自管辖的、符合条件的申报义务人的财产申报情况公布在官报或者公报之上。而很多国家和地区则是限于依申请公开。比如在美国，财产申报资料可分为公开申报和秘密申报两类。所谓公开申报是指公职人员除必须申报财产之外，尚需要将申报资料向社会大众公开；至于秘密申报的资料则不予公开，由各单位内部自行保管（公开申报和秘密申报范围的区别如表7-8所示）。

表7-8 美国公开申报和秘密申报的范围

申报性质	申报格式	申报人员范围
公开申报	SF-278 Form	GS16至GS18公职人员与行政首长第4、5级
秘密申报	OGE Form 450	其余由《政府道德法》规定应财产申报人员

公开申报材料应保留6年供公众查阅，之后申报资料应被销毁。[①] 美国总统、副总统与国会议员参选人的财产申报资料，若其不再担任参选人或者已当选，原则上保留1年，之后即销毁。申报资料由受理主管机关负责向大众公开，公众则在申报义务人完成财产申报之日起30日有权申请查阅或

---

① 美国《政府道德法》第104（d）条。

影印申报资料。

中国澳门特别行政区对查阅人的资格还作了一定限制，有权查阅申报书卷宗的主体主要包括：申报人、司法当局、廉政专员、刑事警察机关及当局、具有关职责的其他公共实体、任何具正当利益的自然人或法人（澳门特别行政区第11/2003号行法律第14条）。因此，就社会人士而言，若要查阅财产申报书，似乎还需要证明其对于查阅有关的申报书具有正当的理由。

除了来自专门机关和公众的监督之外，违反财产监督规定不依法申报的公职人员还可能遭受相应的制裁。在美国，按照违反财产申报的行为类型划分，分别有不同的制裁措施。对于恶意不申报的公职人员，即对那些"明知"（knowingly）与"故意的"（willfully）不申报的义务人，检察长有权向有管辖权的法院提起民事诉讼，法院可对申报义务人处1万美元以下的民事处罚（civil penalty）。[①] 总统、副总统、各个单位或部门的首长、秘书处、各级政府道德办公室负责人、国会道德办公室特别委员会或者司法联席会，当其有正当理由认为申报义务人故意不申报时，有义务采取督促措施或人事处分措施，或者提供违反申报义务者的姓名给检察长。对于逾期申报，除非有正当理由，否则即构成违法行为，同时应缴纳逾期申报费200美元。对于申报不实的，则要区分虚假申报和申报不全两种情形。对于那些处于"明知"（knowingly）与"故意的"（willfully）的虚假申报，检察长有权向有管辖权法院提起民事诉讼，法院得处1万美元以下的民事处罚。总统、副总统、各个单位或部门的首长、秘书处、各级政府道德办公室负责人、国会道德办公室特别委员会或者司法联席会，当其有正当理由认为申报义务人虚假申报时，有义务采取督促措施；当督促措施无效时，有权提供违反申报义务者的姓名给检察长。申报义务人依法在规定期限内申报财产，但申报项目不完全的，受理申报的政府道德办公室官员有权要求申报义务人补充资料，申报义务人在限期内未补充资料的可构成违法。对于以上两种情况，总统、副总统、各个单位或部门的首长、秘书处、各级政府道德办公室负责人、国会道德办公室特别委员会或者司法联席会，有义务采取督促措施或人事处分措施。情节严重的，法院可判处最高25000美元的罚款和最高5年的徒刑。

---

① 美国为英美法国家，只有刑事和民事两种处罚，少数民事处罚由行政机关实施。

第三节 中国公职人员财产监督制度

一 中国公职人员财产监督的基本制度规范

公职人员财产监督制度在中国并不是最近才受到关注,事实上,其制度创设至少可以追溯到20世纪80年代。在近30年的历程中,财产监督制度越来越受到人们的关注,出台财产监督制度的呼声也越来越高。

1987年,时任全国人大常委会秘书长、法制工作委员会主任的王汉斌明确提出:"我国对国家工作人员是否建立申报财产制度问题,需在其他有关法律中研究解决。"1988年,国务院监察部会同原国务院法制局起草了《国家行政工作人员报告财产和收入的规定草案》。1994年,第八届全国人大常委会将《财产申报法》正式列入其立法规划,但遗憾的是,这部法律并没有进入实际的立法程序。《公务员法》制定过程中,在该法中规定财产申报制度的问题曾被列入议题,但最终通过时并没有能够就此作出规定。

虽然财产监督制度的立法进展缓慢,但是,中国对这一制度的探讨与争论尤其是实践从没有停止过,特别是党和国家陆续颁布了一系列政策文件推动对公职人员的财产监督,一些地方政府还开展了公职人员财产监督的试点工作。在国家层面,近年来有关部门通过发布政策文件的形式,加强对县处级以上领导干部的财产监督。1995年,中共中央办公厅、国务院办公厅联合发布了《关于党政机关县(处)级以上领导干部收入申报的规定》,这被认为是新中国最早的关于公职人员财产监督的规范。

1997年,国务院出台了《关于领导干部报告个人重大事项的规定》,首次将对公职人员财产的监督范围由其个人收入扩展到与其财产有关的一些行为和事实,如营建、买卖、出租私房和参加集资建房的情况,婚丧喜庆事宜,因私出国出境,配偶子女与企业经营活动的关系等,意在监督和防止公职人员因上述活动在执行公务时陷入利益冲突。

2001年,中国共产党中央纪律检查委员会和中组部联合发布《关于省部级现职领导干部报告家庭财产的规定(试行)》,将省部级领导干部的申报事项扩大到了其家庭财产。2006年,中共中央办公厅下发了《关于党员领导干部报告个人有关事项的规定》，这是一部重要的党内法规，对于规范党员领导干部的财产监督作了细致规定。

2010年，中共中央办公厅下发了修订后的《关于领导干部报告个人有关事项的规定》，对公职人员报告个人有关事项的主体、范围以及违反规定的法律责任等作了规定。相比之前已经发布的类似规定，本规定扩大了被监督主体及其财产等应报告事项的范围，有助于更全面地对公职人员进行监督。该规定发布后，1995年发布的《关于党政机关县（处）级以上领导干部收入申报的规定》和2006年发布的《关于党员领导干部报告个人有关事项的规定》同时废止。《关于领导干部报告个人有关事项的规定》是中国关于领导干部财产申报制度的里程碑式文献，[①] 这一规定不仅明确了领导干部个人的财产申报制度，而且进一步将领导干部的家庭财产纳入了申报体系之中。对于一些领导干部来说，家庭财产可能远甚于个人财产，如果不报告家庭财产而仅仅报告个人财产，那么，一些不那么清廉的领导干部则可能成为清正廉明的典范。

2010年发布的《关于对配偶子女均已移居国（境）外的国家工作人员加强管理的暂行规定》将配偶子女均移居国（境）外的国家工作人员纳入了监督的范围。为了防止因配偶子女移居国（境）外导致公职人员在行使职权中出现利益冲突，避免个别公职人员因此非法敛财，该暂行规定加强了公职人员申报、行使职权中的回避、出入境证照管理等。

二 地方探索公职人员财产监督的实践

在地方层面上，一些地方政府也积极探索公职人员财产监督的制度和实践，为国家设计公职人员财产监督制度提供了很丰富的实践范本。2008年5月25日，阿勒泰地区纪委出台了《关于县（处）级领导干部财产申报的规定（试行）》，规定全地区县（处）级以上公职人员都要申报财产，并自2009年1月1日起在全国率先试行公职人员财产监督制度。2008年12月5日，浙江慈溪市纪委和慈溪市委组织部出台了《慈溪市领导干部廉情公示暂行规定（试行）》。江西省黎川县于2010年4月16日出台了《黎川县新

[①] 周虎城：《严打官员亲属经商是反腐一大进步》，《东方早报》2010年7月13日。

任科级领导干部财产申报办法（试行）》。此外，四川高县、重庆市开县、重庆市黔江区、重庆市江北区、上海浦东、湖南浏阳和湘潭所辖的湘乡、江苏省徐州市贾汪区等相继开展了公职人员财产监督的试点。2012年9月，浙江省磐安县创新干部任用制度，第一次在浙江省内推出干部任前财产公示，干部须申报个人及家庭房产、车辆、收入、投资四类收入情况。

2009年8月，重庆江北区出台了《江北区干部选拔任用廉政申报试行办法》（以下简称《试行办法》）。该办法的内容如下：（1）申报对象是针对江北拟提拔担任正科级及以上领导干部的考察对象，并包括晋升副调研员、调研员。（2）申报内容：一是家庭成员从业就业情况；二是家庭收入和财产购置情况，包括本人、配偶、子女的工资收入、投资入股、经营实体、资产负债以及固定资产购置、机动车辆购置等情况；三是本人履历及其他有关情况。（3）申报程序分三个环节，一是提前告知，二是据实申报，三是核实查证。（4）确保申报的真实性和监督有效。首先，本人要书面承诺申报的真实性；其次，所在组织根据平时掌握情况进行审核；再次，干部考察组个别谈话，查阅资料和征求纪检监察部门、公安、政法等部门的意见；复次，群众举报；最后，强化追究不申报和不如实申报的责任。江北区实施廉政申报是在干部选拔任用制度方面的一大创新，目的是选准用好干部，切实把好干部入口关，提高选人用人质量，防止干部"带病上岗、带病提拔"。该《试行办法》2009年8月施行以来，截至2011年12月，所有进入考察的干部82人均按照要求进行了廉政申报。为了分析该《试行办法》的实际效果，江北区进行了民意调查，发放问卷2000份，其中机关事业单位1000份，社会1000份。调查内容为：被调查者的基本情况；被调查者对廉政申报制度的态度和效果评价；对实施廉政申报制度的意见和建议。调查结果显示，99.4%的被调查者表示赞成，0.6%表示反对；98.2%认为效果很好，1.3%认为效果一般，0.5%认为效果不好。[①]

2010年，重庆开县出台了新任党政领导干部家庭财产公示办法，全面加强对新任领导干部家庭财产的监督。开县的做法也具有一定的示范意义。首先，开县确定了需要公示财产的对象，这是顺利推进财产公示工作的基础。开县选择了新任领导干部作为公示财产的对象，因为新任领导干部在

---

① 2011年12月24~28日，中国社会科学院法学所法治国情调研组在重庆进行调研，所有数据皆来自重庆市委、市政府提供的材料。

政治上要求进步，容易接受财产公示制度的要求，避免现任领导干部同期公示家庭财产的社会风险，逐步推进，为最终全员公示领导干部家庭财产奠定基础。其次，开县合理规范了公示内容，主要是了解其家庭财产状况、来源方式。公示的财产是本人、配偶和抚养的未成年子女、不能独立生活的成年子女的个人财产和共有财产；公示的财产类别是本人家庭财产和家庭收入两方面；公示的项目为现金存款、基金股票、债券债务、房地产权、汽车、贵重物品、古董字画、投资股份等九个方面。家庭收入须公示工资津贴、继承遗产、劳务报酬、房地租买、投资经营、股份收益等八个方面。再次，开县积极创新公示方式。开县探索建立了"七大环节"组成的家庭财产申报方式，即"任前谈话""初任申报家庭财产""纪检组织审查备案""会议公示家庭财产""离任申报家庭财产""纪检组织综合复核""公开比对家庭财产"。最后，开县强化了财产公示监督，主要采取了三项措施，一是强化纪律约束，新任领导干部不申报或不如实申报家庭财产的，将视情节轻重问责处理；二是强化走访核查，深入公示人员所居住社区了解情况，以保证不存在虚报瞒报情况；三是强化信访监督。自推行此政策以来，截至2012年1月，开县县委监察局、县委组织部先后组织146名新任党政主要领导干部在任职单位公布、公示了家庭财产状况。

据当地数据显示，开县新任领导干部主要领导的家庭收入集中于50万~100万元区间，收入类别上集中在本人及其配偶的工资收入，对工作20年左右的人而言，所申报的财产属于正常范围。尽管开县在公职人员财产公开方面还存在这样那样的问题，但开县在公职人员财产公开方面先行先试，探索了一条新路，比其他地区的做法更深入、更有成效。

2012年10月，广东省在《广东省从严治党五年行动计划》中规定了考察对象廉政报告制度，考察对象在接受组织考察时，要如实填报个人家庭财产、投资经商、廉洁从政等情况，报告内容失实或经核查存在影响任用问题的，取消任用资格。而且，如果考察对象不如实申报财产的，一律先停职再调查。目前，这项制度正在珠海、韶关、广州、南沙等地试点。

三 中国公职人员财产监督实践存在的问题

可以说，有关方面在公职人员财产监督方面作了巨大的努力，但是中国在公职人员财产监督的理论和实践方面仍然显得力不从心。从中国的公职人员财产监督理论和实践来看，具有以下几个特点。

1. 各地实行财产监督的对象范围不一

无论是国家层面，还是地方层面，公职人员财产监督的对象都被明确规定为一定级别以上的公职人员。如根据《关于领导干部报告个人有关事项的规定》第2条，应该接受监督的公职人员为各类县处级副职以上领导干部。[①] 在一些地方，有关部门根据当地公职人员的情况，适当放宽了财产监督所适用的对象范围。比如，阿勒泰地区根据权力大小而不是只根据公职人员的职务高低确定受监督的对象，即除各县（市）党委、人大、政府、政协四套班子的主要领导，以及地区法院、检察院、地直机关、国有企业、事业单位、社会团体县（处）级领导外，一些握有"实权"的科级干部，如工商、税务、财政（政府采购中心）、交通、水利、城建、国土资源、民政、环境保护、劳动和社会保障、扶贫办、旅游管理等部门中具有执法资格、管理公共财物的科级干部，地区法院、检察院依法享有独立办案资格的审判员、助理审判员、检察员、助理检察员适用本规定（仅限党员），地区公安局侦察员也被纳入监督范围。在浙江省慈溪市，领导干部廉情公示适用于全市现职副科（镇）级以上干部。

除了要求现任的公职人员实施财产监督之外，还有的地方采取了"老人老办法、新人新办法"的策略，对新任的公职人员实施财产监督。比如，重庆市黔江区出台的《新提任区管领导干部廉情公示暂行办法》就规定，新提任的副处级以上干部应当申报有关的财产状况。又如，江西黎川县的财产公示主体也只是适用于新任科级官员。

重庆开县申报的主体只是"新任主要领导干部"，主要是县处级领导干部，但这只是党员领导干部中的少数人。而且在现实中，领导干部成年子女的财产与领导干部的职权有密切关系，有的领导干部甚至将财产转移到父母或其他亲属名下，因此，开县也认为应将申报的主体扩大到所有领导

[①] 具体包括：各级党的机关、人大机关、行政机关、政协机关、审判机关、检察机关、民主党派机关中县处级副职以上（含县处级副职，下同）的干部；人民团体、事业单位中相当于县处级副职以上的干部；大型、特大型国有独资企业、国有控股企业（含国有独资金融企业和国有控股金融企业）的中层以上领导人员和中型国有独资企业、国有控股企业（含国有独资金融企业和国有控股金融企业）的领导班子成员；副调研员以上非领导职务的干部和已退出现职、但尚未办理退（离）休手续的干部。

干部及其直系亲属。

各地自行决定财产监督的对象范围本是一种创新的做法，但适用不同的对象也会造成混乱，显得政令不统一，一些公职人员具有侥幸心理，另一些则觉得不公平。公众也会认为财产申报制度缺乏严肃性。

2. 应受监督的财产种类繁多杂乱

目前，为适应反腐败的需要，应受监督的财产范围正在逐步扩大。相比最早只是要求申报个人收入，现行的《关于领导干部报告个人有关事项的规定》不仅要求有关公职人员报告本人的工资及各类奖金、津贴、补贴等以及本人从事讲学、写作、咨询、审稿、书画等的劳务所得，还要求其申报本人、配偶、共同生活的子女的房产情况，本人、配偶、共同生活的子女投资或者以其他方式持有有价证券、股票（包括股权激励）、期货、基金、投资型保险以及其他金融理财产品的情况，配偶、共同生活的子女投资非上市公司、企业的情况，配偶、共同生活的子女注册个体工商户、个人独资企业或者合伙企业的情况（第4条）。

一些地方政府规定得更细。比如江西省黎川县出台《黎川县新任科级领导干部财产申报办法（试行）》，其财产监督所适用的财产范围非常细致，包括工资、劳务所得、收受礼品礼金、配偶及父母的收入、个人及家庭财产、股票证券交易、存款、继承和馈赠物等。①

3. 监督的方式和手段欠缺

首先，由于缺乏法律的保障，公职人员不公开财产并不直接构成违法，

---

① 详细申报内容为：(1) 工资；(2) 各类奖金、津贴、补贴及福利费；(3) 劳务所得；(4) 申报人及其父母、配偶、子女接受与申报人行使职权有关系的单位和个人赠送的现金（礼金）、有价证券、各类支付凭证、贵重礼品情况（含以婚丧嫁娶、各类节假日、子女升学、乔迁、工作变动等各种名义收受的）；(5) 申报人配偶及共同生活的父母、子女收入情况；(6) 个人及家庭财产情况（含配偶、未成年及共同生活的父母、子女名下），包括住房情况（商品房、集资房、自建房）、私车情况、商铺、写字楼、门面等；(7) 单笔额度在1万元以上的财产购置、交易、租赁收入情况（包括购置时间、价值、所在地点）及资金来源；(8) 股票、证券、期货等交易收入及资金来源；(9) 存款和贷款情况、其他与本人有直接或间接关系的单笔数额在1万元以上的债权和债务及原因；(10) 本人或配偶、共同生活子女和父母名下投资入股，承包经营、承租经营企业收入情况（包括企业基本情况）；(11) 贵重物品如名人字画、文物等和由继承、赠与、偶然所得等形式获得的财产；(12) 无法拒收的礼品礼金等以及本人认为需要申报的其他收入和财产。

责任追究无据、无法可依。其次，被监督财产难以核查。财产核实困难是各地面临的最大难题，无论是走访、信访，都难以取得真实的财产数据，还需要建立相关配套制度，使核查更便利、更准确。最后，很多地方确定的公开范围仍然只是在单位职工代表大会上以口头的形式公开，担心有社会风险而不敢以书面形式向社会公开。这仍然是一种内部监督的方式，不能真正发挥财产监督制度的作用。

4. 监督制度的稳定性较差

由于各地方所推行的财产监督制度往往都是当地党委、政府推动下开展的，缺乏上位法支持，或者主要是在任领导强力推动的结果，制度缺乏稳定性和可持续性。一旦当地领导关注的重点发生转移或者强力推动的领导离任，相关制度很可能就只能被束之高阁。

第四节 公职人员财产监督调研结果分析

近年来随着国家不断加大反腐败的力度，采取的反腐败措施取得了较好的效果，但仍然需要深化反腐败规范公职人员的行为，预防腐败的发生。为了实现这个目的，需要对公职人员财产监督制度进行深入研究，公职人员财产监督制度已经到了具体设计和操作的阶段。公职人员财产监督制度是目前受到公众高度关注的一项反腐措施。中国社会科学院法学研究所法治国情调研组为了解人们对公职人员财产监督的认识，专门就此作了调研，下面是对调研结果的分析情况。

一 加强公职人员的财产监督已经成为共识

据图7-1数据显示，在被调查的公众中，认为公职人员应当公开其财产状况的比例高达81.4%；被调查的公职人员认为应该公开财产的人员比例达70%，表示不应当、不清楚、拒答分别占21.1%、7.6%、1.3%。可见，无论是公众还是公职人员，对于公开公职人员财产，普遍持肯定态度，加强公职人员的财产监督已经形成一定共识。这个数据曾发布在《中国法治发展报告 No.9（2011年法治蓝皮书）》（社会科学文献出版社 2011 年版）

中，引起了社会的广泛关注，以至于许多人都质问，既然大多数公职人员都赞成公开财产，为什么还不公开，问题究竟出在哪里。

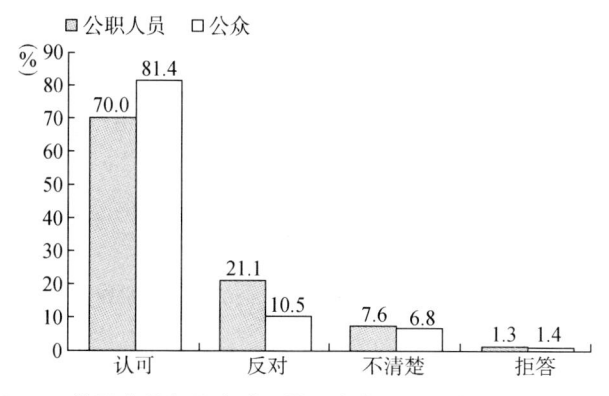

图 7-1 公职人员与公众对于是否应当公开公职人员财产的态度

二 公众均高度认可公开公职人员财产

图 7-2 和图 7-3 显示的是不同学历和不同职业状况的公众对公职人员财产公开的看法。不论是什么学历，绝大多数接受调查的公众认为应该公开公职人员的财产；不论什么职业状况也都是如此，不过，离退休人员的呼声更高。

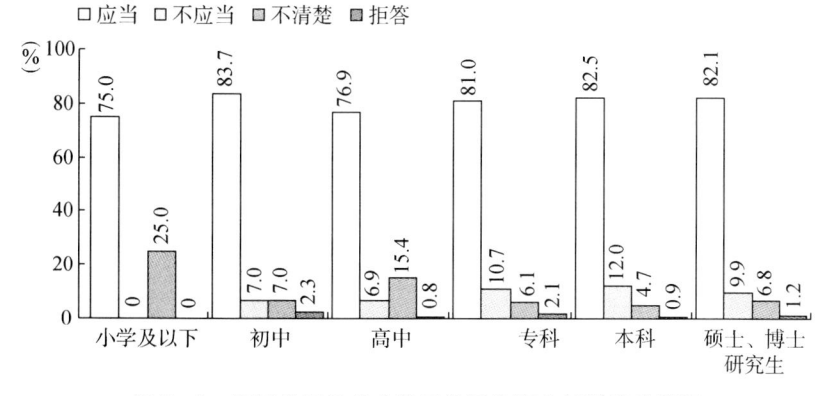

图 7-2 不同学历的公众认可公开公职人员财产的情况

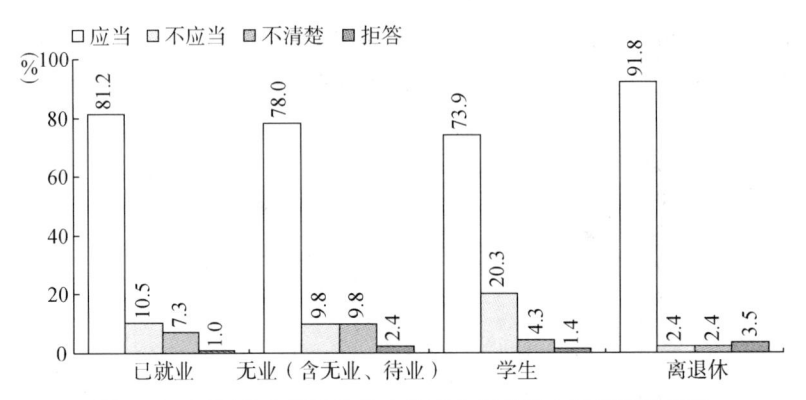

图 7-3　不同就业状况的公众认可公开公职人员财产的情况

三　行政级别与公职人员财产公开认同的相关性

在不同行政级别的被调查者中，支持公开公职人员财产的也占绝大多数，但不同行政级别的被调查者的态度略有差异。数据显示，支持公职人员财产公开的公职人员按不同级别划分分别是：省部级 85.7%、地厅/司局级 91.3%、县处级 75.2%、科级 71.5%、科级以下 64.4%（见图 7-4）。级别较高的被调查者对实施公职人员财产监督制度的认同度更高些，级别越低的公职人员的认同度越低，这与中央近年来在县处级以上干部中推行报告相关事项的制度，众多公职人员，特别是较高级别的公职人员逐步了解了财产监督制度的意义有关。此外，科级及以下公职人员有 1/5 以上反对公职人员财产公开，应当引起有关部门注意。近年来，低级别公职人员贪

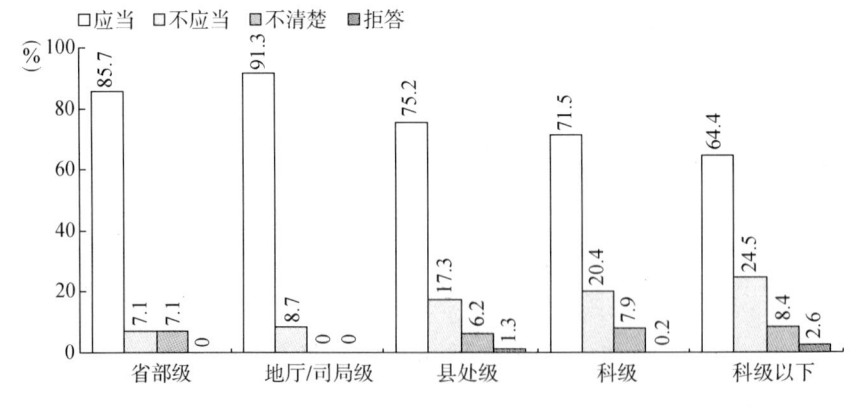

图 7-4　不同行政级别的公职人员认同公开公职人员财产的情况

腐现象也呈多发高发趋势，一些低级别公职人员直接掌握资源，从事禁止性行为的可能性也很大，小官大贪屡屡出现，且科级以下的公职人员往往是直接跟当事人打交道，从事禁止性行为更容易被发觉，也更容易引起社会的反感。

四 人们普遍认同扩大接受财产监督的公职人员范围

图7-5显示，在公职人员中，对应受监督的公职人员的级别的看法如下：有1.4%的人认为只应对省部级以上人员的财产进行监督；有6.8%的人认为应公开地厅及司局级以上公职人员的财产；有35.8%的人认为应监督县处级以上公职人员的财产；有18.6%的人认为应监督科级以上公职人员的财产；有32.7%的人认为应监督所有公职人员的财产（另有部分被调查者拒答此问题或作答无效）。公众对上述五种人员财产监督表示认同的比例分别为1.1%、3.7%、17.6%、26.6%和43.7%（另有部分被调查者拒答此问题或作答无效）。由此可见，无论是公职人员还是公众，多数都倾向于对更大范围的公职人员的财产实施监督。区别在于，公职人员的心理底线在将监督的对象限定为县处级以上公职人员，而公众则倾向于监督所有公职人员的财产。这一点从图7-5可以清晰地看出来，关于哪些人应该公开财产接受监督，公职人员和公众在"县处级以上"处产生了分歧。

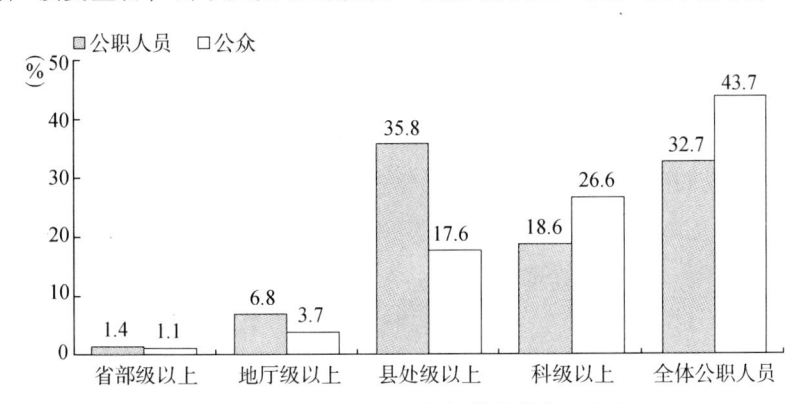

图7-5 认同采取公开监督措施的被调查者
认为应公开财产的人员范围

值得注意的是，不同级别的政府机关中，具体掌握权力的公职人员的级别有很大的差异。比如，在很多中央机关，一般只有副处级以上的公职人员才可能实际影响权力的运行，而在基层政府中，如区县一级地方政府中的科级乃至副科级的公职人员即可掌握较为实质的权力，因此，按照行政级别划定监督对象的范围并不十分可取。

此外，随着反腐败斗争的推进，尤其是腐败行为的隐蔽性越来越高以及腐败行为的复杂性越来越强，公职人员亲属的财产是否应受监督引起了人们的重视。在实践中，一些地区将只监督公职人员自身的财产扩展到监督其配偶、共同生活的子女等近亲属名下的财产，一些地方（如新疆阿勒泰地区）甚至扩展到共同生活的父母名下的财产。调查显示，多数被调查者也都认为应扩大财产监督的适用对象范围，即既要监督公职人员本人的财产，也要监督公职人员亲属的财产。图7-6显示，在是否应公开公职人员未成年子女的财产方面，有46.5%的公职人员和57.8%的公众认为应该公开；对公职人员成年子女的财产，有41.7%的公职人员和65%的公众认为应该公开；对公职人员父母的财产，有25.5%的公职人员和48.8%的公众认为应公开；对公职人员岳父母的财产，有23.1%的公职人员和43.5%的公众认为应公开；对公职人员兄弟姐妹的财产，有18.0%的公职人员和36.5%的公众认为应公开。对是否公开公职人员本人和配偶的财产，公职人员和公众这两大群体分歧不大，但是，对于是否应该公开近亲属的财产，公职人员和公众则存在不同的看法。从图7-6可以看出，从未成年子女开始，到兄弟姐妹，公职人员与公众对于是否公开这些亲属的财产，分歧逐步加大。这表明，公职人员希望受监督的家庭成员和财产内容的范围越小越好，而公众则认为监督范围越大越好。尤其是，对于是否公开公职人员的父母、岳父母、兄弟姐妹的财产，公众的认同度明显高于公职人员。

图7-6的数据显示，公众明确认可公开公职人员近亲属（父母、岳父母、兄弟姐妹）财产情况的比例未过半数，表明公众在此问题上还是颇具理性意识，不过相对于公职人员20%左右的认同率，公众对监督公职人员"身边人"的财产状况关注度仍然比较高。这似乎与近年来中国腐败行为日益隐蔽化、个别腐败分子通过亲属转移财产逃避处罚引起了公众的愤慨有直接的关系。

公职人员的某些私人权利因其行使权力而受到一定限制，这于法有据，已有共识，但是，公职人员的哪些近亲属等"身边人"的权利可受限制、

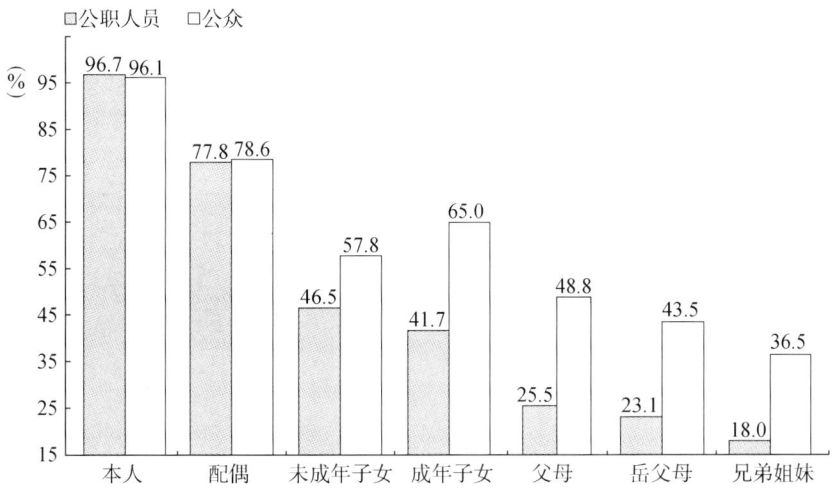

图7-6 认同采取公开监督措施的被调查者认为应当公开财产的主体范围

应受怎么样的限制,则需要适度而行。对公职人员实施财产监督,如果监督范围过窄,则无法达到监督的效果;但如果监督范围过宽则有可能不当地损害公职人员近亲属的合法权益,因此,必须充分考虑监督的"度"。

五 人们普遍认同扩大监督的财产范围

从国家和地方的实践看,公职人员的财产监督所涉及的财产范围正在逐步扩大,但是,与当前腐败行为发展日趋期权化、隐蔽化的态势相比,监督的财产种类仍然不够全面。调研显示,社会各界仍然希望扩大公职人员被监督财产的范围。扩大的应受监督财产范围包括:私车,贵重工艺品及其他贵重物品,股票、证券、期货等交易收入,与行使职权相关的礼金、礼品,继承、受赠、偶然所得的财产,兼职报酬或财产利益,租借汽车、房屋等,负债状况如银行贷款、私人借贷等,股份(见图7-7)。

六 人们普遍认同创新财产监督的方式

公职人员财产监督的一个核心问题是公职人员的财产信息应该向谁申报、由谁监督。当前,从中央到地方实施了一系列财产监督政策,监督方式主要是公职人员向主管机关报告财产,根据《关于领导干部报告个人有关

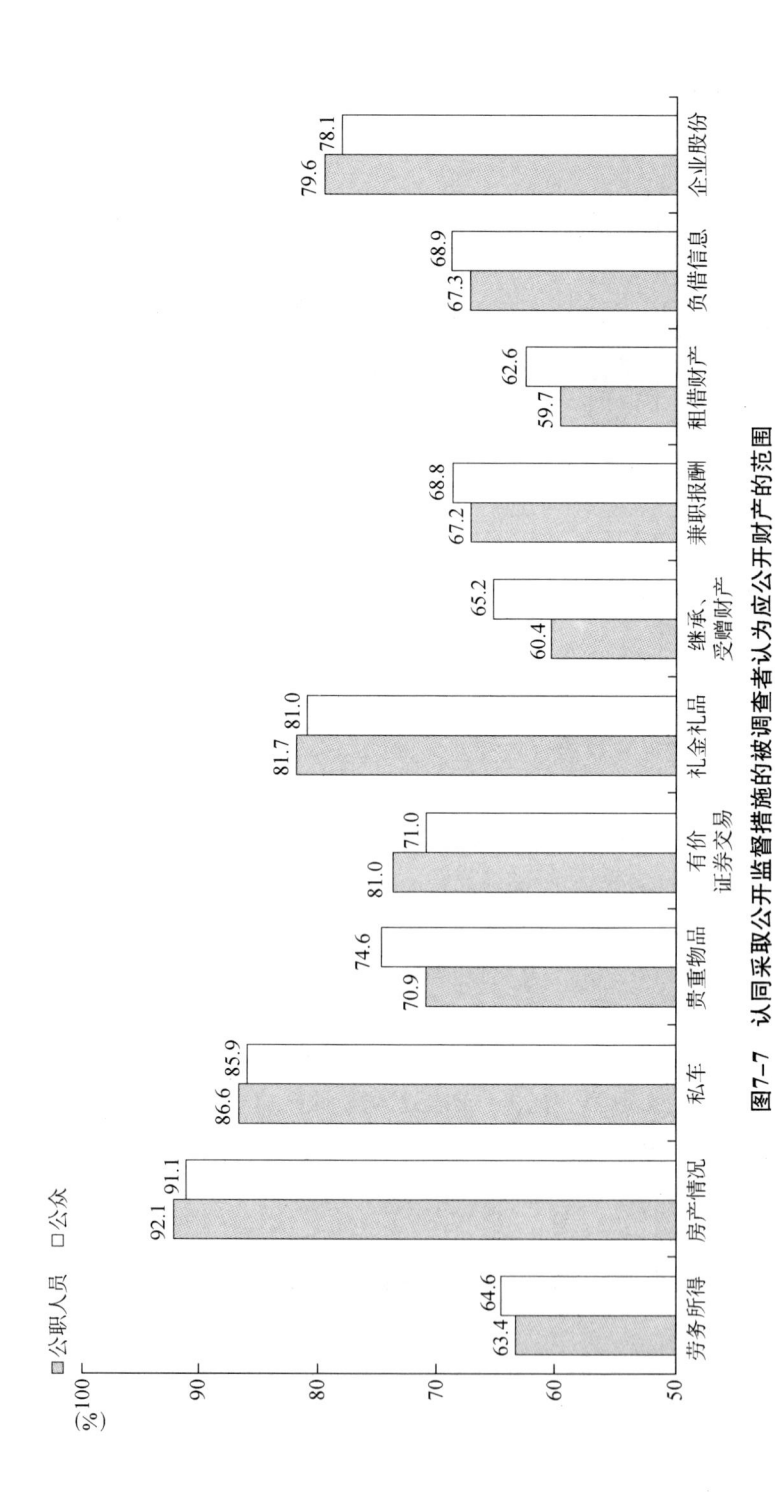

图7-7 认同采取公开监督措施的被调查者认为应公开财产的范围

事项的规定》，相关报告不对外公开，仅组织（人事）部门、纪检监察机关（机构）、检察机关在履行职责过程中可以查阅案件涉及的领导干部报告个人有关事项的材料。

一些地方则试点采取了适度向公众公开相关信息的做法。在已经开展试点的地方，四川省高县采取的做法是由专人将申报材料放入专柜保管，不对外公开。浙江省慈溪市是将公职人员财产的详细信息公示在公职人员所在单位的公告栏上，主要是面向本单位人员，公示期为3天。湖南省浏阳市是对有关公职人员的工资收入和大宗财产实行公开，通过报纸、广播电视、网站等面向公众进行公示，但公示期过后无法再行查询。新疆阿勒泰地区采取了"公开申报"和"秘密申报"的方式。公开申报是将公职人员财产分为两部分，对工资、奖金、补贴、福利费和近亲属接受礼金等通过当地"廉政网"向全社会长期公开。秘密申报则适用于大额动产、不动产等资产信息，这些信息一般不对外公开，仅在当事人接受严重党纪处分或者刑事处罚后，方可允许新闻媒体申请进行查阅、使用。江西省黎川县则采取在县城广场向社会公示新任科级干部收入情况的做法。

由上可见，当前，从中央到地方已经实施的财产监督措施主要是以向主管机关申报财产为主，往往只是限于由专门机关进行监督，甚至公职人员申报的个人家庭财产情况只限于专门机关掌握，以有关机关内部自我监督为主，有限度地对外公开。财产监督的透明度和开放性不够高，公众获知信息的渠道不畅通，公众参与方式相对欠缺。这实际上会制约公职人员财产监督的实际效果，也影响公众对公职人员廉洁程度的信任。

调研显示，多数接受调查的人员都认为要对公职人员进行有效的财产监督，必须不断扩大财产公开的对象，扩展各种公开渠道。在所有认为应该以公开的方式监督公职人员财产的人中，有68.3%的公众认为应当向全社会公开公职人员的财产，有15.1%的公众认为只需要向本单位所有人员公开；有5.3%认为只需要向本单位领导公开（见图7-8）。在公职人员中，有63.6%认为应当向全社会公众公开公职人员的财产，有17.7%认为只需要向本单位所有人员公开财产，有7.7%认为只需要向本单位领导公开（见图7-8）。可见，多数公职人员也认为应当向社会公开财产状况，因此，逐步加大公职人员财产状况的公开程度，合理引导公众参与监督公职人员的财产状况，提升公职人员的公信力，还是有一定的群众和干部基础的。

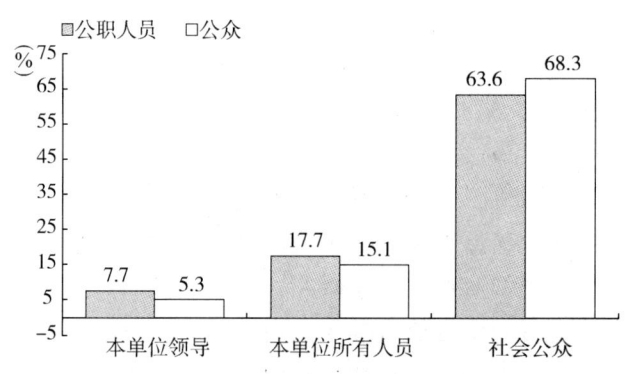

图 7-8　认同采取公开监督措施的被调查者对公职人员
财产向谁公开的认识

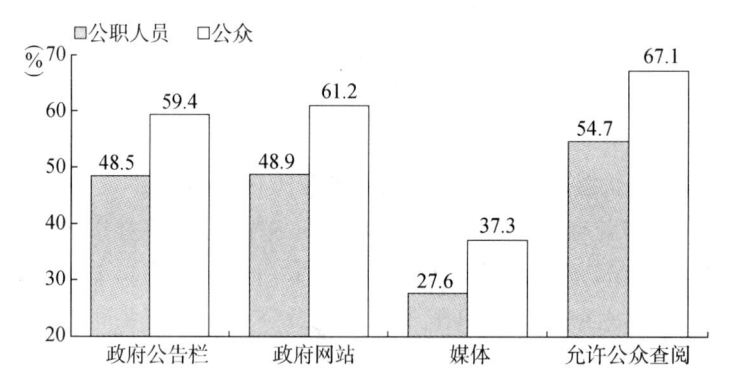

图 7-9　认同采取公开监督措施的被调查者对财产公开方式的认识

目前，公开公职人员财产状况的方式主要有四种方式，在政府机关公告栏、政府网站、新闻媒体上予以公开以及允许公众自行查阅。有 67.1% 的公众认为应允许公众自行查阅公职人员的申报材料，人气最高，其次是通过政府网站公开，占 61.2%，再次是通过政府公告栏公开，占 59.4%，最低的是通过新闻媒体公开，占 37.3%（见图 7-9）。这在一定程度上说明，公众更在意自身在监督公职人员财产活动中的主动性，希望通过自主的活动参与监督。相应的，公职人员对于上述四种方式的认可程度从高到低的顺序与公众的调查结果相同，分别为 54.7%、48.9%、48.5%、27.6%，只不过对每一项的认可程度都比公众低（见图 7-9）。从图 7-9 可以看出，两类群体对于让媒体披露个人财产情况的支持率都是最低的，这很耐人寻味。公职人员在选择公开方式时，倾向于允许公众查阅，而不太倾向于通过公告栏、政府网站，尤其是新闻媒体公开，这似乎表明其不太倾向于主动地、大范围地对外公开财产状况信息，而宁愿让个别感兴趣的公众来查阅，以减少自身财产状况的知悉范围。但是，在已经日益步入信息社会的今天，信息的大众传播所需要的门槛越来越低，凭借越来越普及的网络，每个人都具有面向大众传播信息的能力，个人与媒体在披露信息上的力量差距已经日益缩小，近年来网络反腐的方兴未艾就是集中体现。

第八章

公职人员禁止性行为规范的陷阱

公职人员的禁止性行为并不直接是腐败行为，而是一种亚腐败行为。亚腐败是腐败的前期行为，是可能转化为腐败的行为。公职人员亚腐败行为的实质是利益冲突和权力滥用，表现为：权力交换、利用权力为亲友谋取实质利益并自己间接获利、利用权力"期权"谋利、利用权力任人唯亲、利用权力超标准职务消费等。

近年来，公职人员实施禁止性行为现象严重。根据有关部门的数据，2011年，中国共产党中央纪律检查委员会围绕发生在群众身边的腐败"五类案件"，处分党员干部20776人。2012年，各级纪检监察机关共接受信访举报1306822件（次），其中检举控告类866957件（次）。初步核实违纪线索171436件，立案155144件，结案153704件，处分160718人。通过查办案件，为国家挽回经济损失78.3亿元。2012年，纪检监察机关严肃查办贪污贿赂和失职渎职案件。因贪污贿赂行为处分30315人，占同期处分人数的18.9%，严肃查办失职渎职案件，处分42606人，占同期处分人数的26.5%。这些数据显示，公职人员行为规范存在很多问题，这些问题不仅体现在理论上，也体现在制度上和实践中。

在理论上，无论是执政者还是被规范者乃至大众，对公职人员禁止性行为的性质缺乏深刻的认识和理解。在制度上，公职人员禁止性行为缺乏统一的治理思路、规则和手段，结果是实践中"挖东墙补西墙"，或者"按下葫芦浮起瓢"，目的和手段南辕北辙，雷声大雨点小影响差。在实践中，除了极少数之外，大多数行为缺乏法律来予以规范，只是依赖于党纪，有的甚至连现行党纪政纪也无可奈何。对公职人员禁止性行为要像对待腐败行为一样从严治理。本章将对公职人员禁止性行为规范中存在的问题作出分析。

第一节　理论制度研究积淀薄弱

一　空谈理论的多，联系实际的少

权力一直是法学、政治学研究者的核心问题。从古至今，国内外研究权力的著述汗牛充栋。但浏览众多的国内资料，几乎都是舶来之物，并无更深的研究和创新。这一方面是因为，国外对权力的起源和本质、权力的规范、权力的制衡早就有了全面的研究，要想进一步深入确实有一定的难度；另一方面，国内大多数研究权力的著述似乎也并没有超越前人的意愿，也缺乏超越前人的能力。中国建设法治政府的历史短暂，实践积淀不足，因此在理论研究上很难超越西方权力研究的范式。

现代政府制度起源于西方，经历了几百年的发展完善历史，被证明是适合西方的政治制度。西方的政治制度中有很多合理的可资借鉴的地方，如选举制度、法治政府、服务型政府、分权制衡理论、公职人员行为规范等。由于理论清晰，西方政府在规范权力方面有独到之处，其大量的政府公职人员的行为指南明确、清晰，具有可操作性和执行力。

反观中国的历史和现状，悠久的文化传统和十几亿的人口现实使中国具有与西方显著不同的社会生活方式，这种生活方式是历史自然发生的，而非特意选择的，也使中国在社会政治理模式方面必然会表现出不同于西方社会的特点。因此，在研究权力理论时，特别是研究中国公职人员行为规范理论时，应当参考西方政治制度中的合理因素，其毕竟是全人类的共同财富，但更应当充分考虑到中国的社会文化、生活方式和政治治理方式，比如中国共产党执政与民主党派参政下的政治治理模式、全国人大和政协的监督职能，以及政府的自我纠错能力、政府的效率、人民的意识和需求等。国内的一些权力理论由于忽视上述差异，其研究具有典型的缘木求鱼特征，缺乏原创和本土性而显得比较粗糙和幼稚，故相关的权力研究仍然只是停留在喋喋不休、鹦鹉学舌的阶段。

二 具体行为研究多，系统规范研究少

公职人员禁止性行为和权力腐败行为频发，权力规范在国内自然也是社会关注的热点和研究的焦点。如前面文献综述中所分析的，这些研究大多集中于具体的权力腐败形式上，如政府采购腐败、教育腐败、医药腐败、司法腐败、国企腐败等领域。其实这些都是权力腐败的具体表现形式，这样的形式还可以列举出很多种。无论有多少形式，其实质都是权力在设置、规范、约束和监督上出了问题。在实践中，中国共产党和政府在治理公职人员禁止性行为和反腐败方面不可谓不卖力，今天发通知，明天出意见，

要求各级政府各个部门反腐败、纠正不正之风和歪风邪气。各级政府和各个部门针对权力腐败的各种形式也出台了文山件海，试图对公职人员的各种禁止性行为和腐败行为加以严格规范，文件浩如烟海，效果却不令人满意。究其原因，党和政府发布的各项规范性文件的理论依据不足，理论研究不够，大多停留在行为的表层，缺乏穿透行为本质的综合视野和将各个单独的行为视作权力的整体来研究的手段，甚至是"头痛医脚，脚痛医头"，"领导患病，公众吃药"。

公职人员禁止性行为虽然种类繁多，但其本质是一样的，即权力失范，表现为权力设置不当、权力监督乏力，应该抓住权力制衡这一要害，制定统一的行为规范，不论行为的种类和形式如何，皆可纲举目张。

三 应规范的公职人员禁止性行为的主体有歧义

按照西方的相关理论，公职人员是政府工作人员，这种划分并不适合中国的国情。中国的实际情况是，公务员、政党工作人员、工青妇等社团人员、国有企业人员以及凡是属于财政负担的人员都属于公职人员，都应该被纳入规范范围。因此，在中国，公职人员禁止性行为的主体不仅涵盖公务员，也包括非公务员，如事业单位、国企和民主党派工作人员，甚至还涉及公职人员的亲属和"身边人"等。

大多数规范公职人员的文件是由各部门自行发布的，因此，不同部门规定的适用范围存在差异。例如，在实践中，公职人员财产监督方面的主体规定就五花八门，有的适用于县处级以上干部，有的则适用于科级以上干部，还有的适用于新提拔的干部，也有的推广到了公职人员的亲属。当然，涉及某一种具体的禁止性行为，则可能还有行政级别的限制，即一定级别以上的公职人员才接受规范。规范主体的差异对公职人员相关行为规范的准确完整实施有较大的影响。

四 公职人员行为规范的制度设计存在缺陷

公职人员禁止性行为制度设计和执行落实中的薄弱环节主要表现在以下几个方面。

第一，制度设计缺乏预见性和协调性。公职人员禁止性行为的制度设计缺乏预见性的特点非常明显，公职人员规范性文件往往是针对新发的、突发的短期行为临时发布的通知或规定，这种做法具有一定的灵活性，但缺乏相对的稳定性和预见性，结果导致规定重叠，前后冲突。因此，在规范公职人员禁止性行为时，应当对行为的变化趋势有一个前瞻性预计，从而在规定上预留一个相对合理的制度调整空间，而无须再从头制定类似的规定。此外，应避免政出多门，各类规定画地为牢、自说自话现象。

第二，公职人员禁止性行为的制度规范数量多，但相关规定大都缺乏严谨和协调性。例如，公职人员的监督制度普遍存在"对下级制约多，对同级监督少；形式监督多，实质制约少；对个人制约多，对组织监督少；被动监督多，主动监督少"的问题。[①] 这使得相关规定难以真正取得实效。

第三，各种制度的可操作性比较差。不少制度只是原则性的规定，粗略笼统，术语不准确，往往只规定若干条"不准"，而未规定违反制度的具体处置量化标准和办法。有的规定适用主体前后都不统一，有的只是形式上规定了制裁的种类，但缺乏实质性的监督措施，使得这些制裁措施沦为空谈。以收受礼品为例，现行规定中缺乏禁收礼品的标准，即究竟是按照礼品的价值、形式还是种类来禁止并不明确，使得收受礼品的行为很难得到规范。实践中一般是按物品分类，而不是按物品的价值判断，使得禁止收受礼品规定存在很大漏洞。小礼品属于可以留存个人的，但有的小礼品，如打火机却价值不菲，是否属于应上缴的礼品不得而知。此外，按物品来计量礼品也存在不合理之处，公职人员以非物品形式接受的礼品没有处理的依据，如以机票、车船票、债券、入股、学费等形式接受的"礼品"，就很难确定其是否属于应规范的范围。

第四，一些规定的权威性有限，其对公职人员在履行职务时的行为有刚性约束力，但是对履行职务之外、不属于行政活动范畴的公职人员的行为的约束力非常有限，刚性不足。当然，公职人员履行职务之外的禁止性行为难区分，也难监管，是此类规范权威性不足的主要原因。

[①] 张德华、卞敏、孙肖远：《预防腐败的制度体系建构》，《学海》2008年第2期。

第二节　公职人员禁止性行为种类复杂难以规范

公职人员禁止性行为的种类广泛。根据《中国共产党党员领导干部廉洁从政若干准则》——这是目前中国对公职人员禁止性行为全面的归纳——公职人员禁止性行为被分为 8 大类 52 个"不准",覆盖了国家政治、经济和社会生活的各个方面。禁止性行为涉及的利益极为复杂,既有具体的财物类,如收受礼品、礼金及其他财产性的利益,也涉及非财产性的利益,如就业、升职、兼职等利益;既涉及现实的物质财产利益,也涉及模糊不清的期权利益类,如"旋转门"等利益;既可能涉及公务,也可能不涉及公务。而且,随着社会的发展,公职人员禁止性行为的种类还会不断增多。无论公职人员禁止性行为表现形式如何、实施主体是谁,都是权力失范的表现,本质上是违反了权力行使的宗旨,侵犯了公共利益,损害了政府和党的形象。

根据公职人员禁止性行为的特点和表现形式,可以将其分为五类:与公职人员职务有关的禁止性行为、趋利性的禁止性行为、交易性的禁止性行为、期权性的禁止性行为和扩大性的禁止性行为。

一　职务相关性的禁止性行为

严格地说,所有的公职人员禁止性行为都与其职务有关,但是,有些禁止性行为与履行职务有直接的关系。与职务有关的禁止性行为的种类最多,其特点是利用职务和职权的影响谋取不正当利益,分为以下几类,[①]如利用职务索取、接受或者以借用为名占用管理和服务对象以及其他与行使职权有关系的单位或者个人财物的行为;利用职务和职权,干预经济活动,获取私利的行为;利用职务假公济私、化公为私的行为;利用职权违反规定选拔任用干部的行为;等等。上述行为都是直接与公职人员职务有关的

---

① 参见《中国共产党党员领导干部廉洁从政若干准则》。

禁止性行为，是数量最多的公职人员禁止性行为。

二 趋利性的禁止性行为

公职人员趋利性的禁止性行为是指公职人员违反规定，从事营利性活动的行为。公职人员趋利性禁止性行为虽然主要体现为公职人员的个人行为，如私自经商、兼职等，但本质上仍然是与公职人员的职务职权有关。公职人员趋利性禁止性行为主要包括：借他人名义经商、办企业；违反规定拥有非上市公司（企业）的股份或者证券；违反规定买卖股票或者进行其他证券投资；个人在国（境）外注册公司或者投资入股；违反规定在经济实体、社会团体等单位中兼职或者兼职取酬，以及从事有偿中介活动。如有报道说，上市公司超过 10% 的独立董事有政府官员背景，近 12% 有行业协会背景，① 设置独立董事制度是为了加强对公司的第三方监管，增加公司透明度，大量官员成为独立董事，是为了监管还是为了利益，值得商榷。

三 交易性的禁止性行为

公职人员的交易性禁止性行为是指不同部门、行业、地区的公职人员之间、公职人员和所管辖行业之间存在的交易性或互惠性禁止性行为，以及公职人员和非公职人员之间的不正当交易行为。具体表现为，不同单位公职人员利用职权互给好处，互为对方配偶、子女以及其他亲属经商、办企业提供便利条件。② 由于公职人员交易性禁止性行为发生在不同的行业、部门，甚至不同的地区，具有较强的隐蔽性，从表面看，公职人员并未利用职权为亲属或者为自己谋取私利，但相互为对方或为其亲属谋取私利的现象仍然是滥用公权力的行为，仍然具有很大的危害性。

---

① 《独董之乱》，《重庆商报》2012 年 7 月 16 日。
② 例如，一些公认的名校入学资格是稀缺的资源，想进名校常常需要相应的社会关系以及高额择校费。于是有人为公职人员子女缴纳择校费，将入学资格当"礼"送，换取某种利益。

四 期权性的禁止性行为

公职人员的期权性禁止性行为是公职人员在任职时,给予被管辖行业与单位关照,并与所管辖行业或单位达成默契,经过一段时间或在其退休之后获取某种利益的行为。例如,一些公职人员离职或者退休后在原任职务管辖的地区和业务范围内的民营企业、外商投资企业和中介机构中任职的行为,或者个人从事与原任职务管辖业务相关的营利性活动。这是获取期权利益,或曰"旋转门"的典型表现。虽有规定,但这种行为因其隐蔽性,难以发现,难以规范。

五 扩大性的禁止性行为

扩大性的禁止性行为是指,该类禁止性行为已经不限于公职人员本人获取不正当利益,而是其利用职务或职权的影响惠及其亲属和子女,甚至其身边人也能够利用该公职人员的职务和职权获取不正当利益。例如,要求或者指使提拔配偶、子女及其配偶、其他亲属以及身边工作人员;用公款支付亲属学习、培训、旅游等费用,向个人或机构索取亲属出国(境)定居、留学、探亲的资助;妨碍涉及亲属及身边工作人员案件的调查处理;因职权关系,亲属收受对方财物;默许、纵容、授意亲属以本人名义谋取私利;为亲属经商、办企业提供便利条件;允许亲属在本人管辖的地区和业务范围内从事与公共利益发生冲突的经商、办企业、社会中介服务等营利性活动。

上述五种公职人员禁止性行为只是表现形式不同,如有的主要表现为趋利性,有的表现为交易性,还有的表现为期权性。这些行为相互之间存在交叉,本质上都与公职人员的职务或职权有关,都是追逐个人利益的行为。此外,《廉政准则》还规定了其他一些公职人员禁止性行为,例如弄虚作假等,这些行为非本书分析的重点,在此不做论述。

由上可见,公职人员禁止性行为种类繁杂,而且随着社会的发展,还在不断出现新型的违规行为,如何对这些众多的公职人员禁止性行为进行分类,并按照其不同的特点和性质进行有效监管,对任何政府和执政党来说都是一个严峻的考验。从现有的规定来看，有关部门作出了巨大的努力，力图对这些公职人员禁止性行为加强控制，但由于禁止性行为本身数量众多，且对行为、行为主体的认识和分类存在问题，管控效果不尽如人意。如何加强对公职人员的教育、编织严密的法网、严厉惩治违规公职人员，建立一个综合防控体系，是有关部门目前需要认真考虑的问题。

第三节　公职人员禁止性行为存在认识误区

一　对公职人员禁止性行为规范认识不清

从某种意义上说，之所以存在认识模糊的问题，一个重要原因是规范公职人员的相关规范本身存在一定的问题，导致公职人员禁止性行为与一些灰色行为不能被有效区分开。从社会行为方式来说，公职人员的一些被禁止的行为，就公众而言属于正常的行为，只是在行为主体具有一定的特殊身份后才变成一种非正常行为。以赠送礼品、礼金行为为例，中国是讲人情重感情的国家，礼品在社会交往中具有重要的社会功能，是社会运转的润滑剂、联络人际感情的纽带。什么情况下送什么礼、价值几何是由社会风俗习惯决定的，公职人员作为社会成员之一，自然难以免俗，也会加入送礼和被送礼的行列之中，关键是什么场合送礼和送什么礼。现有的相关法律或文件对礼品礼金的数量或价值并无明确规定，公职人员收受礼品礼金与正常的社交馈赠行为界限不明，是造成认识误区的主要原因。同时，这也导致了公职人员收受礼品礼金的禁止性规定仅停留在纸面，难以执行。一些公职人员正是利用这种社会风俗习惯和法律规定的不明确，大肆敛财，进行权钱交易。

"裸官"管理也是如此。随着国际交往的增多，公职人员的亲属在国外就业、定居的越来越多。表面上看，这无可厚非，但实际上并非如此。有关部门认识到"裸官"行为应该得到规范，但"裸官"是一个难以界定的"灰色地带"，相关文件只规定了公职人员应当申报配偶和子女在国外就业、移居国外的情况，而未将其作为禁止性甚至是限制性行为。这就释放了一个信号，"裸官"是可以不受限制的，充其量向有关部门申报即可，这直接导致了不少公职人员将亲属移民国（境）外。这与很多国家的做法都不同，由于"裸官"事关国家利益和国家安全，许多国家和地区都会要求其公职人员效忠国家，限制"裸官"从事敏感职业。

此外，前述调研数据显示，尽管多数公职人员认同其亲属及相关人员不得从事禁止性行为的规定，但仍然有相当多的公职人员存在认识模糊问题，其中不乏高级别公职人员。例如，对直系亲属在其管辖行业从事营利性活动时，是否应责令亲属退出或公职人员本人辞职，司局级单位的公职人员的态度更正面，省部级单位的公职人员反对的人数比例最高。对公职人员亲属在其管辖范围内从事获利性兼职，多数年轻公职人员对此持认同态度，工龄越短，认为不必责令亲属退出或者本人辞职的人越多。低级别公职人员反对公布直系亲属在其管辖的行业从事营利性活动的人数较多，选择拒答答案的高级别公职人员多。在问及是应将公职人员直系亲属在其管辖行业内从事营利性活动的获利上缴国库时，不同级别公职人员的态度出现了较大的分化。有一点是趋同的，即不同级别的多数公职人员都选择拒绝回答此问题，而且，行政级别越高，选择拒答的人数比例就越高。公职人员选择"不清楚"答案或者"拒答"选项可能是认识模糊，也可能是不愿意公开反对。再以公职人员兼职为例。公职人员兼职的管理有两种情况，一种是严格禁止兼职，另一种是限制兼职行为。后一种意味着确有需要兼职的，经过有关部门的批准，可以兼职。调研显示，公职人员和公众对禁止公职人员获利性兼职的规定认识模糊，公职人员对获利性兼职的认识亟待提高。禁止公职人员获利性兼职的目的是防止利益冲突，维护国家和公众的利益。尽管大多数接受调查的公众和公职人员都认为公职人员不应当从事营利性兼职，但是，有相当部分的人仍然认为可以兼职，或者认识不清楚。另外，调查显示，公职人员的年龄与对公职人员从事营利性兼职的认识之间存在关联，值得注意。较之年长的公职人员，年轻公职人员对营利性兼职的认识更为模糊不清。由于缺乏兼职公职人员的年龄数据，尚无法准确判断具有兼职倾向的公职人员分布情况。尤其是，接受调查的省部级干部中，有高达20%的人认为可以从事获利性兼职，作为党和政府的高级官员，本应不折不扣地贯彻和了解党和国家的政策法规，却存在这样或那样的认识误区，令人感到遗憾。

单位级别与对该问题的认识之间的关系也存在可分析之处。单位级别越低,如单位级别是科级的公职人员认同获利性兼职的人数比例较高。这与前面公职人员的年龄相呼应,单位级别越低的、年纪越轻的公职人员更认同获取营利性兼职。由于这部分人占公职人员的大多数,因此,相关部门在制定法律和政策时应有针对性。

民主党派在公职人员能否从事获利性兼职方面的态度也值得深思,50%的民主党派人士认为公职人员可以从事营利性兼职,而这与其坚决反对公职人员配偶和子女拥有外国国籍或者外国永久居留权的态度形成鲜明对比,与共产党员和基本群众的态度形成较大反差,其中缘由需要分析。严格地说,领取国家薪酬、纳入国家编制的民主党派人士也属于公职人员,应该遵守相关法律法规,同时也是被监督对象。

上述调研结果显示,在利益面前,的确有少数公职人员不能经受住考验,可以想见,禁止公职人员获利性兼职存在相当大的阻力。被调查公众中也有不少人对禁止公职人员获利性兼职的规定不甚清楚。接受调查的低学历公众中有近半数的人对公职人员获利性兼职更宽容,学生对公职人员获利性兼职规定不清楚的人数比例也达10%左右。之所以这么多接受调查的公众认同兼职或者不清楚是否可以兼职,原因可能在于有关部门的宣传解释不够,不少公众对禁止公职人员获利性兼职的规定不了解。

公职人员认识不清可以从两个层面来分析,一是低级别公职人员确实不了解相关政策和文件,二是高级干部本应更好地了解和掌握政策与文件,选择"拒答"的人数比例高,可能是在故意规避这个问题。这说明有关部门在对公职人员亲属及相关人员的规范方面缺乏宣传和教育,应当加强公职人员对亲属及相关人员禁止性行为规范的教育,预防此类禁止性行为的发生。公职人员应该具有更高的道德水准和意识。教育可以强化公职人员的廉洁自律意识,树立正确的权力观,做到立党为公、勤政为民,当好人民的公仆,管好自己的配偶、子女,树立良好家风。

二 对公职人员禁止性行为的危害性认识不足

公职人员禁止性行为的危害显而易见,但从调研的情况来看,一些公职人员和公众对公职人员禁止性行为的危害性认识不足。就公职人员违规兼职而言,表面上看,公职人员兼职是发挥余热、产学研结合,本质上仍然是利益冲突的问题，即职务职权与个人利益的冲突。公职人员违规兼职，对权力的规范行使、社会的正常运转、市场的公平竞争都具有极大的危害。

不少人对"裸官"现象的危害性认识不足，这也是"裸官"行为难以监管的重要原因。调查显示，尽管大多数人认为，应该对"裸官"加强管理，但仍然有相当数量的人认为公职人员配偶及子女可以拥有外国国籍或者外国永久居留权。由于中国的对外开放，人员交流扩大，不少公职人员和普通民众的配偶或子女拥有外国国籍或外国永久居留权，因此，这种做法在很多人看来并无不妥，如前所述，有38.9%的公职人员和34.2%的公众认同这种做法。无论是接受调查的公职人员还是普通民众，都有近1/3的人对公职人员配偶及子女是否可以拥有外国国籍或者外国永久居留权认识不清。对普通民众而言，这无可厚非，但对公职人员而言，并非如此。"裸官"对国家利益和人民利益具有潜在的危害。前面已有论证，此处不再赘述。

尽管调研结果显示多数人认同公职人员不得在履行职务外接受礼品，但仍然存在这样那样的认识问题。如省部级公职人员认为履行职务外可以接受礼品、礼金或者招待的人数比例最高；在履行职务外，认为可以收受礼品，男性公职人员的认同度明显高于女性；单位级别越高，公职人员对收受礼品的认识越模糊；收受礼品、礼金和招待的公职人员出现年轻化趋势；学历高的公职人员更认同收受礼品行为。此外，收受礼品礼金的禁止性行为规定的规范对象大都限于领导干部，对低级别公职人员并无相关规定。低级别公职人员直接与公众发生业务关系，也有收受礼品或礼金的可能性，收受行为更公开，更容易被公众感知，更容易败坏社会风气。收受礼品对社会公众而言是一个正常的社会交往行为，但对公职人员而言是关系到党风廉政建设的大事，不可掉以轻心。

三　公职人员对禁止性行为存在"法不责众"的心理

公职人员禁止性行为繁多，规范禁止性行为的规定政出多门，适用对象也不统一，处罚不明确，造成公职人员普遍存在侥幸心理。一些人在收礼品，一些人在经商，亲属多在其管辖范围和业务内任职或谋利，一些单位在超标准公务消费，等等。如果存在相当数量的公职人员违规现象，必然形成"法不责众"的局面，这将直接导致相关行为的禁止性规定形同虚设。因此，在进行公职人员禁止性行为的制度建设时，应采取多种措施堵漏，形成明察秋毫、天网恢恢、"莫伸手，伸手必被捉"的局面，击垮公职人员"法不责众"的心理防线。

第四节　公职人员禁止性行为规范体系的缺陷

公职人员禁止性行为规范种类多，既有党的纪律、方针和政策性文件，也有法律法规和政府的规章制度性文件。每一个文件和每个法律规范都有不同的规范对象、行为界定和制裁措施。如《公务员法》规范的是公务员，《中国共产党党员领导干部廉洁从政若干准则》规范的是党政领导干部。每一个法律或者文件规范的行为不同，有的针对的是兼职，有的针对收受礼品，还有的针对的是"三公消费"。这些文件和法规各自为战，术语不同，解释各异，执行机关不同，权威性较弱。因此，需要制定一个统一的、严密的、具有可执行力的、适用对象相对统一的规范体系，将公职人员实施禁止性行为的空间压缩到最低限度。

一　公职人员禁止性行为规范缺乏法律权威性

规范公职人员收受礼金的法规层级低，规范公务员收受礼品的现行制度主要是一些规章、党内文件和政策性文件，这些制度缺乏权威性、系统性和全面性。这些规章制度或者党内文件在规范公职人员禁止性行为时不可谓无效，但也不可谓有效。这些文件适用于党员公职人员，而对非党员公职人员并无效力，使得部分公职人员的禁止性行为得不到规范。

关于具体的禁止性行为的立法和规范性文件散见于各种规定之中。如《公务员法》第 42 条、第 53 条对公职人员不得从事营利性兼职作了明确的规定，《公务员法》是严格意义上的法律，应当说具有一定的权威性。然而，这还只是一个原则性的规定，只有宣告的意义，重在警示，而非真正意义上的禁止。

对公职人员配偶、子女及相关人员的禁止性行为规定在《中国共产党纪律处分条例》（第 66、75、76 条）、《中国共产党党员领导干部廉洁从政若干准则》（第 5 条）、《关于禁止领导干部的子女、配偶经商的决定》、《关于领导干部利用职权违反规定干预和插手建设工程招投标、经营性土地使用权出让、房地产开发与经营等市场经济活动，为个人和亲友谋取私利的处理规定》中，此外，最高人民法院和最高人民检察院《关于办理受贿刑事案件适用法律若干问题的意见》将公职人员亲属受贿，规定为受贿罪"共犯"。上述规定大多是党和政府的文件，虽然是中共中央的文件，却缺乏法律权威。两高的意见虽然具有法律权威性，却缺少与党的文件的衔接，只有在公职人员犯罪或者其亲属和相关人员犯罪的情况下，才可能适用。而大多数实施了禁止性行为的亲属或相关人员并未达到犯罪的程度，并不能适用这些规范。

禁止公职人员经商、办企业和兼职的文件、法规很多，以中共中央和国务院名义颁布的就有 30 多个，但这些关规定有时前后不一致，有的地方的有关制度规定与中央也不一致。例如，1986 年 3 月，《中共中央办公厅、国务院办公厅关于贯彻执行〈中共中央、国务院关于进一步制止党政机关和党政干部经商、办企业规定〉几个问题的说明》规定，在职和退居二线的县、团级（含县团级）以上干部的子女、配偶不许经商、办企业。2001 年 3 月，中国共产党中央纪律检查委员会规定，省（部）、地（厅）级领导干部的配偶、子女，不准在该领导干部管辖的业务范围内个人从事可能与公共利益发生冲突的经商办企业活动，但对县处级以下领导干部的配偶和子女经商活动未加禁止。再以地方的相关制度为例，1988 年 6 月，河北省鼓励离退休干部经商办企业和搞社会化服务，明显与 1986 年中央关于禁止党政机关和党政干部经商办企业的规定相违背。

又如，职务消费大多也是由政策来规制的，这些规定大多以党政文件的形式表现出来。与法律不同，党政文件一般是作为内部文件在党和权力机关内部发行，在政府信息公开不到位的情况下，民众很难知晓其中的内容，由于对职务消费相关规范标准缺乏正确的认识，民众很难对其进行有效的监督。即使对于公职人员和专门研究职务消费的学者而言，要从浩如烟海的文件中梳理出相关规定也并非易事。通过党政文件的形式规范职务消费，不仅使得相关规范不透明，还很难对职务消费异化行为起到震慑作用，因为社会普遍将违反相关规定的职务消费行为定性为违纪行为而非违法行为。另外，将职务消费治理作为党风廉政建设的一部分，具有阶段性和运动性的特点，很难形成常规化制度。这些矛盾和问题大大降低了这些规定的权威性，而且长远来看，要规制职务消费行为，还必须将之上升到法律层面，依靠法律而不是依政策来治理。

二 公职人员禁止性行为规范术语有待明确

公职人员禁止性行为的各种术语存在较大的解释空间，如利益的含义和范围、礼品的种类和价值、亲属的范围等都不甚明了，直接造成部分公职人员对这些规定置若罔闻。就公职人员兼职而言，《公务员法》及相关法规、规章存在公务员可以兼职的条件不明、兼职的范围不明、批准的机关不明、批准的具体程序不明等问题。《公务员法》第42条规定："公务员因工作需要在机关外兼职，应当经有关机关批准，并不得领取兼职报酬。"这项规定包含三个内容，一是因工作需要兼职，二是要经有关机关批准，三是不得领取兼职报酬，也就是无偿服务。在公务员兼职方面，中共中央组织部、人事部的《公务员职务任免与职务升降规定（试行）》第13条重申了《公务员法》第42条的规定，即公务员因工作需要在机关外兼任职务的，应当经有关机关批准，并不得领取兼职报酬。兼职的时限是多长，兼职的部门包括哪些，这些问题都规定不详。"工作需要"也留下了很大的解释空间；"有关机关批准"是指本单位批准，还是上级部门批准也不清楚，如果是本单位自行批准，一把手兼职就是自己批准自己，使得这条规定完全失去意义。在缺乏监督手段的情况下，"不得领取报酬"的规定是否得到遵守也无法查证。顾问费、劳务费、差旅费，兼职的行业区分等同样也存在理解的问题。兼职获得的报酬不应只是钱物，其他获得某种物质性利益的预期可能，或者非物质性的利益是否也应算作报酬，如为亲属上学、就业提供方便等。由于界定违规收取报酬比较困难，以其他形式获得兼职报酬应如何规制则非常不明确。术语模糊为一些公职人员从事禁止性行为打开了方便之门。因此，应该对相关术语进行明确界定，堵住漏洞，将禁止性行为的实施数量降到最低水平。

此外，《公务员法》对公务员兼职的禁止性规定限于企业或者其他营利性组织，而对于公务员在事业单位或者社会团体的兼职行为，可"经有关机关批准"，并"不得领取兼职报酬"，这实际上难以掌握和控制，如果领取了报酬,如何处理等都没有明确规定。禁止公职人员兼职的目的之一应该是让公职人员心无旁骛、恪尽职守,在非营利性单位兼职占用公务时间,同样会对公职人员的本职工作带来较大影响。因此,相关法律法规如《公务员法》以及《行政机关公务员处分条例》虽然对兼职并领取报酬作了禁止性规定,但既没有处罚的责任条款,也没有监督机制。这些漏洞导致部分公职人员可以打"擦边球"、钻空子,谋取个人利益。

在亲属管理方面,亲属的范围、亲属海外居留的种类及监管的范围不清楚,虽然相关文件规定不得在自己管辖的行业内安排亲属从事获利性职位,但未规定公职人员相互交换安排对方亲属就业的情形。此外,对公职人员幕后经商的现象也没有规定。

总之,只有公职人员禁止性行为术语明确清晰,执行才有依据,方能让公职人员亲属及相关人员的禁止性行为无处遁形。

三 相关文件和规定适用的对象范围有待拓宽

相关规定大多适用于处级以上的领导干部。如规定最详细也是最严厉的党员领导干部行为准则——《中国共产党党员领导干部廉洁从政若干准则》第 15 条规定的适用对象为:党的机关、人大机关、行政机关、政协机关、审判机关、检察机关中县(处)级以上党员领导干部,以及在人民团体、事业单位中相当于县(处)级以上党员领导干部的人员。国有和国有控股企业(含国有和国有控股金融企业)及其分支机构领导人员中的党员;县(市、区、旗)直属机关、审判机关、检察机关的科级党员负责人,乡镇(街道)党员负责人,基层站所的党员负责人均需参照执行。

专事规范公职人员的《公务员法》未能写入在全球都被证明非常适合反腐败的公职人员财产申报制度,这不能不说是一件遗憾的事。公职人员申报财产的相关规定也存在很多问题,申报财产的官员范围不够广泛,申报项目还不够全面,申报对象也有待商榷,已有的规定执行得如何,也无人深究。地方的实践更是五花八门。

四 公职人员禁止性规范在实践中执行难

如上所述,公职人员禁止性行为在规范制度建设方面存在一些不足之处,如一些主要的领域和环节还存在制度空白,不能满足形势发展的需要;更重要的是一些制度过于宽泛,缺少具体实施措施,缺乏针对性和可操作性;还有一些制度缺乏系统性和存在重制定、轻执行现象。可以说,有关部门为了监管公职人员禁止性行为花费了大量的力气,执行效果却不尽如人意。

以规范公职人员收受礼品礼金行为为例,由于未明确规定收受礼品的数额数量和价值,难以对收受礼品、礼金的行为定性作出判断,并进而进行处罚,这导致实践中很少有公职人员因为收受礼品而被处罚的案例。要使这些规定发挥作用,应该有一个实施细则。以礼品、礼金的价值和数额为判断标准,将收受礼品、礼金的价值和数额划分为若干等级,超过一定标准的予以处罚。同时,还要明确触犯《刑法》第394条收受礼品、礼金的数额,达到这个数额就给予刑事处罚。一旦标准明确,收受大额礼品、礼金的行为将能得到遏制。这点可以借鉴《刑法修正案(八)》对"醉酒驾驶"入罪的规定。"醉驾"如何处理一直是困扰执法机关的难题,在处理中也有较大的争议,但《刑法修正案(八)》确立了"入刑"的醉驾标准,使执法机关有法可依,醉酒驾驶大幅度下降,执行效果有目共睹。尽管对"醉驾入刑"的标准还有一定争议,但仍然可以说其是近年来少有的立法成功范例。收受礼品、礼金的禁止性行为完全可借鉴"醉驾入刑"的经验,使相关规定不再是"稻草人"条文。当然,收受礼品礼金的行为不如"醉驾"那样容易查获,但有标准比没有标准显然更胜一筹。

五 有关规定动机和效果相反

一些看上去是促进廉政的规定实际上却违背了廉政的原则。例如,政府采购是规范相关人员违法行为的制度,但是现实中政府采购存在很多令人啼笑皆非的事。政府采购远未达到物美价廉的目标,[①] 指定政府采购部门实际上是一种垄断行为,并未能实现有效制止政府采购的人员从中谋利的初衷。结果是,政府花费了大量的经费,采购了与实际价值不符的产品,造成了极大的浪费。

[①] 参见《中国政府采购制度实施状况调研报告》,《中国法治发展报告 No.11(2013 年法治蓝皮书)》,社会科学文献出版社,2013。

法律对权力的规范是核心部分,在权力规范方面起着根本性的作用,然仅靠法律来规范权力是远远不够的。2010年1月11日,第十七届中央纪委第五次全体会议明确指出,制度建设是反腐倡廉工作的重点之一,要求突出抓好四个方面即反腐倡廉教育制度、监督制度、预防制度和惩治制度建设,全方位地加强公职人员的行为规范。因此,加强对公职人员权力的约束和规范,改善权力运作的环境,建立包括法律、道德、经济、纪律、舆论等内容在内的综合机制,才能有效地遏制公职人员禁止性行为。

第五节 公职人员禁止性行为缺乏有力的监管机构

一 多头监管难以形成合力

缺乏系统的公职人员禁止性行为监管法律体系只是公职人员禁止性行为禁而不止的原因之一,另一个重要因素是缺乏有效的监督机构。公职人员亲属及相关人员禁止性行为具有多变性、主体的多样性、客体的多样性、监管机构的复杂性,所以,现行的监督机构监管的效率是比较低的。

规范公职人员的禁止性行为分为人大监督和专门机关监督两种形式。人民代表大会作为立法机关和选举机关,产生"一府两院",即政府、人民检察院和人民法院,行使行政权和司法权,行政机关和司法机关对立法机关负责,受其监督。专门机关则包括人民检察院的反贪机构、共产党的纪律检查委员会和政府的监督部门等。

中共中央纪律检查委员会、隶属于国务院的监察部,以及隶属于监察部的国家预防腐败局都是专门的公职人员行为监管机构。不过,如果仔细分析上述三个机构的设置、职能,就会发现这些机构在规范公职人员行为方面的作用都具有一定的局限性。指出其工作局限性需要勇气,能够听取不同的意见则是执政党必须具有的胸怀。

中共中央纪律检查委员会是中国共产党最高纪律检查机关,在党的中央委员会领导下进行工作,每届任期五年。中国共产党中央纪律检查委员会的主要职能是维护党的章程和党内法规,进行党风建设,检查党的路线、方针、政策和决议的执行情况;对党员进行遵守纪律的教育;检查和处理党的组织和党员违反党章和其他党内法规的情况；受理党员的控告和申诉；等等。中国共产党中央纪律检查委员会的上述职能是综合的、原则性的。其适用对象是党员，适用依据是党的章程和其他党内法规。

中国共产党中央纪律检查委员会重建于 1978 年，1993 年与监察部合署办公。中国共产党中央纪律检查委员会内设 20 多个职能部门，主要有中国共产党中央纪律检查委员会办公厅、政策研究室、巡视工作办公室、纠正行业不正之风办公室、执法监察、案件审理、信访举报、外事管理等部门，其中最重要的当属负责查处腐败官员的八大纪检监察室。第一室负责监察查处经济类案件，即与国家发展改革委员会、工业和信息化部、国资委、安监总局、统计局、烟草专卖局、粮食局、国家电网等大型、特大型公司相关的纪检案件。中国共产党中央纪律检查委员会二室则负责监察和查处金融类案件，即与中国人民银行、银监会、证监会、保监会、国家开发银行、工商银行等 13 家金融部门相关的案件。中国共产党中央纪律检查委员会三室则负责监察和查处文化教育案件，即与教育部、科技部、文化部、广电总局、体育总局、新闻出版总署、社会科学院等 17 家单位的相关案件。中国共产党中央纪律检查委员会四室则负责监察和查处医药、社会公益、基础设施类案件，即与卫生部、药监局、气象局、铁道部、水利部、国土资源部等部门的相关案件。中国共产党中央纪律检查委员会五室负责地方案件的监察和查处，即与西南、西北地区 10 个省区市及新疆建设兵团的相关案件。中国共产党中央纪律检查委员会六室同样负责地方的监察和查处工作，即与华北、东北相关的案件，同时分管信访工作。中国共产党中央纪律检查委员会七室也是负责地方的监察和查处工作，即与华东地区六省一市相关的案件，同时负责治理全国的"小金库"和政务公开工作。中国共产党中央纪律检查委员会八室也是负责地方的监察和查处工作，即与中南六省区相关的案件。

由于共产党是执政党，在中国的政治生活中，其纪律规范在党内具有最高的权威性。但是，由中国共产党中央纪律检查委员会来规范公职人员的行为存在如下问题。首先，从中国共产党中央纪律检查委员会的任务来看，中国共产党中央纪律检查委员会并不是专门规范公职人员行为的机构，其工作职能还包括检查党的方针路线的执行等内容。其次，其规范的是共产党员，对非党员公职人员并无约束力，其适用的是党章和其他党内法规，这些规定只是处理党内事务的规定,而非国家法律。再次,各级纪律检查委员会在同级党的委员会和上级纪律检查委员会双重领导下进行工作,尽管同时接受上级纪委的领导,但是缺乏独立性是显而易见的问题。最后,中国共产党中央纪律检查委员会的一些规定和措施,例如"双规"是处理党内事务的手段,却难免会引起歧义或面对外界的"党大还是法大"的非议。

监察部是国务院领导下的国家行政监察部门。1993年,根据中共中央、国务院的决定,中央纪委、监察部合署办公,实行一套工作机构,履行党的纪律检查和行政监督两项职能的体制。与中国共产党中央纪律检查委员会合署办公后的监察部,依照《宪法》规定仍然属于国务院序列,接受国务院领导。地方各级监察机关在合署后,继续实行由所在地政府和上级纪检监察机关领导的双重领导体制。与中国共产党中央纪律检查委员会不同,监察部的监察对象是国家行政机关的工作人员,即将非党员公职人员纳入其中。依据《宪法》和《行政监察法》,监察部享有以下四项权力:一是对监察对象贯彻执行国家法律、法规和政策的情况,以及违反行政纪律的行为行使检查权。二是对监察对象违反国家法律、法规和政策的行为,以及违反行政纪律的行为行使调查权。三是对国家行政机关违反国家法律、法规和政策的行为,向有处理权的机关提出处理建议,对提高行政工作效能提出建议等,即行使建议权。四是根据检查、调查的结果,监察部对拒不执行法律、法规或者违反法律、法规以及人民政府决定、命令的行为,对违反行政纪律的监察对象,向有关部门提出监察建议,要求其纠正和处理;或者作出监察决定,直接给予责任人警告、记过、记大过、降级、撤职、开除的行政处分,即行使行政处分权。

从监察部的职能来看,四项权力似乎比较全面,但实际上存在规范抽象、执行力弱的问题。没有一系列的配套措施,要想使这些权力落到实处堪称难上加难。现有的规范公职人员的《公务员法》难以承担重任,更不用说纠正公职人员具体的失范行为,如纠正违规收受礼品、违规兼职、"裸官"、纵容亲属、超标准公务消费等行为了。

为了加强反腐败的领导工作,2007年9月,国家成立了预防腐败局。按照中央的规定,国家预防腐败局列入国务院直属机构序列,在监察部加挂牌子,局长由监察部部长兼任。国家预防腐败局的成立,标志着中国反腐败工作形成了惩治和预防相结合的体系。国家预防腐败局下设办公室，该办公室日常工作由中央纪委监察部预防腐败室承担。目前，继国家预防腐败局成立后，北京、上海、湖北、湖南、河北、河南、四川、宁夏等省区市陆续成立了地方预防腐败局，各省（自治区、直辖市）级预防腐败局局长均由当地纪委副书记或监察厅厅长兼职。

国家预防腐败局的主要职责为三项：一是负责全国预防腐败工作的组织协调、政策制定等工作；二是协调指导企业、事业单位、社会团体、中介机构的防治腐败工作；三是负责预防腐败的国际合作。[1]

国家预防腐败局的工作重点是加强对行政权力运行监控机制建设和预防腐败政策的研究，对预防腐败工作进行统筹规划、综合协调，拓宽领域、整体推进，提高预防腐败工作专业化、规范化、制度化水平。成立预防腐败局的目的是想更加有效地开展反腐倡廉工作。但实际上，预防腐败局的工作更像"鸡肋"，由于国家预防腐败局没有案件调查权和采取强制措施权，不具体办理案件，工作不力，食之无味，弃之不能。比如，由于工作重点在于规范行政权力，对企事业单位、社会团体、中介机构等社会组织的预防腐败工作缺乏组织指导，导致预防腐败工作没有涵盖全部社会生活，影响了预防腐败工作的整体效果。故此，预防腐败局更像是一个研究性的机构，负责组织协调、综合规划、政策制定等工作，在规范公职人员行为方面的作用是指导性的，而非执行机构。

除了检察院和反贪部门外，上述三个机构及其下属部门是中国目前反腐败、规范公职人员行为的主要机构，可以说做了大量的工作，取得了不俗成效。但是，腐败和公职人员行为失范仍然在蔓延，这些机构的作用和效率显然是令人不满意的。

二 机构虚设，监督效果不佳

从上述机构设置来看，中国公职人员禁止性行为规范的监督机构种类多、领域广，然而，这也是规范难以得到遵守的主要原因。监督机构分为三条线，一是党的监督机构，二是人大的监督机构，三是政府的监督机构。

---

[1] 黄绛文：《我国反腐败机构设置的弊端及改进措施》，《重庆科技学院学报》（社会科学版）2009 年第 8 期。

三类机构交叉纵横，职责重复，权限不明。监督的规定和机构已经洋洋大观，监督的效果却乏善可陈。究其原因，除了法律规定方面存在的问题，还在于监督机构虚置，监督软弱无力、不到位。

以人大的监督为例，由于种种原因，如人大代表大多为兼职人员，多数人本身就是政府雇员，是被监督的对象，监督难以实施。此外，由于不了解监督对象的职能、业务内容，也很难要求人大对某一个具体部门提出监督整改意见。

监督可分为体制内监督和体制外监督两种形式，体制内监督是以权力监督权力，体制外监督是以权利监督权力。体制内监督机构没有直接的统辖管理部门，而是由多个部门构成，如人大、监察、纪检等，结果是谁都可以管，谁都可以不管，在公职人员禁止性行为规范方面各自应承担的责任不明确，事实上形成了"三个和尚没水吃"的局面。人大除了在立法方面能发挥作用外，其他监督功能几乎都是虚置的；纪委只能对党员领导干部进行监管；监察部（局）监督公务员，党委监督本单位工作人员。看似所有人都被纳入了这个体系之中，形成了综合的监管体系，但实际是公职人员在发生状况后，这些部门才介入，并未形成有效的日常监督制度。在现实中，公职人员禁止性行为监督的这种体制性缺陷表现得非常明显，由于缺乏对领导干部有效的日常监督制度，这些公职人员不能做到防微杜渐、洁身自好，而是离一个合格的公职人员的标准还有一段距离，被查处的涉案公职人员，涉案资金往往已是数额巨大。而且，公职人员所发生的大多数"状况"，并不是这些监督机构所能发现的，而是由第三种监督路径——媒体或公众监督揭露和曝光的。媒体和公众进行揭露后，上述部门才介入处理，这也足以说明这些机构运转已经失灵。

"三个和尚没水吃"在公职人员收受礼品的监管方面表现得尤其突出。公职人员收受礼品礼金行为难以得到有效禁止的重要原因之一就是收受礼品禁止性行为的管理机构责任不明。公职人员收受礼品行为一般是由本单位的有关部门，如纪检部门或其他部门对其进行监督，或者如《行政监察法》规定的，由监察部门对国家行政机关及其公务员和国家行政机关任命的其他人员违反行政纪律的行为进行调查和处理。公职人员收受礼品、礼金的行为大都具有一定的隐秘性，难以发现并查处。收礼的公职人员不愿意被人知晓，送礼的人也同样如此。假设收受的礼品礼金是实时交易的行为，无第三人在场，如果个人不申报、他人不检举，纪检部门或者监察部门很难有所作为。同时，由于收受礼品、礼金的行为本身存在不确定性，如礼品定性不清楚、定价不明确等因素，使得公职人员收受礼品的行为很难得到有效监管，一般情况下都是公职人员因其他违法行为受到调查或处罚时，收受礼品礼金的禁止性行为才会随之浮出水面。

可以说，公职人员各种禁止性行为的监管机构存在职责不明、监管交叉的问题。因此，应赋予监督机构独立的监督权力，即通过一定的立法程序，赋予党的各级纪律检查机构、政府的行政监察机构、司法系统的检察院和法院独立的监督职能，使其能有效地发挥监督作用。同时，在监督体系体制内，还应明确管理公职人员亲属及相关人员禁止性行为的机构的职责、义务和权力，定岗定员，专门负责对公职人员亲属禁止性行为的监督管理工作，避免这部分人游离于监督之外。

三 体制外的监督力量未得到有效整合

体制外监督包括公民监督和媒体监督。公民监督的主要形式有举报、信访等。要建立保护公民监督的机制，对打击、报复举报的行为要依法追究刑事责任。媒体监督本质上是公民监督的一种，但其与公民个人监督在形式上有很大的不同。媒体监督具有广泛性、深入性，更能显示监督的力量。只有体制外和体制内的各项监督制度合力进行，才可能使监督落到实效。

近年来兴起的"网络反腐"已经颇具规模，互联网和手机媒体逐步成为监督政府的重要平台，也成为体制外监督的重要方式。过去曝光的"史上最牛房管局长"、"史上最牛的中部地区处级官员别墅群"、"一夫二妻区委书记"、"王帅帖案"以及 2012 年被网民曝光的"房叔"、"表叔"等无疑都是中国网民网络反腐众多事件的几个典型事例。从实践看，网络反腐确实发动了公众参与反腐，提供了不少有价值的线索，也揪出了不少贪官，但网络反腐也有许多问题。比如，"网络反腐"因其信息发布较为方便，难免使得一些不实甚至有误的信息大肆传播，有的时候是以牺牲他人隐私、名誉等合法权益为代价的。而且，网络反腐能否取得效果往往取决于相关线索是否可能引起相关部门的重视，因此，这种方式缺乏相应的制度机制保障，并不能够真正解决腐败问题。网络反腐还受到举报者自身文化素质、地域等因素的影响，往往与举报人自身情况、腐败行为发生地惩治腐败的环境有直接的关系。可以说，离开了健全的预防和惩治腐败的制度以及制度的有效执行，网络反腐也不会有实质性成效。

总之，对公职人员禁止性行为加强惩戒必须建立在体系规范和机构有效上，可以说，构建一个有效的规范体系和具有权威的机构是规范公职人员禁止性行为的重中之重。

第六节　公职人员禁止性行为缺乏有效的管理措施

一　公职人员亲属涉权力的相关信息不公开

当前，监管公职人员亲属涉权力行为的内容虚设。公职人员亲属及相关人员的禁止性行为属于"灰色地带"，类型多，具有隐蔽性，难以定性、难以处罚，结果是此类行为大行其道。在监管内容上，虽然有关规定要求公职人员申报亲属经商情况、在管辖行业就业情况、出国情况，但这几乎只是形式上的规定，无核实程序和人员核查。

公职人员亲属涉权力行为缺乏实质性监管。公职人员亲属实施了涉权力违规行为，一般不会主动申报，即使申报了，也不会得到公开的处理，即违规的内容、违规处理结果都不会向社会公开。只要公职人员本人不出问题，其亲属仍然可以我行我素、恣意妄为。公开是一种监督形式，而且是一种最好的监督形式。公开可以将隐藏在黑暗之中的信息透明化，便于监督和管理，最大限度地使公职人员廉洁自律、奉公守法，使亲属及相关人员不再利用公职人员的职务和权力谋取私利。

对公职人员亲属的相关活动进行规范，是预防和打击腐败的重要方面，也是规范公职人员行为的重点之一。有了专门的法律法规只是在公职人员亲属及相关人员管理方面迈出的第一步，信息公开是依法有效治理公职人员禁止性行为的另一个措施。目前，公职人员亲属涉权力的相关信息不透明，如是否在其管辖范围内经商，是否存在公职人员之间亲属互惠行为，亲属收受礼品的情况、就业的情况，是否移居国外等，公众都难以知晓。

此类信息不公开是一些公职人员利用亲属谋取私利的挡箭牌，也是各种谣言满天飞的根源。公布此类信息，一则可阻止公职人员亲属实施禁止性行为，二则可消除谣言，保护公职人员的合法权益。

二 责任认定和追究条款空泛化

公职人员禁止性行为的法律责任缺失或者权责不符现象严重，是相关规定难以实施的主要原因。公职人员禁止性行为屡禁不止除了规定本身存在的问题，还有对违规公职人员处罚力度不够以及权力缺乏有效制约的原因。以公职人员违规兼职为例，《公务员法》以及其他禁止公职人员兼职的法规，几乎未对公职人员违规兼职应承担什么后果作出明确规定，也就是说，《公务员法》、《行政机关公务员处分条例》和《公务员职务任免与职务升降规定（试行）》中都有关于禁止公务员违规兼职的规定，但都无法律责任追究条款。公务消费更是如此，大多只是笼统规定不得超标准消费云云。

公职人员禁止性行为的本质是利益冲突，是公职人员权力失范，这种利益冲突是腐败的前兆，甚至有的就是腐败，因此，对公职人员禁止性行为的制裁就尤为重要。如前所述，规范公职人员的文件和法规甚多，机构也不少，各项文件和法律都自行规定了制裁措施，但由于对禁止性行为本身的规定存在术语模糊、"灰色地带"难以界定、执行机构多但监管力量缺乏整合等问题，制裁的依据不明确。多数制裁规定无非就是谈话、训诫、警告、严重警告，或者撤职、开除党籍。有的文件规定了犯罪的移送司法机关，这只是一个空泛的规定，既无相对应的法律条款说明，也无查明事实的能力。有的禁止性行为可以适用不同的文件和规定，这些文件的制裁规定不同，加之无细化的实施标准，很难对公职人员的禁止性行为进行制裁，如超标准收受礼品、违规兼职、安插亲属等，都只是轻描淡写地处理，并未对公职人员本身带来实质性的影响，间接导致一些公职人员肆无忌惮地实施禁止性行为。

法律的权威是建立在天网恢恢、疏而不漏之上的，公职人员禁止性行为得不到有效制裁，"令不行，禁不止"是法律的最大悲哀。只有制裁有效，才能使这些法规不至于沦为一纸"空文"。

三 相关法规之间缺乏衔接

对公职人员亲属及其相关人员禁止性行为应明确规定制裁的程序和标准，并与相关法律和法规进行合理衔接，使违规、违法行为必然会得到惩处。例如，公职人员亲属及相关人员经商办企业的，对拒不纠正的公职人员应劝其辞去现任职务，或者给予相应的组织处理。对违反法律，如公职人员亲属违法收取超额礼品、礼金或其他利益的，应与刑法相关规定衔接，进行严厉制裁，而不是批评教育这样轻描淡写的处理。

《刑法》是规范公职人员收受礼品行为方面位阶最高的法律，但公职人员收受礼品的各种规定与刑法规定缺乏衔接。以收受礼品、礼金行为为例，其规定见于各种文件和规章制度中，这些党的规范性文件和政府的规章制度的法律位阶低。如中国共产党中央纪律检查委员会和监察部2001年《关于各级领导干部接受和赠送现金、有价证券和支付凭证的处分规定》第2条规定，领导干部一律不得接受下列单位或个人的现金、有价证券和支付凭证：（1）管理和服务的对象；（2）主管范围内的下属单位和个人；（3）外商、私营企业主；（4）其他与行使职权有关系的单位和个人。第4条规定，领导干部接受上述单位和个人赠送的现金、有价证券和支付凭证的，不论数额多少，一律给予警告以上的党纪处分直至开除党籍，或者责令辞职、免职、解聘、辞退等组织处理。涉嫌犯罪的，移送司法机关处理。此项规定，不论数额多少，一律处罚，看似严厉，却难以操作，也难以服众。

《刑法》第394条是唯一以法律的形式规定收受礼品行为的法律条文。其对公职人员收受礼品的行为作了非常明确的规定，制裁也十分严厉，但由于缺乏与其他规章制度的衔接，实践中鲜有此类案例，使得《刑法》的这条规定成为一条虚文。大多数情况下，如果犯罪嫌疑人触犯了《刑法》第394条的罪名，则要按照牵连犯罪情况进行处罚，即犯罪人基于一个犯罪目的，实施数个犯罪行为，数个行为之间存在手段与目的或者原因与结果之间的牵连关系，分别触犯数个罪名的犯罪形态。对于牵连犯，除《刑法》已有规定从一从重处断外，大都是按照贪污或者受贿罪从一重处罚。此外，规范公职人员行为的最重要的法律《公务员法》对此未作规定，不能不说是一个遗憾，这一规定的缺失使公职人员违规收受礼品这一禁止性行为游离于法律制度框架以外。

总之，中国在公职人员禁止性行为方面的规定虽然不少，有的甚至还非常严厉，但是并未能发挥真正的作用，重要原因在于公职人员禁止性行为的种类众多，内容和形式琐碎，相关规定分散、杂乱，前后不一致，对象不统一，制裁乏力。对五花八门的公职人员禁止性行为要进行有效规范，无论是对行为性质、行为种类、行为对象，还是行为时间的认定都应当有普遍适用的标准，不能因领导人的变动而变动，也不能因领导人的意志转移而转移，更不能因党派、级别、单位性质、个人成就的高低不同而不同。尽管党和国家出台了无数的规定，但这些规定往往给人的印象是"朝令夕改""各自为政"，不具有法律的稳定性和权威性，对公职人员禁止性行为规范的效果并不好。

《中国共产党党员领导干部廉洁从政若干准则》在总则中提出了规范权力的廉政建设目标，即坚持标本兼治、综合治理、惩防并举、注重预防的方针，建立健全惩治和预防腐败体系，对公职人员加强教育，健全制度，强化监督，深化改革，严肃纪律，坚持自律和他律相结合。然而，《廉政准则》只是一个原则性的纲要，其实施尚需要通过各种制度性建设来推动和落实。根据《建立健全惩治和预防腐败体系2008~2012年工作规划》的工作目标，2012年应建成惩治和预防腐败体系基本框架，初步建立拒腐防变的长效机制，健全反腐倡廉法规制度，基本形成权力运行监控机制，从源头上防治腐败，党风政风明显改进，腐败现象得到遏制，人民群众的满意度有新的提高。2012年的时间大幕亦然落下，上述目标几乎未能如期实现，不禁令人叹之惜之。

第九章

公职人员禁止性行为规范的制度架构

中国是世界上最早建立官僚机构的国家之一，官员治理已有几千年的历史。传统上，民众将清廉的官员称为清官，正式的典章史籍称为"循吏""良吏""廉吏"等。司马迁的《史记》中对好官僚的评价为"行教、清廉、守法"。在崇尚法家政治的战国、秦及汉初，守法是最主要的清官标准。到了"独尊儒术"时期，推行教化又成为清官的标准。但教化的成效很难评价，从三国末年开始，根据司马懿的思想，清、慎、勤便成为正式的为官标准。之后的历朝历代大多将官员清廉作为治理目标。尽管如此，由史所见，贪官数量并不罕见，而且贪腐是导致朝代更替的重要因素。

中国共产党夺取政权后，为了防止落入历史的怪圈，非常重视官员治理。随着公职人员数量的增多，社会公共权力事务的复杂化，公职人员治理难度彰显。每年都有公职人员以身试法，受到严厉惩处，甚至被处以极刑，但在各种因素的作用下，公职人员失范行为并未得到有效控制，违规违纪的轻微行为和重大贪腐行为甚至出现泛滥的趋势。

现实中，公职人员掌握和行使权力，权力的设立和行使本来是为了平衡个人之间及个人与社会之间的利益关系，其与社会公共利益密切相关。权力的所有者和行使者分离后，在缺乏约束和制衡的基础上，权力就有可能成为权力行使者谋取私利的特权，最常见的就是公职人员滥用所掌握的行政审批权。滥用审批权是寻租获取私利的主要形式。行政审批权是指行政机关因行政相对方的申请，依据法律或政策，经审查，以要式行为方式准予其从事特定活动、认可其资格资质、确立其特定主体资格、特定身份或同意其从事某一特定活动的行为。[①] 行政审批是政府调配社会资源的重要行政管理手段，随着市场经济发展和社会结构变化，行政审批在制度设计方面由于缺少分权和制衡，弊端逐渐显现，成为一些人谋取私利的手段。例如，一些公职人员则可能利用其职权从事一些明文禁止的行为，这些行为一方面可能使之分心公务，另一方面则可能会因其职务而近水楼台获取私利，因此有必要对公职人员禁止性行为进行调整和规范，目的是规范权力的运行。

公职人员廉洁从政执行力差的背后都隐藏着深刻复杂的因素，心理态

---

① 朱维究：《行政许可法的实施与行政审批改革》，《国家行政学院学报》2004年第3期。

度、制度工具、执行角色和组织流程都是影响执行力的关键要素。[①] 心理态度要素的影响表现在人们对廉洁从政的认知程度;制度工具要素体现为法规制度完善的程度;执行角色要素体现为执行机构的能力程度;组织流程要素体现为需要一个执行流程的总体框架。这四个要素其实是我们在构建公职人员行为准则时应该综合考虑的重要因素。

在构建廉政体系时,必须在权力设置上建立权力分解和制衡机制,最大限度地减少自由裁量权,使决策权、执行权、监督权适度分离和合理制约。在权力运行上明确各种权力的实施机关、实施条件、实施幅度、实施方式和实施程序,减少权力运行的随意性。在权力监督上有效整合党内、行政、司法以及人大、政协等权力监督机构的力量,积极探索建立以职业道德制约行政权力的机制,切实增强社会公众维护合法权利的意识。

除了宏观制度设计外,还应具体到公职人员行为规范以下几方面的内容:禁止性内容、防范性内容和惩罚性内容。[②] 禁止性内容主要有:禁止公职人员收礼、兼职、经商等。防范性内容主要有:财产申报制度、人事任用回避制度、限制公职人员亲属在自己管辖范围内经商制度、限制退休公职人员在一定时间内从事经营活动等。惩罚性内容有:行政处分和刑事制裁。此外,监督机构的构建也是非常重要的目标。

第一节 完善规范公职人员禁止性行为的法律体系

法是公职人员禁止性行为的多种社会调整方法之一种,而且应是最为有效的一种。法治解决的是权力失控的客观问题,道德解决的是权力失控的主观问题。

[①] 刘典文:《领导干部廉洁从政制度执行力的影响因素及对策》,《领导科学》2010年第18期。

[②] 参见李景平、鲁洋《国外公务员廉政制度及对我国的启示》,《学术论坛》2010年第12期。

一　法律是规制公职人员禁止性行为的最优选择

法律基于公共利益和社会秩序而赋予公职人员一定的权力和职责，就必然要求公职人员在行使权力时维护公共利益而不以权谋私，合法执行权力而不越权违法，履行法定职责而不失职渎职，遵守法定程序而不丧失程序公正。法律规范具有道德规范所不能比拟的普遍性、权威性和强制性。

用法律来规范公职人员的行为是域外许多国家和地区的共识和选择。20世纪中叶以后，随着腐败行为的增多，各国各地区开始重视廉政立法。20世纪50～60年代廉政立法的主要内容是反贪污和反贿赂。70年代和80年代初，廉政立法开始加强对公职人员日常行为的规范，即通过立法严格禁止公职人员一切可能利用职权谋取私利的行为。公职人员腐败行为绝对是禁止性行为，但公职人员禁止性行为不完全是腐败行为，更多的是违规和违纪行为，违规违纪行为不及时制止，就有可能发展为违法或犯罪行为。为此，一些国家和地区除了在刑法、行政法和其他法律法规中规定惩治和预防腐败的内容外，还制定了专门的单行法律法规。这些专门立法细化了公职人员行为规范的制度和措施，适用更方便、更灵活，在公职人员行为规范和反腐败斗争中发挥了非常重要的作用。

从内容上看，境外的公职人员禁止性行为立法主要分为两部分，一部分是反腐败立法，另一部分是廉政立法，这两部分的内容不同但有交叉。反腐败立法又分为综合型反腐败法、实体型反腐败法和程序型反腐败法三种形式。综合型反腐败法有英国《公共机构防止贿赂法》、新加坡《防止贿赂法》等。实体型反腐败法有日本《关于整顿经济关系罚则的法律》、苏丹《防止舞弊行为条例》等。程序型反腐败法有泰国《反贪污法》、新加坡《没收贪污所得利益法》、加拿大《舞弊行为调查法》等。在各国实体型反腐败法中，确定为腐败行为的罪名有：贪污罪，受贿罪，私自接受贵重物品罪，盗用、侵占公物罪，利用酬谢建立个人影响罪，非法所得罪，滥用职权罪，玩忽职守罪，泄露被调查人员身份罪，泄露、盗用秘密罪，舞弊行为罪等。这些罪名有的和获取不当财物直接有关，有的则间接相关。

廉政立法也有两种形式，一种是在公务员法中规定廉洁自律的条款，如新加坡《公务员行为与纪律条例》、澳大利亚《公务人员行为准则》、墨西哥《公务员职责法》等。另一种是制定专门的廉政准则，如美国《政府道德法》、法国《关于政治生活财务透明度法令》等。这些廉政立法大致有以下几方面的内容：(1) 限制接受礼品的规定；(2) 限制政府官员兼职的规定；(3) 严禁假公济私和铺张浪费的规定；(4) 限制工资以外收入的规定；(5) 限制政府官员离职后利用原职位的影响获得不正当利益的规定。

如前所述，中国虽然在《公务员法》和《刑法》等法律中有类似的禁止性规定，但大多数是由中国共产党的各种文件、通知、意见或政府规章制度等来加以规范的，法律层面的规定较少，且不成体系，权威性不足；术语不清、缺乏可操作性、制裁乏力；另外，法律和规范性文件的制定存在技术上的不足，如公职人员行为规范性文件的出台鲜有征求意见的，部分文件的出台缺乏充分调研和科学论证，仓促出台或随意增减，影响了其严肃性和科学性。长远来看，要规制公职人员禁止性行为，必须将其上升到法律层面，依靠法律而不是政策来治理，法律是规范公职人员行为和反腐败的最优选择。

二 制定统一的公职人员行为规范

鉴于公职人员禁止性行为越来越多、腐败愈演愈烈，构建中国的公职人员行为规范法律体系已经势在必行。为了实现这一目的，亟须制定统一的廉政法，并提高公职人员禁止性行为规定的法律位阶，确保其法律权威。只有将此类行为法制化，才能做到师出有名、令行禁止。因此，建议有关部门在制定廉政法的过程中，研究出台"公职人员行为规范准则"。

从主体适用范围看，该准则应涵盖所有的公职人员，无论其级别高低、政党派别以及单位的性质，只要是由财政支付工资福利的人员都应该是被规范的对象。

从行为看，该准则应规定以下几方面的内容。首先是职业行为。此类行为因与公职人员职务职权有关，应是具有强制性的行为，职业行为准则条款应要求公职人员在履行公务时应依法行政或办事并恪尽职守，不可懈怠或疏忽。这实际是指公职人员的职业操守，涉及行政伦理问题。行政伦理是指国家公职人员在任职期间的从政指导思想和执行公务时必须遵循的基本准则，其调整的是公职人员在执行职务过程中所形成的伦理关系。它既是公务员进行职业行为选择的价值依据,也是对公务员职业行为进行优劣评价的标准。建立法治政府是依法治国的重要环节,是行政法制建设的基本目标。公职人员是政府行政行为的执行主体,其道德素质在一定程度上决定了政府的行政能力和水平,而这需要通过良好的制度来提升,公职人员行为准则将其职务行为职业操守法制化,有助于加强政府公职人员的行政伦理水准,加速廉洁高效的法治政府的建设进程。

其次是倡导性行为。此类行为与公职人员身份有关,不属于强制性行为,而属于倡导性行为。例如,在公共场所或其他地方公职人员应身先士卒,维护社会秩序或社会道德,制止或协助有关部门或人员制止违法犯罪或不道德行为。公职人员群体是管理社会的精英,在引领社会风气方面,应担当起伦理责任,成为社会行为的楷模。这些行为虽然与职务无直接关系,但因其具有公职人员的身份,一举一动代表着党和政府的形象,故不可掉以轻心或事不关己高高挂起。据报道,2009年,河北邢台县县长乘坐的县政府客车撞倒一名初中生,致其终身残疾,事发后县长径直离开。[①] 这位县长缺乏基本的伦理道德素养,不是一个公职人员应当所为。根据现代文明政治的基本要求,人民有理由要求公职人员具有更高的道德素养。公职人员是社会服务和管理者,理当是社会大众的行为典范,若道德品质低下就难以服众,也难以承担起社会管理者的职责。公职人员违反法律法规,应当承担相应的法律责任或行政责任,违反伦理道德,也应当承担相应的责任,即便没有违法违规行为,也应向社会道歉,或者引咎辞职。严重违背社会政治伦理的公职人员损害了政府的形象,不配也不能继续担任公职。中国实行官员问责制以来,追究了一些公职人员在公共事件中的法律责任、行政责任,但几乎很少追究官员的伦理责任,因违背政治伦理而下台的官员少之又少。在目前社会道德出现滑坡的情况下,提高公职人员的政治伦理意识,追究公职人员的伦理责任应当是社会道德建设的重要内容,只有公职人员队伍成为社会道德楷模,上行下效,才能阻止社会风气进一步下滑的趋势。

再次是限制性行为。公职人员实施此类行为必须具备一定的许可或条件,不具备这样的条件的,其行为就属于禁止性行为。由于必须具备一定的条件,公职人员限制性行为具有界限模糊、管理权限不清的特点,是公

---

① 《河北邢台县政府中巴撞伤人两年未结案——未下车救助伤者邢台县县长道歉》,《羊城晚报》2011年4月21日。

职人员行为规范的难点领域。一些公职人员正是利用这个特点，规避管理和规范。以公职人员收受礼品为例，礼尚往来是中华文化的传统，规范公职人员收受礼金并不是要一概否认公职人员的礼尚往来，而是在规定中厘清公职人员收受礼金的对象范围。公职人员正常的人际交往应该受到保护，比如亲朋好友的礼尚往来就属于受保护的范围。规范公职人员收受礼品、礼金主要是规范公职人员非正常的往来，特别是与公职人员职务有关的、具有现实或期权利益的礼金、礼品收取。公职人员收受礼品应是限制性行为，但违规收受礼品则是禁止性行为。域外关于公职人员收受礼品礼金的规定大多比较详细，如规定了一定级别的公职人员可收受礼金的数量和价值、可收受礼金礼品的对象、可收受礼金的场合等。反观中国的规定，公职人员收受礼品的规定存在的问题最多，相关规定对收受礼品并未规定明细，即什么可收、什么不可收，完全不具备可操作性，以至于逢年过节奔驰在大街小巷上送礼的车辆甚至使各大城市的交通陷于瘫痪，令人叹为观止。就此而言，在公职人员行为规范中辟专章对公职人员收受礼品行为进行明确且详细的规定已经迫在眉睫。这些制度应该包括，明确公职人员收受礼金、礼品的标准和范围。国家可以统一规定禁止收受礼品的标准，如数量、金额、性质，也可以授权地方政府根据本地的经济发展状况分别制定礼金、礼品标准细则；应明确规定给公职人员赠送礼品的对象范围，凡是与公职人员职务有关的、具有现实或期权利益的礼金、礼品无论大小、多少，一律禁止，而日常的人际往来，非公务性的，一定数额以下的不在禁止之列，但总额不得超过公职人员年收入的一定比例；应当建立有效的礼品礼金申报和登记制度，公职人员在收受礼金、礼品后应向有关部门申报，申报的信息包括收受的礼金数额、礼品种类、赠送时间、赠送原因、赠送人基本情况等。超过规定数额的礼品或礼金就应该上缴，并由有关部门公开礼品礼金上缴后的处理情况，公开的内容限于礼品、礼金本身，申报和登记的收受人和赠与人的情况可以不予公开，以鼓励其申报和登记的行为。

"裸官"行为也是公职人员限制性行为。相关法规对"裸官"进行了一定的规制，但与公职人员亲属管理类似，其规定同样散见于各种文件和政府规章中，有一些还是中央授权地方立法，各地的实践也不统一，因此需要在公职人员行为准则中辟专章予以明确。"裸官"行为规范应包括："裸官"配偶子女移居海外情况报告及公开制度、"裸官"任免限制制度、"裸官"海外财产公开制度。这些制度应当明确"裸官"的范围、对"裸官"行为的限制范围、"裸官"的任免条件、违规"裸官"的制裁等。

公职人员从事兼职行为是限制性行为，但违规进行获利性兼职则是禁止性行为。公职人员违规获利性兼职具有危害性不言而喻，各种各样的禁止性规定五花八门，然而令行禁不止的现象非常严重。现有关于禁止公职人员从事营利性兼职的相关规定只有一个大的政策框架，缺乏具体实施细则，是导致政策无法有效贯彻的一个重要障碍。因此，应该在公职人员行为准则中辟专章进行规范，禁止一切与权力行使有关的违规兼职。这些制度应包括：明确规定公职人员兼职"工作需要"的类型，而不是笼统地称工作需要，坚决制止非工作需要兼职；明确批准公职人员兼职的机构，以及监管的机构。目前，负责管理全国所有公务员的行政机构是国家公务员局，其在管理公职人员兼职中发挥的作用尚待加强。此外，要对公职人员违规兼职加大处罚力度。长期以来，对违规兼职公职人员的处理仅是清退所收取的报酬，对兼职公职人员的职位并无任何规定，使得部分公职人员心存侥幸，被发现了交出兼职所得即可，未发现则继续获取利益。因此，应严厉惩处违规兼职的公职人员，情节严重的应清除出公职人员队伍。

最后是禁止性行为。此类行为是基于公职人员的职务、职权和身份严格禁止的行为。由于禁止性行为和限制性行为有一定的交叉，存在界限模糊、定性难、处理难的问题，对禁止性行为进行严格分类，使公职人员明确哪些行为是绝对不可实施的，实施了必须承担相应的行政或法律后果，哪些是可以限制性实施的非常有必要。对每一项可能出现交叉的制度，即可能是限制性行为，但跨越了界限就可能转化成禁止性行为，都要规定明确的上限。如对公职人员收受礼品制度、公职人员亲属禁止性行为制度、公职人员兼职制度以及"裸官"制度等，都应规定一个不得突破的上限。

公职人员亲属在公职人员管辖的范围从事营利性活动属于严格禁止的行为。现有制度管辖的范围有所缺失，对非党员公职人员的亲属管理就不能适用党的文件规范。而且，《公务员法》未涉及公职人员亲属管理问题，公职人员亲属并非公职人员，由《公务员法》规范也有不妥之处，因此对公职人员亲属及其相关人员的管理监督应依法进行，在公职人员行为准则中辟专章为妥。公职人员亲属禁止性行为制度应包括：公职人员亲属及相关人员经商办企业的管理监督制度、公职人员亲属及相关人员收受物质和非物质性利益的监督制度、公职人员亲属移居海外的监督制度、公职人员亲属在公职人员管辖行业内就业经商的监督制度、公职人员及其亲属的财产监督制度。上述制度可以全方位地对公职人员、公职人员亲属及其相关人员的职业、定居地、财产状况进行监督，有效避免监管中的漏洞。

概言之，"公职人员行为规范准则"应当是一个规范、明确、有效的法律体系，具有统一性、稳定性、权威性和可操作性。这个"公职人员行为规范准则"可以成为依法治理公职人员行为的依据，彻底抛弃靠红头文件治理公职人员禁止性行为的思维模式和行为方式。

三 创新公职人员禁止性行为监管的制度

然而，仅有"公职人员行为规范准则"尚不足以遏制公职人员的禁止性行为，在现代社会中，创新监管制度是监督成效的重要保证。

（一）建立公职人员及其亲属信息公开制度

这是监督公职人员的最有效制度之一，对公职人员及其亲属的监管有赖于公职人员个人信息的收集，没有个人信息收集，就不可能对公职人员行为的风险进行评估、预测、防范等。在充分收集个人信息的基础上，通过信息公开起到监督效果。

（二）建立公职人员安全审查制度

为维护国家安全或重大利益，有必要建立公职人员安全审查制度。制度内容应包括要害部门公职人员职务、主管事项、配偶及子女移居海外情况、家庭财产状况以及救济程序等。而且，世界各国都有对高级公职人员或重要岗位公职人员的忠诚度进行审查的制度，以确保公职人员对国家和人民的忠诚。

（三）建立公职人员职务行为责任终身制度

在公职人员禁止性行为的政策文件中对相关的违法行为建立职务行为责任终身制，也是对公职人员禁止性行为进行有效规范的重要措施。在未来的公职人员禁止性行为规范中，应该细化规制措施，实行严格的责任追究制度。例如，将公职人员的行为责任延期为终身，即不论其在职、离任，只要是在其职务期间发生的禁止性行为，都要承担相应的责任。这种责任分两部分，一部分是行政责任，另一部分是如犯罪则要承担刑事责任。同时，应明确公职人员违法犯罪行为不受追诉时效的限制，这涉及《刑法》的修订问题。追诉时效是刑法规定的司法机关追究犯罪人嫌疑人刑事责任的有效期限，① 刑法还规定了几种不受追诉期限限制的情况。② 不受追诉限制的几种情况中不包括公职人员犯罪的情况，因此，最好修改《刑法》第88条，增加"第三款"："公职人员犯罪行为，不受追诉期限的限制"，摧毁腐败分子的侥幸心理。③

（四）建立公职人员财产监督制度

公职人员财产监督制度是所有禁止性行为规范的基础，目前，公职人员财产监督的专门性立法缺失，财产监督制度的依据主要是党和国务院的一系列政策性文件。在一些开展试点的地方，其依据则甚至是一些连规章都够不上的"红头文件"。因此，应当加快对公职人员的财产监督立法，在监督权、知情权与公职人员及其近亲属个人的隐私权、财产权等方面作出明确规定。此外，还需要注意财产监督制度与其他相关配套措施的关系，如公职人员财产状况的核查、违反财产监督制度的行政法律责任，包括不如实申报以及与相关刑事制裁之间的衔接等。现有的公职人员禁止性规定与刑事法④的有效衔接是保证公职人员财产不实申报禁止性行为规范权威的

---

① 第87条规定，犯罪经过下列期限不再追诉：（1）法定最高刑为不满5年有期徒刑的，经过5年；（2）法定最高刑为5年以上不满10年有期徒刑的，经过10年；（3）法定最高刑为10年以上有期徒刑的，经过15年；（4）法定最高刑为无期徒刑、死刑的，经过20年。
② 第88条规定，在人民检察院、公安机关、国家安全机关立案侦查或者在人民法院受理案件以后，逃避侦查或者审判的，不受追诉期限的限制。被害人在追诉期限内提出控告，人民法院、人民检察院、公安机关应当立案而不予立案的，不受追诉期限的限制。
③ 李泽忠：《论完善领导干部廉洁从政制度的创新思路》，《科学咨询》2011年第1期。
④ 例如，《刑法》第395条规定，国家工作人员的财产或者支出明显超过合法收入，差额巨大的，可以责令说明来源。本人不能说明其来源是合法的，差额部分以非法所得论，处5年以下有期徒刑或者拘役，差额特别巨大的，处5年以上10年以下有期徒刑，财产的差额部分予以追缴。国家工作人员在境外的存款，应当依照国家规定申报。数额较大、隐瞒不报的，处2年以下有期徒刑或者拘役；情节较轻的，由其所在单位或者上级主管机关酌情给予行政处分。

基础，也是防范腐败的有效措施。由于前面已经辟专章讨论了公职人员财产监督制度，此处不再论及。

第二节　科学配置监督机构的权力

"徒法不足以自行"，有了良好的法律还必须有有效的执法和权威的监管机构，加强监督机构在反腐败斗争中的作用是落实公职人员禁止性行为规范的另一项重要工作。纵观历史，中国古代就非常注意对官员的监控。中国监督官员的历史悠久，商周时期就有了担任监督职责的官员，最先的官衔是御史，并在秦朝建立起了官僚的监督制度。中国的官僚监督制度经历了三个阶段，第一个阶段是秦汉魏晋南北朝时期，设立了专门的监督机构——御史台，形成了中央和地方两大监督系统。第二个阶段是隋唐时期，在御史台下设立了台院、殿院和察院。台院是御史台本部，负责监控中央官员和从事司法监督。殿院负责监督百官在宫殿内的礼仪行为。察院监督地方官员。第三个阶段是宋元明清时期，君主专制在这个阶段得到强化，对官员的监督也达到了前所未有的强度。中国古代还用告密者来监视官员。[①]

横观天下，从国外的经验来看，虽然不能说已经完全禁绝了公职人员腐败和禁止性行为的实施，但一些国家和地区的确形成了运行有效的监督、监察公职人员行为的机构和比较严密的反腐败组织体系。立法、行政、司法机关都有独立的监督权和办案权，互相监督、协作办案。有的国家建立了专门的反腐败机构，以此作为对常规监督监察制度的补充。专门的反腐败机构是当代反腐败斗争的产物，是反腐败斗争的主角，其特点是任务专一、力量集中、手段强硬、成效显著。如英国就成立了专门的反腐败机构，负责议会、司法部门、审计部门以及政府内部的反腐败工作。英国还设立了议会监察专员、国民保健监察专员、地方政府监察专员，他们之间的地位是平等的，不存在隶属关系，各自依据法律在职能范围内工作，配合公众监督和舆论监督，在英国形成了广泛的反腐败网络。新加坡在设立反

[①] 〔英〕安东尼·吉登斯：《民族-国家与暴力》，胡宗泽等译，三联书店，1998。

败组织方面的工作也成效显著。新加坡自1952年建立了贪污调查局，平均每年约受理1500件投诉。20世纪70年代贪污调查局调查处理了几位部长、次长，名声大振。目前，新加坡政治严厉，可以说是世界上最清廉的国家之一。中国目前主要是由各层级的纪检部门和监察部门专门负责公职人员的禁止性行为监管。监督是权力规范的重要环节。需要通过认真执行和不断完善各项监督制度，积极探索加强监督的有效途径和方式方法，加大监督制度创新力度，逐步完善监督体制，明确监督责任，建立健全决策权、执行权、监督权既相互制约又相互协调的权力结构和运行机制。

科学设置监督机构、配置监督权力是今后中国公职人员禁止性行为监督的重点工作。目前，负责监督公职人员的机构不少，如人大监督、纪委监督、法律监督、群众监督、舆论监督等，但实际效果不好。人大的监督过于粗略，纪委是党的机构，难以监督本级与上级机构，政府监督是自我监督，民主党派监督、群众监督与舆论监督缺乏监督渠道和强制性。此外，监督机关人财物的调配权隶属地方政府，难以行使对地方政府的监督。因此，进行合理的机构配置，使之有效地监督公职人员的禁止性行为，可以从以下几个方面入手。

一　设立专门的监督机构和统一的执法机构

从机构的设置来看，中国公职人员行为规范的监督机构是双轨制，其下又有很多分支，然而，这也是规范难以得到遵守的重要原因。纪委和监察局是各部门的主要监督机构，纪委是党内的一个机构，监察部门是政府的机构，但在监督工作中这两个机构都缺乏独立性。中国共产党中央纪律检查委员会受中央委员会领导，党的地方各级纪委受同级党委和上级纪委的双重领导。监察部门受同级政府和上级政府的双重领导。纪委对同级党委的监督和监察部门对同级政府的监督，实际上是下级监督上级，体制不顺。此外，中国共产党中央纪律检查委员会在实行监督时，采取的措施如"双规"行为是否适当，也是值得研究的问题。中国共产党中央纪律检查委员会打击腐败的行为人人称快，但程序正当也不应忽视，不能"按了葫芦起了瓢"。一些监督机构缺乏独立性，政府监督部门基本上是自己监督自己，缺乏公信力，即便是政府监督非常有力，确实清除了腐败分子，仍然难以取得民众的信任，公众仍然认为存在"官官相护"或者"丢卒保车"的现象，政府部门对此百口莫辩。因此，需要调整上述各机构的结构，避免"红头文件"治理模式，建立统一的监督机构，并用立法将之固化；适用统一的法律，树立法律的权威；适用统一的对象，避免顾此失彼。

规范公职人员的禁止性行为，监督是关键。监督的作用就是让公职人员不敢腐败。对公职人员禁止性行为的监督，应构建有效、统一的监督和执法机构，而非现在这样各自为政、分散执法。这个统一的机构应该行之有据、执行有力。监管和执法机构规范公职人员的禁止性行为应是其最重要的日常工作。监督和执法机构在监督和执法时，必须具备几个条件：一是应有统一的公职人员行为准则，使规范时行为有依据、处理时有标准；二是要有畅通的监督渠道和得力的手段；三是要有监督制约的权力，以权力制约权力，以权利制约权力。此外，公职人员禁止性行为监督机构的工作人员应具备专业化知识，即应是会计、税收、银行、计算机方面的专业人士，这样有利于该机构的有效运行。

在规范中，这个专门机构负责事前、事中的监督，同时要拓展与其他部门的合作。只有对行政权力进行多时段、全方位、多层次、多渠道监督，即除了监督机构的监督外，构建多视角的监督体系，如党内监督、法律监督、群众监督、舆论监督和纪检监察监督等，它们都向专门的监督机构负责，接受任务、提供信息。只有赋予专门的监督部门强大的权力，并在其他部门的配合下，才能使公职人员禁止性行为暴露在"阳光"之下，难以遁形，才能有效地遏制公职人员禁止性行为泛滥现象，从而实现廉政的目的。

二 改革和完善党内监督体制

在这方面，应充分发挥党的代表大会、党的委员会全体会议、党代会代表的监督作用，协调上级监督和领导班子内部监督的关系，健全纪检监察机关派驻机构对驻在部门领导班子及其成员监督的制度，监督重要情况报告、党员领导干部报告个人有关事项制度的实施情况。健全党内民主监督机制，落实党员监督权，实行党内情况通报制度，党内事务听证咨询、党员定期评议领导班子成员等制度。党内民主集中制本来是一项很好的制度，民主集中制是通过程序，将大多数人的意见集中起来，但是在实践中，"集中"实际上是将民主变为聋子的耳朵——"摆设"了。只有党内真正实行民主制度了，政府才能实现民主。因此，在规范公职人员禁止性行为和反腐败斗争中，亟须重新焕发这一制度的青春。例如，一定数量的党员可以联名就某公职人员的违纪事项召开临时代表大会，使党员拥有决定是否查处违纪事件及人员的权力。

三 加强行政监督

行政监督就是行政监督主体依法利用职权对行政机关行使职权的行为是否合理合法所实施的督察、纠偏等活动。具体做法是推进权力运行程序化和信息公开透明，严格执行公职人员述职述廉、诫勉谈话、函询、质询、罢免或撤换等制度。

加强行政监督首先要科学配置权力、权力界限明确、行使依法、运行公开，使权力结构和运行机制的各个环节都处在监督的范围之内。行政监督是控制行政权力的重要手段。

构建权责对等的公职人员问责机制。权责应当平衡，拥有什么权力，失职时就应承当相应的责任。目前，最需要制定一部行政问责方面的法律。现有对政府追究责任的规定分散在一些法律（包括《行政诉讼法》、《行政复议法》、《国家赔偿法》等）以及党的条例、行政法规和部门规章以及地方政府规章中。在问责的主体、对象、范围、步骤以及责任形式和惩处力度等方面缺乏统一性和科学性。加强问责的制度化建设，包括决策问责制度、问责的程序制度、问责的动力制度、问责的主体制度、问责的范围制度、问责的形式与方式、问责的执行和赔偿制度等内容。只有权力责任相当，才能有效遏制禁止性行为蔓延。

当然，前述的几种思路还是针对现有的机构设置的建议，最合理的还是建立一个统一的监督和执法机构，而不是像目前这样兵力分散、多头治理。

四 建立公职人员禁止性行为的防范网络

从重点领域、重点部门、重点环节入手，形成以预防为核心，以管理为重点的防控机制，比如，建立预防公职人员实施禁止性行为的信息系统、防止利益冲突制度等。应将所有的公职人员都纳入监督的范围，但同时根据不同级别公职人员的特点和手中的权力，制定不同的监督标准。例如，对高级别公职人员要加强其对重大项目的决策和审批权的监督，对中低层公职人员则应加强其直接面向公众时可能出现的"吃"、"拿"、"卡"、"要"行为的监督。对不同级别的公职人员实行不同的监督标准，如对重点人员、重点岗位的监督，以及对行使重要职能、决定重要事项和直接面对公众的人员实行不同的监督手段，可以保证监督的有效性，使监督实至名归。

五 整合各种监督力量

科学配置机构权力解决的是体制内的监督问题，整合各种监督力量和资源，加强监督部门间的沟通协调，实现监督全覆盖，不给权力留下暗箱操作的空间，才能取得监督的最佳效果。首先，拓宽监督渠道，健全信访联席会议制度，坚持党内监督与党外监督、专门机关监督与群众监督相结合，发挥好舆论监督的作用，形成监督合力。其次，引导公众正确地参与监督。社会监督是权力监督中最重要的一支力量。实践证明，提高公众的参与权，扩大社会监督的渠道将取得事半功倍的效果。对政府最有效最有力的监督莫过于人民的监督，其监督面大，范围广，不拘束于时空地理等的限制。"一个发达的法律制度经常会试图阻止压制性权力结构的出现，而它所依赖的一个重要手段便是通过在个人和群体中广泛分配权利以达到权力的分散和平衡。"[①] 目前，网络反腐是公众参与监督的主要途径，但是网络反腐毫无章法，有人形容为隔着墙扔砖，砸着谁，谁倒霉。究其原因是没有得当的公众监督体制。许多法定的监督权利未受到有效的保护。实现公众对公职人员禁止性行为的监督需要两个前提，一个是知情权，体现为公众对相关制度，以及对公职人员行为的知晓程度，有了知情权，才可能实现监督；另一个则是保障公众监督的参与权，即不仅要保障公众体制外的参与也要保障体制内的参与。实践中，这两个前提都不够充分。一是监

---

① 〔美〕博登海默：《法理学：法律哲学和法律方法》，邓正来等译，华夏出版社，1987，第342页。

督制度不明确、效力低，二是禁止性行为往往具有隐蔽性，不易为人察觉，更谈不上了解。监督很难到位的原因还在于，监督的成本高和制度不合理。成本高主要体现在监督需要付出较大的代价，冒较大的风险，有时监督者还会遭受不公平待遇。制度不合理则体现为，制度虽然多，但内容过杂、规定不合理、无法操作，监督机构具有依附性。清理制度是比较容易实现的，成本问题则因监督机构具有一定的依附性，难以在短时间得到真正解决，因此，监督不力还会大量存在，监督仍然还会主要依赖于外部的或者匿名的干预，监督无序状态还会持续相当长的一段时间。值得深思的是，民众监督的起源在于民主、人民主权理论，这个理论将人民全体假设为政治和道德正确，事实证明不完全正确。因此，对民众监督不仅要保障还要引导，使之沿着法治的轨道行进。比如，在网络反腐方面，需要制定行为规则，其应包含几个基本原则，如客观真实、遵守法律、平等等原则。对违反有关网络管理或侵犯公民人身权、人格权、隐私权的行为，有关主管机关应当依法追究其法律责任，以保护公民和公职人员的合法权益。

为了解决监督不力的问题，有学者建议建立一种类似于听证的质询制度，[1] 政府及其行政部门在作出影响行政相对人权利义务的决定之前，在一定的时间和地点举行质询会，就相关的问题接受政府及其行政部门以外的人的询问，并对提问作出合理的解释和回答，不能给予合理的解释和回答的，该决定不得实施。质询属于事前监督，可以弥补其他监督的不足，对于行政的公开化、透明化有很大的促进作用，可以加大人民参与行政活动的深度和广度。

媒体监督是公职人员禁止性行为社会监督的主要力量，其中的新兴力量也是最活跃的力量是网络监督，不少行为失范的公职人员都是被网络监督拉下马的。媒体监督作用巨大，但同样缺乏法律规范。2007年，郑州立法授权媒体监督公职人员，出台了第一部预防和监督职务犯罪的地方性法规——《郑州市预防职务犯罪条例》（以下简称《条例》）。《条例》首次把新闻单位作为一个监督主体单独列出，将"新闻单位应当依法对国家工作人员的职务行为进行舆论监督"写入地方性法规，让监督国家工作人员职

---

[1] 刘江红：《从权力过剩的角度论权力的失控与控制》，《中南民族大学学报》（人文社会科学版）2003年第S2期。

务行为成为新闻单位的法定权利和职责。立法授权媒体监督是一件好事，媒体监督是新闻的天然职责，授权与否都不应影响监督的功能。当然，媒体在监督的时候应自律，不能捏造新闻；政府在媒体实施监督功能的时候应积极配合，不能推诿塞责。

当然，对于公职人员而言，如何坦然面对在互联网时代的公众监督是一个很大的挑战，其应增强责任意识和主动接受监督的意识，消除在公众监督时容易产生的对抗心理。

六 引入公益诉讼制度，加强司法监督

目前，中国对公职人员禁止性行为监督主要是内部监督，民众监督也仅限于举报、投诉等途径。为了有效监督公职人员的禁止性行为，对其违规兼职、亲属在其管辖范围内经商、违规收受礼品、贪腐"裸官"、超标准职务消费的行为起到震慑作用，应该完善现行司法制度，对职务犯罪进行司法监督。例如，对职务消费而言，首先，要修改《行政诉讼法》，引入公益诉讼机制，为民众监督公职人员职务消费提供诉讼途径；其次，修改《刑法》，将职务消费纳入职务犯罪的范畴，在贪污或挪用公款等罪名中加以规定。这样，公民可以以纳税人的名义对违法的职务消费行为提起公益诉讼，也可以由检察机关根据民众的举报或主动对职务消费失范行为提起行政公诉，并视情节提起刑事指控。

第三节 公职人员禁止性行为监督的技术支持

一 充分发挥电子监察的作用

信息社会带来的影响是双重的，一方面往往已是使一些公职人员违规违纪或犯罪更加容易，另一方面也使有关部门追踪此类行为有了先进的技术手段。因此，有关部门应充分发挥技术在公职人员禁止性行为规范方面的优势作用，大胆创新，从传统的监督方式向通过网络信息技术对施政行为实施全程监控方向拓展。随着公职人员禁止性行为的形式和种类的多样

化，无信息技术的支撑，要想有效预防腐败和监督其禁止性行为几乎是不能完成的任务。

在监督公职人员禁止性行为方面，建立在信息技术基础上的电子监察应是最好的手段之一。从理论上说，电子监察属于工作场所的监督。工作场所监督有三种理论，马克思将工作场所的监督看成阶级压迫的场所，韦伯把工作场所看成资本主义官僚制的发源地，福柯则把工作场所看成圆形监狱。上述三种理论对工作场所监控理论具有深远的影响。[①] 工作场所的监控是随着社会的发展特别是随着资本主义的兴起应运而生的，有其产生的背景，适应不同的场景、针对不同的对象、实现不同的目的。发展至今，工作场所监督已经演变为全方位的社会监控。在公共利益的旗帜下，所有人在公共场合的行为都被纳入了监控的范围，在社区、重点场所、重要路口全部都根据需要安装了监控设备。监控的主体是权力，以至于人们开始讨论监控的边界。然而，无论有什么样的质疑，对公职人员的电子监察都应是非常必要的一种手段。电子监察是政府对行政权力的运行开展程序审查与形式审查的重要手段，其优势在于能够宏观预警与及时反馈，目的在于提高行政监察水平，促进行政权力的规范公正、透明高效运行。从技术上说，电子监察是政府运用信息通信技术，将政府电子政务内部办公系统、政府部门办公区视频监控系统和政府公众服务外网整合，通过电子监察软件，对政府信息进行数据挖掘、提取、评估，在统一的电子平台上对政府市场监管、经济调节、社会管理和公共服务等行政行为进行实时监控、预警纠错、绩效评估和统计分析。

目前，电子监察可以有效防止行政审批、"三公消费"及政府采购中存在的公职人员行为失范问题。面对面的审批容易产生"吃"、"拿"、"卡"、"要"现象，网上审批则可以彻底割断人情和权力之间的联系。例如，为了推进行政审批改革，各地建立了政务中心，集中行使行政审批权。电子监察手段被广泛地运用于政务中心大厅中，在这些政务大厅中普遍设立了电子监控设备，监督公职人员的履职情况，如果现场发生任何不正常的情况都可以得到及时的纠正。

与电子监察相配套的是借助信息技术手段实施的政府管理流程的标准

[①] 王俊秀：《监控社会与个人隐私》，天津人民出版社，2006，第158页。

化。比如，像有些地方的实践那样，将行政审批各个流程与环节虚拟为在线办事的各个节点，任何一个步骤的推进都只能按照既定的程序，不符合程序要求，任何人都无法令审批过程走入下一个步骤，除非彻底修改程序。这种与信息技术相结合的标准化办事方式，可以最大限度地杜绝政府管理中的人为干预，防止公职人员在此过程中徇私舞弊，并可能起到很好的腐败预防作用和公职人员行为的规范作用。

二 严格执行财务审计制度

审计监督是规范公职人员禁止性行为的重要工具，可以在廉政建设和反腐斗争中发挥重要的作用。规范公职人员的禁止性行为，客观上也需要强化经济监督，审计机关是综合的经济监督部门，处于较高层次的经济监督地位。通过审计监督，有关部门可以防止和纠正弊端，揭露违法乱纪、损害国家利益的行为，维护财经法纪，加强廉政建设，达到促进国民经济健康发展的目的。实践中，从中央到地方的各级审计部门也都发挥了重要的作用，每年发布的审计报告具有较大的社会反响，对政府的工作有一定的推动。

但是，审计监督还需要进一步完善，以在规范公职人员禁止性行为方面发挥更大的作用。首先，应加大对政府预算的审计公开力度。联合国《反腐败公约》第9条对公共财政管理提出"各缔约国均应当根据本国法律制度的基本原则采取适当措施，促进公共财政管理的透明度和问责制"。公布国家预算就是措施之一。职务消费的主要支出来源是政府财政，既然花的是政府的钱，就应将职务消费的全部支出列入预算，通过预算实现对职务消费的控制。从中国的实践来看，1995年开始实施的《预算法》未对预算公开作出规定。2007年颁布的《政府信息公开条例》要求政府公开预算和决算信息，2010年中国首次有中央部门公开了预算公开。审计署原署长认为，从每年审计查处的问题来看，预算的公开度、透明度还不够大。[①] 公开才能对预算进行控制，起到对职务消费事前和事中监督的作用。

其次，审计部门应该在预算制度方面发挥较大作用。要实现通过预算

---

① 《预算法修改征31万条意见》，《新京报》2012年8月6日。

控制职务消费的目的,就必须修改《预算法》,改变财政预算软约束的现状,建立完备的现代财政预算制度,包括预算报告制度、预算监控制度以及预算听证制度等。除了人大对政府预算案的编制过程和执行过程的监督外,预算经立法部门审议通过后,必须严格执行,职务消费不得突破预算中的职务消费金额。人大对预算执行情况的监督,要依赖于审计部门的预算审计报告。

再次,建立公职人员任前财产公示和离任后的财产审计制度,对公职人员进行事前、事中和事后审计,且审计结果应向社会公布,并对审计有问题的人员作出处理、进行问责。任前对公职人员本人和家庭财产进行评估和公示,对离任后的公职人员的个人财产和家庭财产进行审计的做法可在司法、交通、建设、土地等腐败易发领域中先行试点。

最后,审计部门应该独立于行政部门或者向权力机关负责。要实现上述目标需要突破一个主要的障碍,那就是赋予审计部门更大的独立性。目前,审计部门隶属政府部门,很难要求审计部门对政府领导进行审计或对同级部门进行审计。现有的审计是行政内部的审计,效果为"雷声大、雨点小","审计风暴"之后依然是"风平浪静"、故态复萌。因此,要使审计部门发挥更大的作用,就应将审计部门从政府中独立出来,归由人大管理。

三 加强对公职人员的金融监管

金融监管制度在规范公职人员禁止性行为方面的作用举足轻重,金融制度不完善,实际上是"天网空空、挂一漏万"。在公职人员禁止性行为方面,应该加强和完善以下几方面的金融监管工作。

(一) 加强对资金流动和使用的监测

公职人员禁止性行为的核心是利益问题,利益往往会以现金形式体现出来。加强对大额现金流动的监测,以及对资金流动异常的监测,应是规范公职人员禁止性行为和反腐败的重要环节。

实践中,这方面做得还很不够。部分公职人员利用一些渠道将违法资金漂白,如一些餐馆或服装零售点门可罗雀,却可年复一年生存下去,其中奥妙并不难解,当然如何对这些表面合法行为加强监管还真是一个难题。

"裸官"资金监管就缺乏有效的措施,非技术落后,而是意识落后或者不作为。公职人员配偶和子女拥有外国国籍或者外国永久居留权只是对国家和人民利益可能带来损害,而部分"裸官"转移到境外的财产则是对国家和人民利益的实际损害。当然,并不是所有的"裸官"在境外的财产都是非法所得,但可以肯定的是,中国还是一个发展中国家,公职人员的收入并不足以支撑其在境外尤其是在发达国家和地区的消费需求,因此,"裸官"在境外的财产数量和来源是一个非常可疑的问题,故查证和公开"裸官"在境外的财产就显得非常重要,当然,由于种种原因,国家现在无法对公职人员境外财产状况进行监控,这也使得治理"裸官"成为中国反腐败斗争中的最薄弱环节。

转移到境外的非法资产是"裸官"赖以生存的基础,既然难以对"裸官"的境外财产进行查证,那么,掐断其非法资产流出的主要渠道,可以起到"釜底抽薪"的作用,应是防治"裸官"的最有效措施。因此,有关部门应当在银行、非银行金融机构及其他特别易被用于洗钱的机构建立综合性的监督制度,以便查明并及时制止各种形式的资金非法流动活动。具体而言,其内容应包括:验证客户身份、保持记录和报告可疑的交易等规定;采取切实可行的措施调查和监督现金和有关流通票据出入国境的情况;个人和企业应报告大额现金和有关流通票据的跨境划拨情况等。

银行应该在技术监管方面发挥积极作用。中国有近3000万公职人员,对于其收入状况、资金流动情况,如果银行不介入,很难真正取得反腐成效。有学者提出银行干预的具体措施,即有关部门应当向银行提供官员名单,其账户上出现大量资金流向海外和出现大额资金汇兑等异常情况时,银行应向有关部门汇报;如果官员需要进行此类业务,应出具纪检监察部门的同意函,一旦官员出现问题,在同意函上署名的人员也应当承担连带责任。银行传统上有为客户保密的义务,是否因反腐败需要打破惯例还需要论证和研讨,在这方面应进行妥善的制度设计,既保障客户的基本权利,又不至于让贪污腐败犯罪者脱逃法网。

(二) 实行捆绑式个人结算账户制度

其实对公职人员资金实现监督并不需要采取上述那么复杂的做法,建立公职人员个人结算账户即可实现对其资金的全方位监督。

个人结算账户是指个人专门的账户用来办理转账汇款、刷卡消费、投资、贷款等各项支付结算业务。按中国人民银行统一规定（《人民币银行结算账户管理办法》中国人民银行令 2003 第 5 号），个人银行结算账户是指个人客户凭个人有效身份证件以自然人名称开立的，用于办理资金收付结算的人民币活期存款账户。中国人民银行规定，个人结算账户没有个数限制，人们可以根据实际需要在本地或异地开立多个结算账户。

捆绑式公职人员个人结算账户制度是指每个公职人员在央行建立一个唯一且终身的结算账户，该公职人员的其他商业银行的所有账户都捆绑到这个主账户上，其在日常生活中大额的支付（比如超过 5 万元）都必须用银行转账支付，收入支出都可以在这个主账户中查到。公职人员的收入和支出情况在主账户中一目了然，其再也无法用现金大额支付住房、汽车，以及高档首饰等奢侈品，受贿现金除了储藏家中，再也无法使用。捆绑式公职人员个人结算账户是国际上较为流行的措施，从技术上说，建立捆绑式公职人员个人结算制度并无问题。捆绑式公职人员个人结算账户在一定程度上解决了传统上依靠官员申报财产不实的难题，比公职人员申报财产制度遏制腐败更为有效。而且，这种制度还可以广泛适用于企业和其他领域。公职人员个人主账户信息由相关部门掌握，并与其他部门共享。当然，一些公职人员仍然有规避的空间，比如可能出现利用其亲属开设账户规避监管的情况，因此，是否可以将公职人员的直系亲属的账户也纳入捆绑式个人结算账户中，是需要权衡的问题。

（三）建立廉政账户

中国是一个人情社会，礼尚往来是传统美德，尽管公职人员应受约束，但遇到确实无法推却的礼金、礼品可以采取建立廉政账户的方式来解决，当然，建立廉政账户是不得已而为之的方法。实践中，有政府就是如此操作的，如 2012 年 1 月 20 日广东省纪委、省监察厅发出《关于设立广东省廉政账户的公告》，在中国工商银行设立账号为 35581（取谐音"送我我不要"）的廉政账户。公告要求，有关人员应在规定的时间（1 个月内）上缴无法拒收的"红包"。"红包"款项可通过两种方式存入廉政账户：一是通过各商业银行柜台直接汇款到广东省廉政账户；二是通过工商银行自动柜员机（ATM）直接将现金存入广东省廉政账户。银行开具的汇款（存款）

凭条和工商银行自动柜员机（ATM）出具的存款凭条可作为合法上缴"红包"款项的有效证明。

建立廉政账户可以使收到礼包的公职人员在无法退还的情况下，将其交给有关部门，避免出现公开收送礼的情况，促进廉洁从政。

四 建立各部门共享信息的信用体系

公职人员禁止性行为规范依赖于信息掌握的情况，目前公职人员的各类信息依赖于个人申报并掌握在不同的部门手中，无法共享也无法核实，公职人员的职务"健康状况"无法知晓。因此，看似全面的各项禁止性行为规定种类繁多，但实际上支离破碎，处于"交通警察各管一段"的困境。因此，整合相关部门各自掌握的信息，建立一个各部门共享这些信息的平台或信用体系，有效掌握公职人员动态，并制定有针对性的政策势在必行。这个统一的信息共享平台或信用体系至少应包含以下几个方面的信息：在金融实名制基础上银行掌握的信息、大额资金转移的信息、商业部门掌握的大额消费信息、公安局掌握的"裸官"的信息，以及各单位掌握的公职人员应申报的各种信息。

建立信息共享平台最为关键的是银行等金融机构、税务部门、房产部门等不同部门之间应有一个信息共享的合作机制，使各个相关部门对公职人员的财产状况能做到密切配合、互通有无、有效核实。一些具体的制度，如金融实名制、反洗钱等制度是实施信息共享的前提，而信息共享则是上述制度真正发挥作用的保障，是公职人员禁止性行为监督的关键。在建立信息共享机制时，可以考虑借鉴当前房地产管理和房价调控过程中实行的个人家庭拥有房屋情况的信息核查机制、一些地方试点的执行信息查询机制，以及个人信用信息数据库的建设模式。

将信息技术应用于公职人员廉洁从政的监管，集中并共享不同部门之间掌握的公职人员财产信息，必须解决技术支持和制度支持两大问题。应该说，随着信息化技术的广泛应用，技术支持并不会存在太多困难，前述几项已经在某些领域运行良好的信息共享和核查机制就是很好的证明。不同部门之间的信息的物理隔绝问题通过技术手段可以得到解决，如借助于电子政务，统一部门之间的信息编制标准，加强部门间的信息共享等。更为关键的则是要解决制度支持问题，如法律授权的问题，需要在法律上明确公职人员隐私权的界限，并免除金融机构以及有关机关对公职人员特定财产信息所负有的保密义务，允许相关机构依法提供相应的财产信息，甚至应当明确将依法提供公职人员的相关信息设定为有关机构和部门的义务，使有关部门和公众能在法定的制度框架内咨询、核查、分析此类信息，提高监督效率。

同时，可以借鉴地方上某些部门的实践，来建设公职人员的信用体系。广东省高级法院为了破解法院执行难的问题，积极推进信用体系的建设。该信用体系的核心内容是被执行人的信息查询系统，由银行账户、户籍、车辆、社保、婚姻、工商、征信、组织机构代码、手机通话位置、土地、房产、纳税、计生、政权、出入境信息等内容组成。既然对普通失信公民都能做到这样全方位的核查，对履行权力的公职人员建立同样的信用体系未尝不可。当然，建立这样的体系也存在一些困难。一是法律缺失。用信用体系核查公职人员相关信息的准确性时，要处理信息共享与保护国家机密、商业秘密、个人隐私之间的关系。由于缺乏相关法律规定，在处理此类问题时，相关部门面临法律上的障碍。二是信用体系建设和信息共享缺乏上层的统筹规划。各部门都掌握着大量的信息，但是没有形成全国统一的征信信息标识标准、信息分类标准、数据格式编码标准和安全保密标准，造成各部门各自为政、相互封锁。三是各部门信息共享难度大。最主要的原因是无法建立统一的检索平台，数据无法共享，而且各部门往往还以国家机密、商业秘密和个人隐私等为由，拒绝数据信息的共享，使各部门掌握的信息成为"信息孤岛"。

破解这些难题需要从以下几个方面入手。一是加强领导，整体推进。信用体系的建设仅靠地方政府很难有效推动，应从全国角度出发，由国家统一领导，形成全国统一的信用信息平台，形成以组织机构代码和公民身份证号码为基础的组织机构与个人信用信息数据平台。这个平台不仅可以对公职人员进行有效监管，也可以对失信公民，如拒不履行法院判决的公民的信息实行共享。二是提高信息共享水平。国家应尽快明确各部门在信息共享方面的权限和责任，完善信息共享的机制和程序，避免各部门一事一议地讨论信息共享问题。国家应协调公安、房产、银行、证券、保险、民航等部门之间的信息共享，使之形成全国一盘棋。三是做好信息共享法律法规的衔接和解释工作。现实中，一些部门照搬法律法规中的保护商业秘密、个人隐私、通信秘密等规定，阻挠信息共享。权利是相对的，需要对现行法律法规进行必要的有权解释，明晰权利保护的原则及其例外。四是加快信用体系的相关立法。应制定个人信息保护、商业秘密保护和信息采集利用方面的法律，明确各类组织在信息收集、利用中的权利义务，在完善信息保护机制的前提下有序推动信息共享。

所有这些手段的目的在于铲除腐败产生的根源，将权力的弹性空间压缩到最小。从减少行政审批入手，转变政府职能，使其从全能性政府转变成制定规范、标准和对各行业进行监管的政府，这是遏制腐败的核心制度要素。

五 公车配置国产化

在中国，公车长期被外国品牌的豪华汽车垄断，这也是公众对"三公消费"不满的重要因素。2012年2月24日，工业和信息化部发布了《2012年度党政机关公务用车选用车型目录（征求意见稿）》。这份征求意见稿是由工业和信息化部、国务院机关事务管理局和中共中央直属机关事务管理局组织汽车行业第三方机构的技术经济专家组成评审组，审查企业申报的材料，并计算车型的性价比指数而生成的。入选《2012年度党政机关公务用车选用车型目录（征求意见稿）》的412款车型全部为中国自主品牌，外资或合资企业生产的奥迪、奔驰、丰田越野等高档公务车型全部落选。意见征集的截止时间为2012年3月9日，时间已经过去了一年，征求意见的结果如何，究竟会采取什么样的措施有关部门悄无声息，没了下文。

公车国产化是一个很大的进步，因为使用国产车作为公务用车符合国际惯例。韩国官员只能使用"现代"品牌的公务用车，德国官员也只能乘坐本国生产的车辆，就连印度的官员也都使用本国生产的车辆。而且，使用国产车作为公务用车有助于抑制腐败。对习惯于豪华车奢侈出行的官员而言，此举使他们在心理上和生理上都会出现一个反抗的过程，因此，改革将是艰难的。公职人员是社会的精英、社会的表率，其一举一动都是国家的象征，总不能公职人员在政府大楼里商讨着反腐败的大计，而政府大楼外却满庭皆是奥迪、丰田、奔驰、宝马这样的豪华轿车。为了使此项措施得到落实，有关部门尚需再接再厉，切不可将努力付之东流。

第四节　加强廉政教育预防公职人员行为失范

一　提升公职人员的道德修养

法律规范只是调整社会生活的诸多方法之一，对涉及人们的思想、信仰、认识等问题法律则爱莫能助，而且如果对这些方面采用法律的强制手段来规范，不仅达不到应有的效果，还可能是有害的。

在公职人员禁止性行为的规范方面，"制度反腐"非常有必要，"制度反腐"的主要力量是法律，其在权力规范方面起着不可或缺的作用，但是仅仅依靠制度和法律，会陷入一定的误区。人是有思想、理性和情感的动物，私欲自然也是人人皆有的，如果不能消除滥用权力和权力腐败的私心，任何制度都难以清除权力失控的现象。

在权力规范方面，借助道德的力量，消除公职人员滥用权力的动机和动力将具有较好效果。作为强制性手段，法律解决的是公职人员不敢滥用权力和权力腐败问题，廉政教育可以提升公职人员的素质，从内心解决公职人员可能出现的滥用权力或权力腐败的问题。

道德是一种社会意识形态，是人们共同生活及其行为的准则与规范。道德规范是判断行为正当与否、善与恶、正义和非正义等的标准。道德对权力具有约束作用，一个社会中的公职人员的道德水准，对整个社会的道德风气的状况具有决定性的影响。

教育的目的是提高公职人员的道德水平，通过制度与德性的融合、自律与他律的结合，使之形成自觉抵制禁止性行为的习惯。良好的品德是公职人员应该拥有的品性，有良好品行的公职人员才能自觉地为人民服务，教育的目的就是培养更多具有良好品德的公职人员。只有提高公职人员的道德水平，实现自律与他律的结合，才能有效地减少公职人员实施禁止性行为的动机。此外，道德教育的范围不应局限于高级别公职人员，而应对全体公职人员加强教育。应不断完善相关制度，提高反腐倡廉教育的科学性、规范性、有效性。

此外，对实施禁止性行为的公职人员进行严厉惩戒，也是道德教育的一种方式。惩治违规人员一方面是对本人的教育，另一方面也是对后来者的反面示范和警戒。目前，公职人员实施了禁止性行为之后，几乎没有什么惩戒措施，结果使相关规定丧失权威、沦为笑柄。

当然，公职人员的教育只是一种辅助性的手段，要想真正提高公职人员的道德素质，特别是其职业道德，还必须找出公职人员职业道德失序的制度根源，反思并改进那些不合理的制度。

二 营造廉洁的文化氛围

惩戒公职人员禁止性行为是事后措施，预防才是最好的规范措施。规范公职人员的禁止性行为，促使公职人员廉洁自律，还需要构建廉洁的文化氛围。廉洁文化是关于廉洁从政的知识、观念、规范和与之相适应的行为方式及社会评价的总和。

建设廉洁文化要明确廉洁文化的对象、内容、路径和方式。廉洁文化的主要对象是公职人员，既包括高级公职人员，也包括中低级公职人员，还应该包括社会公众。长期以来，在廉政建设方面存在一个误区，即高级公职人员才是廉政建设的重点对象，这是不正确的。廉政建设的对象应该是所有的公职人员，不同级别的公职人员需要规范的禁止性行为是一样的，而且由于中低级公职人员直接面对公众，处理相关事务，是权力的形象和代表，更容易与公众发生冲突，因此，规范中低级公职人员的禁止性行为同样非常重要。此外，在社会公众中构建廉洁文化同样重要，只有通过宣传教育在社会公众中剔除小贪非贪、有权不用过期作废等的亚文化、各种潜规则思维以及各种模糊认识，才能真正有助于彻底铲除腐败滋生的土壤。

廉洁文化应该包括以下内容：公职人员的职业规范、社会诚信；公务礼仪、公权与私利相分离的社交方式；消除与公众疏离的符号象征文化；等等。

公职人员的诚信与其身份有关。首先，公职人员对国家和人民应保持忠诚，绝不能"人在曹营心在汉"。其次，公职人员应恪尽职守，做好本职工作。再次，公职人员在履行公职时应牢记人民才是权力真正的主人，因此，应该全心全意为人民服务。最后，公职人员在依法履行职务时，应"一诺千金"，不可"言无信，行无果"，甚至背信弃义。

在日常社交活动中，公职人员应将私人生活和权力行使行为严格区分开来，不仅要区分直接管辖、领导权力圈的社交活动，而且要将非直接管辖、领导权力圈中的期权社交行为、互利交易性社交行为与正常的社交行为区分开来。

特别需要说明的是公职人员群体的符号文化问题。符号是文化的基本载体，人类文化世界是由各种符号构成的。符号不仅是人类的文化景观，更是人区别于动物的标志。文化符号是人类传递信息、交流思想的社会行为。更重要的是，符号能帮助人们确定自己的文化环境和行为规范。公职人员应是廉洁清明的群体，然而在现实生活中，部分公职人员却企图靠特殊的消费符号象征来炫耀自己的社会地位。这些符号体现在汽车类型、服装品牌、手表、公务接待标准、高级烟酒等方面。公职人员的这些消费有的是通过正式制度确定下来的，如公车的档次、宴请的标准、住房的大小，甚至开会的座次等，有的则是公职人员自身的消费习惯。且不论这些消费是否公职人员能够承受的，仅这些消费符号就拉开了公职人员和公众的距离，使之成为凌驾于公众之上的特权阶层，而非人民的公仆，背离了中国共产党"先天下之忧而忧，后天下之乐而乐"，或者说与民同甘共苦的宗旨。

廉洁文化不是正式的社会制度，而是非正式的社会公共产品，政府应该在廉洁文化建设中起主导作用，具体表现为，加大廉洁文化建设的投入，构建廉洁教育体系，搭建廉洁文化宣传平台，等等。

另外，在对公职人员禁止性行为进行规制的同时，还应该辅助一些激励措施，如高薪养廉，适当提高公职人员的薪酬，并配套严格的准入和淘汰机制。高薪养廉不仅可以通过增加公职人员的合法收入，降低其对违法收入的追逐，从而降低职务消费等贪腐的概率，还可以吸引到优秀的人才，为优秀人才提供安心工作的物质保障，从而增加决策的正确性和执行的效率，降低因决策失误而带来的隐性成本。

第五节　建立公职人员禁止性行为的信息披露制度

一　"阳光是最好的防腐剂"

让政府和公职人员的公务行为完全暴露在社会公众面前，加强社会监督和媒体的舆论监督，能起到控制贪污腐化的结果。因此，为了更有效地监督政府及其公务员，各国各地区要求政府活动公开透明化，办事具有透明度，便于社会进行监督。这主要包括以下几个方面。一是政府向国会报告工作制度。政府必须向国会（议会）报告政府工作情况，如行政工作、财政收支状况等。二是实行政府信息公开制度。除涉及国家机密的文件外，所有政府文件都向公众开放，以保证公民的知情权和对政府行为的监督。

权力腐败是当前民众最为关心的重大政治和社会问题之一，信息不透明是公职人员禁止性行为最大的保护伞，因此，保障公众的知情权，将公职人员的禁止性行为暴露在阳光下，让民众监督，是防范公职人员禁止性行为的最好措施。以防范腐败"裸官"为例，应建立公职人员配偶和子女移民海外年度公开制度，公开公职人员配偶和子女获得外国国籍或者外国永久居留权的情况、公职人员配偶和子女存款在国外的情况等。目前，现行的公职人员报告制度只是一种内部报告形式，不符合阳光政府的要求。公职人员作为权力行使的代理人，"裸官"现象有可能危害国家安全和公众利益，因此，"裸官"情况应该向社会公众公开。

"三公消费"也是近年来最引人关注的焦点，相关法律文件如《政府信息公开条例》和党的文件也要求各级政府部门公开自己的预决算，但令人遗憾的是目前仍未建立职务消费的公开制度。在各方社会力量的推动下，目前，"三公消费"的面目逐渐"浮出水面"，各级政府开始公开粗线条的预决算数字，但公布的这些数字与民众的期待仍有较大的差距。例如，中国的公车改革从1993年到现在已经整整20年，越治越多，每年公车花费近2000亿元。公车治理并非没有良策，如果有关部门将公车使用置于阳光之下，公车私用泛滥的情形将会得到有效的遏制。比如，应建立公车监督执法部门，检查公车使用情况；或者借鉴军警车的办法，使用公务车特殊牌照，在车上喷上单位名称、纪委监督电话；再如，所有公车装上 GPS 系统，随时对车辆进行监控。相信这样做的结果是，在菜场、学校、高档消费场所、风景地的公车将不见踪影。

二 协调公民知情权和公职人员隐私权之间的关系

一般情况下，公职人员应当让渡部分隐私权。隐私权是公民（自然人）享有的、受法律保护的人格权的重要内容。公职人员具有特殊身份，其可能影响到政治和公共利益的私人信息应是政治生活的一部分，因此，其隐私权保护的范围应小于一般公民。公职人员的权力来源于公民权利，权力的不正当行使将会对权利造成损害，这种冲突实质上是权利与权力的冲突。为保证权力的正当行使，就需要限制公职人员的隐私权。限制的手段主要为公职人员及亲属部分个人信息的公开制度、重大事项报告制度、财产申报制度、舆论监督等。

互联网是阳光政策的重要平台，也是最有效的监督平台，网络监督之所以有效，是因为打破了不敢监督和无法监督的怪圈。公民在互联网自行确立了监督标准，公职人员如果仍然按照传统社会的习惯行事，被互联网这条绊马索绊倒的公职人员就会越来越多。实践中，公职人员的私人空间也受到越来越大的限制，一系列网络监督使一些缺乏自律的公职人员纷纷落马，"手表事件""香烟事件""短信门""招聘门"[①] 纷纷出现，"房叔""房婶"等尽数登场。这些行为都是由媒体率先披露而引发社会的广泛关注，而不是由体制内的监督机构发现的。所以，网络是遏制此类禁止性行为的最佳平台，是使权力在阳光下运行的有效方式。

当然，网络监督是一把双刃剑，在发挥反腐积极效应的同时，互联网也可能成为谣言传播的平台，特别是微博传播方式成本低、传播范围广、速度快，使得谣言具有极大的破坏性。有关部门应该对谣言及时应对，避免造成更大的伤害。公职人员需要让渡部分私人权利，但不意味着可以被任意污蔑和伤害，应当在保障公民言论自由的前提下，对互联网上谣言惑众的行为给予有效约束。在信息爆炸时代，人们忧虑的是信息的真实性，

---

① "招聘门"是指某些单位事前按公职人员的子女标准设定招聘条件，而不是真正地面向社会招聘。

而不是稀缺性。当然，在公职人员禁止性行为方面，信息的稀缺性仍然存在，这才是谣言盛行的重要原因。

第六节 建立和完善公职人员财产监督制度

公职人员几乎所有的禁止性行为都可能和财产产生千丝万缕的联系，因此，建立和完善公职人员的财产监督制度无疑和加强信息公开一样，对规范公职人员行为可以起到事半功倍的效果。

一 对公职人员财产监督要树立正确的观念

对于推行公职人员财产监督制度的现实难度要有清醒的认识。人们目前对推行财产监督制度还存在不同认识。有观点认为，推行财产监督制度会因为部分公职人员拥有较多资产而激化社会矛盾，影响社会稳定；有的观点认为，推行财产监督制度会造成部分公职人员抽逃资金、携款外逃；还有的观点担心制度不配套，财产监督制度即便出台也无法实施。对于上述忧虑，必须进行客观的分析。财产监督制度是反腐败的重要手段，根据各国各地区的成功经验，越早实施，越有利于遏制腐败蔓延的趋势。从另一方面来说，财产监督制度可以澄清公职人员资产来源的合法性，提升公众对广大公职人员的信任，维护社会的稳定。至于抽逃资金、携款外逃问题，应当清醒地看到，只要反腐败的高压态势不改变，腐败分子就绝不会彻底放弃逃避制裁的种种幻想和努力，因此，遏制腐败分子外逃的关键在于加大查处腐败和境外追逃的力度。制度的配套问题也只是对财产监督的效果产生些许影响，不会从根本上影响或抵消其制度意义。不尽快确立制度，制度配套的问题就根本无从谈起。结合财产监督制度的目的和作用，就财产监督制度的构建而言，这些都不是最根本的问题，更不能成为放缓制度构建进程的有力依据。总的来说，是否建立公职人员财产监督制度，从根本上讲，不是一个技术障碍问题，而是一种制度创设的决心和意志问题。

二 准确定位财产监督制度的功能

公职人员财产监督制度的定位有待明确。公职人员财产监督制度经常被视为反腐败的利器，也被认为是发现腐败线索的重要渠道。但是，从有关国家和地区推行财产监督制度的情况看，该制度的根本目的主要在于强化公职人员的行为自律，促使其如实申报个人家庭财产状况，并对其真实性负责，在实施任何贪污受贿行为时，必须考虑一旦被反腐败机构调查后，如何对个人财产不当增加作出充分合理的说明，一旦不能作出充分合理的说明，有关机构就可以合理地怀疑其有腐败行为。这实际上是增加了贪污受贿的风险，强化了公职人员的诚信观念，增强了公众对公职人员廉洁情况的信任程度。特别是如上所述，各国的财产监督制度都规定了申报义务主体不实申报的法律责任，轻则给予纪律处分，重则予以刑事制裁。这样，腐败分子一旦被查处，除了要因腐败本身而受到处罚之外，还要对不如实申报财产承担严格的法律责任。但是，这不意味着无限夸大财产监督制度发现腐败行为的功能。因为，在目前状况下，无论是主管部门还是公众，都很难一一核查所有公职人员的财产状况。这不但要耗费巨大的管理成本与社会成本，更容易使社会与公共管理陷于混乱，不利于反腐败的推进。因此，推行财产监督制度要客观地定位该制度的功能与作用。如果过高地估计财产监督制度的作用，试图通过该制度发现腐败行为，则有可能适得其反，既有可能在推行过程中遭受巨大阻力而影响该制度的早日实施，又有可能因为达不到所预期的发现腐败的效果而使人们对该制度的作用产生疑问。为了最大限度地发挥财产监督制度的功能，只有科学设计各种相关的机制，才能减少推行该制度的阻力。

三 加快公职人员财产监督制度的立法步伐

建立和完善公职人员财产监督制度，需要尽快出台此方面的专门立法，专门性立法缺失是制约公职人员财产监督制度建立完善的重要因素。虽然中国关于财产监督立法的讨论早在 20 世纪 80 年代就已经开始，国家层面的专门立法却迟迟没有出台。当前，财产监督制度的依据主要是中国共产党和国务院的一系列政策性文件。在一些开展试点的地方，其依据则主要是连规章都够不上的规范性文件。立法缺失带来的问题主要体现在以下几个方面。第一，缺乏对公职人员财产监督制度的统一、系统规定。财产监督制度涉及财产监督的对象、财产监督的财产范围、财产监督的主体、财产监督的方式方法、违反财产监督制度的法律责任。但是，现行的有关政策性文件具有应急性和临时性，不同的文件往往规定不同的内容，缺乏系统性。比如，现行有效的《关于领导干部报告个人重大事项的规定》、《关于省部级现职领导干部报告家庭财产的规定（试行）》、《关于领导干部报告个人有关事项的规定》、《关于对配偶子女均已移居国（境）外的国家工作人员加强管理的暂行规定》等都对公职人员的财产监督作出了一定的规定，但又都有各自的侧重点。第二，无法为监督公职人员财产提供充分的法律依据。公职人员财产监督制度是通过对公职人员及其部分近亲属的财产情况的收集、审查、公开等实现对其廉洁情况的监督，必须协调监督权、知情权与公职人员及其近亲属个人的隐私权、财产权等的关系，还必须协调反腐败机关、公安、金融、房产等多个部门，实现多部门的信息共享和执法联动。同时，还需要处理好财产监督制度与其他相关配套措施的关系，如公职人员财产状况的核查、违反财产监督制度的行政法律责任，不如实申报与相关刑事制裁之间的衔接。而这些都不可能依靠政策性文件来作出规定，必须要通过法律法规加以明确。一些地方开展的实践也同样因为面临这些问题而最终影响了其推进力度。

四　财产监督制度应当循序渐进地推进

如前章调研数据显示，人们对财产监督对象的范围理解不同，不同级别的公职人员之间也存在一定的差异。因此，要想一蹴而就地将公职人员的财产纳入监督范围，将会遭遇较大的阻力。为了推行公职人员财产监督制度，一些地方开始了试点。但由于试点的地方在级别上都比较低，试点措施的合法性存在疑义。从理论和实践上分析，推行财产监督制度需要选择一个最佳路径，这里至少有两条路径可以考虑：一是在新考录、晋级的公职人员中实行财产监督，即凡是新进入公职人员行列或者新晋升职务的公职人员，需要报告财产状况，并依法接受有关机关乃至社会公众的监督。

在此基础上，逐步将该制度扩大适用于所有的公职人员，以减少制度推行对公职人员队伍乃至全社会的冲击。另一个则是在工程建设、交通、银行、政法等腐败高发领域的公职人员中实行财产监督，然后再逐步推广到其他领域。这些领域往往也是公众关注度较高的，实施试点可以转变这些特定领域腐败高发、易发的局面，提升公众对党和政府的信任程度。

五　逐步构建全方位的财产监督机制

发现和曝光公务员财产状况不能仅靠公务员自己申报财产，必须多管齐下，充分利用每一种能够曝光公务员财产的途径，如健全税务制度、充分发挥各种媒体的作用、重视群众举报等。允许公众广泛参与公职人员财产的监督是推进公职人员廉洁从政制度建设的重要路径，为此，需要完善公众举报、投诉的机制。

首先，因地制宜地扩大财产监督对象的范围。如前所述，无论是公职人员还是公众对逐步扩大接受财产监督的公职人员的范围形成了一定的共识。而且，从当前反腐败的形势看，逐步扩大被监督的公职人员的范围也是势在必行。但是，由于中国幅员辽阔，不同地区、不同部门、不同行业之间的差异较大，在划定受监督的公职人员的职务级别时很难采取"一刀切"的办法，而应当采取以职务级别划定范围为主，配以其他的划定方法。比如，在县市级地方政府，应当考虑将受监督的公职人员的范围降低到副科级公职人员；在某些特定的部门，如果其掌握的公共资源较多、权力较大，也可以考虑将受监督的公职人员的级别适当降低。只有这样，才能真正形成一个全方位的监督体系。

其次，逐步扩大财产监督的财产范围。受监督的财产不应限于公职人员有形的财产，还应该包括各种无形资产，以及各种潜在性利益；不应局限于公职人员自己名下的财产，还要适当考虑其近亲属名下的财产，防止公职人员利用个人影响力为近亲属谋取非法利益，甚至将自己名下财产转移至近亲属名下以逃避申报和监督。从当前隐性腐败与期权腐败高发的形势来看，财产监督要扩大到公职人员的家庭收入和家庭财产变动情况，对各种金钱、物质所得，重大投资和消费行为，配偶子女从业情况、在外留学情况，接受馈赠情况等进行全方位监督。

最后，要逐步完善公众参与监督的机制。反腐败斗争事关国家的兴衰，也关系到公众的利益，反腐败斗争的成败不仅仅仰仗国家的决心，也需要获得广大公众的支持，获得雄厚的群众基础。因此，反腐败斗争不仅仅是国家的事情，更是全民的事情。广大公众有权了解公职人员的廉洁程度，有权了解国家反腐败斗争的进展。因此，实施财产监督，应当逐步创造条件，允许公众参与对公职人员财产的监督，以此取信于民，并获得公众对反腐败斗争的最大支持。

六 尽快建立健全相关制度、机制，完善配套措施

目前，财产监督制度相关的配套措施还不够健全，以至于通过相关财产监督制度不能准确掌握公职人员的实际财产信息，也就无法对申报不实的公职人员给予相应的制裁。

此次问卷调查结果也显示，79.4%的公职人员和83.9%的公众支持完善金融实名制和反洗钱制度，有64.6%的公职人员和75.5%的公众支持控制大额消费的现金交易（见图9-1）。可见，被调查者普遍支持完善金融实名、反洗钱、控制大额交易的现金消费等制度。

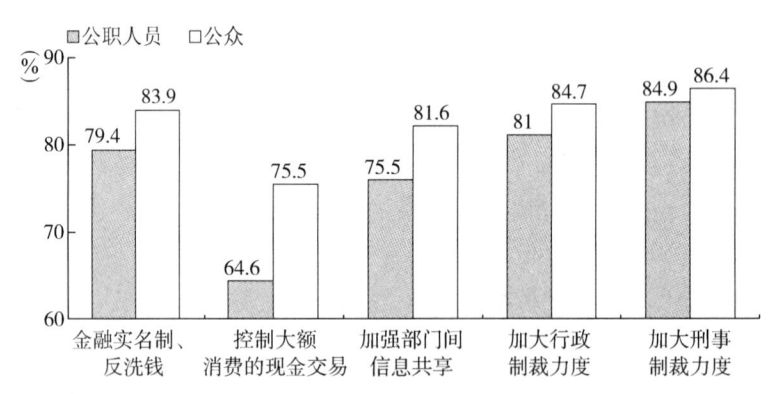

图9-1 认同采取公开监督措施的被调查者对实施财产监督配套措施的认识

此外，在立法中，还要充分考虑当前腐败高发的基本规律、社会文化传统等，借鉴其他国家和地区的经验，科学设定被监督对象及被监督财产的范围。

第七节 加强防范公职人员禁止性行为的国际合作

长期以来，中国公职人员腐败被归责于政府治理不力，其实有一个重要的外部因素被忽略了，那就是一些国家对贪官的宽容鼓励了贪腐外逃现象的发生，影响了中国的腐败治理。腐败公职人员将财产和亲属转移到境外，特别是一些发达国家，给这些国家和地区带来了其渴望的资金，拉动了当地的消费，这些外逃人员很受欢迎，甚至还顺理成章地享受当地的法律和人权保护。因此，在指责中国公职人员腐败的同时，有关国家也应该反思自己的做法，切实与中国政府开展合作，拓宽司法合作渠道，提高合作效率，尽可能将外逃贪腐"裸官"缉拿归案，还中国一个公平。

一 开展国际司法协助

司法协助指不同国家的司法机关之间，根据各国缔结或参加的国际公约或双边协议，或者按照对等互惠原则，互相请求代为进行某些诉讼行为的制度。司法协助是一种较为常见的国际合作形式，是建立在对等原则和互惠原则之上的两个或多个通常为主权国家的司法机关之间的合作。国际司法协助大多以条约的方式加以规定，但不排除根据平等互惠原则进行的合作。司法协助具有以下特性：一是司法协助的主体是主权国家之间的行为；二是通过司法协助实现查处腐败犯罪分子外逃、赃款外移之类犯罪案件；三是实行司法协助的依据是国际公约和互惠承诺性的双边条约；四是司法协助的具体内容是协助或代为履行一定的诉讼程序等行为。

中国对外逃贪腐官员的全球追逃、劝返工作从没有停止过。自20世纪90年代以来，中国与国际刑警组织合作，成功从30多个国家和地区引渡了一批贪官回国。主要事件包括：（1）原中国银行黑龙江分行河松街支行主任高山腐败案。高山于2005年携巨款外逃，2007年在温哥华接受拘留聆讯。（2）原中国银行广东开平支行行长余振东案。余振东从1993年起，多次贪污挪用巨额公款，后潜逃美国，2004年被美方驱逐出境并押送回国。（3）原贵州省交通厅厅长卢万里案。卢万里涉嫌非法获取巨额工程款而逃往海外，2002年被从斐济押解回国。（4）原浙江省建设厅副厅长，曾任温州主管城市建设副市长杨秀珠案。2003年因涉嫌贪污而逃往美国，2005年5月，在荷兰被国际刑警组织抓获。（5）原上海市核电办主任杨万忠案。杨万忠涉嫌贪污公款，事发后潜逃至柬埔寨，2004年被押解回国。（6）原广东省中山市实业发展总公司总经理和法定代表人陈满雄、陈秋园案。"二陈"1995年涉嫌贪污4.2亿多元人民币，案发后逃往泰国。2008年11月20日，中国司法机关成功将犯罪分子陈满雄、陈秋园从泰国引渡回国。"二陈"引渡案是中国根据《中泰引渡条约》办理的第一起案件。

  2011年7月，潜逃12年的赖昌星被加拿大遣返回国，堪称中国与国外司法合作的一个典型案例。这个案子说明，尽管中国与其他国家的政治制度不同，但有一点是相通的，即无论什么样的制度，都不会容忍犯罪分子逍遥法外。赖昌星的遣返给了我们几个启示，一是赖昌星本人不是公职人员，但赖昌星腐蚀、拉拢了不少的公职人员，赖昌星的归案将极大地威慑国内的腐败"裸官"们，即便逃亡到天涯海角，只要中国政府有决心，就一定会将逃犯缉拿归案。二是缉拿逃犯时要充分了解逃犯所在国的政治法律制度，达到利益最大化。以赖昌星案为例，中国政府从一开始不明白加拿大政府为什么要庇护一个臭名昭著的罪犯，到了解加拿大司法机构的运行规则，然后开始全面与加拿大政府进行合作，如中国向加拿大提供赖昌星的犯罪证据，向加拿大介绍中国刑事司法制度运行机制，以及介绍中国人权保障情况等。与加拿大政府之间取得互信，是中国与加拿大刑事司法合作成功的关键。三是境外的追逃工作促进了国内的刑事司法工作的完善。2011年，《刑法修正案（八）》废除了13种罪的死刑，使得中国和废除死刑国家有了司法合作的基础。此外，根据加拿大边境服务局对赖昌星案的风险报告，中国对赖昌星遣返有三大承诺：不判死刑、不会虐待、保证探视，这不仅是对加拿大政府的承诺，而且实际也是对中国国内司法制度改革的承诺。上述是中国在反腐败国际合作方面获得成功的部分案件。

  目前，中国还有不少腐败公职人员潜逃海外，追逃还一直面临"调查取证难、人员引渡难、资金返还难"的问题，因此，更好地开展国际司法合作，将腐败官员尽快绳之以法，还社会一个公平是中国政府在反腐败国际合作中亟须与各国协商并妥善解决的问题。

二 注意国内法与国际条约的衔接

在国际司法合作和考虑到反腐败国际合作的性质及形式，中国应该完善国内立法，使之衔接所签署和缔结的国际公约、双边和多边条约，为腐败案件提供更有效的引渡和多边法律协助。目前，在反腐败国际司法合作方面，国内相关立法尚不能适应国际合作的需要。例如，中国于 2000 年 12 月签署了《联合国打击跨国有组织犯罪公约》，2003 年 12 月签署了《联合国反腐败公约》，这两个公约是反腐败犯罪的最重要的公约，国内法律应进行配套修订，以适应公约的标准。然而，国内在有的方面不能与国际法很好衔接。首先，公约规定的贿赂犯罪的标的不限于"财物"，而是不应有或不正当的"好处"，中国《刑法》却将贿赂犯罪的标的物仅限定为"财物"。其次，由于各国存在制度差异，在司法合作的具体问题方面仍存在障碍。诸如，很多国家都奉行死刑不引渡原则，即被引渡者可能被判处或执行死刑的情况下，这些国家将拒绝引渡。许多国家的条约和立法都有拒绝引渡涉嫌腐败案件的本国国民的规定。有的国家拒绝引渡本国国民的理由是将自行起诉被要求引渡的本国国民。这符合《联合国反腐败公约》第 44 条的要求。[①] 一些国家在司法协助可能损害国家根本利益和社会公共利益的时候，拒绝国际司法合作。《联合国反腐败公约》也规定在可能损害被请求国的主权、安全和公共秩序或其他根本利益的情况下，可以拒绝国际合作。但是，对什么是根本利益，国际上的看法不甚一致，也没有准确的定义，它有可能指国家主权，也可能指国家安全或公共利益。

政治犯是困扰国际司法合作的另一个棘手的问题。《联合国反腐败公约》对"政治犯引渡"问题的国际合作有专门的规定。公约确定了"在以本公约作为引渡依据时，如果缔约国本国法律允许，根据本公约确立的任何犯罪均不应视为政治犯"的签约国应该遵守公约的规定。在实践中，如果犯罪涉及政治人物，大多数国家司法制度都拒绝司法协助。

银行机密也是横亘在国际司法合作中的一个较大的障碍。各国在银行

[①] 第 44 条规定，如果被指控罪犯被发现在某一缔约国，而该国仅以该人为本国国民为理由就不本条所适用的犯罪将其引渡，则该国有义务在寻求引渡的缔约国提出请求时将该案提交本国主管机关以便起诉，而不得有任何不应有的延误。

立法方面大都有防止银行记录泄露的严格规定，目的是保护储户的利益，维护正常的金融秩序。但从腐败案件国际合作的视角来看，这样的规定又有可能成为阻止国际司法合作的障碍。如腐败罪的调查都要求银行记录为证据，然而，在很多情况下，银行拒绝提供这样的记录。为了使银行的规定不至于阻挠多边法律协助，一些国际条约禁止签约者以银行机密的理由拒绝合作。

此外，中国与他国签订的与犯罪资产相关的司法协助条约仍然很少，不适应腐败资产返还的现状。一些国家在执行外国没收、充公和罚款命令方面没有相关立法或条约；一些国家要求将有罪判决作为合作的前提，因此，在犯罪人死亡、潜逃或免予起诉的情况下，无法提供国际司法合作。

三　在国际司法合作中应贯彻平等互利原则

平等互利原则是中国与各国进行反腐败国际合作的重要原则。腐败犯罪危及各国政治、经济制度的安全，使社会价值观严重扭曲，因此，打击腐败犯罪是各国都重视的一项艰巨任务。在打击腐败犯罪时，平等互利应该是一项重要的原则，只有在平等互利的基础上，各国才能真正有效地遏制腐败犯罪。

在反腐败国际合作中应尊重各国的社会文化和政治制度。反腐败的国际合作只有借助主权国家的法律适用与积极参与才能实现。反腐败国际合作涉及每个国家的外交政策、政治制度、法律制度，各国和各地区的经济发展程度不同，政治制度不同，文化传统也有很大的差异，在反腐败国际合作上也会有所侧重。因此，在反腐败国际合作中，应当允许各国根据自己的国情作出合适的制度选择。在反腐败国际合作中，应注意的是与他国在相互尊重主权的基础上真诚合作，在一些具体问题上求同存异、协商解决。例如，如何对待政治犯、双重犯罪、犯罪资产范围、各国利益和国家安全、国民引渡、死刑犯引渡问题，尽量做到认识、步态一致。

四　反洗钱国际合作亟待系统化

由于文化传统、经济水平以及法制状况等方面的不同，各国和各地区对洗钱罪的认识以及如何打击也不一致。这种认识上的差异，既表现为对该罪行为的要求不一致，也表现为各国对该罪之上游犯罪的范围限定不相同。中国《刑法》以列举的方式将洗钱罪的上游犯罪限定为具体的七类：毒品犯罪、黑社会性质的组织犯罪、走私犯罪和恐怖活动犯罪、贪污贿赂犯罪、破坏金融管理秩序犯罪、金融诈骗犯罪。有的国家将洗钱罪列入其重罪范围给予严厉打击，另一些国家则只将其作为一般性犯罪进行惩处。对洗钱罪的认识差异，是在这方面开展国际合作的主要障碍。《联合国反腐败公约》明确要求各缔约国将公约所列的各项腐败犯罪所得作为洗钱犯罪的上游犯罪。由于认识不同，在打击洗钱犯罪的活动中，各国和各地区的国内配套立法及司法行为难以达到有关国际协定的要求。因此，各国和地区应加强反洗钱国内立法，将腐败犯罪明确纳入洗钱罪的上游犯罪，为国际合作提供坚实的法律基础。

参考文献

一 主要法律法规及规范性文件

（一）法律法规

《宪法》（1982）
《刑法》（1997）
《中华人民共和国公务员法》（2005）
《中华人民共和国法官法（修正）》（1995）
《中华人民共和国检察官法（修正）》（1995）
《中华人民共和国人民警察法》（2005）
《政府信息公开条例》（2007）

（二）关于廉政建设的综合性规定

《关于党政机关县（处）级以上领导干部收入申报的规定》（1995）
《关于领导干部报告个人重大事项的规定》（1997）
《关于省部级现职领导干部报告家庭财产的规定（试行）》（2001）
《中国共产党纪律处分条例》（2003）
《中国共产党党内监督条例（试行）》（2003）
《关于严格禁止利用职务上的便利谋取不正当利益的若干规定》（2007）
《建立健全教育、制度、监督并重的惩治和预防腐败体系实施纲要》（2007）
《国有企业领导人员廉洁从业若干规定》（2009）
《中国共产党巡视工作条例（试行）》（2009）

《关于领导干部报告个人有关事项的规定》（2010）
《中国共产党党员领导干部廉洁从政若干准则》（2010）
《关于实行党风廉政建设责任制的规定》（2010）
《关于加强廉政文化建设的意见》（2010）
《中国共产党党员领导干部廉洁从政若干准则实施办法》（2011）
《军队党员领导干部廉洁从政若干规定》（2011）
《农村基层干部廉洁履行职责若干规定（试行）》（2011）
《违反〈国有企业领导人员廉洁从业若干规定〉行为适用〈中国共产党纪律处分条例〉的解释的通知》（2012）

（三）专项规定

1. 公务消费

《关于坚决制止干部用公款旅游的通知》（1986）
《关于坚决制止滥发钱、物和用公款旅游的通知》（1987）
《国务院关于严禁用公费变相出国（境）旅游的通知》（1993）
《关于调整党政机关汽车配备使用标准的通知》（1993）
《关于党政机关汽车配备和使用管理的规定》（1994）
《关于狠抓制止奢侈浪费八项规定的落实推进领导干部廉洁自律工作的通知》（1998）
《关于严格执行差旅费开支规定的通知》（1998）
《关于贯彻执行党政机关汽车配备使用标准有关问题的通知》（1999）
《关于坚决刹住用公款大吃大喝歪风的紧急通知》（2003）
《中央国家机关公务用车编制和配备标准的规定》（2004）
《党政机关国内公务接待管理规定》（2006）
《中央国家机关会议费管理办法》（2006）
《公共机构节能条例》（2008）
《关于大力弘扬艰苦奋斗、勤俭节约精神，坚决制止各种铺张浪费行为的通知》（2008）
《中央和国家机关公务用车耗油定额标准（试行）》（2009）
《中央国家机关办公设备和办公家具配置标准（试行）》（2009）
《用公款出国（境）旅游及相关违纪行为处分规定》（2010）

《关于中央国家机关和事业单位出差人员乘坐高速铁路列车座位等级及报销问题的通知》(2011)

《关于加快推进公务卡制度改革的通知》(2012)

《机关事务管理条例》(2012)

2. 公职人员兼职

《关于进一步制止党政机关和党政干部经商、办企业的规定》(1986)

《关于清理整顿公司的决定》(1988)

《关于县以上党和国家机关退(离)休干部经商办企业问题的若干规定》(1988)

《关于清理党和国家机关干部在公司(企业)兼职有关问题的通知》(1989)

《关于进一步清理整顿公司的决定》(1989)

《关于离退休干部在经济活动中收受巨款是否属受贿问题的请示的答复》(1989)

《关于部门领导同志不兼任社会团体领导职务问题的通知》(1994)

3. 领导干部配偶、子女移居国(境)外相关规定

《关于对配偶子女均已移居国(境)外的国家工作人员加强管理的暂行规定》(2010)

《国家预防腐败局2010年工作要点》(2010)

4. 关于公职人员收受礼品的规定

《关于修订在对外活动中赠送和接受礼品的几项内部规定的通知》(1984)

《关于严禁滥发钱物和赠送礼品的通知》(1988)

《国家行政机关及其工作人员在国内公务活动中不得赠送和接受礼品的规定》(1988)

《关于在对外公务活动中赠送和接受礼品的规定》(1993)

《关于认真贯彻执行〈国务院关于在对外公务活动中赠送和接受礼品的规定〉的通知》(1993)

《关于对党和国家机关工作人员在国内交往中收受礼品实行登记制度的规定》(1995)

《中共中央纪律检查委员会对〈关于对党和国家机关工作人员在国内交

往中收受的礼品实行登记制度的规定〉中几个问题的答复》（1996）

《关于各级领导干部接受和赠送现金、有价证券和支付凭证的处分规定》（2008）

5. 公职人员亲属管理相关规定

《关于禁止领导干部的子女、配偶经商的决定》（1985）

《关于中央国家机关各部门制定的司（局）级以上领导干部配偶、子女个人经商办企业的具体规定适用于地方厅（局）级以上领导干部的通知》（2000）

《关于"不准在领导干部管辖的业务范围内个人从事可能与公共利益发生冲突的经商办企业活动"的解释》（2000）

《关于落实省（部）、地（厅）级领导干部配偶、子女从业规定的通知》（2000）

《关于省、地两级党委、政府主要领导干部配偶、子女个人经商办企业的具体规定（试行）的通知》（2001）

二　论文

1. 柴小梦：《"裸官"现象产生原因及其应对措施探究》，《当代经济》2011年第4期。
2. 陈濯、晏一茗：《腐败根源的深层理论探究》，《中国青年政治学院学报》2004年第4期。
3. 陈振明、李德国等：《行政权力、市场体制与腐败治理——一份基于理论与实践的研究报告》，《东南学术》2009年第4期。
4. 顾阳、唐晓清：《防止利益冲突制度：理论内涵、制度功能和实践途径》，《探索》2011年第2期。
5. 贺国强：《认真贯彻落实〈中国共产党党员领导干部廉洁从政若干准则〉以党风廉政建设和反腐败斗争新成效取信于民》，《求是》2010年第6期。
6. 贺家铁：《对领导干部配偶、子女经商办企业问题的调查与思考》，《红旗文稿》2001年第20期。
7. 胡鞍钢、过勇：《公务员腐败成本—收益的经济学分析》，《经济社会体制比较》（双月刊）2002年第4期。

8. 胡鞍钢、过勇：《转型期防治腐败的综合战略与制度设计》，《管理世界》2001 年第 6 期。
9. 金毅：《试论腐败的权力诱因》，《兰州学刊》2004 年第 2 期。
10. 李景平、鲁洋：《国外公务员廉政制度及对我国的启示》，《学术论坛》2010 年第 12 期。
11. 李伟：《完善我国公务员收受礼品制度的对策建议》，《中国市场》2011 年第 6 期。
12. 梁妍慧、丁清晔：《中国特色反腐倡廉道路探析》，《学习时报》2008 年 9 月 21 日。
13. 刘波：《论我国政府应对行政权力异化的法律机制》，《深圳大学学报》（人文社会科学版）2010 年第 4 期。
14. 刘巍：《以权利制约权力》，《上海社会科学院学术季刊》2001 年第 3 期。
15. 鹿斌：《国内外官员财产申报制度综述》，《改革与开放》2010 年第 11 期。
16. 马庆钰：《关于腐败的文化分析》，《中国人民大学学报》2002 年第 6 期。
17. 任建明：《"裸官"腐败风险及其制度预防》，《理论视野》2011 年第 4 期。
18. 汤唯：《论权力腐败的法律监督》，《烟台大学学报》（哲学社会科学版）2001 年第 4 期。
19. 田禾、吕艳滨：《以信用体系建设促司法判决执行》，中国社会科学院信息与情报研究院《思想与战略文摘》2012 年第 1 期。
20. 田湘波：《新时期禁止公务员经商和兼职制度研究》，《马克思主义与现实》（双月刊）2006 年第 4 期。
21. 田湘波：《治理官员经商的两难困境》，《人民论坛》2009 年第 8 期。
22. 肖俊奇：《公职人员利益冲突及其管理策略》，《中国行政管理》2011 年第 2 期。
23. 孙奎贞：《论党政领导干部的权力规范》，《理论视野》2007 年第 3 期。
24. 史策：《禁止公务员经商应是廉政建设的重要内容》，《行政论坛》1997 年第 4 期。
25. 王高贺、郭文亮：《当前我国推行官员财产申报制度的心理障碍及其治理》，《理论与改革》2010年第5期。

26. 王天笑、吴春华：《当前我国公职人员利益冲突制度研究述评》，《云南行政学院学报》2010年第5期。

27. 汪凯：《论权力腐败与权力监督》，《学海》2005年第6期。

28. 邬彬、黄大熹：《电子监察：中国政府科技防腐创新》，《求索》2010年第9期。

29. 吴建华、罗卜：《公共权力的异化和制约》，《哲学研究》2003年第9期。

30. 杨洪常：《关于政治腐败效应的争论——国外政治腐败研究的文献评述》，《四川大学学报》（哲学社会科学版）2000年第2期。

31. 杨泉明：《论对公职人员兼职的监控》，《四川师范大学学报》（社会科学版）1992年第2期。

32. 应松年：《预防腐败，制度建设是关键》，《行政法学研究》2008年第1期。

33. 张德华、卞敏、孙肖远：《预防腐败的制度体系建构》，《学海》2008年第2期。

34. 周红：《略论完善权力监督机制的有效途径》，《人大研究》2002年第4期。

35. 竹立家：《国外官员财产申报制度的政治和法律基础探析》，《领导科学》2010年第16期。

36. 邱华君：《行政伦理理论与实践》，台湾南华大学公共行政与政策研究所《政策研究学报》2001年第1期。

三 专著

1. 〔英〕安东尼·吉登斯：《民族-国家与暴力》，胡宗泽等译，三联书店，1998。

2. 〔英〕伯特兰·罗索：《权力论》，吴友三译，商务印书馆，1991。

3. 陈泽宪主编《〈联合国反腐败公约〉与中国刑事法制的完善》，中国检察出版社，2010。

4. 过勇：《经济转轨、制度与腐败》，社会科学文献出版社，2007。

5. 何增科：《政治之癌——发展中国家腐化问题研究》，中央编译出版社，2008。
6. 胡鞍钢主编《中国：挑战腐败》，浙江人民出版社，2000。
7. 李超钢、宋小海、李江：《中国古代官吏制度浅论》，劳动人事出版社，1989。
8. 李秋芳主编《廉政文化建设理论与实践研究》，中国社会科学出版社，2011。
9. 李秀娟：《中国反腐败立法构建研究——以〈联合国反腐败公约〉为视角》，中国方正出版社，2007。
10. 林喆：《权力腐败与权力制约》，山东人民出版社，2009。
11. 林吕建：《权力错位与监控》，中国方正出版社，1996。
12. 林欣：《惩治外逃腐败犯罪问题研究》，社会科学文献出版社，2010。
13. 〔德〕马克斯·韦伯：《韦伯文集》（下），韩水法译，中国广播电视出版社，2000。
14. 〔德〕马克斯·韦伯：《经济与社会》（上卷），林荣远译，商务印书馆，1997。
15. 〔英〕迈克尔·曼：《社会权力的来源》，刘北成、李少军译，上海人民出版社，2007。
16. 〔法〕孟德斯鸠：《论法的精神》（上册），张雁深译，商务印书馆，1995。
17. 孟祥锋：《法律控权论——权力运行的法律控制》，中国方正出版社，2009。
18. 〔美〕苏珊·罗斯·艾克曼：《腐败与政府》，王江、程文浩译，新华出版社，2000。
19. 彭锦鹏主编《公职人员忠诚查核相关问题之研究期末报告》（台湾"行政院人事行政局"的课题），台湾大学图书馆：ebooks.lib.ntu.edu.tw/1_file/CPA/033040/3040.doc。
20. 任建明、杜志洲：《腐败与反腐败——理论、模型和方法》，清华大学出版社，2009。
21. 苏国勋：《理性化及其限制：韦伯思想引论》，上海人民出版社，1988。
22. 舒扬、莫吉武：《权力市场化与制度治腐问题研究》，中国社会科学出版社，2008。
23. 田禾主编《亚洲反腐败法律机制研究》，中国人民公安大学出版社，2007。

24. 庄德水：《防止利益冲突与廉政建设研究》，西苑出版社，2010。
25. 王俊秀：《监控社会与个人隐私》，天津人民出版社，2006。
26. 汪习根主编《权力的法治规约——政治文明法治化研究》，武汉大学出版社，2009。
27. 姚中秋：《权力的现状》，北京大学出版社，2007。
28. 张亮编著《权力监督与腐败预防》，上海社会科学院出版社，2008。
29. 上海财经大学课题组：《中国经济发展史（1949-2005）》，上海财经大学出版社，2007。
30. 夏勇主编《走向权利的时代》，中国政法大学出版社，1995。
31. 张云鹏：《反腐败经济学》，社会科学文献出版社，2009。
32. 周琪、袁征：《美国的政治腐败与反腐败》，社会科学文献出版社，2009。

后　记

　　想做的事很多，一个人的精力有限，其实，对学者来说，我们说的已经很多，做的却很少，这本书就是想做点什么，顺便说点什么。在这本书修改的时候，党的十八大终于如期而至。十八大说了好多我们想说的话，也说了一些我们想说，却因为本书的篇幅有限而没有说的话。

　　以官位来衡量一个人的价值在当下的中国已经到了登峰造极的地步。北京堵啊！在北京生活了几十年，出来进去总是会遇到各种问题。比如说，我们经常被交通管制，有一次去赶飞机，被管制在路旁，那叫一个心急如焚，飞机不等人啊，不像好心的公交车司机看你飞奔而来，还可能踩一脚刹车。

　　经常开各种会。这年头虽已是21世纪的某一天，开会的时候会让你穿越回到北宋末年间，那时集体领导班子的核心是宋江同志，中央委员由108将组成，排座次是十分紧要的事情。今天，政府部门就不说了，就是研究机构排座次也十分了得。按说在研究机构，研究员是老大，各种官员是为科研服务，为研究员服务的，然而开会的时候却是按行政级别来排序，院长、局长、所长、处长等等，能排出几百号人来，至于研究员们，哪儿凉快哪儿待着去——知识没有力量啊！可以说，排座次是最恶劣的形式主义、官僚主义，它抛弃了中国共产党的优良传统，割裂了干群的关系。

　　形式主义也是当下中国官场的一大弊端。一个地级市的局长到县里视察，鲜花红地毯伺候也就算了，还不知从哪里找来了一些礼仪小姐，手捧"小八件"，不清楚究竟是哪八件，大约是纸巾、擦眼镜布之类的东西，真是面目可憎。

　　让标语飞。马路上，到处披红挂绿地突兀着各种文字。过街天桥上这么写着：高举伟大旗帜。高速公路上这么写着：紧密团结在党中央周围。其实，立党是否为公，执政是否为民，丰碑在人民心中，没有必要这么锣鼓喧天口号泛滥。现在很多的问题，就在于说得多做不到，反而引起了公众的反感。

如今，社会张力是一个非常时髦的词，它指社会各种力量处于紧张的对峙状态，张力越大，越容易发生社会冲突。社会张力产生的原因有很多，贫富差距过大、民众维权意识增强都是张力增大的原因。还有一个特别重要的原因是，官本位损害了社会和民众的利益，凸显了官民矛盾。此外，公众对一些腐败的、不作为的、乱作为的公职人员非常不满，这种不满通过互联网放大，也蔓延成一种影响社会稳定的情绪。

2012年7月21日上午，调研组从成都完成另外一项调研返回北京。前一天，特别担心第二天会下暴雨，飞机不能准时起飞。西南财经大学的章群教授则安慰说，放心吧，北京肯定是阳光普照晴空万里。然而，事与愿违，从上午十点就开始下雨，飞机延误了很长时间，机上人员群情激奋。机长让大家耐心等候，声称我们排在等待起飞的第一位，就在这时有乘客称，排在我们后面的一架飞机已经飞走，因为这架飞机上有部长大人，这使乘客的情绪愤慨到了极点，甚至出现了恶语相向、肢体冲突的状况。这时，谁也想不到这场暴雨将带来什么样的后果。下午3点半，飞机终于在瓢泼大雨中平安降落在了首都国际机场，此时，窗外昼夜颠倒，雾水蒙蒙，能见度极低。这种气候飞机还平安降落，我们心里颇存几分侥幸。道路积水严重，我们的车如水上行船缓慢前行，小心翼翼，到家已是晚上八点，而平时即便是堵车，一个小时也早就回到温暖的家中。这时候，我们谁也不知道，广渠门桥下正在进行一场生死搏斗，一位司机被困在桥下，水的压力太大无法开门脱身。报警电话打不通，这位司机在生命的最后关头给妻子打了求救电话。妻子一路狂奔，一片汪洋都不见，只知车淹桥下边。恳求各色人等救命，虽有自告奋勇者，但匹夫之勇难敌滔滔洪水。3个多小时以后，这位司机的车辆才从水中拉了出来，但生命已经逝去。就这样，在一个现代化国际化大都市的市中心的二环路上，这位司机就这样离去了，不知他临行时有怎样的绝望，我们每个活着的人心里都会发出一声由衷的叹息。无论这位司机存在怎么样的过失、丧失了什么样的自救机会，至少有部门或人员应该被追究责任。因为，救援的场地并不是在大河、大江、大海这样的复杂场地，它只是一个城区立交桥的桥底，积水面积不算大，水也不算深，断然不能和大江大河大海相提并论，紧急救援竟然用了3个小时的时间，宝贵的生命就这样轻易地逝去，让人慨叹有人对生命是多么的漠视。这天晚上逝去的生命还有很多，最后的数字为79人。在这个暴雨的晚上，机场快轨故障，滞留了大量乘客；这个晚上，市区积水严重公交行驶不畅，人们有家难回；这个晚上，高速公路收费站照旧收费，许多车辆驶向"汪洋"；这个夜晚，正常运行的出租车很少，他们或者歇工，或者漫天要价——这个行业每年由国家补贴几十亿人民币，但在社会有难的时候，这个行业却选择了集体逃避，责任或许并不在这个行业，应追究的是管理部门的责任；这个晚上，山洪暴发，远郊村民人员和财产损失惨重；这个晚上，城区很多地下室进水，许多人在水中度过了不眠之夜；这个晚上，演唱会、足球比赛照常进行，人们继续歌舞升平，浑然不觉危险迫在眉睫。当然，这个晚上，政府发了橙色暴雨预警，告诉人们降雨将达50毫米，但对普通百姓来讲，降雨50毫米有什么要紧呢，不就是淹到脚踝吗？如果有关部门预报更通俗一点更形象一些，比如告诉人们降雨50毫米，某些立交桥下积水将达6米，相信，不会有人贸然冲进水中，甚至当晚不会有人推杯换盏、莺歌燕舞。政府官员失职还不止于此，危急时人们打不进报警电话；明知低洼桥下积水，却无人采取管制措施，任由车主自生自灭；消防公安出动了，可人们看到更多的却仍是人们的自救互助，农民工、外地人、本地人互相伸出援助之手；电力部门不作为，洪水时仍然不拉闸停电，造成更多的伤亡，如此种种。

"7·21"救援行动彰显了百姓的力量，村里自救，百姓自救，乡亲互助，基层组织的自救（也算是政府吧）发挥了巨大的作用，上级政府来了，却晚了一步。社会自救，表明我们的人民在关键时刻仍然能够同舟共济，秉性善良，心存友情。暴雨过去了，书记说要吸取深刻的教训，然并不见有人出来承担相关责任。这个城市是中国面向世界的窗口，但在这个晚上，它在应急管理上交了一份不合格的答卷。当然，不止是这个城市，城市治理是摆在中国当下许多城市面前的一个大难题。城市治理的目标是什么？物质文明只是城市发展的一个维度，绝不能将其作为唯一维度。横观中国大大小小的城市，许多有光鲜的外表，纷纷争建地标性建筑，从机场到摩天大楼，其发展速度之快、外观之富丽堂皇甚至超过了发达国家，以至于我们到了巴黎机场到了美国机场，都会慨叹，中国发展真是快啊。但是，光鲜的后面却掩盖着城市法治精神文明和生态文明的缺失。城市法治体系应以权力与权利互动为核心，以依法治理与保障人权为取向，城市应急管理体制与机制要贯彻法治与人权原则，唯此，方可称为现代的法治城市。

2012年8月上旬在浙江开展另外一项调研时恰逢台风来袭，我们所观察到的浙江一些城市在应急法治方面的经验，相信对全国其他城市不无裨益。超强台风"海葵"60年一遇，正面登陆浙江，所到之处所向披靡、肆虐横行。但是，在早有防范的浙江面前，"海葵"低下了疯狂和傲慢的头。我们调研所在地余杭区除了发预警外，还采取了各种有效措施，人员撤离，学校放假，商店歇业，工厂停工，党政部门则坚守岗位，军警通宵待命，就连街道两旁的树木也都早早用铁架支住，危险的广告牌被预先撤下。全面有效的预防措施使威力巨大的"海葵"所造成的损失减少到最低，防抗台风工作取得了"零伤亡"的重大胜利。可见，自然灾害可以肆虐，但并非不可防范。如今许多城市都编制了各种应急法律预案，实际效用几何只有灾难来临方见分晓。台风来临时，浙江有官员在微博上说："当你早上出行觉得困难时，请一定不要出门。什么考勤打卡，什么扣奖金，让它一边去吧。生命才是最可贵的，和家人一起待在家里，不用让别人来救援你，就是你这两天最大的贡献。"这让我们体会到一个管理者对所服务群众发自内心的关心爱护。从北京市应对"7·21"暴雨到浙江应对"海葵"台风灾害来看，地方确实有许多值得首都学习的地方。

当我们匆匆忙忙并暗自庆幸度过了被预言为末日的2012年12月21日时，2013年1月4日却成为兰考几名幼小生命的世界末日。在终于可能换来社会救助制度的些许进步之日，有关官员竟称"7条命换回救助体系的完善，值了！"这种言论很难让人们对这样的官员心存善念，对生命的漠视是人们为什么会仇官，并成为一种不容忽视的社会心态的主要原因。

飞机延误、暴雨灾害、火灾等都本来是一件最普通不过的事。一个美国人写了一篇文章，描述中国人在飞机延误时的种种表现形态，称美国人在飞机延误时，往往会耐心等待，因此对中国人在飞机延误时的冲动极为不理解，毕竟这是生命攸关的大事，不必为此大动肝火。这个美国人是以己推人，中国人为此大动肝火虽然夸张、缺乏理性，但其实是喷发出了压抑已久的、针对某种现象的情绪，这种情绪不只是在飞机延误时会表露出来，甚至在许多别的场合也会发泄出来，那就是对有关部门的官本位、公职人员的懈怠、不作为和腐败的不满。而北京"7·21"暴雨灾害、兰考大火以及一系列公共事件留给人们的警示则是,不仅要防范自然灾害给人民生命财产可能造成的损害,更要防范因为公职人员不作为、乱作为所可能带来的危害。

今天,随着社会的发展,财富大大增加,公职人员腐败和行为失范的现象越来越多,而技术进步,使得人们对公职人员禁止性行为的不满成倍放大,因而公职人员行为应该具有更严格的要求。然而,事实上,由于各种原因,这种要求有,但不严密、疏于防范、怠于打击,致使反腐败形势越来越严峻,公众的意见越来越大。2012年末,这是一个几十年来最为寒冷的冬天,却刮起了多少年少见的清新之风。一句"人民对美好生活的向往就是我们的奋斗目标"让我们感到无比的亲切!"八条新规"的面世给了我们新的期望,少一些形式主义、少一些官僚主义、少一些文山会海、少一些交通管制、少一些铺张浪费、少一些空话套话、少一些标语口号;多一些调查研究、多一些生动活泼的语言、多关心民众的疾苦,多坐坐地铁、多挤挤公交,把自己真正当做人民的仆人吧,若能做到,谢天谢地,因为人民确实已经厌倦了各种高调的口号和不着调的许诺。

本书是中国社会科学院国情调研重大项目的最终成果,是用实证的方法分析公职人员存在的问题,一方面希望能够舒缓这种张力,使人们能够理性地对待公职人员及相关事务;另一方面也希望有关部门能够自律警醒、引以为戒,不蹈覆舟之辙。

调研和写作历时近三年,其间断断续续被另一些调研打断。实证研究完全是一件费力不讨好的事,远不如坐在家里喝着咖啡翻书码字发核心期刊舒服。舟车劳顿尚在其次,调研辛苦只有自知。翻山越岭、瓢泼大雨、冰雪灾害、蚊虫叮咬、寒冷酷暑,还伴随着人们警惕的目光和捉襟见肘的费用。2008年1月,在贵州黔东南调研,下午一点从黔东南出发赴遵义,道路只有两百多公里,但路况不好,又逢修路,车行驶了10个小时,车上没有干粮也没有水喝,却装载着满车的欢乐和笑声,让贵州的同志们无比感动。当时的贵州异常寒冷,在路边小店吃早饭时,调研组的每个人都冻得瑟瑟发抖,捧着滚烫的面碗,企图留下微弱的温暖。2011年夏天在江西调研的时候,蚊虫肆虐,面包车疾驶着,前挡风玻璃上触目惊心斑斑点点密密麻麻全是撞死的蚊虫,车内的人也不能幸免,成了蚊虫大啖而快之的美食,被咬得大红包小红包层层叠叠,奇痒难耐。乡间饭桌上的蚂蚁们在粗糙的菜碟里跳着欢快的舞蹈，尽情分享着我们的食物。每一次调研到最后的时候，调研组都如同溃败的军队，身心疲惫、丢盔卸甲、苦不堪言。唯一能让我们感到安慰的是，我们的成果是独特的，是原创的，因此，调研虽然辛苦，可我们乐在其中。每一次调研不仅是对我们的意志的一种淬炼，还使我们知道，社会才是理论研究的源泉，人民才能提供思想的灵感，用一句特别俗的话来说，理论是灰色的，生命之树长青。

我们的队伍特别能战斗，也特别具有感染力和凝聚力，这是每次调研结束后调研地的评价，并且越来越多的人认识了我们，了解了我们，说原来学者不是像网络"昵称"那样是砖家或叫兽啊。其实，我们只不过是放下了架子，走进了工厂和田间，聊起了家常。我希望研究是快乐的，同时也是有用的，研究成果不应仅仅是书架上新增的废纸、职称会上无用的数字、核心期刊上有等于无的文字。尽管我们的研究还比较粗浅，问题还有待于发掘，分析还有待于深入，但至少是说真话，而不仅仅是power、freedom、people之类的套话。所以，在这里我非常感谢放下手中的一切，跟着我东奔西跑作国情调研的同事们和朋友们，你们的坚持和守望，使我们的事业显得愈加崇高和充满生命力。

全书共分九章，对公职人员的禁止性行为进行了较为系统的分析，并提出了一些对策建议。其中，法学研究所王小梅助理研究员参与了第二章的写作，吕艳滨副研究员参与了第七章的写作，此外，有部分内容曾经发表在《中国法治发展报告》（法治蓝皮书）上。陈欣新、吕艳滨、周方冶、王小梅、栗燕杰、崔薇、曹景南、赵千羚、廉天娇等参与了问卷调查、资料收集整理、稿件校对等工作。支持我们工作的人还有很多，不一一列举，在此一并感谢。

田禾
2013 年 1 月于北京

图书在版编目(CIP)数据

公职人员禁止行为研究/田禾著.—北京:社会科学文献出版社,2013.5
(中国社会科学院国情调研丛书)
ISBN 978 - 7 - 5097 - 4524 - 3

Ⅰ.①公… Ⅱ.①田… Ⅲ.①公务员 - 行为规范 - 中国 - 学习参考资料 Ⅳ.①D630.3

中国版本图书馆 CIP 数据核字(2013)第 080407 号

· 中国社会科学院国情调研丛书 ·

公职人员禁止行为研究

著　者 / 田　禾

出 版 人 / 谢寿光
出 版 者 / 社会科学文献出版社
地　　址 / 北京市西城区北三环中路甲 29 号院 3 号楼华龙大厦
邮政编码 / 100029

责任部门 / 社会政法分社 (010) 59367156　　责任编辑 / 赵建波
电子信箱 / shekebu@ ssap. cn　　　　　　　　责任校对 / 王海荣　牛立明
项目统筹 / 刘骁军　　　　　　　　　　　　　责任印制 / 岳　阳
经　　销 / 社会科学文献出版社市场营销中心 (010) 59367081　59367089
读者服务 / 读者服务中心 (010) 59367028

印　　装 / 北京季蜂印刷有限公司
开　　本 / 787mm×1092mm　1/16　　印　张 / 24.5
版　　次 / 2013 年 5 月第 1 版　　　　字　数 / 388 千字
印　　次 / 2013 年 5 月第 1 次印刷
书　　号 / ISBN 978 - 7 - 5097 - 4524 - 3
定　　价 / 85.00 元

本书如有破损、缺页、装订错误,请与本社读者服务中心联系更换
▲ 版权所有　翻印必究